KOTRA가 풀어주는

# 중남미 비즈니스 문화코드

국립중앙도서관 출판시도서목록(CIP)

(KOTRA가 풀어주는) 중남미 비즈니스 문화코드 / 지음: KOTRA.
-- 서울 : 한국외국어대학교출판부, 2009
p. ;  cm

감수자: 한국외대 중남미연구소
ISBN 978-89-7464-515-1 03950 : ₩20000

라틴 아메리카 경제권[中南美經濟圈]

326.18095-KDC4
382.0951908-DDC21 CIP2008003784

이 도서의 국립중앙도서관 출판시도서목록(CIP)은 e-CIP 홈페이지
(http://www.nl.go.kr/ecip)에서 이용하실 수 있습니다.(CIP제어번호:CIP2008003784)

KOTRA가 풀어주는

# 중남미 비즈니스 문화코드

Estados Unidos Mexicanos
República de Cuba
República Dominicana
República de Panamá
República Argentina
República de Chile
República de Colombia
República Federativa do Brasil
República de Perú
República Bolivariana de Venezuela

지음_ KOTRA
감수_ 한국외대 중남미연구소

한국외국어대학교 출판부

# 머리말

중남미는 6억에 달하는 인구와 33개 국가로 이루어진 대륙으로, 국제 사회에서 정치경제적으로 막강한 영향력을 행사하고 있다. 특히 철강, 비철금속, 석유를 비롯한 각종 자원의 무한 보고로서 우리나라에게 많은 무역 흑자를 안겨주는 효자시장으로 부상하고 있다.

하지만 우리에게 중남미 대륙은 여전히 생소하고 먼 지역이다. 우리의 중남미 접근 방식은 냉전적 사고와 수출드라이브 정책에 매달려 있던 1960~1970년대와 별반 달라지지 않고 있다. 외신을 통해 산발적으로 들려오는 중남미 관련 뉴스 역시 이 지역에 대한 진정한 이해를 이끌어 내는 데에는 다소 한계가 있다. 경제위기가 있을 때마다 거론되는 아르헨티나의 페론이즘과 포퓰리즘, IMF 위기와 등식화된 멕시코의 금융 위기, 사회주의 실험에 몰두했던 피델 카스트로의 퇴진, 차베스와 룰라 등 남미 좌파 정권들의 등장은 신문의 가십난을 장식하고 있을 뿐이다. 이와 더불어 중남미 대륙에 대한 인식 저변에는 부정적인 인상이 강하게 남아 있다. 군사 쿠데타, 독재, 빈부격차, 인권유린, 외채, 저개발 등 과거의 '부끄러운' 경험 탓에 선입견이 작용하고 있는 것이다.

그러나 오늘날 우리에게 중남미 대륙은 희망의 메시지를 전해온다. 천혜의 자연 환경, 풍부한 자원, 다양한 문화의 보고일 뿐만 아니라, 21세기 들어 정치, 경제, 사회 문화적 통합을 통해 역사 발전의 새로운 서막을 열어가고 있는 것이다. 경제 통합 움직임을 통해 분쟁지역이던 국경이 열리고 점점 더 많은 시장을 개방하고 있다. NAFTA와 MERCOSUR는 통합을 가속하기 시작하였고, 더 많은 국가들을 통합 공동체로 받아들일 준비를 하고 있다. PTA(특혜무역협정), FTA(자유무역협정) 같은 양자주의에서 지역주의(NAFTA, MERCOSUR)로, 더 나아가 세계적 차원의 다자주의로 이동하고 있는 것이다. 거시 경제 측면에서는 기존의 대외 환경에 대한 취약점과 불안 요소들을 점차 제거하면서 안정을 꾀하고 있다. 자원과 경제적 안정, 개방 경제의 물꼬가 터지기 시작했다고 할 수 있다.

2008년 발간하는 중남미 비즈니스 문화코드는 기존의 중남미에 대한 인식을 극복하고 새로운 희망으로 다가오는 중남미 대륙에 대해 다양한 정보를 담으려고 노력하였다. 성공적인 비즈니스를 위해서는 현지 문화를 이해하는 것이 필수이므로 정치, 사회, 문화적 배경과 더불어 비즈니스 에티켓, 소비문화, 바이어상담 tip 등 현장의 소리를 담은 문화코드를 전달하는 데 주력하였다.

모쪼록 이 책이 중남미 지역과 중남미 비즈니스에 관심을 갖고 있는 학계, 기업, 정부 기관, 미래 사업가들에게 유용한 자료가 되기를 바란다. 발간을 위해 자료를 수집하고 원고를 작성해준 KOTRA 통상정보본부 구미팀, 중남미지역 10개 KBC와 한국외국어대학교 중남미연구소 연구진에게 감사하다는 말씀을 전한다.

KOTRA 사장 조환익
한국외국어대학교 총장 박 철

# 목차

# I

# 개관

## | 중남미 시장의 중요성

우리 기업에게 중남미는 여전히 생소하고 먼 지역이다. 지리적인 거리가 멀기 때문이기도 하지만 빈번한 경제위기와 불안정한 정치, 빈곤, 범죄와 같은 부정적인 선입견 때문에 심리적인 거리가 더 먼 것이 사실이다. 우리 기업들이 해외 시장을 개척할 때 중남미 시장은 마지막으로 고려하기 일쑤다.

그러나 중남미는 우리가 결코 간과할 수 없는 중요한 시장이다. 중남미는 막대한 광물, 에너지, 생물자원을 보유하고 있을 뿐만 아니라, 1990년대부터 꾸준히 개혁과 개방정책을 추진해서 다른 개발도상지역에 뒤지지 않는 성장 잠재력을 지니고 있다.

1990년대 말에서 2000년대 초 중남미에서 발생한 경제위기의 여파로 중남미 지역의 GDP는 2002~2003년 사이에 최저 수준을 기록했으나, 2004년 이후 회복세로 돌아서서 1970년대 이래 최고의 성장세를 구가하고 있다.

거시경제도 안정화되어 대외환경 변화에 대한 맷집도 세졌다. 대부분의 중남미 국가가 1990년대의 고정환율제를 버리고 변동환율제를 도입함으로써 외부 충격에 대한 저항력을 가지게 되었다. 수출경쟁력도 강화되어 무역수지와 경상수지가 크게 개선되고 외국인투자도 증가세로 돌아섰다.

미국 경제침체의 여파로 중남미 경제의 성장세도 주춤하겠지만, 그렇다고 경고등이 켜진 것은 아니다. 국제통화기금(IMF)은 중남미 경제가 2007년에 5.6% 성장한 것으로 추산하고 있으며, 2008년에는 4.4%, 2009년에는 3.6% 성장할 것으로 전망하고 있다. 이제는 중남미 경제가 불안하다는 선입견을 버릴 때다.

**중남미 주요국의 경제성장 전망**

(단위 : %)

| 국가 | 2007 | 2008 |
|---|---|---|
| 멕시코 | 3.3 | 2.0 |
| 브라질 | 5.4 | 4.8 |
| 칠레 | 5.0 | 4.5 |
| 아르헨티나 | 8.7 | 7.0 |
| 페루 | 9.0 | 7.0 |
| 콜롬비아 | 7.0 | 4.6 |
| 베네수엘라 | 8.4 | 5.8 |

자료원 : 국제통화기금(IMF)

### ■ 무시할 수 없는 거대 시장

중남미의 총 GDP는 2007년 3조 4,499억 달러로 구매력 평가기준 전 세계 GDP의 8.3%를 차지하고 있으며(자료원 : IMF), 재화 수입시장 규모는 전 세계의 5%를 차지하고 있다(자료원 : WTO). 인구는 2005년 기준 5억 5,798만 명으로 전 세계 인구의 8.6%를 차지하고 있다(자료원 : UN). 개발도상지역 중 아시아 · 대양주 다음으로 큰 시장이다.

**중남미 주요국의 경제규모(2007)**

(단위 : US$ 십억)

| 순위 | 국가 | GDP |
|---|---|---|
| 10 | 브라질 | 1,314.24 |
| 13 | 한국 | 969.85 |
| 14 | 멕시코 | 947.98 |
| 29 | 아르헨티나 | 260.66 |
| 34 | 베네수엘라 | 215.39 |
| 38 | 콜롬비아 | 171.98 |
| 40 | 칠레 | 163.92 |
| 47 | 페루 | 109.07 |

자료원 : 스위스 국제경영개발원(IMD)

중남미의 빈부격차는 여전히 심각한 문제로 남아 있지만, 최근의 안정적인 경제성장 덕분에 신흥 중산층 인구가 증가하고 있다. 이런 현상은 중남미 인구의 절반 이상을 차지하는 멕시코와 브라질에서 더욱 두드러지고 있다. 일부 중미 국가에서는 해외, 특히 미국으로 이주한 자국민이 본국으로 송금하는 돈이 신흥 중산층을 형성하는 데 적지 않은 기여를 하고 있다.

신흥 중산층의 소득수준이 중하위권에 포진했기 때문에 아직까지는 자리를 굳히지 못하고 외부 충격에 취약한 상태기는 하지만, 중남미의 대량 소비자 시장이 빠르게 성장하는 데 원동력이 되고 있다.

UN 중남미경제위원회(ECLAC)에 따르면, 중남미의 빈곤층 비중은 2002년 44%에서 2007년 35%로 줄어들 전망이며, 극빈층의 비중도 2002년 19.4%에서 2007년 12.7%로 감소할 것이라고 한다.

**2007년 중남미 주요국의 1인당 GDP**

(단위 : US$)

| 순위 | 국가 | 1인당 GDP |
|---|---|---|
| 27 | 한국 | 24,118.59 |
| 37 | 칠레 | 13,563.58 |
| 38 | 아르헨티나 | 12,915.53 |
| 40 | 멕시코 | 12,288.56 |
| 41 | 베네수엘라 | 11,787.88 |
| 45 | 브라질 | 9,431.12 |
| 48 | 페루 | 7,404.01 |
| 49 | 콜롬비아 | 7,112.37 |

자료원 : 스위스 국제경영개발원(IMD)

■ 우리나라의 대표적인 흑자 시장

우리나라의 중남미에 대한 수출은 전체 수출의 6.9%에 불과하지만(2007년), 중남미는 우리나라가 꾸준히 흑자를 내고 있는 효자시장으로서 그 중요성을 간과할 수 없다. 2007년 우리나라의 대 중남미 무역흑자는 144억 6,000만 달러로 전체 무역흑자 146억 4,000만 달러에 거의 육박했다.

**지역별 수출입수지 비중**

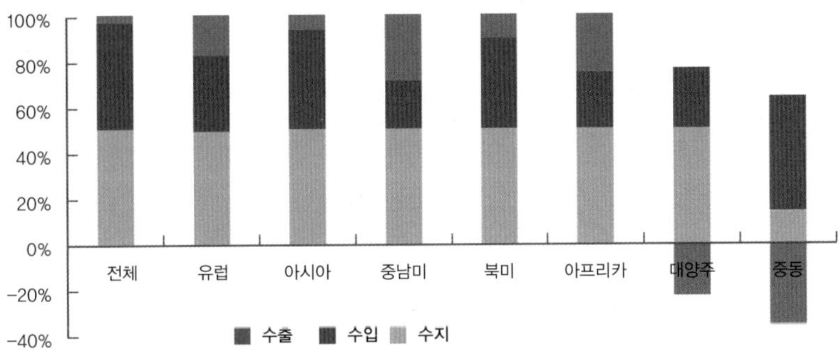


자료원 : KITA

중남미의 경제회복에 따른 수입수요에 힘입어 우리나라의 중남미에 대한 수출도 큰 폭으로 늘어나고 있다. 2004년에서 2007년 사이 우리나라의 전체 수출이 연평균 18%의 증가율을 보인 데 반해, 중남미에 대한 수출은 31%씩 증가했다. 중기적으로 중남미 경제의 안정적인 성장세가 예상되고 있으므로, 이런 수출 증가세는 계속될 전망이다.

이같이 중남미에 대한 수출과 무역흑자가 큰 폭으로 증가하고 있지만, 내용을 들여다보면 제대로 기회를 활용하지 못 한다는 걸 알 수 있다. 멕시코, 브라질, 파나마, 칠레 4개국에 대한 수출이 전체 중남미에 대한 수출의 67%를 차지하고 있고, 상위 5대 수출품목의 비중이 60%나 된다. 즉, 우리나라의 중남미 수출은 대기업들의 주도 하에 소수 시장에만 집중되어 있는 것이다. 우리나라가 중남미 시장의 잠재력을 제대로 활용하려면 수출 대상국과 품목 다변화라는 과제를 해결해야 한다.

## ■ 천연자원의 보고

중남미는 광물과 에너지, 식량 등 막대한 천연자원을 보유하고 있으며, 특히 경제발전에 핵심이 되는 전략 광물들이 풍부하다. 2000년 이후 원자재난이 지속되면서 중남미의 중요성은 갈수록 높아지고 있다.

2004년 기준 중남미의 구리 생산량은 전 세계의 49.9%를 차지했으며, 철 생산량은 22.8%, 아연 22.3%, 니켈은 18.5%에 달했다(자료원 : 미국 지질연구소 연감). 또한 중남미는 세계 주요 석유부존지역의 하나로, 2006년 기준 중남미의 확인된 석유 매장량은 전 세계 확인 매장량의 9.7%, 생산량은 전 세계의 13.5%에 달하고 있다(자료원 : BP). 천연가스도 풍부해서 확인된 천연가스 매장량만 전 세계의 4%에 달하며(자료원 : BP), 아직 발굴되지 않은 매장량까지 고려하면 막대한 개발 잠재력을 보유하고 있다. 식량도 소비보다 생산이 더 많은 식량 수출지역이다.

구미 선진국들과 일본은 일찍이 중남미의 자원보유고로서의 중요성을 파악하고 자원개발부문에 활발히 진출해 있으며, 중국도 1990년대 초반부터 적극적인 자원협력 외교를 펼치고 있다. 반면, 우리나라의 해외 자원개발 진출은 호주와 중국에 집중되어 있고, 중남미에 대한 진출이나 협력사례는 미미한 실정이다.

자원 확보의 중요성이 강조되고 있는 요즈음, 순수 자원수입국인 우리나라에게 중남미는 놓칠 수 없는 소중한 협력 대상이다.

## 2 중남미 시장 특성

### ■ 비슷하면서도 다른 시장

우리나라에서는 중남미를 하나로 묶어서 마치 단일 국가인 양 접근하려는 경향이 있다. 그러나 아시아의 각 나라들이 서로 다른 것처럼 중남미를 구성하고 있는 33개 나라도 각기 다른 역사와 문화적 배경을 가지고 있으며, 경제 수준과 규모의 차이가 크고 산업구조와 소비성향도 서로 다르다.

중남미의 주요 국가에 진출했다고 해서 주변국 시장진출이 자동으로 보장되는 것도 아니다. 같은 나라 안에서도 지방에 따라 시장의 성격이 다르고 상권이 분리되어 있어서 지방 상권별로 접근을 해야 하는 경우가 있다. 중남미의 모든 국가에 진출한다는 것은 현실적으로 불가능하므로, 업종과 제품의 성격, 시장진출의 동기 등에 따라서 우선순위를 정해 노력을 집중해야 한다.

### ■ 끈기가 많이 요구되는 시장

중남미 바이어들은 대체로 'NO' 라는 말을 잘 하지 않는다. 친절한 그네들의 성품 때문인지 구매의사가 없는데도 마치 관심이 있는 것처럼 적극적으로 대응하는 경우가 많다.

상담을 할 때만 해도 시장성이 좋다며 당장이라도 살 것처럼 적극적으로 나서다가, 막상 한국에 돌아와서 계약을 마무리하려고 하면 차일피일 미루기 일쑤다. 이메일이나 팩스에도 회신을 주지 않고, 전화를 걸어도 통화도 잘 안 된다. 그런데 관심이 없는가 보다 하고 중간에 포기하려고 하면 약간의 희망을 주면서 포기도 못 하게 한다.

바이어가 적극적이라고 해서 처음부터 들뜰 필요도 없지만, 상담이 지지부진하게 진행된다고 해서 쉽게 포기할 필요도 없다. 처음 상담을 하고나서부터 실제 구매계약이 체결되기까지 1년에서 2년은 걸리는 것이 보통이므로 멀리 내다보고 끈기 있게 접근해야 할 시장이다.

### ■ 빈부격차에 따른 시장의 양분화

중남미 각국의 가장 두드러진 공통점은 빈부격차가 크다는 점일 것이다. 소득수준 상위 10%가 전체 소득의 48%를 차지하는 반면, 하위 10%는 고작 1.6%를 벌고 있다. 중남미 인구의 1/4분이 하루 소득 2달러 미만으로 살고 있다(자료원 : 세계은행). 최근의 안정적인 경제성장 덕분에

**중남미 주요국의 빈곤층 및 극빈층 인구 비중(2006)**

(단위 : %)

| 국가 | 빈곤층[1] | | 극빈층[2] | |
|---|---|---|---|---|
| | 도시 | 시골 | 도시 | 시골 |
| 중남미 평균 | 31.1 | 8.6 | 8.6 | 29.4 |
| 멕시코 | 26.8 | 40.1 | 4.4 | 16.1 |
| 브라질 | 29.9 | 50.1 | 6.7 | 20.5 |
| 칠레 | 13.9 | 12.3 | 3.2 | 3.5 |
| 아르헨티나 | 21.0 | – | 7.2 | – |
| 페루 | 31.2 | 69.3 | 4.9 | 37.1 |
| 콜롬비아(2005년) | 45.4 | 50.5 | 18.2 | 25.6 |
| 베네수엘라 | 30.2 | | 9.9 | |

자료원 : 라틴아메리카 카리브해 경제위원회(ECLAC)
주 1. 빈곤층 : 소득이 기본 식료품비의 2배 미만인 인구. 극빈층 포함.
2. 극빈층 : 소득이 기본 식료품비 미만인 인구.

중산층이 늘어나고 있기는 하지만, 소득 불균형은 여전히 심각한 사회문제 가운데 하나다.

이러한 빈부격차 때문에 시장도 양분되어 있다. 대량소비 시장에서는 가격이 최우선 경쟁요소다. 반면, 고소득층은 선진국 부럽지 않은 사치를 부리고 있다. 우리나라 제품들은 아직까지 가격으로 경쟁하는 저가시장에서 분투하고 있는 것이 현실이다.

### ■ 활발한 역내 경제통합

중남미 각국은 소지역별로 활발하게 경제통합을 추진해 오고 있다. 중남미의 역내 경제통합은 과거에는 보호무역의 수단이었으나, 1990년대부터는 세계시장에 편입되기 위한 시장개방책의 일환으로 추진되었다.

중남미 국가들은 안데스공동체(CAN), 카리브공동체(CARICOM), 중미공동시장(CACM), 남미공동시장(MERCOSUR), G-3와 같이 소지역별로 경제통합체를 구성하고 있기도 하고, 멕시코와 칠레를 필두로 역내외 국가들과 쌍무 자유무역협정을 체결하고 있기도 하다. 2000년 이후 중남미의 경제통합 움직임에서 눈에 띄는 것은 역외국가와의 무역협정 체결 움직임이 활발해졌다는 것이다.

우리나라는 중남미 국가 중에서 칠레하고만 자유무역협정을 체결하고 있다. 멕시코와는 자유무역협정 협상을 진행하고 있고, MERCOSUR와는 무역협정 체결에 대한 양국 공동연구를 수행한 정도다.

### 중남미지역의 관세동맹 체결현황

| 명칭 | 회원국 |
|---|---|
| 안데스공동체(CAN) | 볼리비아, 콜롬비아, 에콰도르, 페루, 베네수엘라 |
| 카리브공동체 (CARICOM) | 앤티카바부다, 바하마, 바베이도스, 벨리즈, 도미니카연방, 그레나다, 가이아나, 아이티, 자마이카, 몬세라, 세인트키츠네비스, 세인트루시아, 세인트빈센트그레나딘, 수리남, 트리니닷토바고 |
| 중미공동시장(CACM) | 코스타리카, 엘살바도르, 과테말라, 온두라스, 니카라과 |
| 남미공동시장 (MERCOSUR) | 정회원국 : 아르헨티나, 브라질, 파라과이, 우루과이, 베네수엘라[1]<br>준회원국 : 칠레, 볼리비아 |

자료원 : 대외무역정보시스템(SICE)
주 1. 베네수엘라는 정회원국이기는 하나, 브라질과 파라과이의 의회 승인 과정을 거치고 있는 상태임.

### 중남미지역의 자유무역협정(FTA) 체결현황

| 체결국 | 체결일자 |
|---|---|
| 멕시코 - 미국 - 캐나다(NAFTA) | 1992.12.17 |
| 멕시코 - 코스타리카 | 1994.04.05 |
| 멕시코 - 콜롬비아 - 베네수엘라[1)](G-3) | 1994.06.13 |
| 멕시코 - 볼리비아 | 1994.09.10 |
| MERCOSUR - 칠레 | 1996.06.25 |
| 칠레 - 캐나다 | 1996.12.05 |
| MERCOSUR - 볼리비아 | 1996.12.17 |
| 멕시코 - 니카라과 | 1997.12.18 |
| 중미 - 도미니카공화국 | 1998.04.16 |
| 멕시코 - 칠레 | 1998.04.17 |
| CARICOM - 도미니카공화국 | 1998.08.22 |
| 중미 - 칠레 | 1999.10.18 |
| 멕시코 - EU | 2000.03.23 |
| 멕시코 - 이스라엘 | 2000.04.10 |
| 멕시코 - 북부 3국(엘살바도르, 과테말라, 온두라스) | 2000.06.29 |
| 멕시코 - EFTA | 2000.11.27 |
| 코스타리카 - 캐나다 | 2001.04.23 |
| 중미 - 파나마 | 2002.03.06 |
| 칠레 - EU | 2002.11.18 |

| | |
|---|---|
| 칠레 – 한국 | 2003.02.15 |
| 칠레 – 미국 | 2003.06.06 |
| 칠레 – EFTA | 2003.06.26 |
| 파나마 – 대만 | 2003.08.21 |
| 멕시코 – 우루과이 | 2003.11.15 |
| CARICOM – 코스타리카 | 2004.03.09 |
| 중미 – 도미니카공화국 – 미국(DR-CAFTA) | 2004.08.05 |
| 멕시코 – 일본 | 2004.09.17 |
| MERCOSUR – 콜롬비아, 에콰도르, 베네수엘라 | 2004.10.18 |
| 칠레 – 뉴질랜드, 싱가포르, 부르나이(P4) | 2005.07.18 |
| 과테말라 – 대만 | 2005.09.22 |
| 칠레 – 중국 | 2005.11.18 |
| MERCOSUR – 페루 | 2005.11.30 |
| 파나마 – 싱가포르 | 2006.03.01 |
| 니카라과 – 대만 | 2006.06.16 |
| 칠레 – 일본 | 2007.03.27 |

자료원 : 대외무역정보시스템(SICE)
주 1. 베네수엘라는 2006년 G-3에서 탈퇴(2006.11.19 효력 상실)

### 중남미지역의 기본협력협정(Framework Agreements) 체결현황

| 체결국 | 체결일자 |
|---|---|
| MERCOSUR – 멕시코(ACE54) : 기본협력협정 | 2002.07.05 |
| MERCOSUR – 멕시코(ACE55) : 자동차부문협정 | 2002.09.27 |
| 안데스공동체 – MERCOSUR(ACE56) | 2002.12.06 |
| MERCOSUR – 인도 | 2004.01.25 |
| MERCOSUR – SACU[1] : 특혜무역협정 | 2004.12.16 |

자료원 : 대외무역정보시스템(SICE)
주 1. SACU : 남아프리카공화국, 보츠와나, 레소토, 나미비아, 스와질랜드

**체결은 되었으나 아직 미발효 상태인 지역무역협정**

| 구분 | 체결국 | 체결일자 |
|---|---|---|
| 자유무역협정 | 페루 - 미국 | 2006.04.12 |
| | 칠레 - 파나마 | 2006.06.27 |
| | 칠레 - 페루 | 2006.08.22 |
| | 콜롬비아 - 미국 | 2006.11.22 |
| | 칠레 - 콜롬비아 | 2006.11.27 |
| | 파나마 - 미국 | 2007.06.28 |
| | 콜롬비아 - 북부3국(엘살바도르, 과테말라, 온두라스) | 2007.08.09 |
| | MERCOSUR - 이스라엘 | 2007.12.18 |
| | 페루 - 싱가포르 | 2008.05.29 |
| 특혜무역협정 | 칠레 - 인도 | 2006.03.08 |
| 상품교역자유화 촉진협정 | 페루 - 태국 | 2005.11.19 |

자료원 : 대외무역정보시스템(SICE)

## 3 중남미 주요 국가에 대한 국제적인 평가

### ■ 국제투명성기구 평가(부패지수)

안타깝게도 중남미 국가들의 부패 정도는 상당히 심각한 수준이다. 국제투명성기구(TI)의 2007년 부패인식지수(CPI) 조사에 따르면, 중남미 국가들 가운데 1/3이 최고점 10점 대비 3점 이하의 낮은 평가를 받았다. 한국의 부패인식지수(CPI)는 5.1로 전 세계 43위인데, 칠레(22위)와 바베이도스(23위), 세인트루시아(24위), 우루과이(25위), 세인트빈센트그레나딘(30위), 도미니카 연방(37위)을 제외한 나머지 중남미 국가들의 부패인식지수는 한국보다 낮은 것으로 나타났다.

**중남미 각국의 부패 인식지수(2007년)**

| 순위 | 국가 | 부패인식지수(CPI) |
|---|---|---|
| 22 | 칠레 | 7.0 |
| 23 | 바베이도스 | 6.9 |
| 24 | 세인트루시아 | 6.8 |
| 25 | 우루과이 | 6.7 |
| 30 | 세인트빈센트그레나딘 | 6.1 |
| 37 | 도미니카연방 | 5.6 |
| 46 | 코스타리카 | 5.0 |
| 61 | 쿠바 | 4.2 |
| 67 | 엘살바도르 | 4.0 |
| 68 | 콜롬비아 | 3.8 |
| 72 | 수리남, 멕시코, 페루, 브라질 | 3.5 |
| 79 | 그레나다, 트리니닷토바고 | 3.4 |
| 84 | 자마이카 | 3.3 |
| 94 | 파나마 | 3.2 |
| 99 | 도미니카공화국, 벨리즈 | 3.0 |
| 105 | 아르헨티나, 볼리비아 | 2.9 |
| 111 | 괴데말리 | 2.8 |
| 123 | 가이아나, 니카라과 | 2.6 |
| 131 | 온두라스 | 2.5 |
| 138 | 파라과이 | 2.4 |
| 150 | 에콰도르 | 2.1 |
| 162 | 베네수엘라 | 2.0 |
| 177 | 아이티 | 1.6 |

자료원 : 국제투명성기구

## ■ 국가경쟁력 평가

스위스 국제경영개발원(IMD)이 매년 55개국을 대상으로 실시하는 국가경쟁력 평가에는 중남미 국가 중 칠레, 페루, 콜롬비아, 브라질, 멕시코, 아르헨티나, 베네수엘라 등 7개국이 포함되는데, 이 중에서 단연 칠레가 돋보인다. 2008년 칠레의 전반적 국가경쟁력 순위는 26위로 31위인 한국을 앞지르고 있으며, 세부 평가항목에서도 상위권을 차지하고 있다.

**전반적 국가경쟁력 순위**

| 국가 | 2004 | 2005 | 2006 | 2007 | 2008 |
|---|---|---|---|---|---|
| 칠레 | 24 | 18 | 23 | 26 | 26 |
| 한국 | 31 | 27 | 32 | 29 | 31 |
| 페루[1] | – | – | – | – | 35 |
| 콜롬비아 | 34 | 38 | 34 | 38 | 41 |
| 브라질 | 44 | 42 | 44 | 49 | 43 |
| 멕시코 | 47 | 47 | 45 | 47 | 50 |
| 아르헨티나 | 50 | 49 | 47 | 51 | 52 |
| 베네수엘라 | 51 | 51 | 53 | 55 | 55 |

자료원 : 스위스 국제경영개발원(IMD)
주 1. 페루는 2008년부터 평가대상에 포함.

부문별 국가경쟁력을 살펴보면, 중남미 국가들은 노동시장을 제외한 대부분의 분야에서 하위권을 차지하고 있으며, 특히 인프라 부문에서 경쟁력이 가장 떨어진다.

**2008년 주요 부문 국가경쟁력 순위**

| 국가 | 거시경제 | 비즈니스 효율성 | 생산성 | 정부 효율성 | 인프라 | 노동시장 | 무역 | 투자 |
|---|---|---|---|---|---|---|---|---|
| 한국 | 47 | 36 | 27 | 37 | 21 | 32 | 40 | 50 |
| 멕시코 | 33 | 55 | 38 | 40 | 54 | 35 | 41 | 45 |
| 브라질 | 41 | 29 | 46 | 51 | 50 | 47 | 50 | 36 |
| 아르헨티나 | 37 | 54 | 42 | 54 | 47 | 48 | 27 | 39 |
| 칠레 | 43 | 22 | 37 | 9 | 38 | 10 | 47 | 28 |
| 콜롬비아 | 46 | 39 | 48 | 35 | 44 | 20 | 52 | 42 |
| 페루 | 14 | 30 | 51 | 32 | 52 | 2 | 38 | 34 |
| 베네수엘라 | 54 | 53 | 40 | 55 | 51 | 30 | 53 | 53 |

자료원 : 스위스 국제경영개발원(IMD)

### ■ 환경지수

2008년 1월 미국 예일대학교와 컬럼비아대학교 공동 연구진이 다보스 세계경제포럼에서 발표한 환경성과지수 연구 결과를 보면, 많은 중남미 국가들이 평가대상 149개국 가운데 중상위권에 들어 있다.

특히 코스타리카와 콜롬비아는 각각 5위와 9위를 차지하며 스위스, 스웨덴, 노르웨이, 핀란드, 오스트리아, 뉴질랜드 같은 선진국들과 어깨를 나란히 하고 있다.

우리나라의 환경성과지수는 79.4로 51위에 자리했는데, 코스타리카, 콜롬비아, 에콰도르, 칠레를 비롯한 중남미 지역의 13개 나라가 우리나라보다 더 높은 환경성과지수를 기록했다.

**2008년 중남미 국가들의 환경성과지수(EPI)**

| 순위 | 국가 | 지수 |
|---|---|---|
| 5 | 코스타리카 | 90.5 |
| 9 | 콜롬비아 | 88.3 |
| 22 | 에콰도르 | 84.4 |
| 29 | 칠레 | 83.4 |
| 32 | 파나마 | 83.1 |
| 33 | 도미니카공화국 | 83.0 |
| 35 | 브라질 | 82.7 |
| 36 | 우루과이 | 82.3 |
| 37 | 죠지아 | 82.2 |
| 38 | 아르헨티나 | 81.8 |
| 41 | 쿠바 | 80.7 |
| 45 | 베네수엘라 | 80.0 |
| 47 | 멕시코 | 79.8 |
| 54 | 자마이카 | 79.1 |
| 60 | 페루 | 78.1 |
| 63 | 파라과이 | 77.7 |
| 65 | 엘살바도르 | 77.2 |
| 69 | 과테말라 | 76.7 |
| 73 | 온두라스 | 75.4 |
| 77 | 니카라과 | 73.4 |
| 84 | 벨리즈 | 71.7 |
| 89 | 트리니닷토바고 | 70.4 |
| 108 | 가이아나 | 64.8 |
| 110 | 볼리비아 | 64.7 |
| 119 | 아이티 | 60.7 |

자료원 : 예일대학교

# II 멕시코

Estados Unidos Mexicanos

# II. 멕시코

Estados Unidos Mexicanos

- 국명 멕시코 합중국(Estados Unidos Mexicanos)
- 위치 북으로는 미국, 남으로는 과테말라, 벨리즈 등과 접경
- 면적 1,958,201㎢(세계 12위, 남한의 20배)
- 기후 고지대는 온난 건조, 저지대는 고온 다습
- 인구 1억 870만 명(중남미 2위, 2007년 추정)
- 수도 멕시코시티(Mexico City, Ciudad de México)
- 주요도시 과달라하라(Guadalajara, 6.4백만), 몬떼레이(Monterrey, 4.7백만)
- 민족 메스띠소 혼혈(Mestizo, 80%), 백인(9%), 원주민(10%), 기타(1%)
- 언어 스페인어
- 종교 가톨릭(89.7%), 개신교(4.9%), 유대교(0.2%), 무교 및 기타(5.2%)
- 화폐단위 뻬소(Peso)
- 환율 US$ 1 = 10.3 뻬소(2008.6.26 기준)
- 정부형태 대통령제
- 국가원수 Juan Felipe Calderón Hinojosa
- GDP US$ 893십억(2007)
- 1인당 GDP US$ 8,219(2007)
- 경제성장율 4.8%(2006), 3.3%(2007)
- 물가상승율 4.05%(2006), 3.8%(2007)
- 수출(對韓수출) US$ 1,013백만(2007)
- 수입(對韓수입) US$ 7,482백만(2007)

## I 일반 비즈니스 환경

### 1.1 약사

흔히 스페인이 신대륙을 발견한 이후 멕시코 역사가 시작되었다고 생각하기 쉽지만 사실 멕시코에 사람이 살기 시작한 지는 무척 오래되었다. 스페인의 멕시코 도착을 기준으로 멕시코의 역사를 크게 침략 이전 역사와 식민지 시기, 그리고 독립 후 역사로 나누어 살펴보자.

아스떼까문명이 발견된 멕시코시티 한복판의 뗌쁠로 마요르(Templo Mayor), 아직도 발굴작업이 진행 중이다.

스페인이 멕시코를 점령하기 이전에 크게 다섯 개의 문명이 존재했다.

첫 번째 문명은 BC 1200년~BC 600년까지의 올메까(Olmeca) 문명이다. 베라끄루스의 저지대이며 습지인 멕시코만 지역에서 일어난 이 문명은 멕시코의 선조 문명으로 예술, 종교 및 사회 구조가 후대 문명에 영향을 주었다.

두 번째 문명은 AD 250~900년까지의 마야(Maya) 문명이다. 북쪽의 유까딴 반도, 중앙의 과테말라 뻬뗀(Peten) 숲, 남쪽의 과테말라 태평양 연안과 온두라스의 고원지대 등 세 군데에서 번창한 마야문명은 예술, 언어, 천문학, 종교 등에서 우수함을 나타내었다. 마야문명의 붕괴원인은 인구증가와 환경요인이 원인으로 추측될 뿐 정확한 원인이 밝혀지지 않고 있다.

세 번째 문명은 AD 50년~AD 700년까지의 떼오띠우아깐(Teotihuacan) 문명이다. 멕시코시티의 북동쪽 50Km 계곡에서 발생한 떼오띠우아깐은 6세기에는 인구 20만 명의 커다란 도시를 이루게 된다. 문자와 책을 가

떼오띠우아깐 태양의 피라미드

지고 있었으며 선과 점으로 이루어진 숫자 체계와 연 260일의 달력을 사용했다. 떼오띠우아깐제국은 7세기경에 불에 타 소멸되는데 이는 경제적 악화에 따른 경쟁 집단의 공격에 의한 것으로 보인다. 이들이 믿었던 풍요와 생명의 신인 께찰꼬아뜰(Quetzalcoatl)과 물의 신인 뜰랄록(Tlaloc)을 천년 뒤의 아스떼까 제국에서도 섬긴다.

네 번째 문명은 7~13세기까지의 똘떼까(Tolteca)문명이다. 똘떼까 문명은 12세기에 수도를 멕시코 중앙고원의 떽스꼬꼬 호반으로 옮긴 이후 강한 군사력을 지닌 도시국가인 떽스꼬꼬(Texcoco)와 뜰랄꼬빤(Tlalcopan) 양대 도시가 생겨나면서 문명의 전성기를 구가했다.

다섯 번째 문명은 13세기~1520년까지의 아스떼까(Azteca) 문명이다. 13세기에 북멕시코에서 이동해온 수렵민족인 아스떼까족은 떽스꼬꼬호(湖)의 작은 섬에 떼노치띠뜰란(Tenochititlan)이라는 도시국가를 만든 후 기존의 떽스꼬꼬와 뜰랄꼬빤과 3자 군사동맹을 체결하고 인근 지역으로부터 조공(朝貢)을 받아 삼분(三分)했다. 하지만 15세기 말부터 아스떼까는 군사와 정치력을 증강해 인근 부족을 합병하고, 1500년까지 떽스꼬꼬와 뜰랄꼬빤을 제압하고 멕시코의 주권자가 되었다. 아스떼까족은 원래 문화수준이 낮은 수렵민족이었으므로 똘떼까계(系) 문화로부터 종교체계, 천문, 역법(曆法), 문학 등을 받아들여 문화를 풍성하게 했다. 그러나 아스떼까문명은 1519년 갑자기 나타난 스페인의 에르난 꼬르떼스가 거느린 수백 명의 군대의 침입으로 몇 달 만에 멸망했다.

아스떼까 달력

식민지 시기는 스페인 침략자 에르난 꼬르떼스의 아스떼까 정복으로 시작되었다. 쿠바에서 멕시코 원정길에 오른 꼬르떼스는 아스떼카에 적대적이었던 찰꼬(Chalco), 떼빠넥(Tepanec), 뜰락스깔라(Tlaxcala)와 동맹관계를 맺고 1521년 아스떼까를 정복했다. '다섯 번째 태양' 이라는 신화를 믿었던 아스떼카 제국의 지도자 목떼수마(Moctezuma)는 꼬르떼스가 주신(主神) 께찰꼬아뜰(Quetzalcoatl)의 화신이 아닐까 생각하고 환대했으나, 이 틈을 타 원정대는 방심한 목떼수마를 사로잡고 수십만의 아스떼까 전사들을 무력화시켰다. 그리고 기나긴 혼혈의 스페인 식민지 역사가 시작되고 피라미드 위의 제단에는 정복의 상징인 십자가가 세워진다.

1810년부터 독립운동이 활발해졌고, 미겔 이달고(Miguel Hidalgo) 신부와 모렐로스(Morelos) 신부의 노력, 끄리오요(Criollo, 식민지에서 태어난 백인)들의 가담이 있었지만, 스페인군 앞에 독립투쟁 세력은 너무나 약했다. 그런데 멕시코의 독립은 전혀 엉뚱한 방향에서 찾아왔다. 1821년에 스페인군의 사령관 이뚜르비데(Iturbide)가 스페인을 배신하고 독립 운동에 협력함으로써 독립이 달성된 것이다. 이후 산따 안나(Santa Anna) 대통령의 무능으로 인한 전쟁과 국토 상실, 뽀르피리오 디아스(Profirio Díaz) 대통령의 독재정치, 일련의 멕시코 혁명(1910~1917)을 거쳐 71년 간의 제도혁명당(PRI) 장기 집권(1928~1999)이 지속되었다.

혁명 이후 멕시코 경제는 4단계로 시기 구분을 할 수 있다. 첫째 단계는 1917년부터 1940년까지 멕시코 경제발전을 위한 인프라 구축시기다. 국가는 혁명정신에 기초해 '은혜를 베푸는(benefactor state)' 역할을 수행하며 민중계급의 복지를 위해 토지개혁을 단행하고 철도와 석유부문을 국유화했다. 둘째 단계는 1940년부터 1970년까지 수입대체산업화(ISI) 시기다. 국가는 이 시기에 '개입자(interventionist state)' 로 탈바꿈하며 전력을 비롯한 공기업의 국유화 및 국내소비재 산업 강화 등을 통해 국가의 경제발전을 이끌고자 했다. 셋째 단계는 1970년부터 1982년까지의 정책혼란기이다. 수입대체산업화 전략이 실패로 드러나면서 국가는 경제발전 정책을 전환할 필요성을 실감했지만, 일시적인 고유가 현상으로 국가의 정책전환의 시점을 놓쳤다. 공기업을 통한 경제발전과 사회안정(고용확대, 물가안정) 전략을 계속 고집한 국가는 이를 위한 재원을 외채로 충당했으며, 공기업의 채무구조는 점점 악화되어 갔다. 연방전력공사(CFE)와 국영석유공사(PEMEX)가 주된 외채 도입 기업이었다. 마지막 단계는 1982년 외채위기 이후 현재까지의 신자유주의 시기다. 1982년의 외채위기는 국가개혁을 요구했고, PRI 정권임에도 신자유주의 정책이 도입되었다. 1994년 NAFTA 발효 이후 더욱 강화된 신자유주의 정책은 경제적 규제완화와 무역자유화가 핵심이었고, 따라서 국가의 역할은 축소되었다. 국가는 '촉진자(promoter state)'로의 변화를 강요받았다. 대부분의 공기업은 민영화되었고, 마지막 남은 PEMEX와 CFE에 대한 민영화 논의도 진행 중이다.

2000년 대선에서 정권교체가 이루어져 현재 중도우파인 국민행동당(PAN)이 집권하고 있다. 현 깔데론 정권(2006~2012)은 신자유주의 정책을 채택하고 남아 있는 공기업 민영화를 추진하며 외국인 투자 유치 확대에 힘쓰고 있다. 또한, 국경지역 마약 카르텔과의 전쟁을 선포하고 마약 범죄를 집중 단속하고 있으나 많은 경찰이 희생되고 국경 마낄라도라 지역의 치안이 불안해 투자가 위축되는 등 소탕에 어려움을 겪고 있다.

깔데론 정부는 미국과의 전통적인 우호관계를 유지함과 동시에, 미국에 편중된 무역 구조를 개선하기 위해 유럽 및 아시아 국가와의 교역 다변화에 힘쓰고 있다. 중국에 취했던 반덤핑관세도 953개 품목 중 79%는 즉각 철폐, 나머지는 2011년 말까지 철폐하기로 하며 관계개선에 나서고 있다. 최근 에너지 개혁법안과 관련해 여야 간 대치가 심한 가운데, 정부 및 공기업 관료 부패와 물가인상에 실망한 국민의 지지율이 떨어져 2009년 7월 하원 총선에서 여당인 PAN(국민행동당)의 승리가 불확실한 상황이다.

## 1.2 경제현황

### ■ 주요 경제지표

| 구분 | 단위 | 2006 | 2007 | 2008* |
|---|---|---|---|---|
| GDP(명목) | US$ 십억 | 840.0 | 893.4 | 962.0 |
| 1인당 GDP(명목) | US$ | 782.1 | 821.9 | 874.5 |
| 경제성장률 | % | 4.8 | 3.3 | 2.1~2.8 |
| 물가상승률 | % | 4.05 | 3.8 | 4.7 |
| 임금인상률 | % | 0.4 | 0.4* | 0.3 |
| 실업률 | % | 3.58 | 3.7 | 4.1 |
| 기준금리* | % | 7.7 | 7.8 | 7.9 |
| 수 출 | US$ 십억 | 250.0 | 271.9 | 295.4 |
| 수 입 | US$ 십억 | 256.1 | 283.0 | 309.6 |
| 무역수지 | US$ 십억 | -6.1 | -11.1 | -14.2 |
| 경상수지 | US$ 십억 | -2.2 | -7.3 | -12.0 |
| 외국인직접투자 | US$ 십억 | 19.2 | 23.2 | 24.6 |
| 외환보유고 | US$ 십억 | 76.3 | 87.2 | 96.2 |
| 외 채 | US$ 십억 | 160.7 | 179.7* | 179.4 |
| 연평균환율 | US$ 1당 현지화 | 10.88 | 10.87 | 10.75 |

자료원 : 중앙은행, Banamex, EIU, World Bank, 통계청(INEGI), 경제부, OECD
주 1. 2007년 일부(*) 및 2008년 자료는 EIU(Economist Intelligence Unit) 추정 및 전망치.
주 2. 금리는 재무부 채권 Treasury Bill(Cetes) 28일 기준 연평균 금리임.

### ■ 경제성장률

수출의 80% 이상을 미국에 집중하고 있는 멕시코 경제는 미국 내수경기 침체에 따라 2007년 3.3%의 경제성장률을 기록했다.

2008년 예상 경제성장률은 2.1%로서 미국의 실물경기 하강의 그늘에서 벗어나지 못할 것으로 보이나 정부 주도 인프라건설에 따른 경기가 진작될 경우 2.8%까지 성장할 것으로 예상된다.

### ■ 물가상승률

2007년 연간 인플레이션은 3.8%를 기록했다. 주 원인은 연초의 식품 가격 및 유가 급등, 서비스요금 인상, 9월 세제개혁에 따른 가솔린 및 디젤 세금 인상에 기인했다.

2008년은 지속되는 국제 원자재 가격 상승으로 인한 생산자 물가(7.2%) 상승의 압박에서 자유롭지 못할 것으로 보이나, 정부의 억제 정책에 의한 물가 인하 효과를 감안해 4.7%의 소비자 물가상승률을 예상한다.

### ■ 실업률

2007년 실업률은 3.7%로서 비교적 안정적인 고용환경이 유지되었다. 2008년 상반기 중 세제개혁에 대한 대기업의 부담으로 인해 일시적 실업률 증가, NAFTA 농산물 전면 개방에 따른 농업 및 식품 가공업계의 실업, 그리고 미국의 불법 노동제재에 따른 실업자 증가가 예상되나 공공건설부문의 고용 창출이 기대되어 연평균 실업률은 4.1%로 전망된다.

### ■ 금리

중앙은행은 2007년부터 금리 억제 정책을 실시, 7% 후반대의 금리를 유지하고 있다. 2008년에는 미국의 경기 부양 금리정책에 따른 금리 인하 가능성과 동시에 국내 물가상승률이 높아질 경우 통화량 축소를 위한 금리 인상 가능성이 상존한다.

## ■ 무역

2007년 멕시코의 무역규모는 사상 최대인 5,549억 달러로 GDP의 62% 수준이다. 수출은 8.8% 늘어난 2,719억 달러, 수입은 전년 대비 10.5% 증가한 2,830억 달러로 111억 달러의 무역적자를 기록했다. 2008년은 미국의 소비둔화 지속에 따른 대미 수출감소와 타지역 수출 증가가 상쇄되는 반면, 원자재 상승 등에 의한 수입액 증가로 142억 달러의 무역수지 적자가 예상된다.

## ■ 경상수지

2007년 경상수지는 73억 달러 적자를 기록했다. 2008년 경상수지는 무역수지 적자 증가 및 미국의 폐쇄적인 이민정책에 따른 이전수지 감소로 120억 달러 적자가 예상된다.

## ■ 외국인 투자

2007년 전체 외국인 투자액은 380억 달러로 전년 대비 무려 85%나 늘어났다. 하지만, 주된 증가원인은 간접투자(148억 달러)에 의한 것으로서 금융시장 투자 및 외국인(외국기업)의 대멕시코 송금에 기인한다. 2007년 외국인 직접투자는 신고액 기준으로 20.8% 증가된 232억 달러를 기록했다. 직접투자 분야는 제조업(49.7%)과, 금융업(24.3%)이 주를 이루며, 미국(47.3%), 네덜란드(15.1%), 스페인(9.6%), 프랑스(7.2%), 캐나다(4.0%)순으로 투자했다. 2008년은 주요 투자자인 미국의 소극적 행보에 따른 직접투자의 완만한 증가와 금융시장 외국인 간접투자의 감소로 인해 총 투자액은 315억 달러에 달할 것으로 전망된다.

### ■ 외환보유고와 외채

외환보유고는 2007년 872억 달러를 기록했으며, 2008년 외환보유고와 외채 예상액은 각각 962억 달러, 1,794억 달러이다.

**주요 교역대상국(2007)**

(단위 : US$ 백만)

| 수 출 | | | 수 입 | | |
|---|---|---|---|---|---|
| 순위 | 국명 | 금액 | 순위 | 국명 | 금액 |
| 1 | 미국 | 223,404 | 1 | 미국 | 140,570 |
| 2 | 캐나다 | 6,494 | 2 | 중국 | 29,792 |
| 3 | 독일 | 4,105 | 3 | 일본 | 16,360 |
| 4 | 스페인 | 3,584 | 4 | 한국 | 12,616 |
| 5 | 콜롬비아 | 2,943 | 5 | 독일 | 10,699 |
| (23) | 한국 | 681 | (4) | 한국 | 12,616 |
| 총계 | 272,044 | | 총계 | 283,234 | |

자료원 : World Trade Atlas

**주요 수출입품목(2007)**

(단위 : US$ 백만)

| 수 출 | | | 수 입 | | |
|---|---|---|---|---|---|
| 순위 | 품목(HS 2단위) | 금액 | 순위 | 품목(HS 2단위) | 금액 |
| 1 | 전기기기(85) | 70,295 | 1 | 전기기기(85) | 60,112 |
| 2 | 광물성연료(27) | 42,694 | 2 | 기계류(84) | 43,100 |
| 3 | 자동차 및 부품(87) | 41,903 | 3 | 자동차 및 부품(87) | 27,068 |
| 4 | 기계류(84) | 33,882 | 4 | 광물성 연료(27) | 19,430 |
| 5 | 광학기기(90) | 8,667 | 5 | 플라스틱(39) | 16,201 |
| 총계 | 272,044 | | 총계 | 283,234 | |

자료원 : World Trade Atlas

## 1.3 시장 특성

### ■ 시장특성

□ 중남미 최대의 수입품 소비시장

연간 수입규모 2,830억 달러(2007년)로 중남미 최대의 교역시장이다. 대한국 수입은 65억 달러(2007년 기준)를 기록하고 있으며 1인당 국민소득 8,219 달러, 인구 1억 870만 명의 대형 소비시장(2007년)이다. 단 지역에 따라 5,000~20,000달러까지 소득 격차가 현격하다.

□ 대미 의존형 시장, 상권의 주요 도시 집중

대미 교역이 전체 교역의 70%로 압도적 비중을 차지해 대미 의존도가 높다. 총 수출액 중 대미 수출비중은 82%, 총 수입액 중 대미 수입비중은 49.5%에 달하고 있다. NAFTA 이후 3,300Km에 이르는 미국과의 접경지역은 미국 기업들의 생산 및 판매기지가 되었으며, 미국은 최근 10년간 멕시코 내 외국인투자 총액의 약 50%를 차지하고 있다. 상권은 3대 도시에 집중되어 있는데, 멕시코 시(41%), 과달라하라(22%), 몬떼레이(21%) 등에 멕시코 전체 상권의 84%가 집중되어 있다.

□ 방대한 원부자재, 부품시장, 대형 프로젝트 시장

대형 국제입찰 프로젝트 시장이 발달되어 있다. 특히, 석유화학 및 발전 등 건설 엔지니어링 프로젝트 분야에서 거대시장이 형성되어 있다.

□ 가격시장, D/A 보편화 시장

가격 우선 소비 패턴을 보인다. 상류층을 제외한 멕시코 소비자의 80% 이상이 제품구입 시 가격요인을 최우선적으로 고려한다. 또한 D/A, D/P

방식 상거래가 보편화되어 있다. L/C방식보다 D/A, D/P를 선호하며, 통상 60~90일의 D/A 요구가 상거래 관행이다.

□ 유태인과 레바논계가 지배하고 있는 상권

멕시코 경제는 전체 인구의 약 9% 정도인 백인들이 지배하고 있으며, 유태인들의 상권 진출이 상당히 활발한 편이다. 특히 섬유류 수입의 경우, 대부분 유태인들이 상권을 장악하고 있다. 이들은 상호 정보교환으로 특히 경쟁이 심한 한국 업체들을 상대로 가격을 조정하는 등 피해를 주는 일이 빈번하다. 멕시코 대기업 및 유통시장은 주로 레바논계 이민자들이 주도하고 있으며, 통신기업 TELMEX, TELCEL, 유통기업 CHEDRAUI 등이 대표적이다.

## ■ 소비 특성

□ 빈부격차로 인한 소비시장 양극화

멕시코는 빈부격차가 큰 국가로 부유층들은 매우 사치스러운 생활을 영위하면서 고가 수입품을 사용하고 있으나, 대부분의 국민들은 경제적인 여유가 없어 값싼 제품을 선호하고 있다. 따라서 멕시코 시장은 전반적으로 품질보다 가격이 우선하는 "가격 시장"이라 할 수 있다. 멕시코는 수입품도 고급품과 저급품으로 크게 구분되는데, 고급품들은 주로 일류 백화점이나 부유층 거주지역의 전문점 등에서 판매되고, 브랜드가 가장 큰 구매 요인이 되고 있다. 고급품 분야에서는 이탈리아, 프랑스 등의 유명상표가 대부분 진출해 있으나, 구매는 일부 부유층에 한정되어 대부분의 서민들은 일반 슈퍼 및 재래시장에서 값싼 제품을 구매하고 있다.

□ 연말연초가 가장 큰 구매시즌

일반 소비재의 경우 가장 큰 구매시즌은 크리스마스를 전후한 연말인

데, 이 시기에는 친구나 가족, 친척 등 개인 차원뿐만 아니라 기업들도 거래선에게 선물을 하는 관행이 있어 일반 소비재의 수요가 가장 많은 시기다.

그 외에 동방박사의 날(1월 6일)이 어린이용 선물에 대한 수요가 가장 높은 시기이며, 기타 주요한 날들을 살펴보면 발레타인 데이 또는 연인의 날(Dia de Valentin 또는 Día de Amor y de Amistad, 2월 14일), 어머니 날(5월 10일), 아버지 날(6월 16일), 어린이 날(6월 30일) 및 3월 말 내지 4월 초순경의 부활절(Semana Santa) 등이 구매가 높아지는 날이라 할 수 있다.

멕시코의 휴가철은 7~8월 및 12~1월인데 여름보다는 겨울 휴가를 즐기는 사람들이 많아 휴가용품의 구매시즌은 통상 12월경이며, 학교는 9월 학기제로 8월 말에 새 학년이 시작되기 때문에 각종 문구류 등은 8월부터 9월까지가 가장 큰 구매시즌이다.

## ■ 유통구조

멕시코는 수입시장이 아주 발달되어 있어 각국의 경쟁이 치열하다. 따라서 멕시코 시장 진출을 위해서는 초기 유력 디스트리뷰터를 선정하는 것이 가장 중요하다. 자동차용 휠 품목을 통해 본 상품의 유통경로는 아래와 같다.

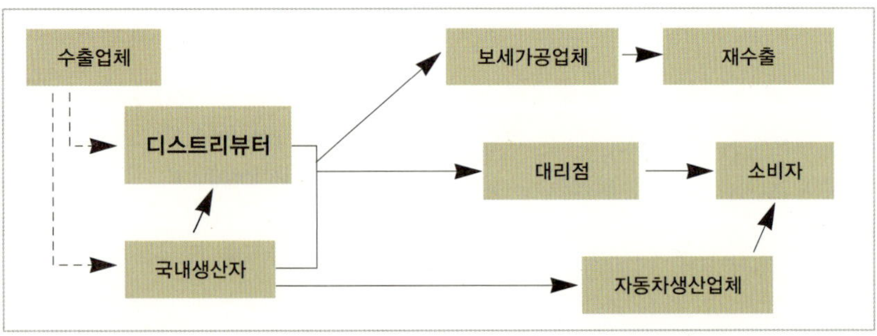

## 1.4 우리나라와 관계

### ■ 무역투자 관계

**우리나라의 대멕시코 교역동향**

(단위 : US$ 백만)

| 구분 | 2003 | 2004 | 2005 | 2006 | 2007 |
|---|---|---|---|---|---|
| 수 출 | 2,455 | 2,994 | 3,789 | 6,285 | 7,482 |
| 수 입 | 334 | 411 | 460 | 798 | 1,013 |
| 무역수지 | 2,121 | 2,583 | 3,329 | 5,486 | 6,469 |

자료원 : KITA

우리나라의 대멕시코 수출은 2001년 21.5억 달러를 기록한 이후 꾸준히 증가하고 있으며, 2007년에는 전년대비 19.1%가 증가한 74.8억 달러를 기록, 멕시코는 한국의 9대 수출국으로 부상했다. 대멕시코 수입의 경우, 2005년 4.6억 달러에 이어 2006년에는 8억 달러로 전년 대비 73.5%의 급격한 증가를 기록했다. 2007년 대멕시코 수입은 전년 대비 26.9% 증가한 10.1억 달러를 기록, 양국 간 교역이 빠른 속도로 증가하고 있다. 우리의 대멕시코 무역수지는 계속 흑자 폭이 확대되고 있는데, 2007년 64.7억 달러를 기록하면서 전년 대비 17.9%의 증가를 기록했다. 양국 간의 교역규모는 1990년대 후반부터 전반적으로 증가추세에 있으며, 멕시코는 1999년에 처음으로 중남미 국가 가운데 우리나라의 제1의 수출 대상국으로 부상하면서 현재 중남미 최대 무역흑자 대상국으로 자리잡고 있다.

대멕시코 수출제품 중에는 멕시코에 투자 진출한 한국 가전회사들의 평판디스플레이 등 전자부품 수출이 큰 부분을 차지하고 있으며, TV, 휴대폰, 가전제품 등 완제품도 대멕시코 수출의 주종을 이루고 있다. 우리나라 주력수출품목인 자동차의 경우 멕시코 내 자동차 생산기업에 한해 수입을 허용해 왔던 "자동차 산업 진흥 및 현대화 법령"이 2004년 1월에 폐지되면서 수입 자유화가 되었다. 그러나 비 FTA체결국 제품에 대한 50% 관세 부

**우리나라의 대멕시코 주요 수출입 품목(2007)**

(단위 : US$ 백만)

| 수 출 | | 수 입 | |
|---|---|---|---|
| 품목명(MTI 3단위) | 금액 | 품목명(MTI 3단위) | 금액 |
| 평판디스플레이 및 센서(836) | 2,387 | 동제품(622) | 192 |
| 영상기기(821) | 1,507 | 아연광(116) | 83 |
| 무선통신기기(812) | 675 | 유선통신기기(811) | 72 |
| 자동차(741) | 447 | 강반 및 기타철강제품(619) | 70 |
| 철강판(613) | 329 | 계측제어분석기(815) | 54 |
| 자동차부품(742) | 284 | 무선통신기기(812) | 53 |
| 총계 | 7,482 | 총계 | 1,013 |

자료원 : KITA

과로 사실상 직수출이 불가능한 상황이다.

한편, 한국의 대멕시코 주종 수입품목을 보면 미정제동괴, 아연광, 동스크랩, 고철 등 광물, 무선통신 기기부품, 유선전송장치 등 부품류가 주를 이루고 있고, 소고기 등 일부 농축산물이 수입되고 있다.

**우리나라의 대멕시코 업종별 투자현황**

(단위 : US$ 천, 건)

| 업종 | 신규법인 | 신고건수 | 신고금액 | 투자건수 | 투자금액 |
|---|---|---|---|---|---|
| 어업 | 7 | 14 | 2,074 | 7 | 512 |
| 제조업 | 87 | 248 | 616,185 | 353 | 359,179 |
| 건설업 | 13 | 26 | 39,728 | 262 | 9,118 |
| 도매 및 소매업 | 15 | 40 | 281,863 | 48 | 195,249 |
| 운수업 | 1 | 1 | 475 | 1 | 475 |
| 통신업 | 1 | 2 | 49,493 | 3 | 49,493 |
| 부동산 및 임대업 | 1 | 2 | 484 | 4 | 484 |
| 사업서비스업 | 4 | 6 | 219 | 6 | 189 |
| 오락 문화 및 운동관련 서비스업 | 1 | 1 | 263 | 3 | 90 |
| 기타 공공 수리 및 개인서비스업 | 1 | 1 | 9 | 1 | 9 |
| 합계 | 131 | 341 | 990,793 | 452 | 634,799 |

자료원 : 한국수출입은행(2008. 3 누계 기준)

한국의 대멕시코 투자는 1991년부터 본격화되어 1994년 멕시코의 북미자유무역협정(NAFTA) 체결을 기점으로 꾸준히 증가하고 있는 추세이다. 2008년 3월 기준 우리나라의 대멕시코 총투자 신고금액은 9억 9,079만 달러(341건)이며 순 투자금액은 6억 3,479만 달러(452건)를 기록했고, 2007년 한 해에만 1억 1,987만 달러(76건)의 투자가 이루어져 전년 대비 100% 의 증가율을 보였다.

분야별 투자규모를 보면 제조업 3억 5,917만 달러(353건), 도매 및 소매업 1억 9,525만 달러(48건), 통신업 4,949만 달러(3건), 건설업 2,912만 달러(26건) 순으로 투자가 이루어졌다. 한편, 2007년에는 도매 및 소매업 6,020만 달러(6건), 제조업 5,965만 달러(68건) 순으로 투자가 이루어졌다.

제조업 투자는 삼성전자, LG전자, 대우일렉트로닉스 등 가전 3사와 협력업체의 동반진출 및 최근 POSCO의 철강생산 관련 투자가 대부분을 차지하고 있다.

최근 한국의 멕시코 투자동향을 보면 멕시코의 자동차산업 발전에 따라 한국 관련기업의 진출이 늘어나고 있는 추세이다. 특히 GM 등 다국적기업이 생산라인을 미국, 캐나다 등 북미 지역에서 멕시코로 옮기고 있어 이들에게 제품을 공급하고 있는 한국의 자동차 부품 업체의 진출이 늘어나고 있다.

가전분야의 최근 투자동향을 보면, 삼성전자 멕시코 판매생산법인(SEM)이 양문형 냉장고, 프렌치도어 냉장고 등 고급냉장고 생산라인 신설 및 협력사 지원을 위해 2013년까지 1억 2천만 달러를 께레따로(Queretaro)에 증설 투자하기로 2008년 5월에 발표했다. LG전자 몬떼레이 생산법인은 3,000만 달러를 투자해 전기오븐 생산라인을 몬떼레이(Monterrey)에 신설하기로 2008년 4월에 발표했다.

멕시코 자동차산업 발전으로 철강업계의 진출 또한 활발하게 이루어지고 있는데, 2007년 3월 POSCO가 뿌에블라(Puebla)에 연간생산 17만 톤 규모의 자동차 강판 복합가공 서비스센터를 완공해 가동 중에 있으

**멕시코 진출 주요 우리 기업**

| 회사명 | 진출(생산 개시)년도 | 업종 | 취급분야 | 지역 |
|---|---|---|---|---|
| LG전자 멕히깔리 생산법인 | 1987 | 제조업 | LCD, 핸드폰 | Mexicali |
| 삼성전자 띠후아나 생산법인 | 1988 | 제조업 | TV, LCD, 핸드폰 | Tijuana |
| LG전자 멕시코 판매법인 | 1988 | 도소매업 | 가전, 핸드폰 | D.F. |
| 대우일렉트로닉스 멕시코 판매법인 | 1993 | 도소매 | 가전업 | D.F. |
| 대우일렉트로닉스 께레따로 생산법인 | 1994 | 제조업 | 가전 | Queretaro |
| 삼성SDI 띠후아나 생산법인 | 1995 | 제조업 | 디스플레이 디바이스 | Tijuana |
| 삼성전자 멕시코 판매생산법인 | 1995 | 도소매업 제조업 | 가전 판매 및 생산 | D.F. Queretaro |
| LG전자 몬떼레이 생산법인 | 2000 | 제조업 | 냉장고 생산 오븐 생산(2008) | Monterrey |
| LG전자 레이노사 생산법인 | 2000 | 제조업 | PDP, LCD | Reynosa |
| 포스코-엠피시 | 2007 | 제조업 | 철강코일가공 | Puebla, San Luis Potosi |
| 유니온 스틸 | 2008 | 제조업 | 철강재(가전제품용 아연도금강판) | Monterrey |
| 포스코 멕시코 | 2009 | 제조업 | 철강재(자동차용 도금강판) | Altamira |

자료원 : 멕시코시티 KBC 조사

며, 2008년 10만톤의 가공물 생산을 계획하고 있다. 산루이스뽀또시(San Luis Potosi)에도 연간 15만 톤 규모의 자동차 강판 복합가공 서비스센터를 건설 중이며 2008년 9월부터 가동할 예정이다. 또한 멕시코만 인근 알따미라(Altamira)에는 2009년 중 가동을 목표로 2억 달러를 들여 연간생산 40만 톤 규모의 자동차용 강판공장을 착공했다. 유니온스틸도 2008년 2월 몬떼레이(Monterrey)에 냉연공장 준공식을 갖고 가전제품용 아연도금 강판 및 컬러강판을 공급하고 있다.

## ■ 우리나라와의 관계

멕시코 이민은 크게 두 가지 가닥으로 나뉜다. 1905년 멕시코 유까딴 반도에 도착했던 첫 이민자들의 후세들과 1960년대 중반 이후부터 시작된 유학생, 기술자, 태권도 사범 등 2차 이민세대들로 구분된다.

1905년 4월 첫 이민자들은 일본 동양척식회사의 사기에 휘말려 이민선에 오른 1,033명의 이민자들이 30여 일의 항해 끝에 멕시코 남서부 태평양 연안 살리나끄루스에 도착한 이래 5세대까지 이어지며 3만 5,000여 명으로 늘어났다.

첫 이민 세대 이후 이민이 재개된 것은 1960년대 중반 이후로 약 500여 명의 기술자, 태권도 사범, 유학생들이 멕시코 정착을 시작했다. 이후 멕시코에 한인 유입이 본격화된 것은 1990년 말 이후이다. 1998년 한국의 IMF 사태 이후 한국에서 수천 명이 입국했고, 1999~2000년에 아르헨티나, 파라과이, 과테말라 등지에서 5,000명 이상이 이주했다.

멕시코 경제가 활성화되면서 이민자들의 수도 꾸준히 늘어나고 있는 추세이며, 주로 의류, 양말 및 잡화 제조 그리고 판매에 종사하고 있다. 그리고 일부는 한인을 상대로 한 식당, 여행사, 미용실 등에 종사하고 있다.

한국과는 1962년 1월에 정식 수교를 맺었으며, 1968년에는 한국정부가 멕시코시티 시내 차뿔떼뻭 공원에 '한국정'이라는 한국의 전통 정자를 지어 선물하기도 했다. 1983년 멕시코시티에서 열린 세계 청소년 축구에서 멕시코를 꺾고 4강까지 진출해 멕시코 국민에게 그 존재를 각인시킨 한국은, 1985년 멕시코 대지진 때 온정의 손길을 보내 친근한 국가로 다가갔으며, 1988년 서울 올림픽을 통해 많은 멕시코인들이 한국에 관심을 갖게 되었다. 한국은 1998년 프랑스 월드컵에서 멕시코에 1대 3으로 완패한 바 있는데, 많은 멕시코 국민들이 그 경기를 기억하고 있다. 1994년 이후 멕시코는 NAFTA 경제권을 겨냥한 한국의 중요한 경제적 파트너가 되었으며, 꾸준히 교역규모가 증가해 2007년 말 기준 수출 9위, 흑자 규모 4위를 기록하고 있다.

양국은 자유무역협정 논의도 진행 중이다. 전략적 경제 보완협정(SECA)에서 출발해 확대된 자유무역협정(FTA) 1차 및 2차 협상이 각각 멕시코시티와 서울에서 2007년 12월과 2008년 6월에 개최되었으나, 멕시코 산업계의 반대로 상품양허안 교환이 이루어지지 못해, 큰 진전을 보지 못하고 있다.

## ■ 한국제품에 대한 인지도

최근 삼성, LG, 대우 등 대기업 중심의 활발한 진출로 한국제품에 대한 인지도가 높아지고 있으나, 대부분의 제품에서 멕시코 수입상들 사이에서는 한국 상품에 대해 인지도가 낮은 편이다. 멕시코는 수출입의 70%를 미국에 의존하고 있을 만큼 미국 일변도의 무역을 하고 있으므로, 우선 중요한 것은 한국 상품을 알리는 것이며, 이를 위해서는 멕시코 업체들에 대한 자사 홍보활동이 필요하다. 몇 개 업체에 카탈로그 몇 부 보냈는데 거래가 안 된다고 조바심 내서는 안 되며, 금방이라도 주문을 할 것 같은 바이어도 실제 거래까지 연결되는 데 심지어는 1년이 소요되는 경우가 많기 때문에 인내심이 필요하다.

## 2 문화코드

### 2.1 인종, 종교, 축제, 국경일

#### ■ 인종, 종교

멕시코의 인구는 1억 870만 명이며, 이 중 혼혈(Mestizo) 80%, 백인 9%, 원주민(Indigena) 10%, 기타 1%의 인종 분포를 보이고 있다. 종교는 대부분이 가톨릭(89.7%)이며, 개신교 4.9%, 유대교 0.2%, 무교 및 기타 종교 5.2%의 분포를 보이고 있다.

#### ■ 축제

멕시코는 축제의 나라이다. 31개 주, 수천 개의 공동체에서 저마다의 축제가 일 년 내내 열린다. 민속문화청(Dirección General de Culturas Populares)은 약 1만 개에 가까운 축제를 기록하고 있으며, 이 중 5,083 개가 종교(가톨릭)적 성격을 띤다고 한다.

중요도 순으로 종교 축제를 꼽자면 과달루뻬 성모발현일(12월 12일), 부활절(3~4월 목, 금요일), 카니발(2월~3월), 성십자가 현양축일(9월 14일), 성미카엘축일(9월 29일), 성모탄신일(9월 8일), 성탄절(Navidad, 12월 25일), 성모승천일(8월 15일), 모든 성인의 날(11월 1일), 성프란시스코 축일(10월 4일), 성요셉 축일(3월 19일), 사순절(부활절 시작 전 40일간), 성이시드로 축일(5월 15일), 성베드로 축일(6월 29일), 동방박사의 날(1월 6일), 성체축일(삼위일체 대축일 후의 목요일, 6월 경), 로사리오 성모축일(10월 7일), 까르멘 성모축일(7월 16일)을 들 수 있다.

주요 비종교적 축제로는 망자의 날(Día de los Fieles Difuntos, 11월

과달루뻬 대성당은 매년 12월 12일이면 과달루뻬 성모출현일을 맞아 인산인해를 이룬다.

2일), 에끼녹시오 축제(Equinoccio 3월 21일), 대불전승기념일(Batalla de Puebla 1862, 5월 5일), 독립기념일(Día de la Independencia, 9월 16일)을 들 수 있다.

□ 망자의 날(Día de los Fieles Difuntos)

망자의 날은 인디오 전통에 가톨릭 종교의 색채가 입혀진 축제이다. 죽은 조상을 숭배하는 날로서 멕시코에서 가장 화려한 행사라 할 수 있다. 아스떼까 문명에서 유래한 망자의 날에는 가족이나 친척의 묘지를 찾아가 무덤을 청소하고 비석 앞에 꽃을 놓고 촛불을 켜고 밤을 샌다. 멕시코 사람들은 죽은 자들이 일 년에 한 번 살아 있는 가족을 방문할 수 있다고 믿고 있으며 이를 환영하는 의식을 갖는다.

□ 에끼녹시오 축제(Equinoccio)

에끼녹시오 축제는 올메까 문명부터 떼오띠우아깐, 아스떼까 문명을 거쳐 내려오는 오래된 봄맞이 축제이다. 춘분(3월 21일)이 되면 흰옷을 입고 해의 피라미드에 오르면서 두 팔을 벌려 우주의 기를 온몸으로 받아들이면 일 년 내내 잔병치레를 하지 않는다는 믿음을 간직해 오고 있다. 춘분일이 되면 떼오띠우아깐 피라미드는 국내외 관광객과 점술가, 인디오 등 130만 명의 인파로 붐빈다.

□ 대불전승기념일(Batalla de Puebla)

대불전승기념일은 1862년 뿌에블라에서 멕시코 민병대가 프랑스 나폴레옹 군대를 맞아 거둔 승리를 자축하는 날로서 이 날이 되면 멕시코 전역에서 전투장면 재현, 가두행렬과 축제가 벌어지고 가족이 함께 나와 축제를 즐긴다. 멕시코인이 많이 사는 미국 LA를 비롯한 전역에서 5월 5일은 유명한 축제일로 자리 잡았다.

멕시코 대불전승기념일 전투장면 재현

□ 독립기념일(Día de la Independencia 1810)

멕시코 독립기념일 행사 때 국기에 대한 경례

**법정 공휴일**

| 월 | 일 | 공휴일명 | 비고 |
|---|---|---|---|
| 1 | 1 | 신년공휴일(Año Nuevo) | |
| 2 | 4 | 제헌절(Aniversario de la Constitución Mexicana) | 원래 2월 5일이나 2월 첫번째 월요일로 변경해 휴무 |
| 3 | 17 | 베니또 후아레스 탄생일 (Natalicio de Benito Juarez) | 원래 3월 21일이나 3월 세번째 월요일로 변경해 휴무 |
| 3 | 20~21 | 부활절 휴일(Semana Santa) | 매년 3~4월 중 목, 금요일이나 자세한 날짜는 변동 |
| 5 | 1 | 노동절(Día del Trabajo) | |
| 9 | 16 | 독립기념일(Día de la Independencia 1810) | |
| 11 | 17 | 혁명기념일(Aniversario de la Revolución Mexicana) | 원래 11월 20일이나 11월 세번째 월요일로 변경해 휴무 |
| 12 | 25 | 성탄절(Navidad) | |

**선택 공휴일**

| 월 | 일 | 공휴일명 |
|---|---|---|
| 1 | 6 | 동박박사의 날(Día de Reyes) |
| 5 | 5 | 대불전승기념일(Batalla de Puebla 1862) |
| 5 | 10 | 어머니의 날(Día de las Madres) |
| 10 | 12 | 인종의 날(Día de la Raza) |
| 11 | 1 | 모든 성자의 날(Todos los Santos) |
| 11 | 2 | 망자의 날(Día de los Fieles Difuntos) |
| 12 | 12 | 성모출현 기념일(Día de Nuestra Señora de Guadalupe) |
| 12 | 24 | 성탄절 이브(Noche Buena) |
| 12 | 31 | 연말(Vísperas del Año Nuevo) |

주 1. 상기 선택공휴일은 많은 회사가 반일 근무를 시행하고 있음. 은행이나 관공서는 정상근무하도록 되어 있지만, 일부 은행이나 관공서는 특정한 선택공휴일에 반일 근무를 실시하는 곳도 있다.

## 2.2 일반적인 국민성향

멕시코 민족성을 이루는 중요한 5가지 요소로 가족, 종교, 축제, TV와 대중가요, 스포츠에 대한 멕시코인들의 공통적인 성향을 들 수 있다.

### ■ 가족

멕시코 국민들은 가족에 대해 매우 특별한 애착을 지닌다. 사회를 이루는 가장 기본적인 단위로 가족을 생각하고 있으며, 한 연구결과에 따르면 멕시코인의 80%가 삶의 가장 중요한 가치로 가족을 꼽았다. 가족은 구성원 간의 사적인 유대관계에 그치지 않고 사회생활을 하는 데 있어서도 동업, 승계 등의 형태로 확대 유지되는 경우가 많다. 유한책임회사의 많은 경우가 가족들로 구성되어 있다.

### ■ 종교

매주 성실히 성당에 나가 미사를 드리는 멕시코인은 매우 적지만, 멕시코인의 생활에는 가톨릭 전통이 하나의 문화로 스며들어 있다. 가톨릭 성인을 따서 아이의 이름을 지으며, 성당 앞을 지날 때 습관적으로 성호경을 긋는 행동이 보편화되어 있다. 인디오적인 전통도 더해져서, 과달루뻬 성모발현일이나 망자의 날은 다른 가톨릭 국가에서 볼 수 없는 멕시코만의 종교행사로 치러지고 있다. 높은 출산율이나 절대자의 존재에 대한 강한 믿음은 가톨릭 전통에서 유래한다.

### ■ 축제

멕시코에는 1만 개에 가까운 축제가 사시사철 존재한다. 멕시코 축제의 특징은 첫째, 50% 이상이 종교적 유래에서 비롯된다는 점이고, 둘째, 비종교적 축제는 고대문명으로부터 내려오는 뿌리 깊은 축제들이 많다는 점이다. 멕시코 국민들은 이러한 수많은 축제를 치르면서 민족동질성을 확인하고 있다.

### ■ TV와 대중가요

TV는 영화관과 극장 관람료가 부담되는 멕시코 서민의 가장 중요한 취미생활이라고 할 수 있다. 즐겨보는 TV 프로그램은 드라마로 멕시코 서민들은 드라마를 통해 대리만족을 느끼곤 한다. 대중가요도 빼놓을 수 없다. 멕시코 대중가요는 지방에 따라 다양한 특색을 지니고 있다. 가장 널리 퍼진 장르는 그루뻬로(grupero)이며, 그 외에도 노르떼뇨(norteño), 발라드(balada), 살사(salsa), 꿈비아(cumbia), 꼬리도(corrido), 란체라(ranchera) 등의 대중가요가 사랑받고 있다.

멕시코 민속공연

## ■ 스포츠

멕시코에서 축구는 스포츠 이상의 위상을 지니고 있다. 유럽의 축구팬들 못지않게 열광팬들이 많다. 그 외에도 프로레슬링(lucha libre), 투우(corrida de toros), 로데오(charrería)는 멕시코인들을 하나로 묶어주는 스포츠이다.

멕시코에서 비즈니스를 하는 데 있어서 인맥의 중요성은 두말할 필요도 없다.

멕시코인들은 사람에 대한 감정을 비즈니스로 연결시키는 경향이 있다. 멕시코인과의 인맥을 쌓는 데 있어 다음 4가지 요소를 명심해야 한다.

첫째, 개인적 친분이다. 선진국일수록 비즈니스상의 인간관계는 개인적 친분과 별개인 경우가 많지만, 멕시코인은 그렇지 않다. 비즈니스때문에 만난 관계라도 개인에 대한 관심을 갖는 것을 중요시한다.

둘째, 정서적 민감성이다. 멕시코인들은 정서가 풍부해서 감정표현에 충실하기 때문에 불만을 자연스럽게 표현하는 경우가 많다. 반대로 감동을 받으면 의외로 쉽게 해결되기도 한다. 특히 멕시코인이 개인적으로 모욕을 당했다고 느끼는 행동을 할 경우 합리적인 해결이 어려워진다. 그러므로 멕시코인을 대할 때는 자존심을 건드리지 않으면서 최대한 신사적인 방법으로 의견을 표시해야 한다.

셋째, 에티켓이다. 에티켓은 멕시코 문화의 중요한 구성요소이다. 제대로 된 가정교육을 평가하는 잣대로 상대방에 대한 에티켓을 꼽는다. 멕시코에서는  에티켓과 관련된 용어의 사용이 생활화되어 있다. '다시 말씀해주시겠어요(Mande, 만데)' '잠시만요(Un minuto, 운 미누또)', '부탁합니다(Por favor, 뽀르 파보르)' 등의 표현은 상대방을 배려하는 에티켓에서 나온 표현이므로 최대한 활용하는 게 좋다.

넷째, 비즈니스 환경이다. 멕시코인은 갈등을 싫어하며, 경쟁도 꺼려하는 경향이 있다. 가족과 일의 균형을 맞출 수 있는 근무비즈니스 환경을 선호하므로 심야나 주말의 비즈니스 미팅은 피하는 게 좋다.

멕시코인과 교류하다보면 종종 한국인의 기준에서 이해되지 않는 행동들을 발견할 수 있다. 멕시코인이 가지고 있는 단점이라고도 할 수 있다.

첫째, 부족한 시간 준수 개념이다. 멕시코인들은 내일(Mañana, 마냐나)이라는 말을 입에 달고 살지만 곧이곧대로 이해해서는 안 된다. 이외에도 시간과 관련된 지금(ahorita, 아오리따), 바로(en un ratito, 엔 운 라띠또), 5분만(cinco minutos, 씬꼬 미누또스)이란 표현에 속으면 안 된다. 관용적인 표현임을 유의하고 스스로 여유시간을 가지는 지혜가 필요하다.

둘째, 철저한 상하복종 관계이다. 멕시코는 식민지 유산의 영향으로 사용자와 노동자 간의 상하관계가 확실한 나라이다. 상관의 명령 없이 하급자가 알아서 일을 진행하는 경우는 없으며, 상관은 해야 할 일을 일일이 명령해야 한다. 어떻게 보면 수동적으로 보이기도 하고 근무태만으로 보이기도 하나, 상관으로서 구체적인 명령을 내리는 일에 적응해야 한다.

셋째, 원칙 준수 의식이 약하다. 멕시코인들은 정해진 규칙을 지켜야 한다는 준수의식이 희박한 편이라서 상관이나 공권력의 제지가 없을 경우 자연스럽게 원칙을 깨뜨린다. 따라서 적절하게 지켜야 할 원칙이나 법규를 상기시켜 주어야 원하는 결과를 얻을 수 있다.

멕시코 인종의 대부분은 백인과 인디오의 혼혈인 메스띠소다. 따라서 유색인종에 대한 차별은 없는 편이라고 할 수 있다. 하지만 멕시코인들은 식민지시대와 근대화시대에서 내려오는 경험과 문화에 의해, 그리고 자기가 처한 상황에 따라 외국인에 대해 다른 선입견을 가지고 있다. 한편, 한국인에 대해서는 '근면하다, 유능하다' 라는 좋은 이미지와 '무뚝뚝하다, 폐쇄적이다' 라는 나쁜 이미지를 함께 가지고 있으나, 아직도 많은 멕시코인들은 한국인에 대해 정형화된 이미지를 가지고 있지는 않다.

### 2.3 소비문화

멕시코는 양극화가 심해 상류층 시장과 하류층 시장이 확연하게 구분된다. 상류층은 백화점에서 일류 브랜드 제품을 사서 쓰고 고급 식당에서 식사를 하는 반면, 하류층은 재래시장에서 값싼 제품을 사고 저렴한 노점 내지 서민식당에서 식사를 한다.

멕시코는 사치품에 대한 특별 소비세가 없을 뿐 아니라 상류층의 수도 많은 편이라 고급 브랜드 시장이 폭넓게 형성되어 있다. 이들에게 멕시코의 경제악화는 다른 세상 이야기일 뿐이다. 반면에 다른 한쪽에서는 일용 양식이 없어 배를 굶는 극빈층이 인구의 5%에 달하는 게 멕시코이다. 멕시코에서 비즈니스를 하려면 타깃을 명확히 세분해야 한다.

이들의 유일한 공통점은 주식을 옥수수로 한다는 점이다. 상류층으로

**멕시코인의 외국인에 대한 이미지**

| | 유럽인 | 미국인 | 중남미인 | 동양인/중동인 |
|---|---|---|---|---|
| 상류층 | 선조의 삶을 유럽 귀족문화에서 찾으려 하며, 유럽인에게 친밀감을 느낀다.<br><br>특히 장년층은 유럽문화에 동조되려는 경향이 강하다. | 젊은 세대일수록 미국적 삶을 지향하는 경우가 많다. 부도심에 살면서 대량 쇼핑을 즐긴다.<br>미국에 자녀 유학을 보내는 경우가 많고, 뉴욕이나 샌디에고에서 휴가를 보낸다.<br><br>미국인에게 호의적이다. | 아르헨티나인에게는 경쟁의식을 느낀다. 최근 경제위기로 늘어난 멕시코 내 아르헨티나인에 대해 우월감을 느낀다.<br><br>다른 중남미사람은 멕시코보다 열등하다는 생각을 가지고 어느 나라 사람인지 상관 않고 낮게 대한다.<br><br>중미 사람들은 치안이 위험해서 온 것이라 생각한다. | 유태인과 아랍인이 멕시코 내 학계와 경제계의 중요한 축을 점령하고 있으므로 무시하지 못한다.<br><br>동양인에게는 특별한 영적 삶이 있다고 믿는다.<br><br>경영자들은 일본의 높은 기술력에 존경을 표하는 반면, 중국의 저가 상품 공세에는 혐오감을 가지고 있다. |
| 하류층 | 식민지시대부터 유럽 귀족인에 대한 반감을 보인다. 특히 스페인인에 대한 반감이 심하다. | 멕시코 경제 악화, 빈부격차 심화 등 모든 악의 근원은 미국이라고 생각한다.<br>미국인을 그링고(gringo)라는 경멸적인 명칭으로 부르며, 멕시코의 전통이 미국 때문에 사라진다고 생각한다. | 아르헨티나인에 대해 상류층과 같은 감정을 가지고 있다.<br>'중남미의 유럽인'이라는 아르헨티나인의 자존심을 경멸한다.<br>기타 중남미인에 대해서는 형제라는 생각을 가지고 있다. 가족과 종교에 대한 가치, 축구에 대한 열정에서 공통점을 찾으려 한다. | 유태인을 착취하려는 사람으로 생각한다.<br><br>아시아와의 좋은 관계를 통해 멕시코가 경제발전을 할 수 있으리라 생각한다.<br><br>일본인에게는 막연한 동경심을, 중국인에는 혐오감과 신비함을 동시에 가지고 있는 경우가 있으나, 특별한 선입견이 없는 경우도 많다. |

갈수록 옥수수 소비량이 적어지고 있긴 하나, 멕시코 국민이라면 옥수수로 만든 또르띠야와 따꼬를 즐겨 먹는다. NAFTA의 마지막 관세품목이었던 옥수수가 2008년 1월 1일부로 완전 개방되면서 이에 대한 국민의 근심이 아래와 같은 신문 삽화로 표현되었다.

"옥수수 없인 나라도 없다"
NAFTA 농산물 무관세 발효로 멕시코인의 주식인 옥수수까지 침투한 캐나다와 미국을 표현함.
(멕시코 종합일간지 Excelsior 2008년 1월 3일자, 작가 : Fernando de Anda)

## 2.4 상관습 문화

### ■ 거래유형과 선호 결제방식

멕시코 시장이 중남미 국가 중에서는 가장 큰 수입시장이지만, 미국 등 선진국 시장에 비해서는 소량주문이 많으므로 이에 대한 대응이 필요하다. 거래까지 성사되는 데 상당한 오랜 기간이 소요되는 일이 많으므로 끈기를 가지고 거래에 임해야 한다.

또한 멕시코는 높은 금융비용으로 L/C방식보다 D/A, D/P거래 방식을 선호하며, 통상 60~90일의 D/A 요구하는 경우가 대부분이다. 그러나 안전한 거래를 위해서 계약 시 50%, 선적 시 50% 등 T/T 방식으로 계약을 유도하는 것이 바람직하다

### ■ 선물 및 접대문화

한국처럼 식사 후의 음주 접대문화는 없지만, 선물 문화가 일상화되어 있다. 남의 집을 방문하거나 초대를 받은 경우 선물을 준비해야 한다. 통상 크리스마스 및 연말에는 친구, 친지, 거래선들에게 선물을 돌리는 관행이 있으나 결혼식, 장례식 등 행사에 돈으로 부조하는 관습은 없다. 현지인들이 대개 인삼차의 효능에 대해서 알고 있어 인삼차도 선물용으로 사용할 수 있으며, 그 밖에 한국 전통품인 자개함, 전통인형 등 토속적인 장식품도 좋은 선물이 될 수 있다.

## 2.5 비즈니스 에티켓

### ■ 인사소개 및 호칭

멕시코 바이어를 처음 만나 악수를 할 때 손을 힘 있게 꼭 쥐지 않고 살며시 잡았다가 놓을 경우 상대방에게 불신감을 주는 경향이 있다. 악수는 너무 세게 손이 아플 정도로 꽉 쥐면 실례가 되지만 전혀 힘을 주지 않고 가볍게 악수하면 신뢰감을 주지 못하므로 반드시 적당한 힘을 실어 악수를 해야 한다.

멕시코는 호칭을 중시하는 사회로 호칭은 곧 사회적 신분이며, 자존심의 표상이다. 우리의 경우 박사가 아닌 이상 이름 앞에 또는 뒤에 석사니 학사니 하는 호칭을 붙이는 경우가 전혀 없는데 반해, 멕시코를 비롯

한 중남미 국가나 스페인 등에서는 이름 앞에 반드시 학위를 붙여서 명함을 파며, 이름을 부를 때에도 학위만으로 부르는 경우가 많다. 예를 들어 인문사회계 학사학위 또는 석사학위를 받은 경우 이름 앞에 LIC.라는 표시를 하며, 이공계 학사 또는 석사 학위를 받은 경우에는 ING.라는 표기를 한다. LIC.란 LICENCIADO의 약자이며, ING.는 INGENIERO의 약자로, 바이어와 명함을 교환할 때 명함에 LIC.가 있으면 상대방을 "리센시아도"(여성인 경우에는 리센시아다)라고 호칭해주는 것이 바람직하며, ING.가 찍혀 있으면 "잉헤니에로"(여성인 경우에도 동일)라고 불러주는 것이 바람직하다. 물론 석사의 경우 MAESTRO라는 호칭이 있긴 하나 일반적이 아니며, LIC.나 ING.를 쓰는 것이 보편적이다.

이름 앞에 아무런 표기가 없을 경우 또는 상대방의 호칭을 잊어버렸거나 알지 못하는 상태에서 상담이 진행될 경우에는 SEÑOR(세뇨르/SIR 또는 MR.의 의미) 또는 CABALLERO(까바예로/GENTLEMAN의 의미)라고 칭하는 것이 예의에 어긋나지 않는다. 상대가 여성일 경우에는 SEÑORITA(세뇨리따)라고 칭하는 것이 좋다. 원래 세뇨리따는 영어의 MISS에 해당하는 말이지만 MISS보다 광범위하게 쓰이며, 나이가 꽤 들어 보이는 경우라도 영어의 MRS.에 해당하는 SEÑORA(세뇨라)라고 칭하는 것보다는 세뇨리따라고 불러주는 것이 무난하다. 기혼자라 할지라도 세뇨라로 부르면 불쾌해 하는 경우가 많기 때문이다. 그러나 남편과 같이 있을 경우에는 반드시 세뇨라로 불러야 예의에 어긋나지 않으니 주의가 필요하다.

멕시코를 비롯한 중남미인들과 스페인 사람들은 이름은 하나만을 쓰거나 두 개를 쓰는 경우도 있으나 성은 반드시 두 개를 쓴다(물론 기혼여성인 경우에는 남편 성까지 세 개를 쓰는 경우도 있다). 이로 인해 종종 해프닝이 발생하기도 한다.

우리는 미국식 관점에서 흔히들 LAST NAME이 곧 姓이라고 단정짓는 경우가 많으나, 스페인어권에서는 LAST NAME은 모계 성을 의미하며

LAST NAME 직전의 것 곧 MIDDLE NAME이 부계 성, 즉 진짜 성이다.

이들의 성명은 보통 3단어 또는 4단어로 구성되는데 이름은 하나인 경우도 있고 두 개인 경우도 있다. 따라서 뒤에서 두 번째가 성이라고 보면 거의 틀림없다.

### ■ 약속신청

약속신청은 2주 전에 이메일이나 전화로 미리 하는 것이 좋고, 2~3일 전 확인 메일이나 전화를 하는 것이 좋다. 급한 경우라면 사정을 말하고 약속을 잡을 수 있겠지만, 그럴 경우 상대방은 준비가 안된 사람으로 생각하기 쉽기 때문에 피하는 것이 좋다. 약속이 사전에 확인되었다 하더라도 약속이 지연되거나 취소되는 일이 종종 있으므로 크게 화를 내지 않는 것이 좋다.

### ■ 식사예절

멕시코에서 식사 시 지켜야할 특별한 식사예절은 없고 서양식에 따르면 된다. 다만, 식사분위기를 돋우기 위해 멕시코 음식을 칭찬해주면 좋다. 멕시코 음식 중 가장 유명한 것은 '따꼬'(Taco, 옥수수가루 전병에 고기 등을 넣어 싸먹는 것)이고 맥주 중에서 가장 유명한 것은 '코로나'이다. 최근에 멕시코인의 주식인 따꼬 원료인 옥수수값이 올라 사회적 우려를 자아내고 있다.

그런데 멕시코 바이어에게 단순하게 "따꼬는 정말 맛있고 코로나 맥주는 최고다"라는 식으로 얘기해서는 감흥이 적다. 따라서 다음과 같이 얘기해서 멕시코 음식의 깊은 맛을 아는 척해 보도록 하자. "어떤 외국인들은 미국식 레스토랑에서 파는 따꼬를 먹고 따꼬맛을 아는 척하는데 사실 거기 파는 따꼬는 따꼬도 아니다. 진정한 따꼬는 이곳 멕시코에서

**(따꼬 노점상) "옥수수값이 너무 올라서(도둑맞을까 두려우니) 사설경비를 써야 겠어"**
(멕시코 경제일간지 El Financiero 08년 5월 19일자, 작가 : Pedro Sol)

만 맛 볼 수 있는 것이다. 따끈한 또르띠야(Tortilla)에 비스떽 꼰 께소(Bistec con queso)와 과까몰레(Guacamole)를 듬뿍 넣고 한 입 베어 물면 온 몸이 녹아내리는 것 같다." "코로나 맥주도 맛있지만 나에게는 아무래도 네그라 모델로(Negra Modelo)가 맞는 것 같다. 코로나는 좀 싱거운 게 흠이지만 네그라 모델로의 깊은 맛은 일품이다." 이제 당신은 어엿한 멕시코 음식의 고수가 될 수 있으며 식사 분위기는 한층 흥겨워질 것이다.

식사 후 팁은 금액에 따라 달라지는데 일반적으로 계산서 금액의 약 10% 정도면 무난하다. 일부 고급식당에서는 저녁식사의 경우 금액의 15%까지 팁을 주는 경우도 있다. 단 팁이 계산서에 포함되어 나오는 경우가 있으므로 금액을 주의해서 볼 필요가 있다.

## 2.6 화제

상담을 시작할 때는 곧바로 업무 이야기로 들어가지 말고 스포츠, 날씨 등 부드러운 주제부터 시작하는 것이 좋다. 마야문명 등의 역사적 유산부터 깐꾼 등 세계적 휴양지, 멕시코의 화창한 날씨, 따꼬, 떼낄라, 코로나맥주 등 유명한 음식과 오초아 골프선수, 멕시코 축구실력 등 멕시코인들이 자랑스러워하는 것들에 대해 이야기를 꺼내는 것이 좋다.

방문시기가 2~3월이라면 날씨와 관련해서 유행하는 농담을 꺼낸다면 분위기는 한층 친숙해질 것이다. 멕시코의 2월과 3월 날씨는 변덕이 심하기로 유명한데 이와 관련된 농담이 있다. Febrero loco, Marzo otro poco(페브레로 로꼬, 마르소 오뜨로 뽀꼬). '2월은 미치광이, 3월은 반미치광이' 란 뜻으로 스페인어로 후렴구가 맞아 웃음을 자아내게 된다.

멕시코 휴양지 깐꾼

떼낄라 만드는 과정을 그린 벽화

멕시코인들은 고대문명은 자랑스럽게 생각하나 스페인 식민지 시절에 대해서는 좋지 않은 감정을 갖고 있기 때문에 스페인 식민지 경험을 떠올리는 주제로 이야기를 이끌면 안 된다. 또한 미국에 대한 감정은 복합적이므로 미국에 대한 경제적 종속 이야기는 가급적 피하는 것이 좋다. 경쟁국이라 생각하는 아르헨티나에 대해서도 멕시코보다 우월하다는 식의 대화는 삼가야 한다.

## 2.7 속담 또는 격언

멕시코에서는 전통적인 멕시코 사회를 나타내는 속담과 함께 최근 신자유주의 정책과 더불어 나타나고 있는 황금만능주의를 풍자하는 비속어 섞인 신종 속담도 유행하고 있다.

Aunque la mona se vista de seda, mona se queda.

(아운께 라 모나 세 비스따 데 세다, 모나 세 께다)

- Although the monkey puts a silk dress on, monkey is monkey.

'원숭이가 비단옷을 입는다 해도 원숭이는 원숭이다' 라는 뜻이다. 돼지발에 진주목걸이' 와 비슷한 표현으로 근본이 비속함을 외형으로 가릴 수 없으며 들인 노력의 헛됨을 비유한다.

El muerto y el arrimado a los tres días apestan.

(엘 무에르또 이 엘 아리마도 아 로스 뜨레스 디아스 아뻬스딴)

- A corpse and an adulterer rot in three days.

'시체와 정부(情夫)는 3일 만에 부패한다' 라는 뜻이다. 부정한 관계는 오래 가지 못한다는 표현으로서 멕시코 사회에 만연한 부정한 관계를 반영한다.

A caballo regalado no se le ve colmillo. (아 까바요 레갈라도 노 세 레 베 꼴미요)

- A horse obtained by chance has no molar.

'거저 얻은 말에는 어금니가 없다' 라는 뜻이다. 공짜로 얻은 것에 대해서는 더 요구할 수가 없다는 뜻으로 공짜는 돈 주고 산 것보다 못함을 감수해야 함을 의미한다.

Con dinero baila el perro, sin dinero baila uno como perro.

(곤 디네로 바일라 엘 뻬로, 신 디네로 바일라 우노 꼬모 뻬로)

- With money you make even a dog dance, without money you have to dance like a dog.

'돈이 있으면 개도 춤을 추게 할 수 있지만, 돈이 없으면 개처럼 춤을 춰야 한다' 라는 뜻이다. 황금만능주의를 비꼬는 표현으로 친한 사이가 아니라면 사용하지 않는 게 좋다.

최근에는 부패한 공기업 노조를 빗대어 아래와 같은 풍자만화가 마치 속담처럼 유행하고 있는데, 멕시코의 부정적 측면이기 때문에 화제거리로 올릴 때는 신중해야 한다.

**여자 : 수도권 전력노조가 파업하면 전기가 끊어질 거래...**
**남자 : 파업 안한다고 안 끊기니?**
(잦은 단전과 높은 전기요금에 대한 국민의 반감에도 불구하고 파업(전기서비스 중단)을 볼모로 강력한 권한을 행사하는 전력 노조를 풍자했다. 창구의 검은 그림자는 비싼 전기요금을 수취하는 흡혈귀 같은 전력 회사를 연상케 한다. – 경제일간지 El Financiero 2008년 3월 14일, 작가 : Juan Alarcón Ayala)

## 3 바이어 상담 및 거래 Tip

### 3.1 효과적인 상담

■ 준비사항

멕시코인들은 약속에 철저한 편이 아니기 때문에 종종 상담을 앞두고 취소하는 경향이 있다. 멕시코로 출장을 떠나기 전 바이어와의 미팅약속을 최종 확정하는 것은 필수이다. 출장준비물로 챙겨야할 것은 명함, 카탈로그, 가격리스트, 샘플 정도를 꼽을 수 있겠다.

멕시코시티는 해발 2,308m에 위치한 고산지대로서 사람에 따라 종종 소화불량, 불면증 등에 시달리기도 한다. 따라서 떠나기 전 최상의 컨디션을 유지해 입국하는 것이 중요하다.

■ 영어 통용여부

일반적으로 영어가 잘 통용되지 않으므로 가급적 스페인어로 상담하는 것이 효율적이다. 멕시코 바이어가 영어가 통한다 하더라도 상담 시에는 통역을 대동, 스페인어로 상담하는 것이 좋다. 바이어가 영어가 통한다고 해서 막상 영어로 대화해 보았더니 실지로는 영어가 그리 훌륭하지 못한 경우도 많은데 이럴 경우 민감한 비즈니스 문제를 이야기함에 있어 오해를 불러일으킬 수 있다.

■ 상담 시 유의사항

멕시코 바이어와 상담할 때는 '나는 지금 후진국 바이어와 상담하고 있다' 는 우쭐한 마음을 버려야 한다. 멕시코는 결코 만만한 나라가 아니다. 인구 1억 870만 명, GDP 9,000억 달러에 달하는 거대 경제권이며, 1인당 GDP도 8,200달러를 상회해 중남미에서 가장 소비력이 큰 나라라고 할 수 있다.

전 세계 대부분의 바이어가 그러하겠지만 멕시코 바이어는 특히 가격에 매우 민감하다. 가격이란 것이 무척 민감한 부분인 것은 사실이지만 모처럼 대면상담을 하게 될 경우에는 가격정보를 공개하는 것이 좋다.

### ■ 할인상술

멕시코 바이어들은 아시아 제품이라고 하면 중국산과 가격을 비교하는 경향이 있다. 멕시코 바이어가 중국산 가격을 꺼내는 이유는 출장 온 업체의 제품가격을 깎아보자는 심산인 경우가 많다.

전 세계 대부분의 나라에서 그러하듯이 멕시코 시장에서 중국산의 점유율은 날이 갈수록 커지고 있지만, 여전히 멕시코의 가장 큰 수입대상국은 미국이며, 그 밖에 캐나다나 일본, 유럽 등시에서도 수입을 많이 히고 있다. 따라서 중국산 가격을 들먹이는 바이어도 사실은 가격이 비싼 선진국 제품을 수입하는 경우도 많다.

그러므로 바이어가 중국산 가격을 내세우며 가격 할인을 시도하면 침착하게 대응할 필요가 있다. '품질 대비 가격을 고려했을 때 한국산이야말로 가장 합리적인 선택이다' 라는 식으로 풀어나가는 것이 좋다.

### ■ 에이전트 확보방법

A/S를 제공해야 하는 일부 품목군의 경우(기계, 중장비, 전자제품, 의료기기 등) 에이전트 발굴을 통해서 진출하는 것이 바람직하다.

에이전트의 능력여부에 따라 멕시코 시장진출의 성공여부가 달려있기 때문에 일반 바이어를 발굴하는 것에 비해서 더욱 신중을 기해야 한다.

에이전트 선정 시에는 해당업체의 사무실과 작업장을 방문해 보는 것이 좋다. 계약을 할 경우에도 처음부터 독점권을 부여하는 것은 피해야 한다. 일단 독점에이전트 계약 없이 2~3번 오더를 진행해 상대방의 업무능력과 업무방식을 살펴본 후 독점에이전트 계약여부를 고민하는 것이 올바른 순서다.

또 한 가지 중요한 점은 에이전트 계약서를 작성할 때에는 계약기간과 판매목표에 대해 명기하는 것이 중요하다. 일단 계약기간은 1년 단위로 하는 것이 좋고, 1년 동안 일정 목표를 달성하지 못할 경우 계약갱신을 하지 않겠다는 문구를 반드시 넣어야 한다. 향후 에이전트 변경 시 애매모호한 문구로 인해 부당성을 주장해 계약 해지가 불가능해지는 경우도 종종 발생한다.

### 3.2 거래 시 유의사항

멕시코 바이어 중에는 아직 이메일을 사용하지 않거나 잘 확인하지 않는 사람이 많다는 점을 유의해야 한다. 따라서 이메일을 송부 후 일정 기간 내에 회신이 없을 경우 전화로 이메일 수신여부를 확인해 볼 필요가 있다.

멕시코 바이어들은 첫 상담에서 바로 구매를 할 것처럼 반응하는 경우가 많다. 그러나 이는 멕시코인들의 특성이며, 실제로 구입하기까지는 많은 시간이 필요한 것이 현실이다. 멕시코인들은 노골적으로 'No'를 말하지 못하는 경향이 있기 때문에 별로 관심이 없는데도 차일피일 오퍼를 미루기만 할 뿐 딱 구매의사가 없다는 구체적인 표현을 하지 않는다. 그러므로 수차례 시도 후에도 반응이 미지근하다면 구매의사가 없다는 것으로 간주하는 것이 좋다.

일부 바이어의 경우 의도적으로 대금결제를 지연하는 경향이 있으므로 외상거래 등을 과하게 진행하지 말고, 가급적 수출보험공사를 통해 안전하게 거래를 하는 것이 좋다.

## 4 현장의 소리

### 4.1 교포 사업가의 조언

멕시코에서 회사 설립 시에는 반드시 취급하고자 하는 품목을 분명하게 명시하고 항상 수입허가증 발급을 같이 추진하는 것이 좋다. 비록 수출입업을 당장 하지 않더라도 일반 수입허가증은 미리 받아두는 것이 바람직하다.

사업적으로 법적 체류 신분을 갖춘 후에는 사업 추진에 좀 더 적극적으로 뛰어들되 본인이 취급해 본 품목이거나 자신 있는 품목을 최우선 순위에 두고 사업을 추진하길 권장한다. 흔히 남들이 잘하니 나도 따라가는 경우를 지양하는 것이 실패 확률을 낮추는 지름길이다. 이미 그 시장에는 날고뛰는 선진출자들이 포진하고 있기 때문에 특별한 재능이 있지 않는 한 크게 성공하기는 어렵다. 만약 품목 선정이 어렵고 힘이 들면 시간이 좀 더 걸리더라도 유관 품목 관련 업체에 취직을 해 1~2년 직장 생활을 하는 것도 하나의 방법이다.

세계 어디를 가든 인맥관계 형성의 중요성은 아무리 강조해도 지나치지 않지만, 멕시코 역시 인맥관계 수립의 중요성이 매우 강조되는 나라이다. 주요 거래선에게는 감동을 느낄 정도로 정성을 다해 자기 사람으로 만드는 성의가 있어야 된다. 아울러 멕시코에서 스페인어와 이곳의 문화 관습을 모르고 비즈니스를 추진하는 것은 '우물 안 개구리' 식 사업밖에는 할 수 없다. 한국 교민을 상대로 하는 비즈니스가 아니면 당장은 시간이 걸리고 힘이 들지만 필히 언어와 멕시코 문화 습득에 시간을 할애하길 적극 권장한다.

멕시코 시장이 흔히들 Price & Credit oriented market 이라고 한다. 여신을 제공하지 않으면 세일즈가 잘 일어나지 않는 곳이 멕시코 시장임이 틀림이 없다. 하지만 여신 사고가 가장 많은 곳 중의 하나가 멕시코임을 감안할 때 당장의 매출에 영향을 받더라도 여신 제공에는 만반의 준비를 해 사고 시 피해를 최소화하는 방안을 강구해야 한다. 파는 데만 급급하다 보면 자신도 모르게 여신이 제공되는 경우가 허다하므로, 여신 제공 시 사고는 무조건 따른다는 것을 염두에 두어야 한다.

매출이 일정 규모에 이르기 전까지는 회사를 너무 키우지 않는 것이 좋으며, 은행 지점을 자주 옮기지 않고 주거래 은행 1개, 부거래 은행 1개를 정해 장기간 거래하는 것이 좋다.

(문석환 사장, 교포기업 L사, 기계류 등 수입)

## 4.2 한국 수출업체의 조언

멕시코 업체들의 경우 많은 중소기업들이 제품에 관심을 보이면서도 구매 결정에는 매우 우유부단한 면이 있다. 따라서 새로운 업체들을 10개까지 발굴해 그 중에서도 유력한 업체들 2~3곳을 집중적으로 타깃으로 잡고 세일즈를 진행해야 성약 가능성이 높아진다.

멕시코 업체와 거래할 때 주의해야 할 점으로 3가지를 꼽고 싶다.

첫째, 지불조건과 관련된 부분이다. 대부분의 멕시코 업체들이 D/A로 진행하는 경우가 많다. 초창기 오더 진행 시에는 신용이 쌓인 후에 신용거래를 해줄 수 있음을 강조해 T/T나 L/C를 통한 거래를 유도할 필요성 있다. 추후 업체의 채무 변제 능력이나 오더 수량을 고려해 탄력적으로 신용거래를 하는 방안을 고려할 수 있으나 오더 진행을 위해 신용거래를 허용하는 것은 오히려 독이 될 수 있다. 즉, 기존의 잔금을 지불하지 못해 차기 주문도 늦어지게 되어 결국 비즈니스 관계를 청산하는 역효과를 낳을 수도 있으므로 신중히 판단해야 한다.

둘째, 독점권이다. 초창기 거래 계약을 체결하는 과정에서 사업의 안정성을 내세우며 제품에 대한 독점권을 요구하는 경우가 많다. 일단 1개 업체에 독점권을 주게 되면 이후 더 나은 거래선을 찾게 되어도 독점권 때문에 거래가 이뤄지지 못할 수도 있고, 독점권 체결한 기존업체가 사업을 오히려 방해하는 경우도 있다.

셋째는 제품의 판매와 관련된 부분이다. 많은 한국 업체들이 제품 세일즈를 진행하면서 A/S 측면에서 어려움을 겪는다. A/S가 가능한 업체들을 발굴해 제품 판매를 하려고 하는 경우가 많으나 실제적으로 이런 업체들의 경우 다양한 유명 메이커들을 수입해 판매하는 경우가 많다. 따라서 특별히 매력적인 조건(예를 들면 매우 경쟁력 있는 가격)을 제시하지 않는 한 낮은 인지도와 A/S 문제, 관세부담, 긴 제품인도기간 등 많은 불리한 여건으로 인해 시장 진입이 매우 어렵다. 초창기 시장 진입 및 인지도 상승을 위한 여러 가지 대응책이 사전에 충분히 마련되어야 한다.

(김태민 사장, 한국기업 B사, 전자 부품 수출)

### 4.3 현지 KBC에서 전하는 이야기

중남미 사람들이 대부분 그렇듯 멕시코 사람들 역시 상류층으로 갈수록 권위의식이 더 강해진다. 시간 약속을 어기는 경우가 많으며, 귀에 거슬리는 말은 꺼린다. 이 때문에 실용주의를 추구하는 우리 기업인들은 멕시코 기업과 비즈니스 관계에서 종종 어려움을 겪는다. 최근에 일어났던 일을 예로 들어 보겠다.

멕시코에서 주최하는 전시회에 참가한 한국의 A사는. 멕시코 B사와 상담이 잘 되어 전시회를 위해 가져온 물품을 현금 거래로 B사에 넘기기로 하였다. 그러나 뜻밖에도 다음날 만나기로 한 B사와 연락이 되지 않았다. 진퇴양난에 빠져 고민을 하다가 일단 KOTRA에 도움을 요청하기로 하고, 멕시코 국내 운송으로 멕시코시티 KBC 사무실에 물품을 송부하였다. 이후 바이어와 연락이 되었는데, 바이어는 KBC 사무실에서 무조건 만나야 된다는 것이었다. 영문을 모른 채 A사 사장 전화를 받은 KBC에서는 일단 KOTRA 사무실에서 두 업체를 대면시켰다.

전시회 후 현금 결제를 하고 물건을 인수하기로 한 B사의 약속을 믿고 기다리던 A사는 회의하는 줄곧 B사에 대한 분한 마음을 가라앉히지 못했는데, B사는 오히려 천연덕스럽게 물건에 대한 구매 협상을 논의하고자 하였다.

결국 B사는 총 결제금액 12,000달러 중 7,000달러만 현금 지불하고 나머지는 2주 후에 지불하겠다고 제안했다. 그러자 A사는 일단 7,000달러를 받고, 나머지 잔금 5,000달러를 입금하면 물건을 주겠으며, 잔금을 약속한 기일 내에 입금하지 못할 경우 먼저 입금한 7,000달러도 돌려줄 수 없다고 하는 것이 아닌가?

KBC에서는 A사 언급 내용은 B사에게 전하지 않았다. 그리고 일단 현재 현금 결제 가능한 7,000달러는 받고, 일부 물건을 먼저 준 뒤, 잔금을 받고 나머지 제품을 보내는 방향으로 수습이 되었다. B사는 다른 외국 바이어 미팅이 많아 시간적인 여유가 없는 상태였고, 총 결제 금액 중 일부 금액만 준비된 부분은 얘기하기를 꺼려하였다. 만약 한국 기업이었다면, 상황을 솔직하게 얘기하고 빠른 시일 내 기업 간 합의점을 찾았을 것이다. 그러나 B사는 제반 상황을 설명하지 않았고, 전화연락도 받지 않은 채, 무리한 판매 조건만을 내세웠다.

서로 자기 주장만 내세우면 비즈니스를 할 수 없다. 한 발 물러서서 문화적 차이를 좀 더 이해하고 거래에 임했다면 훨씬 부드럽게 거래가 성사되었을 것이다.

# III
# 쿠바

República de Cuba

# III. 쿠바

República de Cuba

- 국 명　쿠바(República de Cuba)
- 위 치　카리브해에 위치한 도서 국가
  서쪽은 멕시코, 북쪽은 미국 플로리다, 동쪽은 도미니카 공화국이 인근에 있음
- 면 적　110,860 ㎢(한반도의 1/2)
- 기 후　아열대 기후
  - 12월~2월 : 18℃~24℃
  - 3월~11월 : 24℃~32℃
- 수 도　아바나(Ciudad de la Habana)
  - 스페인어 표기 : Ciudad de la Habana
  - 영어 표기 : Havana
  [13개 주(Provincia), 1개 특별시(Municipio Especial)로 구성]
- 인 구　1,120만명(2004년 기준)
- 주 요 도 시　- 아바나 : 수도. 정치 및 경제 중심지
  - 산띠아고 데 쿠바 : 제2의 도시. 쿠바 동부
  - 바라데로 : 중부 마탄사스주 소재. 외국인 관광특구
- 인 종　물라또(흑인과 백인 혼혈) 51%, 백인 37%, 흑인 11%, 동양계 1%
- 언 어 / 종 교　스페인어/ 가톨릭
- 화 폐 / 환 율　1. 태환빼소(cuc) : 0.8cuc/US$
  - US$, 유로 등 외환과 환전 가능. 일반 공산품 구매 시 사용
  2. 불태환빼소(cup) : 24cup/cuc
  - 외환과 환전 불가. 배급품 및 농산물 구매 시 제한적으로 사용
- 시 차　한국 시각보다 14시간 늦음(한국의 정오는 전날 밤 10시)
- 독 립 일　1898년 12월 10일 스페인으로부터 독립
- 정 부 형 태　국가평의회(Consejo de Estado)에 모든 권력 집중
- 국 가 원 수　라울 카스트로 루스(Raul Castro Ruz) 국가평의회 의장
- G D P　US$ 449억 (2007년, EIU 추정치)
  - 1인당 GDP : N/A
- 경 제 성 장 률　11.1%(2006년, EIU 추정), 6.5%(2007년, EIU 추정)
- 물 가 상 승 률　6.2%(2006년, EIU 추정), 3.6%(2006년, EIU 추정)
- 수출(對韓수출)　US$ 2.8십억(US$ 203백만)(2006년)
- 수입(對韓수입)　US$ 9.4십억(US$ 3백만)(2006년)

## I 일반 비즈니스 환경

### 1.1 약사

쿠바는 1492년 10월 27일 콜럼버스가 발견하였으며, 나중에 스페인 영토로 편입되었다. 1512년 디에고 벨라스께스(Diego Velazquez)가 본격적으로 쿠바 정복을 시작하였으며, 1514년 말 바라꼬아(Baracoa) 등 7개 정착지 구축을 완료하면서 스페인 식민지로 서양사에 등장하였다. 이후 쿠바는 멕시코 등의 식민지 물품을 스페인으로 공급하는 중개항으로서 큰 역할을 하였고, 사탕수수의 주 생산지역으로 발돋움하였다.

1868년 10월 10일 쿠바 동부의 사탕수수 플랜테이션의 지주 까를로스 마누엘 데 세스뻬데스(Carlos Manuel de Cespedes)의 주도로 제1차 대스페인 독립전쟁이 시작되었고, 1895년 제2차 독립전쟁이 재개되었다. 두 번에 걸친 독립전쟁의 영웅들은 깔릭스또 가르시아(Calixto Garcia), 안또니오 마세오(Antonio Maceo), 막시모 고메스(Maximo Gómez), 호세 마르띠(Jose Marti) 등이다. 특히 시인이었던 호세 마르띠는 2차 독립전쟁이 시작된 직후인 1895년 5월 19일 전사하였는데, 쿠바 독립의 최고 영웅으로 존경받고 있다.

제2차 독립전쟁이 마무리될 무렵 1898년 1월 아바나 항에 정박해 있던 미국 전함 '메인(Maine)'이 폭발하였다. 이를 빌미로 미국은 스페인에 선전 포고를 하고 쿠바의 독립전쟁에 개입하였으며, 종전 후 1899년부터 1902년까지 쿠바를 군정통치하였다.

1902년 5월 20일 쿠바 최초의 공화국이 선포되고 또마스 에스뜨라다 빨마(Tomas Estrada Palma)가 초대 대통령으로 취임하였다. 이후 카스트로의 혁명 전까지 쿠바는 정치 경제적으로 미국의 영향력 아래 놓이게 되고, 풀헨시오 바띠스따(Fulgencio Batista)의 쿠데타 등 정치적으로 불안한 상황이 지속되었다.

1953년 7월 26일 피델 카스트로를 비롯한 119명이 부패한 바띠스따 정권 전복을 위해 쿠바 동부 산띠아고 네 쿠바 소재 몬까다 병영을 습격하였으나 실패하고, 혁명세력은 투옥되었다. 1955년 2월 바띠스따는 피델 카스트로를 비롯한 혁명세력을 석방함과 동시에 멕시코로 추방하였으며, 카스트로는 혁명세력의 조직화를 위해 7월 26일 운동(M-26-7) 조직을 결성하였다.

쿠바 혁명기념탑

피델의 멕시코 망명 기간 중 에르네스토 체 게바라(Ernesto Che Guevara)가 혁명세력에 동참하였다. 1956년 12월 2일 81명의 혁명세력이 소형요트 '그란마(Granma)'를 타고 쿠바 동부 해안에 상륙하였으며, 이후 쿠바 동부 시에라 마에스뜨라(Sierra Maestra) 산맥을 거점으로 혁명활동을 시작하였다.

1959년 1월 1일 체 게바라 혁명군이 아바나에 진입하여 쿠바 혁명이 완료되었다. 마르크스 레닌주의를 공식 표방한 카스트로 정권은 미사일 위기, 쿠바 내 미국 자산의 국유화 등으로 미국과 정치적 긴장 관계를 유지하였으나, 동서냉전의 혜택으로 구소련의 전폭적 지원을 받았다.

1991년 구소련이 붕괴되어 쿠바의 위기가 시작되었다. 정치적으로 공산주의 이념을 포기하지 않고 미국과 적대적 관계를 유지하였기 때문에 쿠바의 경제는 쇠퇴 일로를 걷게 되었다. 피델 카스트로는 경제난 극복을 위해 1991년 12월 '특별시기(Período Especial)'를 선포하여 전 국민

| 연도 | 내용 |
|---|---|
| 1492 | 콜롬부스 발견 및 스페인 영토 편입 |
| 1868~1878 | 대스페인 1차 독립전쟁 |
| 1886 | 노예제도 폐지 |
| 1895~1898 | 대스페인 2차 독립전쟁 - 독립전쟁의 영웅 호세 마르띠 |
| 1898.2.15 | 미국의 독립전쟁 개입, 미국의 대스페인 선전포고 |
| 1898.12.10 | 미국-스페인 전쟁 종전 |
| 1899~1902 | 미국의 군정 실시 |
| 1953.7.26 | 피델 카스트로의 몬까다 병영 습격. 실패 및 투옥 |
| 1955 | 피델 카스트로 석방 및 멕시코 망명<br>7월26일 운동(Movimiento de 26 de Julio)조직 결성 |
| 1956.12 | 피델 카스트로, 체 게바라 등 혁명세력 81명이 소형 요트<br>'그란마' 호를 이용해 쿠바 동부해안 상륙<br>무장혁명 개시 |
| 1959.1.1 | 피델 카스트로 혁명 성공. 바띠스따 망명 |
| 1961.1.3 | 미국-쿠바 국교 단절 |
| 1961.4.17 | 쿠바의 미국 망명 무장세력 1,500명이 남서부 피그만<br>(Pig Bay)에 상륙. 혁명정부 전복 실패 |
| 1962.2 | 미국, 대쿠바 전면적 금수 조치 |
| 1962.10 | 쿠바 미사일 위기 |
| 1963.7 | 미국, 자국 내 쿠바 자산 국유화 |
| 1975.8 | 미국, 대쿠바 경제제재 일부 완화(미국기업 제3국 지사의 대쿠바 교역 허용) |
| 1976.12 | 피델 카스트로, 국가평의회 의장에 선출 |
| 1977.9 | 미국-쿠바, 워싱턴 및 아바나에 자국 이익대표부 개설 |
| 1991.12 | 소련 붕괴 및 대쿠바 원조 중단.<br>피델 카스트로, 경제위기 극복을 위해 '특별시기' 선포 |
| 1996.3 | 미국, 헬름스-버튼(Helms-Burton)법 제정. 미국의 대쿠바 경제제재 확대 |
| 2006.7.31 | 피델 카스트로 와병 및 동생 라울에게 임시 권력 이양 |
| 2008.2.24 | 라울 카스트로, 국가평의회 의장으로 선출. 공식 권력 교체 |

의 국난극복을 위한 결집을 호소하였다. 그러나 구소련의 경제지원으로 쿠바의 산업구조가 취약해진 상태였기 때문에 쿠바의 경제는 계속 악화되었으며, 경제난 타개를 위해 1995년 이후 제한적 범위에서 외자 유치 및 관광산업 진흥을 시작하였다.

2006년 7월 31일 피델 카스트로의 장출혈 수술에 따른 건강 악화로 혁명 동지이자 동생인 국가평의회 수석 부의장 라울 카스트로에게 임시로 정권이 이양되었다. 2008년 2월 24일 라울 카스트로는 국가평의회 의장으로 공식 선출되어 피델 카스트로의 공식 권력시대는 종료되었다.

그러나 공산주의 정치 경제 이념은 유지되고 있기 때문에 라울 카스트로 정부의 큰 변화는 아직 요원한 상태이다.

아바나의 까떼드랄

## 1.2 경제현황

### ■ 주요 경제지표

| 구분 | 단위 | 2006 | 2007 | 2008(전망) |
|---|---|---|---|---|
| GDP | US$ 십억 | 41 | 45 | 48 |
| 1인당 GDP | US$ | NA | NA | NA |
| 경제성장률 | % | 11.1 | 6.5 | 5.8 |
| 물가상승률 | % | 6.2 | 3.6 | 4.3 |
| 임금상승률 | % | NA | NA | NA |
| 실업률 | % | 1.9 | 1.9 | 1.8 |
| 기준금리(연말) | % | NA | NA | NA |
| 수출 | US$ 백만 | 2,759 | 3,560 | 3,847 |
| 수입 | US$ 백만 | 9,420 | 10,173 | 10,863 |
| 무역수지 | US$ 백만 | ▲6,661 | ▲6,613 | ▲7,016 |
| 경상수지 | US$ 백만 | ▲340 | 60 | ▲110 |
| 외국인직접투자 | US$ 백만 | NA | NA | NA |
| 외채 | US$ 백만 | 16,616 | 16,789 | 17,010 |
| 외환보유고 | US$ 백만 | 3,747 | 4,247 | 4,347 |
| 연평균 환율 | US$ 1당 현시화 | 0.925925 | 0.925925 | 0.925925 |

자료원 : EIU Country Report(2008년 2월)

### ■ 경제 성장

2004년 말부터 시작된 중국 및 베네수엘라 양국과의 무역 및 투자협력 관계 강화, 양국의 금융지원, 대베네수엘라 의료 및 교육 서비스 수출 등이 쿠바 경제성장의 견인차 역할을 하고 있다

2005년 이후 중국 및 베네수엘라의 지원이 계속되고, 원유, 니켈, 관광, 기타 서비스 분야가 호전되어 경제성장이 지속되는 것으로 추정되고 있다.

특히 베네수엘라로부터 국제시세보다 저렴하게 원유를 공급받고, 수입

대금은 쿠바의 의료 교육 인력 공급과 상계함으로써 원유 수입 비용 절감분이 여타 제품 수입에 활용되어 쿠바 경제에 많은 도움이 되고 있다.

### ■ 인플레

쿠바의 상품가격은 불태환뻬소 및 태환뻬소의 2중구조이다. 농산물 및 정부보조 일부 생필품은 불태환뻬소(쿠바뻬소)로 판매하고, 대부분의 공산품은 태환뻬소(CUC)로 판매한다

2005년말과 2008년초 쿠바 정부는 전 업종에 걸쳐 임금인상을 하였으나, 급여인상이 국민들의 구매력 향상에는 아무런 영향을 미치지 못하고 있다.

불태환뻬소로 저가 공급되는 배급 생필품의 수량 및 종류가 매년 감소함에 따라, 생필품의 태환뻬소 구입 부담이 증가하고 있다. 이에 따라 공식 급여(불태환뻬소) 및 실질 생활비 차액을 보충하기 위해 지하경제가 활성화되어 있다

### ■ 고용

태환뻬소 수입이 많은 관광업종이 인기 직종이다. 반면 태환뻬소를 접하기 어려운 건설, 교육, 농업 부문에 노동 기피 현상이 발생하고 있다.

정부 책정 공식 급여가 월 15~30달러 수준으로 기본생활조차 영위가 불가능하다. 이에 따라 청년층을 중심으로 공식 직업 활동보다는 비공식(불법) 경제활동이 증가하는 추세이다.

### ■ 외국인 투자

미국의 대쿠바 경제봉쇄정책의 일환으로 1996년 3월 쿠바 자유 및 민

주화 연대법(Helms-Burton법)이 제정되었다. 이 법은 1959년 쿠바혁명 이후 쿠바정부가 몰수한 미국 국민들의 재산을 활용하여 영업활동을 하는 외국기업이나 개인들을 상대로 미국 법원에 소송을 제기하는 것을 허용하고 있다(단, 제소 대상은 이자와 비용, 변호사 수임료를 제외한 금액이 5만 달러를 초과할 경우).

혁명 이후 몰수 미국 자산에 대한 확인 곤란, 외국기업들의 각종 대쿠바 경제협력에 대한 미국의 법적 견제, 쿠바 측의 외국인 단독투자 불허, 쿠바의 왜곡된 인력 및 임금구조 등 대내외 문제로 인해 대쿠바 외국인 투자활동은 활성화되지 못하고 있다.

쿠바는 미국의 견제를 우려하여 외국인투자에 대한 정확한 통계를 공개하지 않고 있는데, 2002년 11월 쿠바 투자경협부(MINVEC) 장관은 1990~2001년 기간 외국기업의 대 쿠바 투자 발표액은 약 54억 달러, 실제 투자이행액은 27억 달러라고 밝혔으나, 세부적인 투자분야는 공개하지 않았다.

대쿠바 주요투자국은 캐나다(광업), 멕시코 및 이탈리아(통신), 스페인(관광)이다.

### ■ 수출입

쿠바의 주요 교역대상국은 정치적 관계에 따라 베네수엘라, 중국이다.

베네수엘라는 쿠바 수입의 23.5%, 쿠바 수출의 10.7%, 중국은 수입의 16.7%, 수출의 8.9%를 차지하고 있다. 대베네수엘라 주요 수입품목은 원유이며, 대중국 주요 수입품목은 운송장비, 기계류, 일반 소비재 등이다.

쿠바의 최대 수출품목은 니켈 코발트이며 총 수출의 50.4%를 차지하고, 최대 수입품목은 원유로 총 수입의 24.2%를 차지한다.

**주요 교역대상국(2006)**

(단위 : US$ 백만)

| 수 출 | | | 수 입 | | |
|---|---|---|---|---|---|
| 순위 | 국명 | 금액 | 순위 | 국명 | 금액 |
| 1 | 네덜란드 | 774 | 1 | 베네수엘라 | 2,209 |
| 2 | 캐나다 | 546 | 2 | 중국 | 1,569 |
| 3 | 베네수엘라 | 296 | 3 | 스페인 | 846 |
| 4 | 중국 | 246 | 4 | 독일 | 616 |
| 5 | 스페인 | 149 | 5 | 미국 | 484 |
| – | 한국 | NA | – | 한국 | NA |
| 총계 | 2,759 | | 총계 | 9,420 | |

자료원 : 쿠바 통계청

**주요 수출입품목(2006)**

(단위 : US$ 백만)

| 수 출 | | | 수 입 | | |
|---|---|---|---|---|---|
| 순위 | 품목(SITC 2단위) | 금액 | 순위 | 품목(SITC 2단위) | 금액 |
| 1 | 광물 | 1,392 | 1 | 원유 | 2,284 |
| 2 | 담배 | 237 | 2 | 기계류 | 1,052 |
| 3 | 설탕 | 222 | 3 | 발전기 | 709 |
| 4 | 의약품 | 162 | 4 | 곡물 | 492 |
| 5 | 운송장비 | 98 | 5 | 산업기계 | 427 |
| 총 계 | 2,759 | | 총 계 | 9,420 | |

자료원 : 쿠바 통계청

## 1.4 시장특성

### ■ 중남미 최고의 BT 기술 보유

쿠바는 중남미 최고의 의약품 및 바이오산업 발달 국가로 백신, 암치료, 안과치료 등에서 세계적인 수준의 의약품 개발 수준 및 의료기술을 보유하고 있으며, 보건분야를 정책적으로 육성하고 있다.

비냐레스 분지의 담배 재배지

**쿠바와 주변국 의료혜택 비교**

| 구분 | 쿠바 | 미국 | 칠레 | 과테말라 | 아이티 |
|---|---|---|---|---|---|
| 평균 수명(2001년, 세) | 77 | 77 | 78 | 67 | 52 |
| 영아 사망률(2003년, 1000명당, %) | 6 | 7 | 8 | 35 | 76 |
| 의사(1990~2004년, 10만명당, 명) | 591 | 549 | 109 | 90 | 25 |

자료원 : EIU Country Profile

## ■ 소비지향적 사회

쿠바는 1959년 이래 오랜 사회주의 국가 시스템에도 불구하고, 1898년 독립부터 혁명 이전까지 실질적으로 경제, 사회를 지배했던 미국의 뿌리 깊은 영향으로 소비에 대한 욕구가 매우 큰 소비지향적 사회다.

혁명 시 부유층 망명, 1990년대 경제위기 시 탈출 등으로 다수 쿠바인

잉헤니오스라는 설탕 제조기

들이 미국에 거주하고 있다. 이들은 공식적인 친지 방문을 통해 미국 문화를 직접 전달하고 있으며, 이에 따라 쿠바인들은 소비지향적 미국 생활방식에 대한 동경심이 크다.

### ■ 높은 교육 수준 및 양질의 노동력

모든 국민이 대학교까지 무상으로 교육받을 수 있으며, 전 국민의 90% 이상이 고등학교 이상의 교육혜택을 받고 있다. 문맹률도 3%에 불과할 정도로 국민교육수준이 매우 높은 편이다.

따라서, 빈부격차가 크고 교육수준이 낮은 다른 중미, 카리브 국가에 비해 양질의 노동력이 풍부한 편이다.

■ 정부(국영기업) 독점

쿠바 국영기업에게만 수입권이 부여되고, 상품별 수입가능기업이 규정되어 있어 품목별로 수입 독과점 형태이다.

■ 이중 가격 구조

전기, 전화, 일부 식료품은 불태환뻬소(CUP)로 저가 공급되는 반면, 주요공산품은 국영 상점에서 태환뻬소(CUC)로 판매되는 이중 시장구조(환율 : 1CUC=24CUP)이다.

■ 부정부패와 지하경제 확대

쿠바 직장인 공식 월급은 15~20달러 수준으로 기본 생활비에 턱없이 부족하다. 이에 따라 중하위직 공무원들의 뇌물수수, 국영기업들의 물자

쿠바 수도 아바나 시의 전경

절취, 일반인들의 불법 경제 활동이 증가하고 있다. 또한 암거래가 성행하고 지하경제활동이 확대되고 있다.

### ■ Usance L/C 조건 일반화

Usance L/C 조건이 일반적이다. 2006년까지는 90~360일 조건이었으나 2007년부터 정부 방침에 따라 360일 조건이 일반화되었다.

외국 수출업체들이 대금회수를 우려하여 직거래를 기피함에 따라 자금력이 있는 캐나다, EU, 파나마 에이전트를 통한 간접교역이 일반화되었다.

### ■ 공산품은 주로 수입에 의존

제조업이 취약하고 설비 및 기계가 노후화하여 제조업이 낙후되었다. 이에 따라 공산품 대부분을 수입에 의존한다.

### ■ 인맥 활용 비즈니스

쿠바는 각 품목별로 소수의 국영기업 중심으로 수입활동이 이루어지고, 각종 구매정보도 공개되지 않은 상태에서 인맥을 통해 은밀히 유통되는 경우가 대부분이다. 이에 따라 정부 및 국영기업의 인맥 구축 및 활용이 중요하다.

### ■ 노동정책과 임금

1995년 외국인 투자법은 예외적인 경우를 제외하고는 외국인 투자자가 쿠바인 직원을 독자적으로 고용하거나 해고할 수 없도록 하고, 반드

쿠바 의사당의 전경

시 국영 고용알선기관(ACOREC)를 거치도록 규정하고 있다.

외국인 투자자는 직접 선발하지도 않고 전적으로 신뢰할 수도 없는 쿠바인을 채용하는 부담을 감수해야 한다.

외국인 투자자는 임금을 쿠바 태환뻬소(CUC)로 고용 알선기관에 지불하고, 고용 알선기관은 근로자에게 쿠바 불태환뻬소(CUP) 임금을 지불한다. 근로자에 대한 지급비율은 1.5% 정도이며, 나머지 98.5%는 정부 수입으로 처리된다.

외국기업들은 업무 인센티브를 위해 근로자에게 쿠바 태환뻬소(CUC) 급여를 비공식적으로 별도 지급하는 부담이 발생하고 있다.

## 1.5 우리나라와의 관계

### ■ 한-쿠바 교역현황

우리나라의 대쿠바 수출입 통계는 정치적 미수교 및 여타 대외관계로 인해 국내에서 공개되지 않았으나, 2005년 9월 아바나 KBC 개설을 계기로 2006년 통계부터 공식 공개되기 시작하였다.

우리나라의 대 쿠바 수출은 2005년까지 4,000만 달러 수준이었으나, 2006년 2억 달러 수준으로 5배 증가하였으며, 2007년에도 2.1억 달러 수준을 유지하였다. 대쿠바 수출이 갑자기 증가한 이유는 쿠바 정부의 정책품목인 발전기(현대중공업), 에어컨 및 냉장고(LG전자) 등의 대형 수출이 있었기 때문이다.

**우리나라의 대쿠바 수출입**

(단위 : US$ 천)

| 구분 | 2003 | 2004 | 2005 | 2006 | 2007 |
|---|---|---|---|---|---|
| 수 출 | 28,297 | 43,655 | 43,866 | 203,241 | 214,322 |
| 수 입 | 1,343 | 2,990 | 1,019 | 3,226 | 3,008 |
| 무역수지 | 26,954 | 40,664 | 42,847 | 200,015 | 211,314 |

자료원 : World Trade Atlas, KOTIS.
주. 2003~2005년은 WTA, 2006~2007년은 KOTIS 통계.

### ■ 대 쿠바 주요 수출 품목

□ 디젤 엔진 및 발전 관련 제품

쿠바 정부의 최대 국책사업인 에너지 혁명 정책에 따라 2005년 9월부터 2007년 2월 기간 중 현대중공업이 총 644대, 8억 달러의 디젤 발전기를 수주하였으며, 2006년부터 본격적으로 대 쿠바 수출이 시작되었다. 디젤 발전기는 현재 우리나라의 대쿠바수출 제1위 품목이다.

□ 자동차 및 자동차 부품

현대 및 기아 자동차가 10여년 전부터 제3국 에이전트를 통한 간접교역 형태로 쿠바에 수출되고 있다.

승용차는 외국인 관광객용 렌트카 용도로 1,500cc가 주종을 이루고 있으며, 현대 소나타가 소량 들어오고 있다. 2005년 1,100만 달러에서 2006년 786만 달러로 감소하였다가, 2007년 1,600만 달러로 다시 증가했다. 수입물량이 제품의 경쟁력보다는 쿠바 정부의 관광산업 육성 정책에 좌우되는 경향이 있다.

10인 이상 수송용 버스는 2005년 350만 달러로 최고를 기록하였다가 2006년 140만 달러, 2007년 180만 달러로 감소했다. 쿠바와 중국의 경제협력 확대에 따라 중국산 Yutong 버스로 수입선이 전환되기 때문이다. 화물자동차는 2006년 97만 달러에서 2007년 398만 달리로 310% 증가 하였다.

한국산 자동차의 수출과 연동되어 자동차 부품 수출은 안정적인 추세를 보이고 있다. 2006년 수출은 전년 대비 37% 증가한 897만 달러, 2007년에는 59.4% 증가한 1,430만 달러다. 대부분의 자동차 부품은 현대 및 기아의 순정 부품이며, 그레이 마켓 부품은 비중이 높지 않은 것으로 추정된다.

□ 냉동오징어

국민 배급 판매용으로 2007년 상반기에 670만 달러의 물량을 일시 수입하였다. 2008년에도 계속 수입 중이다.

□ 대쿠바 주요 수입품목

알루미늄 및 동의 웨이스트, 시가 등이 전통적인 대쿠바 수입 상품이다. 2007년 SEOUL FOOD 전시회에 쿠바 기업 4개사가 참가하였으며, 바닷가재, 천연꿀, 커피, 맥주 등이 대한국 수출 관심품목이다.

**우리나라의 대쿠바 주요 수출입 품목(2007)**

(단위 : US$ 백만)

| 수 출 | | 수 입 | |
|---|---|---|---|
| 품목명(MTI 3단위) | 금액 | 품목명(MTI 3단위) | 금액 |
| 선박해양구조물 및 부품 | 111 | 알루미늄 | 2 |
| 회전기기 | 27 | 기호식품 | 0.8 |
| 자동차 | 23 | 동(銅)제품 | 0.1 |
| 자동차부품 | 15 | – | – |
| 연체동물 | 7 | – | – |
| 총계 | 214 | 총계 | 3 |

자료원 : KOTIS

## ■ 현지 진출 기업

양국 미수교, 쿠바의 외국지사 설립요건 등의 문제로 인해 아직 한국 기업으로 공식적으로 쿠바에 법인 또는 지사를 설립한 사례는 없다.

## ■ 우리나라와의 역사적 관계

□ 외교관계

쿠바는 1949년 대한민국 정부를 승인하는 등 양국 외교관계가 있었으나 1959년 피델 카스트로의 공산혁명 후 양국 외교관계가 단절되었다. 현재 쿠바는 북한과 정치적 우방국이며, 아바나에 북한대사관이 있다. 그러나 쿠바는 정치적 관계 외에 경제 파트너로 우리나라를 중요하게 고려하고 있으며, 2005년 9월 KOTRA 아바나 KBC가 개설되어 양국 간 경제협력에 중요한 역할을 하고 있다.

□ 문화, 스포츠, 관광 교류

양국 간 미수교 상태이나 문화, 스포츠, 관광객 교류는 매년 활성화되는 추세이다.

쿠바 재즈의 한국 공연, 문학 및 영화인 한국 방문이 매년 이루어지고 있다. 우리나라 오페라, 무용단이 매년 쿠바에서 공연을 하고 2008년 6월에는 1주일 간 아바나에서 한국영화주간 및 한국미술전이 개최되었다.

국제 경기를 통한 양국 간 스포츠 교류도 활성화되고 있다. 배구, 비치발리볼 등의 쿠바 국가대표팀이 최근 한국을 방문하였고, 2008년 베이징 올림픽 직전 한국 야구대표팀과 세계 최강 쿠바 야구대표팀과의 친선경기가 서울에서 개최되었다.

최근 국내 언론을 통해 쿠바의 모습이 많이 소개되어 우리나라 관광객들의 쿠바 여행이 증가하고 있다. 연간 3천~4천 명 수준의 관광객이 쿠바에 오는 것으로 추산되고 있는데, 2년 전과 비교했을 때 약 50% 증가하였다.

□ 쿠바 내 한국인 후손

멕시코 유카탄 반도의 선인장 농장에서 일하던 300여 명의 한인들이 1921년 3월 쿠바의 사탕수수 농장 취업을 위해 이주하였다.

쿠바 내 한인 후손은 약 700여 명으로 추산된다. 이들은 현지인과의 결혼, 한국문화와의 단절 등으로 혈통 및 문화 유지가 되지 않아 한글 소통도 불가능한 상태이다. 그러나 최근 우리나라의 대쿠바 진출이 본격화되면서 한인 후손들의 우리나라에 대한 관심이 높아지고 있다.

트리니닷 입구에 있는 이스나가의 탑

□ 우리나라 인지도

자동차, 가전제품 등이 약 10년 전부터 쿠바로 간접수입되었기 때문에 쿠바 정부 및 국영기업의 한국제품 이미지는 좋은 편이다. 특히 미국의 대쿠바 경제제재 조치에도 불구하고 현대중공업이 2005년 대쿠바 발전기 납품을 결정함에 따라 쿠바 정부 내에서 한국 기업들이 쿠바의 중요한 경제협력 파트너라는 인식이 높아졌다.

2007년 미국에서 개최되었던 'World Baseball Classic'에서 한국 야구 대표팀이 훌륭한 경기를 펼치며 4강에 올랐는데, 이를 계기로 한국이 경제뿐만 아니라 스포츠도 강국이라는 이미지가 높아졌다. 쿠바는 야구가 전 국민의 운동일 정도로 야구에 대한 관심이 높다.

## 2 문화코드

### 2.1 인종, 종교, 축제, 국경일

#### ■ 인종

스페인 이민 후예와 흑인의 혼혈인 뜨리게뇨(Trigueño) 및 물라또가 50% 정도, 백인 계열이 37%, 흑인 계열이 11% 정도다.

#### ■ 종교

스페인 지배의 영향으로 가톨릭이 주요 종교다. 그러나 공산혁명 이후 종교집회 활동, 성당 건물의 유지 보수가 제대로 되지 않아 다른 중남미 국가와는 달리 가톨릭이 많이 위축된 상태다.

일반 국민들 삶에도 가톨릭의 영향은 그리 크지 않다. 세례, 미사 참석 등은 거의 없다. 반면 아프리카 흑인 문화의 영향으로 가톨릭과 아프리카 토속 종교가 혼합된 산떼리아(Santeria)가 쿠바 국민, 특히 흑인 사회를 중심으로 생활에 깊이 자리잡고 있다.

시가를 문 쿠바의 여인

#### ■ 축제

50여 년의 공산체제로 인해 자본주의 국가에서와 같은 축제는 많이 소멸되었다. 국가적으로 추진하는 가장 중요한 행사는 7월 26일 무장봉기일 휴일을 전후한 3일간의 연휴다. 이 기간에는 국가가 주도하는 대규모 집회가 전국에서 개최되며, 국가에서 각 단위 행정구역별로 돼지고기, 럼 등을 나누어 주어 동네 축제를 유도한다.

쿠바인들이 개인적으로 가장 중요시하는 행사는 크리스마스 및 연말 가족모임이다. 혁명 전 미국 문화의 영향이 아직도 남아 있기 때문에 이때는 자본주의 사회와 마찬가지로 선물을 교환하고, 친척과 이웃이 함께하는 가족단위 행사를 즐긴다.

■ 국경일

| 월 | 일 | 공휴일명 | 비 고 |
|---|---|---|---|
| 1 | 1 | 혁명기념일 | |
| 5 | 1 | 노동절 | |
| 7 | 26 | 무장봉기일 | 7월 26일을 전후로 3일 연휴.<br>연휴 기간은 주말을 감안해 매년 변경 |
| 10 | 10 | 노예해방기념일 | |
| 12 | 25 | 크리스마스 | |

쿠바의 전쟁 박물관과 전시된 탱크

## 2.2 일반적인 국민성향

### ■ 일반적 성향

낙천적이고 음악과 춤을 좋아한다. 체제 특성상 경제적으로 궁핍한 상태이지만 현실에 순응하면서 즐거움을 찾기 위해 노력한다. 표정도 상당히 밝은 편이고, 예의 바르게 살려고 노력한다.

통신수단의 부족, 광고매체의 부재 등으로 생활 정보를 얻기 위해서는 인맥 관계의 형성이 중요하기 때문에 남에게 싫은 소리를 하지 않고, 두세 번 만나면 친밀감을 표시한다.

정치적 화제를 제외하고는 각종 주제에 대한 대화에 능숙하다. 연대감(Solidaridad)을 중요시하는데, 특히 가족의 연대감이 매우 강해서 이복형제자매, 사촌 이상의 형제자매 등도 친가족처럼 지낸다.

### ■ 지역감정

쿠바의 동서지역 간 감정은 심각한 편이다. 공식 행정구역과는 별개로 쿠바인들은 크게 수도 아바나를 포함한 서부, 중부, 동부 등 세 지역으로 나눈다. 세 지역의 경제수준, 인종 구성에 차이가 있으며, 특히 서부와 동부의 지역감정이 심한 편이다.

동부(Oriente)는 5개 광역자치주를 의미하는데 관따나모(Guantanamo), 산띠아고 데 쿠바(Santiago de Cuba), 그란마(Granma), 올긴(Holguin), 라스 뚜나스(Las Tunas) 등이다. 동부 지역은 무더운 날씨, 산악지역 등으로 인해 전통적으로 경제수준이 낙후되었다. 아바나를 비롯한 서부인들은 동부인들을 예의 없고, 성격이 거칠다고 평가하며 한 수준 아래로 비하하는 경향이 있다. 반면 동부 쿠바인들은 쿠바혁명의 발상지가 동부이고, 피델 카스트로가 동부에 속하는 올긴 출신임을 내세워 자존심을 세우고 있으나 경제 상황이 열악하여 상대적 열등감을 갖고 있다.

지역감정을 더욱 유발시킨 다른 요인은 아바나 시내의 경찰이다. 쿠바 경찰은 체제 유지에 중요한 역할을 담당하고 있는데, 수도 아바나에 배치된 경찰의 대부분이 동부 출신이다. 이에 따라 아바나 시민들은 동부 출신 경찰에 대해 부정적인 이미지를 갖게 되었고, 동서 지역 감정의 골도 더욱 깊어지는 부작용이 초래되었다.

## ■ 인종간 감정, 계층간 감정

백인(엄밀히 말하면 순수 백인이라기보다는 피부색이 검지 않다는 의미), 물라또 및 뜨리게뇨(백인과 흑인의 혼혈), 순수 흑인 등 크게 3개 인종으로 대별된다. 비율로 보면 물라또/뜨리게뇨, 순수 흑인 등 피부색이 검은 인종이 인구의 65% 정도로 절대 다수를 차지한다.

1886년 노예해방, 쿠바 공산혁명 이후 인종간 차별을 금지하는 등의 국가 정책으로 인종 간 평등을 외형상 유지하고 있지만, 국민들 간에는 흑백 인종차별이 여전히 존재한다. 특히 백인들이 순수 흑인에 대해 인종 차별을 많이 한다. 순수 흑인은 노예 해방 이후에도 백인에 비해 경제, 교육, 문화혜택을 받지 못했기 때문에 사회 하류층을 형성하였으며, 아직도 흑인은 열등하다는 인식이 백인 사회에서 암묵적으로 형성되어 있다. 1959년 공산혁명 이후 정부정책에 힘입어 흑인들의 교육 혜택, 경제적 수준 향상 등이 이루어졌지만 백인들에 비하면 아직도 미흡한 편이다. 생활 경제에서도 해외 친척의 송금 혜택 대부분이 백인들에게 돌아가기 때문에 흑백 간 빈부 격차는 여전히 해소되지 않고 있다.

연애와 결혼을 보면 인종 간 차별을 극명하게 알 수 있다. 물라또/뜨리게뇨는 중간 피부색이기 때문에 흑백 양쪽 인종과 그런대로 어울리는 편이나, 백인과 순수 흑인은 연애, 결혼을 하는 경우가 거의 없다. 아바나 시내에서 간혹 볼 수 있는 흑백 커플은 쿠바 여성과 유럽계 남성인 경우가 대부분이다.

시장의 모습

## ■ 외국인에 대한 감정

일반 국민들은 외국인(동서양 불문)에 대해 친근감을 표시하는 경우가 많다. 그러나 그 친근감이 마음속에서 우러나오기보다는 경제적 실리 때문인 경우도 많다. 쿠바인들의 경제상황이 좋지 않기 때문에 외국인과 접촉이 많아야 경제적 도움 또는 다른 혜택을 볼 수 있기 때문이다.

정부 정책 면에서는 외국인을 상당히 경계한다. 1959년 혁명 이전에 미국인과 미국 자본이 쿠바를 수탈하였다는 피해의식이 있기 때문에 외국인, 특히 외국기업의 쿠바 내 활동에 대해서는 각종 규제가 많다. 쿠바의 정책이 외국인(Extranjero)과 쿠바인(Cubano)을 분리하고 있기 때문에 일반 쿠바인들의 의식이나 표현방식에도 외국인/쿠바인의 이분법이 적용된다.

## 2.3 소비문화

일반 노동자의 공식 월급이 15~20달러 수준이기 때문에 기본 식생활도 해결하기 힘들어 자본주의적 시각의 일반 상품 구매력은 약하다.

공산주의 정책이 목표로 한 경제적 평등 개념은 실질적으로 존재하지 않고, 빈익빈 부익부 현상이 심화되고 있다. 신 부유층은 해외의 친척 송금 수혜 계층, 외국인 회사 근무자, 개인 자영업자(정부 허가 민박 및 식당), 유명 예술인 및 운동선수 등이다. 이들 신 부유층이 고가의 가전제품, 수입 의류, 수입 식품 등을 구매한다.

외환 부족에 따라 수입에 한계가 있어 물자 부족 현상이 심각하고, 소득 수준이 낮기 때문에 아껴쓰고 오래 쓰는 습관이 몸에 배어 있다. 50년

쿠바 도심의 모습

된 고물 차량, 일반 가정에서 사용하는 50~60년된 냉장고, 세탁기 등은 일반적이며, 쿠바인들의 폐품, 중고품 재활용 수준은 세계 일류급이라 할 수 있다.

2008년 4월 이후, 라울 카스트로 신 정권은 국민들의 요구 및 개혁정치 차원에서 그동안 쿠바인들에게는 판매가 금지되었던 DVD플레이어, 전자레인지, 휴대폰 등의 판매를 허용하였다. 그러나 가격이 일반인 월급의 10~15배 수준이기 때문에 구매층은 매우 제한적이다.

## 2.4 상관습 문화

### ■ 상관습

쿠바는 국가 독점 체제이며 수입 및 국내유통도 국가(국영기업)가 독점하고 있다. 외국인에게는 일체의 수입권 및 도소매권을 부여하지 않으며, 내국인에게는 국민 생활에 필요한 극히 일부의 자영업만 허용한다. 따라서 외국인의 비즈니스 상대는 모두 국영기업 직원이다.

국영기업의 직원들은 회사 이익 제고를 위해 노력하기보다는 정부 또는 상사의 지시사항에 맞는, 또 문제발생의 소지가 없는 방향으로 업무를 처리하는 경향이 많다. 따라서 관료주의가 심한 편이며 추후 면책을 위해 문서 및 규정을 최우선시한다.

수입대금결제는 쿠바 정부의 방침에 따라 대부분 360일 USANCE L/C이며, 쿠바은행이 L/C를 개설한다.

### ■ 접대, 선물, 뇌물 문화

생활비에 훨씬 미치지 못하는 월급을 받고 있기 때문에 국영기업 직원들은 접대, 선물, 뇌물의 유혹을 벗어날 수 없다. 그러나 통제 및 처벌을 두려워하여 드러내고 요구하지는 않는다. 쿠바인들의 공식급여가 생활을 유지하기에도 부족한 수준이기 때문에 외식은 거의 불가능하다. 쿠바인을 식사에 초대하는 것은 최대의 대접이 될 수 있다. 메뉴는 어떠한 것이든 상관없다. 한 사람을 초대했는데, 초대한 사람의 동의도 없이 부인을 비롯하여 여러 사람을 동반하는 경우가 기끔 있다. 외식 기회가 거의 없기 때문에 기회가 있을 때 가족을 데리고 나오는 것이다. 불쾌하게 생각하지 말고 반가운 표정으로 맞이하는 것이 좋다.

식당 음식은 쿠바인이 집에서 흔히 먹을 수 없기 때문에 먹고 남은 음식을 싸갖고 가는 사람들이 많다. 집에 있는 가족들에게 주거나 나중에 데워서 다시 먹으려고 하는 것이다. 첫 초대의 경우에는 메인 요리를 조금 많을 정도로 주문하여 초대된 쿠바인이 음식을 싸갖고 가는지를 관찰하고, 두 번째부터는 집으로 가져갈 수 있도록 아예 별도로 주문해주는 것도 좋다.

물자부족이 심각할뿐더러 구매능력이 없기 때문에 생활에 필요한 모든 물건이 좋은 선물이다. 여자에게는 화장품, 향수, 핸드백, 남자에게는 양주, 벨트, 서류 가방 등이 좋다. 남녀 공통으로는 비싸지 않은 손목시계, 볼펜 세트, 소형 전자계산기, USB메모리를 추천한다.

크리스마스를 전후한 연말 선물은 일반적이어서 뇌물로 보지 않는다. 연말선물은 주로 와인, 위스키, 햄 종류 등 연말 가족모임에서 쓸 수 있는 식음료품이 좋다. 사무실로 직접 갖다 줘도 상관없다.

현금성 뇌물은 절대 금기사항이다. 적발되면 해당 직원은 해고조치는 물론 심한 경우 징역형을 선고받기도 한다. 최근 쿠바 유수의 국영기업 최고경영자가 외국기업들로부터 현금성 뇌물을 받은 것이 적발되어 10년 징역형을 선고받은 사례가 있다.

쿠바에서 활동하는 외국기업들은 거래처 쿠바 직원들을 위한 선심성 해외출장의 기회도 마련해 준다. 항공임, 숙식비 등 일체의 비용을 외국회사가 부담하는데, 국영기업 직원들은 부담없이 이 조건을 받아들인다.

## 2.5 비즈니스 에티켓

### ■ 약속

국영기업의 경우 이미 거래관계가 있는 경우에는 전화로 3~4일 전에 약속을 잡을 수 있다. 첫 만남일 경우에는 최소 1주일 전에 이메일로 용무, 시간 등을 제시하면 큰 문제없이 약속을 잡을 수 있다.

공무원의 경우 외국인 접촉에 대해 민감한 반응을 보일 수 있다. 특히 우리나라는 쿠바와 미수교국이기 때문에 쿠바 공무원에게 면담 신청을 하면 상부 허가를 받고 면담에 응하는 경우가 있다. 첫 만남의 경우에는 최소 2주일 전에 이메일로 용무, 면담 희망 일시를 보내야 한다. 이미 몇 차례 만난 경우에는 3~4일 전에 전화로 약속을 잡을 수 있다.

국영기업 및 공무원 모두 약속시간을 잘 지키는 편이며, 불가피하게 약속일시를 연기해야 할 경우 전화로 양해를 구하고 다시 약속을 잡는다.

### ■ 인사

쿠바인들은 천성이 낙천적이고 낯모르는 사람과도 금방 친해지는 기질이 있다. 외국인에게도 예외를 두지 않으므로 쿠바인들끼리 인사하는 모습을 잘 관찰하고 그대로 따라하면 거리감을 빨리 없앨 수 있다. 특히 남성과 여성, 여성끼리의 오른쪽 뺨인사는 쿠바인의 일반적 인사방법이다. 뺨인사를 할 때는 오른손을 상대방의 오른쪽 어깨에 살짝 얹는다.

비즈니스 만남이라 하더라도 두 번째 만남 이후부터는 세뇨르(Señor : Mr), 세뇨리따(Señorita : Ms)라는 호칭없이 그냥 이름을 부르는 것이 거리감을 좁히는 데 좋다.

### ■ 복장

물자부족, 고온다습한 기후때문에 고위 공무원, 기업의 관리자급도 반팔셔츠에 면바지 캐주얼 복장으로 업무를 한다. 넥타이를 매는 경우는 거의 없다. 첫 만남이라 하더라도 넥타이에 싱글 양복으로 쿠바인을 만나면 어색한 경우가 있으므로, 노타이에 반팔 셔츠가 무난하다.

정부의 장관급 이상 고위층 면담 또는 아주 공식적인 행사 참석 때는 양복에 넥타이를 매도 상관없다.

### ■ 명함

간혹 하급 공무원이나 국영기업 실무자들이 명함을 갖고 있지 않는 경우가 있다. 명함 인쇄에 1개월 정도 소요되기 때문에 명함 조달이 빨리 되지 않는다. 다이어리에 이름, 직책, 이메일을 포함한 연락처를 써달라고 하면 된다.

우리나라와 성명 체계가 다르기 때문에 명함을 주면서 성과 이름을 구분해 주는 것이 좋다. 쿠바 사람이 편하게 부르도록 성이나 이름 중 하나를 불러달라고 얘기해 주면 빨리 친밀해 질 수 있다.

## 2.6 화제

### ■ 부적절한 내용

1959년 혁명 이후 공산주의 정치경제 체제를 유지하고 있기 때문에 자본주의적 사고방식에 입각한 쿠바체제 비판 발언은 절대 금해야 한다. 상호감시체제, 비밀경찰제도가 있기 때문에 현지인들도 가족이나 아주 친한 친구 사이가 아니면 체제에 대한 불만을 절대 표시하지 않는다.

피델 카스트로를 비롯한 국가지도층에 대한 비판, 피델 카스트로 사후의 쿠바 변화 등 민감한 정치적 문제에 대해서도 절대 언급해서는 안된다.

쿠바혁명, 피델 카스트로에 대한 칭찬은 굳이 하지 말자. 쿠바인들이 겉으로는 표현하지 않아도 개인적으로 좋아하지 않을 수도 있다.

■ 적절한 화제

야구가 대표적 스포츠이므로 쿠바 야구의 국제경기 성적, 한국과 쿠바 대표팀의 야구경기 등이 무난하다. 쿠바 재즈 및 살사음악이 세계적으로 유명하므로 추초 발데스(Chucho Valdes), 로스 반 반(Los Van Van) 등에 대한 화제도 좋다. 우리나라에 많이 알려진 재즈 그룹 부에나비스타 소셜 클럽에 대해 의외로 쿠바인들은 잘 모른다.

## 2.7 속담 및 격언

No hay mal que por bien no venga.(노 아이 말 께 뽀르 비엔 노 벵가)

- Every cloud has a silver lining.

⇨ "좋은 일이 오기 위해 나쁜 일이 있었다."

– 액땜했다. 인간만사 새옹지마.

A caballo regalado, no se le mira el comillo.

(아 까바요 레갈라도 노 셀 레 미라 엘 꼬미요)

- Don't look a gift horse in the mouth.

⇨ "선물받은 말의 이빨을 보지 마라"

– 선물은 선물로 받아들여라. 선물은 그냥 좋은 것이다.

Es mejor tarde que nunca. (에스 메호르 따르데 께 눈까)

- Better late than never.

"아예 안하는 것보다 늦게라도 하는 것이 좋다."

– 늦었다고 포기하지 말고 지금이라도 시작하라.

Es mejor malo conocido que bueno por conocer.

(에스 메호르 말로 꼬노시도 께 부에노 뽀르 꼬노세르)

- Better the evil you know than the goodness you don't.

"알지 못하는 좋은 사람보다 잘 아는 나쁜 사람이 낫다."

– 상호 신뢰관계에서의 조심성을 비유.

Más vale el diablo por ser viejo que por ser diablo.

(마스 발레 엘 디아블로 뽀르 세르 비에호 께 뽀르 세르 디아블로)

- The devil is wiser for being old than for being the devil.

"악마는 그 자체보다 늙었기 때문에 가치가 있다."

– 노인을 악마에 비유. 노인들의 경험에 대해 존경심을 나타날 때 사용.

## 3 바이어 상담 및 거래 Tip

### 3.1 효과적인 상담

카탈로그, 가격표 등 기본자료 외에 유럽(스페인, 이탈리아)에 수출한 실적을 제시하면 좋다. 쿠바 국영기업은 신제품보다는 검증된 제품을 선호한다.

쿠바 정부방침에 따라 직거래를 하자고 요구하는 경우가 있다. 그러나 360일 외상 조건 때문에 외국회사가 쿠바와 직거래를 하기 어렵다. 무조건 말도 안된다는 표정을 짓지 말고, 직거래를 하고 싶지만 여러 가지 여건 때문에 간접거래를 할 수 밖에 없다고 인내심을 갖고 설명해 준다.

쿠바 수출입 담당 직원들은 대부분 영어 소통이 가능하다. 홈페이지를 검색해 보라고 하면 아무도 안 한다. 쿠바의 인터넷 사정이 열악하여 사진이 많은 우리나라 기업 홈페이지 검색이 안되는 경우가 많다. 반드시 카탈로그를 제공해야 한다.

쿠바 기업을 에이전트로 선정하는 경우는 거의 없다. 쿠바에서 활동하는 스페인, 캐나다, 파나마 회사를 에이전트로 활용하는 것이 좋다. 이들은 나름대로 쿠바 내 인맥을 형성하고 있고 구매정보 수집, 문제해결 등 여러 면에서 훨씬 유리하다.

쿠바인을 에이전트로 하는 경우도 없다. 한 개인이 임의로 외국회사를 위해 활동하는 것은 불법이기 때문에 활동영역이 제한되고, 소기의 마케팅 목적을 달성할 수 없다.

### 3.2 거래 시 유의사항

#### ■ 소수의 국영기업에게만 수입허가권 부여

쿠바 정치경제체제상 개인의 무역업은 허용되지 않으며, 쿠바 국영 기업중에서도 품목별 수입가능 기업이 지정되어 있기 때문에 수출 상담이 가능한 기업은 매우 제한되어 있다.

#### ■ 느린 의사결정

수입품의 품질 검증, 대금결제 등 사후 업무처리에 문제가 발생할 경우 문책을 당하는 경우가 있다. 담당자를 포함한 관련 부서 간 업무협의가 많기 때문에 의사결정에 시일이 많이 소요된다.

### ■ 통신 곤란

쿠바의 전화, 팩스, 이메일 통신라인이 좋지 않기 때문에 커뮤니케이션이 잘 안 되는 경우가 많다. 또한 겨우 전화통화가 되더라도 끊기는 경우가 많으며, 담당자 부재 시 다른 사람이 전화를 받더라도 메모를 전달해 주지 않는 경우가 많다.

이메일로 회신을 독촉해도 회신이 없는 경우가 많다. 담당자가 의사결정을 할 수 없거나, 당초 계획이 취소된 경우 부정적인 이메일 회신을 기피하는 경향이 있다. 반면 정부나 상부에서 지시한 긴급사안인 경우에는 쿠바 측이 외국회사에게 회신을 독촉하는 흔치 않은 경우도 있다.

### ■ 외상결제 관행

쿠바 국영기업들은 L/C at sight 결제를 거의 하지 않는다. 대부분 360일 외상이다. 이 문제 때문에 캐나다, 파나마, EU의 중개무역회사를 통해 쿠바에 간접 수출하는 경우가 많다. 긴급한 수입 때문에 외국 수출업체에게 유럽계 은행의 confirmed L/C를 제시하는 경우가 있지만 기대하지 않는 것이 좋다.

2008년 3월 쿠바와 수출보험공사 간 대쿠바 부보 한도 MOU가 체결되어 직거래 여건이 마련되었다. 그러나 국내 은행들이 쿠바 L/C 네고에 대해 부정적인 입장을 갖고 있어 단기간 내에 수출보험을 활용한 쿠바와 직거래가 이루어지기 힘든 상황이다. 수출보험공사에서 이에 대한 대책을 마련하고 있으므로 대쿠바 수출건이 있을 경우 수출보험공사에 먼저 문의한 후 업무를 진행해야 한다.

■ US$ 거래 제한

미국의 대쿠바 경제봉쇄 조치 때문에 은행을 통한 US$ 결제라 하더라도 제약이 많다. 제약이 없는 유로화 결제를 이용하는 것이 좋다.

■ OFFER SHEET 작성

CIF Havana로 작성할 경우 FOB Korea, 운임, 보험료 등을 분리해서 기재해 달라는 요청이 가끔 있다. 가격 비교를 위해 US$로 표시하더라도 나중에 대금결제를 위해서는 쿠바 기업과 합의하에 유로화 금액을 병기 하는 것이 좋다.

## 4 현장의 소리

### 4.1 교포 사업가의 조언

■ Ampelos 김동우 사장, Neneka 윤용갑 사장

□ 360일 외상 조건

쿠바에서 활동하는 제3국 에이전트 대부분이 수출회사에 현금을 지불하고 쿠바 측에 360일 이상의 외상 조건을 준다. 물론 제3국 에이전트는 이에 상응하는 금융비용 및 위험관리비용을 가격에 포함하여 쿠바 측에 제시한다. 그러나 간혹 제3국 에이전트의 재무 사정상 수출회사에 현금을 지불하지 못하고 단기간 외상 조건 협조를 받아야 하는 경우가 있다. 장기적으로 쿠바 시장을 본다면 에이전트의 협조 요청을 무조건 거절하지 말

고, 비즈니스 파트너로서 적극적으로 협조해 주는 것이 좋을 것이다.

□ 에이전트 활용

쿠바는 구매정보가 은밀히 유통되고, 물품 인도 후 지속적인 대금 회수 관리가 필요한 쉽지 않은 시장이다. 직거래의 경우 쿠바 사정을 모르는 상황에서 곤란에 처할 수 있으므로, 현지 인맥이 확보되고 쿠바 비즈니스 경험이 많은 에이전트를 통해 쿠바 수출을 시작하는 것이 좋다.

### 4.2 한국 수출업체의 조언

■ 현대중공업(품목 : 디젤발전기) 변재욱 부장,
CAS(품목 : 전자저울) 허병준 부장

□ 계약서 조건 확인

직거래 시 쿠바측이 내놓는 계약서 내용을 잘 살펴야 한다. 국제 무역 관례에 맞지 않는 계약 조건을 명시하는 경우가 있기 때문이다. 또, 대부분 360일 외상이기 때문에 제품이 쿠바에 도착한 이후 계약서 조건 불이행을 이유로 대금지급을 거부할 가능성이 있기 때문이다.

의류의 경우 총 수량 확인을 위해 쿠바에 물건이 도착한 뒤 현지 에이전트가 며칠에 걸쳐 전수 확인한 사례도 있다.

□ 미국 부품 및 원천기술 10% 포함 여부 확인

미국의 부품 및 원천기술이 10% 이상 포함된 제품을 제3국 기업이 미국이 지정한 테러 지원국에 수출하려면 미국 상무부의 승인을 받아야 한다.

쿠바도 테러 지원국에 포함되어 있기 때문에 유의가 필요하다. 자사 제품의 부품 구성 비율 및 미국 기술 도입 여부를 사전 검토하여 10% 이상이라고 판단되는 경우 유럽 및 아시아산 부품으로 교체해야 한다. PC

관련 제품, 기계류 등이 이에 해당되는 경우가 있다.

□ 문서화에 충실하자

최근 쿠바에 가전제품을 간접 수출한 국내 기업이 제품의 하자 때문에 고충을 겪은 사례가 있으며, 다른 국내 기업은 정상적인 프로세스를 준수 하지 않고 쿠바측이 마음대로 장비를 설치하여 문제가 발생한 사례가 있다.

쿠바 기업은 문제 발생 시 책임을 수출기업에 전가하는 경향이 있다. 쿠바측 실수로 인해 제품의 하자 발생이 예상되는 경우 문서(이메일, 확인서 등)를 통해 대응 근거를 확보하고 있어야 한다.

## 4.3 현지 KBC에서 전하는 이야기

### ■ 페소? CUC? DOLAR? 헷갈리는 화폐

"얼마에요?" "10페소(peso)!", "얼마에요?" "10돌라르(dolar)!" – "도대체 뭘로 내라는 거야?" 외국인들이 쿠바에 처음 오면 이렇게 화폐 단위 때문에 혼동을 겪는다.

쿠바에서 통용되는 화폐단위는 세 가지이다.

첫째는 페소 쿠바노(peso cubano) 또는 모네다 나시오날(moneda nacional)이라고 부르는 불태환 페소이다. 기본 화폐이나 외화와 환전이 되지 않고, 쿠바 내부경제에서만 사용되는 가치 없는 화폐이다. 쿠바 근로자들의 월급, 농산물, 쿠바 국영기업 간 대금 결제, 일부 국영상점 등에서 가격 기준으로 통용된다. 내외국인 모두 사용할 수 있다.

둘째는 쎄우쎄(cuc) 또는 돌라르(dolar)라고 부르는 태환 페소이다. 외화와 환전이 가능하고 상품과 서비스 가격은 대부분 이 화폐가 기준이다. 진정한 의미의 화폐라고 할 수 있겠다.

셋째는 미국 달러이다. 외국인을 대상으로 하는 각종 공과금 납부의 기준이 된다. 현금 사용은 금지하고 있고, 쿠바 은행에 미국 달러 계좌를 보유한 쿠바 거주 외국인들이 수표를 발행하여 사용한다.

세 화폐 단위 사이에는 각각 환율이 있다. 1 cuc는 24 peso cubano, 1달러는 0.8 cuc(현금 기준), 1달러는 0.925 cuc(수표 기준)이다.

이렇게 화폐 단위가 여럿이다 보니 동일한 가격을 사람마다 다르게 얘기하는 경우도 많다.

□ 사례 1

택시를 탄다. 타기 전에 요금 흥정부터.

*외국인: A호텔까지 얼마?*

*운전사: 20 페소.*

*외국인: (마음 속으로)어? 왜 이렇게 싸지? 환율 계산하면 1달러!*

도착해서 20 페소(peso cubano)를 주면 운전사에게 혼난다. 'No! 20 돌라르(dolar)'. 다시 20달러를 주면, 'No! 20 쎄우쎄(cuc)' 처음부터 이렇게 얘기했으면 더 깎을걸. 1달러 인줄 알았는데, 25달러 였다. 왠지 바가지를 쓴 느낌이 확 밀려온다.

□ 사례 2

주택임차를 위해 국영 주택관리 회사를 방문한다.

*외국인: 지난번에 보여준 집 월 임차료가 얼마?*

*직원: 한 달에 3,000 돌라르(dolar).*

*외국인: (마음 속으로) 생각했던 것보다 싸네. OK!*

계약 며칠 후, 1개월 임차료 선불을 위해 멋있게 US$ 수표에 '3,000'을 적어서 준다.

*직원: 아니야. US$로는 3,240!*

*외국인: 3,000 돌라르라고 했잖아?*

*직원: 3,000 cuc!*

*외국인: 그럼 처음부터 3,000 cuc라고 얘기해야지!*
*(또 바가지 쓴 느낌).*

# IV
# 도미니카 공화국

República Dominicana

# IV. 도미니카 공화국

República Dominicana

- 국 명 도미니카 공화국(República Dominicana)
- 위 치 중미, 카리브 해 중부해상 이스파뇰라 섬의 동부
- 면 적 48,734㎢(전 세계 127위, 남한의 2/3배)
- 기 후 아열대성기후, 연중기온 섭씨 19~28도, 평균온도 25도
- 수 도 산토도밍고(Santo Domingo)
- 인 구 9,183,984명(전 세계 83위, 2007년 기준)
- 주 요 도 시 산토도밍고(Santo Domingo, 220만 명)
  산띠아고(Santiago, 71만 명)
- 인 종 메스띠소 및 물라토 73%, 백인 16%, 흑인 11%
- 언 어 / 종 교 스페인어 / 가톨릭 94%, 신교 3%, 기타 3%
- 화 폐 / 환 율 뻬소(PESO) - US$ 1 = 34.15뻬소(2008. 6월 말 기준)
- 정 부 형 태 대통령제
- 국 가 원 수 레오넬 안또니오 페르난데스 레이나(Leonel Antonio Fernández Reyna)
- G D P US$ 41.2십억(2007)
- 1인 당 GDP US$ 4,406(2007)
- 경 제 성 장 률 10.7%(2006), 8.5%(2007)
- 물 가 상 승 률 5.0%(2006), 8.8%(2007)
- 수출(對韓수출) US$ 7,240백만(2007)
- 수입(對韓수입) US$ 13,820백만(2007)

산띠아고 도시

도미니카공화국 문화코드 입문에 앞서 카리브의 동반자, 도미니카 공화국을 간략히 살펴보자.

도미니카 공화국은 카리브의 진주라 불릴 만큼 매력적인 나라다. 나라 곳곳이 카리브 해가 주는 천혜의 관광자원으로 뒤덮여있다. 인구는 1천만 명이 채 안되지만 7~8만 명의 소국으로 둘러싸인 카리브해 지역에서는 단연 으뜸가는 나라다. 중남미 전체적으로도 시장규모로 본 국가경쟁력 수준은 역내 8위를 기록하고 있다.

풍부한 관광자원을 구성하는 가장 중요한 인자는 태양과 해변이다. 계절 탓에 미국이나 유럽 등 구미 선진국에서, 특히 겨울철에 작열하는 태양과 더불어 옥색 또는 연녹빛을 띤 아름다운 해변을 즐기려는 관광객이 줄을 잇고, 미국의 클린턴 전대통령 가족이나 부시 전대통령 가족 등 세계적 명사들이 매년 즐겨 찾는 곳이기도 하다. 요즈음에는 러시아에서도 직항편이 개설되어 도미니카 해변에서는 각국 언어의 향연을 즐길 수 있다.

도미니카에시 세계화는 놀라운 흡인력으로 구미선진국 관광객들을 빨아들이면서 시작되었다. 그러나 요즈음은 세계적 추세인 FTA 조류를 따르며 더욱 적극적인 세계화 전략을 구사하고 있다. 2007년 3월 발효된 미국과의 FTA(자유무역협정)와 2008년 1월 발효된 EU와의 EPA(경제연대협정)는 미국 및 유럽 등 구미 선진국에 대해 문호를 더욱 개방하는 동시에 이들 시장으로 진출을 확대하는 계기가 되고 있다.

도미니카 공화국은 자부심이 매우 강한 나라다. 미주 대륙 최초의 대학교, 성당, 병원, 거리 등 미주 대륙 최초라는 수식어가 붙는 스페인 식민지 시대 문화유산이 많다. 스페인의 중남미 진출 전진기지 역할을 수행하면서 수많은 중남미 정복자들을 배출하였다. 신대륙 발견자인 콜럼버스가 가장 애착을 가졌던 나라로서 그의 유언에 따라 유해가 이곳에 안치되어 있는 점만 보아도 그 자부심의 일말을 읽을 수 있다.

도미니카는 왜 한국을 동반자로 택하게 됐나? 이에 대해 명쾌한 해답은 제시할 수 없지만 카리브의 IT 메카를 지향하며 카리브의 코리아가 되려는 안목 있는 지도자의 국가적 비전이 결정적이었다. 지난 반세기 동안 정체상태에 머물던 자국에 비해 단기간 내에 눈부신 경제성장을 이룩해 낸 한국을 자신들의 동반자로 삼고, 그 경험을 배우려고 노력 중이다.

지금 도미니카에선 한국을 배우려는 열기가 후끈 달아오르고 있다. 첫 번째로 들 수 있는 점은 한국 전자정부 시스템의 도미니카 이식 프로젝트다. 그 선봉에 서있는 프로젝트가 바로 관세청의 전자통관시스템이다. 통관행정의 투명화를 통한 부패척결 및 전자화를 통한 신속통관체제 구축을 목표로 진행 중이다.

도미니카는 고질적인 전력부족문제 해소를 국가적 과제로 안고 있다.

특히나 요즘처럼 유가가 폭등하는 어려운 시기를 맞아 석유 대체에너지원을 통한 양질의 저렴한 전력 공급체계 구축은 물가 앙등 억제책으로서나 신규고용촉진 대책으로서나 절실한 과제일 수밖에 없다. 그 과제 해소에 제휴의 손길을 내민 기관이 바로 한전(KEPCO)이다. 한전은 최근 발전분야 도미니카 최대 전력기업인 Ege-Haina와 손을 잡고 240MW 규모의 석탄화력 발전 사업에 본격적으로 뛰어들 채비를 갖추고 있다. 이 때문에 한전은 답답했던 전력 현실(잦은 정전사태, 일부지역 제한송전 등) 타개의 주역으로 떠올라 도미니카 언론의 조명을 받으며 인구에 긍정적으로 회자되고 있다.

도미니카는 한국을 국가발전의 동반자로 삼겠다는 한 증표로서 2012 여수엑스포를 지지했다. BIE(국제박람회 기구) 비회원국이었지만 한국을 동반자로 택하기 위해 여수엑스포를 지지하고자 레오넬 페르난데스 정부는 BIE에 신규회원국 가입까지 해가며 한국을 지지했다.

그리고 많은 국가채무를 떠안고 있어 부담스런 재정상황임에도 불구하고 미래 국가발전의 청사진 이행을 위해 레오넬 행정부가 주도하고 의회가 적극 협력하여 전자정부 도입에 따른 막대한 차관을 승인했다. 밀접한 관계에 있는 인근 미국으로부터 충분히 도입할 수 있는 전자통관시스템을 굳이 먼 나라 동방의 한국에서 들여오겠다는 정부 고위관계자의 의지와 철학도 반영됐다(여기에는 불굴의 의지와 끈기로 밀어붙인 한국 기업과 정부의 노력이 숨어있음은 두말할 나위가 없다).

이와 관련, 최근 도미니카의 전자정부 구축 청사진이 한국과의 협력관계를 바탕으로 마련되고 있다. 한국정부가 추진한 개도국 전자정부 마스터플랜 구축 지원사업을 도미니카에서 적극 수용하여 양국 간 전자정부 협력사업의 기반이 공고히 구축된 것이다.

동반자 관계는 한국의 경제개발경험 전수사업에서도 빛이 나고 있다. 자원빈국 한국이 수출과 투자 등 경제개발전략을 통해 어떻게 국가발전을 이룩하게 되었는지 그 지식을 도미니카와 공유하자는 프로그램이다.

KDI의 협력하에 그 사업이 최근 착수되었다.

뿐만 아니라 KOICA 자원봉사대원의 활동이 영역을 넓혀가고 있고, 각 분야의 방한 연수 프로그램도 활발히 진행되고 있으며, 지자체 간 자매결연 체결 및 양국 유관기관 간 협력협정체결 등 동반자관계는 한층 무르익고 있다.

양국 간 동반자 관계를 통해 도미니카로부터 우리가 얻을 것은 무엇인가? 위에 열거된 몇 가지 사항은 일부분에 지나지 않는다. 한-도 동반자 관계가 발전적으로 성숙되기 위해서는 도미니카 공화국에 대한 한국기업의 더 많은 관심과 적극적인 진출노력이 필요하다. 현재 한국기업 20여 개가 이곳 도미니카에 진출해 있는데, 진출분야가 대체로 현재 대중국 경쟁력 약화로 사양산업화 되고 있는 봉제, 의류, 섬유 관련 산업이다. 도미니카는 진출여지가 많은 곳이다. 앞서 언급된 관광사업 분야에서부터 조립식주택 건설사업, 도로, 철도, 통신, 물류 등 인프라건설사업, 자동차 A/S부품 공급 및 정비사업, 천연가스 전환 장비공급사업, 알로에 재배 및 가공사업, 에탄올 및 바이오디젤 생산 등 재생에너지사업 분야에 이르기까지 진출할 수 있는 분야는 다양하다.

자 이제 카리브의 동반자, 도미니카의 문을 노크해 보자. 열려라 참깨! 열려라 문화코드!

## I 일반 비즈니스 환경

### 1.1 약사

#### ■ 도미니카 약사 및 최근정세

도미니카 공화국은 카리브 해에 위치하고 있으며, 아이티(Haiti)와 국경이 맞닿아 있는 섬나라이다. 1492년 콜럼버스에게 발견되어 미주대륙 최초로 스페인 식민 활동이 시작되었다.

수도인 산또 도밍고는 미주대륙 최초의 도시로 불렸으며, 최초의 요새, 성당, 병원, 대학 등 미주대륙 최초로 건축이 이루어진 곳으로 식민 사회와 식민문화의 기원이 되는 곳이다.

16세기 말까지 풍부한 광물과 사탕수수 재배로 번창했으며, 이를 위해

산또 도밍고 콜롬버스 기념 등대

아프리카 흑인노예들이 대규모로 유입되었다. 도미니카 국민들의 대다수를 차지하는 물라또(흑백혼혈)의 씨앗이 이때에 뿌려졌다.

1697년 스페인은 섬의 서부 지역을 프랑스에 이양했으며, 이로 인해 프랑스가 지배하는 서부권과 스페인이 지배하는 동부권으로 나뉘어졌다. 이때부터 두 나라는 역사, 문화, 경제 등이 서로 다른 발전 과정을 밟게 되었다. 이 서부 지역이 지금의 아이티이며, 동부 지역이 도미니카 공화국이다.

1795년 바젤협약 이후에 밀수, 해적의 출몰, 경제 위기, 독재정치, 쿠데타, 외국군의 주둔, 내부 갈등 등이 끊이지 않다가 1822년 아이티의 지배를 받게 되었고 22년 후인 1844년 독립영웅인 후안 빠블로 두아르떼(Juan Pablo Duarte)의 지도하에 도미니카 공화국은 독립을 선언했다.

그러나 1861년 다시 스페인의 통치를 받았으며, 1863년 광복전쟁을 치루고 나서야 완전한 독립이 쟁취되어 현재의 도미니카 공화국으로 서게 되었다.

1916~1924년에 미국에서 해병대를 파견하여 영토를 관리했으며, 미국의 동의를 얻어 1930년 라파엘 뜨루히요(Rafael Trujillo)가 독재정권을 수립하였다. 그는 31년간 이 나라를 통치하다가 민심 이반으로 1961년에 암살되었다.

1966~1978년에는 기독사회개혁당(PRSC)의 호아낀 발라게르(Joaquin Balaguer Ricardo)가 3차레나 집권하였고, 1978~1986년 도미니카 혁명당(PRD)에 정권을 넘겼다가 1986~1996년에는 발라게르가 재집권하였다. 1996~2000년에는 도미니카 해방당(PLD)의 레오넬 페르난데스(Leonel Fernandez)가 집권하게 되었고, 2000~2004년 혁명당(PRD)의 이뽈리또 메히아(Hipolito Mejia)에게 정권을 넘겼다가 2004년부터 2008년 현재까지 레오넬이 재집권하였다. 2008년 5월 16일 대선 결과 과반이 넘는 54% 득표율로 레오넬은 정권 재창출에 성공하여 2012년까지 4년 연임하게 되었다.

## ■ 대외관계

도미니카 공화국의 외교정책 기조는 전 정부의 고립적, 소극적인 정책에서 탈피하여 적극적이고 대외 개방적인 정책으로 전환했다. 연체된 국제기구 분담금의 지불과 인접국인 아이티와의 협력관계 강화, 중미공동시장(CACM) 및 카리브 공동시장(CARICOM)과 자유무역협정을 체결하였으며, 실리적 차원에서 대만, 쿠바 등과 외교 · 경제협력관계를 정상화하였다.

정치 경제적으로 가장 밀접한 관계에 있는 미국과는 뉴욕을 중심으로 약 160만여 명의 교민문제와 외채, 마약, 범죄인 인도 등의 정치문제, 지적소유권 보호 등이 주요 현안사항이다. 이런 문제들로 인해 미국과의 FTA 협상이 난항을 겪기도 했으나 레오넬 페르난데스 대통령의 강력한 리더십에 힘입어 중미 CAFTA 5개국과 연계하여 미국과의 FTA(DR-CAFTA)를 2005년 8월 5일 체결하였다.

2007년 3월 1일부로 미국 및 중미 권과의 FTA(DR-CAFTA)가 발효된데 이어 2008년 1월 1일부로 EU-카리브 EPA(경제자유교역협정)가 발효되어 카리브 역내 경제통합도 동시에 진전되고 있다. 특히 카리브 맹주국인 도미니카 공화국과 아이티 간 경제통합 분위기가 조성됨으로써 중장기적 관점에서 향후 양국 간 시장통합이 기대되고 있다.

과거 22년간 도미니카 공화국을 지배했던 이웃나라 아이티와는 상호 반목관계가 지속되어 왔으나, EU가 지원하는 국경지역공동개발위원회 활동을 계기로 양국 간 관계가 정상화되었다. 그러나 도미니카 이주 아이티 교민에 대한 인권 유린 논란이 2007년 국제 이슈로 쟁점화되었고, 2008년 초 도미니카의 조류독감 발병에 따라 아이티가 도미니카산 닭고기 수입금지 조치를 발동하여 통상마찰을 빚고 있는 상황이다.

1959년 6월 외교관계가 단절되었던 인근국 쿠바와는 1998년 1월 양국 간 영사관 교환 설치에 이어 1998년 4월 양국 간 외교관계 정상화 협정이 서명되었다. 같은 해 3월 이후 주 2회 정기 항공노선을 개설하는 등 양국 간 교역, 관광, 문화교류가 확대되고 있다.

원유 공급 시 특별 가격 조건과 수입 금액의 일정 비율을 원유 도입 국에 경제 발전 차관으로 공여한다는 산호세 협정에 따라 베네수엘라 및 멕시코와는 전통적인 우호협력관계가 지속되어 왔다. 그러나 2004년 베네수엘라 차베스 대통령이 국내 쿠데타 기도에 도미니카 공화국이 연루되어있다고 주장하며, 석유 공급 중단과 대사소환 조치를 취해 양국 간 관계가 한때 악화되기도 하였으나 2004년 레오넬 대통령 집권 후 우호관계를 유지하고 있다.

레오넬 대통령은 2004년 8월 취임 후 2004년 및 2005년 스페인을 방문하여 관광분야에 대한 투자유치를 강화하고 있으며, 2006년에는 영국과 프랑스를 방문하여 동 분야의 투자유치에 적극 나서고 있다.

2006년 6월 30일~7월 1일에는 레오넬 대통령이 노무현 전 대통령의 초청으로 한국을 방문한 바 있다. 레오넬 대통령의 방한은 1962년 양국이 외교관계를 수립한 이래 최초의 도미니카 공화국 국가 원수의 방문이라는 데 큰 의미가 있었다.

## 1.2 경제현황

**주요 경제지표**

| 구분 | 단위 | 2006 | 2007 | 2008(전망) |
|---|---|---|---|---|
| GDP | US$ 십억 | 31.8 | 41.2 | |
| 일인당 GDP | US$ | 3,458 | 4,406 | |
| 경제성장률 | % | 10.7 | 8.5 | 5.0 |
| 물가상승률 | % | 5.0 | 8.8 | 6.0 |
| 실업률 | % | 16.2 | 15.5 | 15.0 |
| 수출* | US$ 십억 | 6.44 | 7.24 | |
| 수입* | US$ 십억 | 9.56 | 11.29 | |

| | | | | |
|---|---|---|---|---|
| 무역수지 | US$ 십억 | 21.7 | -5.8 | |
| 경상수지 | US$ 십억 | -0.79 | -1.9 | -2.6 |
| 외국인직접투자 | US$ 십억 | 1.18 | 1.70 | |
| 외 채 | US$ 십억 | 7.9 | 8.9 | 9.3 |
| 외환보유고 | US$ 십억 | 1.79 | 2.94 | |
| 연평균 환율 | US$ 1당 뻬소화 | 33.36 | 33.26 | 34.15(6월현재) |

자료원 : 도미니카 공화국 중앙은행(Banco central)
*수출은 자유무역지대 실적 포함, 수입은 동 실적 제외

### 주요 교역대상국

(단위 : US$ 백만)

| 수출(2007) | | | 수입(2006) | | |
|---|---|---|---|---|---|
| 순위 | 국명 | 금액 | 순위 | 국명 | 금액 |
| 1 | 미국 | 597 | 1 | 미국 | 2,508 |
| 2 | 온두라스 | 355 | 2 | 베네수엘라 | 620 |
| 3 | 중국 | 190 | 3 | 멕시코 | 399 |
| 4 | 아이티 | 155 | 4 | 콜롬비아 | 302 |
| 5 | 한국 | 135 | 5 | 일본 | 266 |
| | | | (30) | 한국 | 29.6 |
| 총계 | | 7,240 | 총계 | | 9,560 |

자료원 : 도미니카 공화국 중앙은행(Banco central)
* 2007년도 수입 통계 미확보

### 주요 수출입품목(2007)

(단위 : US$ 백만)

| 수 출 | | | 수 입 | | |
|---|---|---|---|---|---|
| 순위 | 품목 | 금액 | 순위 | 품목 | 금액 |
| 1 | 페로니켈 | 1,139.4 | 1 | 석유 및 파생품 | 2,347.2 |
| 2 | 사탕수수 | 98.0 | 2 | 자동차 | 1,033.3 |
| 3 | 카카오 | 81.0 | 3 | 연료 | 920.3 |
| 4 | 커피 | 6.37 | 4 | 대량소비식품 | 516.0 |
| 5 | 담배 | 4.07 | 5 | 철강 | 493.5 |
| 총 계 | | 7,236 | 총 계 | | 11,289 |

자료원 : 도미니카 공화국 중앙은행(Banco central)

## ■ 2007년도 경제현황(대내부문)

2007년 경제성장률은 8.5%를 달성했으며, 2005~2007년 3년간 평균 9.5%의 경이적인 성장률을 시현했다. 이중 금융업, 통신업, 유통업이 성장을 견인했다.

• 산업부문별 GDP 성장률(2007)

| | | |
|---|---|---|
| 금융중개업 25.6%, | 통신업 14.9%, | 유통업 13.9%, |
| 에너지.상수도 9.7%, | 운수창고업 6.8%, | 일반제조업 4.8%, |
| 주택임대업 3.5%, | 농축산업 1.2%, | 숙박요식업 3.7%, |
| 건설업 3.2%, | 광업 -1.4%, | 자유무역지대 제조업 -10% |

자료원 : 도미니카 공화국 중앙은행(Banco central)

2007년 중 자유무역지대와 광업은 마이너스 성장률을 기록했다.

자유무역지대는 대중국 경쟁력 약화에 따른 섬유산업 퇴조로 동 업종에 진출한 외국 투자기업들이 폐업함에 따라 수만 명의 실업자가 발생했다.

2007년 시멘트 및 철근 등 건축자재 가격 상승으로 건설업 성장세는 둔화됐다. 그러나 같은 해 건설업계는 건설경기가 금리인하 및 환율 안정 등에 힘입어 양호한 것으로 평가했다. 그러나 2008년은 지나친 가격 등귀로 건설경기에 타격이 우려되고 있다.

인플레(IPC)는 국제유가 급등 탓에 2007년 8.88%를 기록했으며, 석유 수입액이 전체 수입의 32%를 차지, 유가 충격에 취약한 구조를 갖고 있다.

고유가 외에 노엘(Noel) 및 올가(Olga) 등 태풍으로 인한 농작물 피해도 당초 목표치인 4~6%를 크게 상회하게 한 요인으로 지적됐다.

## ■ 2007년도 경제현황(대외부문)

2007년 수입은 138.2억 달러로 전년대비 13.5%(16.4억 달러) 증가했으며, 이중 자본재 16.5%, 소비재 22%, 원부자재 12.9% 각각 증가했다.

동 수입 증가분 중 4.5억 달러는 세관이 관세 부과 시 기준으로 삼는 과세 표준을 2006년 10월 조정했기 때문에 그 효과가 2007년에 크게 나타난 것으로 분석되고 있다. (당시 환전세 폐지와 더불어 DR-CAFTA에 따른 관세율 및 특소세율 조정으로 인한 세수 감소 보충을 위해 수입품 과세표준 인상)

한편 2006년의 경우 세관 고시가격 기준 관세 산정 품목이 전체 수입의 70%에 달했던 반면 2007년에는 40%로 축소되었으며, 60%는 수입상 신고가격 기준으로 관세가 산정된 것으로 집계돼 세관 고시가격과세표준제도가 수입상의 성실 신고를 유도함으로써 관세수입 증가와 더불어 수입액 규모도 신장된 것으로 나타났다.("Efecto Arrastre":견인 효과)

2007년 전체 수출은 9.5%(6.3억 달러) 늘어난 72.4억 달러를 시현했는데, 이중 자유무역지대를 제외한 국가 수출액은 38.5%(7.4억 달러) 증가한 26.7억 달러를 기록했다. 이중 합금철(페로니켈) 수출이 60.5% 증가하여 11.4억 달러를 기록한 것이 최대 동인이 됐으며, 국제 니켈수요 증대로 니켈가격이 톤당 평균 37,230달러로 대폭 인상된 데 따른 것이다. 반면 자유무역 지대 수출은 전년 대비 -2.5% 감소한 45.6억 달러를 기록, 하락세가 지속됐다(1.2억 달러 감소/섬유봉제의류는 21.2% 감소, 신발류는 4.6% 감소).

경상수지는 12.3억 달러의 적자를 시현했는데, 이는 국제 유가 급등으로 인해 석유 수입액 증가분이 2억 달러로 18% 늘어난 데다 세관의 과세표준 인상조정에 따라 수입 통관액이 불어난 데에(4.5억 달러) 주로 기인한다. 2007년 연간 기준으로 경상수지 적자는 GDP의 4.3%에 달하는 것으로 나타나 IMF와의 협약 목표치인 3~4%를 상회했다(과세표준 인상조정 효과 치(1.1%)를 뺄 경우 연초 전망치인 3.2% 달성).

서비스수지는 29.7억 달러의 흑자를 시현했으나 증가폭은 미미했다. 이는 동 수지 최대 구성인자인 관광수입이 2.8% 증가했으나 수입급증으로 인한 선박운임 지출도 크게 증가한 탓에 흑자폭 증가가 정체됐다.

해외 교포의 본국 송금액 규모는 2007년 연간 29.8억 달러로 전년비 9% 늘어 GDP의 근 12% 비중을 점하고 있다. 하지만 2008년은 미국경기침체로 줄어들 전망이다. (해외송금액의 60.2%가 미국발, 20%는 유럽발, 17%는 푸에르토리코발)

도니미카는 해외송금 수취인구 비율로 볼 때 38%로 중남미 1위(IDB)를 점하고 있다. (아이티 31%, 엘살바도르 · 온두라스 26%, 과테말라 22%, 니카라과 17%, 코스타리카 10%, 파나마 5% 등)

외국인직접투자는 전년 대비 16%(2.4억 달러)가 늘어난 17억 달러로 사상최고치를 기록했다. 이로 인해 금융 · 자본수지는 전년비 7.6억 달러가 늘어난 25.5억 달러 흑자를 시현했다.

외국인직접투자 급증은 경제정책에 대한 높은 신뢰도 반영으로 풀이되는데 최근 3년간(2005~2007년) 43억 달러 투자유치로 DR-CAFTA 중미 회원국 중 1위를 차지했다. [2위 코스타리카 42억 달러, 3위 엘살바도르 23억 달러, 4위 온두라스 21억 달러, 5위 과테말라 11억 달러, 6위 니카라과 9억 달러/* 자료원 : 유엔 중남미, 카리브 경제 위원회(CEPAL)2008]

주요투자분야는 정보통신, 관광, 광업, 은행업, 유통업, 제조업, 부동산업 등이며, 주요투자국은 미국(35.4%), 스페인(17.8%), 캐나다(13.5%) 등이다.

외국인간접투자인 채권투자는 전년 대비 2.2억 달러가 늘어난 9.9억 달러를 기록했으며, 이중 2007년 중 도미니카 민간 기업들의 채권 발행액 규모는 4.5억 달러로서 국제금융사회 및 외국인투자자들의 도미니카 경제에 대한 신뢰의 징표로 해석되고 있다.

국제수지 흑자로 총외환보유고는 전년 대비 7억 달러가 늘어난 29.4억 달러를 기록했으며, 순외환보유고는 6.1억 달러가 늘어난 23.9억 달러, 유동외환보유고(Reservas Liquidas/RIN/ 순외환보유고에서 외화예금 차감액)는 16.3억 달러를 각각 기록했다.

2007년에는 1달러당 30뻬소 이하로 환율하락 방지를 위해 시중외환을 흡수하여 외환보유를 확대해 오다 2008년 4월에 환율상승 억제를 위해 외환보유고 중 1억 달러를 시중에 방출하는 전략을 구사했다.

## ■ 2008년도 경제현황 및 전망

□ 정부는 2008년 경제를 낙관적으로 전망한다. 반면 민간 전문가와 경제유관단체에서는 경제 운용에 우려를 나타내고 있다. 정부가 단기처방적 각종 보조금을 남발해 경제에 깊은 주름이 질 것이고, 미국경제침체와 국제유가폭등에 따라 긴축정책이 필요한 상황에서 대선 때문에 팽창정책을 지속하는 데 따른 후유증도 간과할 사항이 아니라고 지적한다. 또 식료품 가격이 오르면서 도처에 물가 불안 요소가 잠복하고 있다가 대선 후에 터져나올 가능성도 높으며 의료계, 교육계를 비롯한 각계에서 급여 인상 요구를 둘러싼 갈등이 길어지고 있다는 점도 문제 요소로 보고 있다.

□ 2008년 5월 대통령 선거(5.16) 결과, 현 대통령이 재선하면서 정국과 경제가 안정될 것으로 보인다. 현 여당(PLD당) 후보인 레오넬 페르난데즈는 금년 8월, 3기 집권을 개시했다. 동 정부는 2007년 하반기, 도미니카를 강타한 태풍(Noel, Olga) 피해를 빨리 복구하는 것이 국가적 대사이다.

□ IMF협정의 2008년 1월말 종료와 연장 여부를 놓고 정부 내에서 의견이 충돌하고 있다. 대선과 경제주권을 인식한 연장 불가론과 대외적 시각 의식, 경제의 장기 안정적인 운영 차원의 연장론이 대립하고 있다. 일단 정부는 IMF 스탠바이협정 불연장 쪽에 무게 중심을 두다가 국제유가 급등세 지속 및 미국 경제침체 등 국제경제상황 악화가 국내에 끼칠

악영향을 고려, 협정 갱신을 긍정적으로 검토하고 있다.

□ 고유가와 미국 경기침체의 여파로 경상수지 적자폭은 GDP의 5.3%를 기록하며 2006년 4.2%, 2007년 5.1%에서 계속 악화되는 추세이다. 여기에 대선으로 인한 재정적자라는 후유증까지 더해져 IMF와 마찰을 빚을 가능성마저 나타나고 있다.

□ 미국 경제위기가 심화된다면 동반침체까지 우려되는 상황이다. 도미니카 공화국은 대미 교역 비중이 전체 교역의 80%에 이를 만큼 압도적이기 때문에 영향이 불가피하다. 도미니카 중앙은행(BC)에서는 미국 경제가 0.5% 후퇴한다면 도미니카는 0.3% 후퇴할 것이라고 낙관적 전망을 내놓고 있으나 전문가들은 미국 경기침체가 고유가 충격보다 더 큰 여파를 일으킬 것이라고 입을 모은다.

□ 그러나 EU-카리브 EPA(경제자유교역협정)가 2008년 1월 발효되어 도미니카의 경제 활력소로 작용할 가능성이 있다. 대EU 1차 산품 수출 활성화는 물론, 침체 일로인 수출자유지대의 섬유산업이나 신발산업이 회생할 계기가 될 것이라는 전망이다. 그러나 실제로 영향력은 미미할 가능성도 있다. 반대로 EU산품은 도미니카 시장에 무관세로 진출할 수 있게 되어 경쟁을 가속할 것이라는 전망도 나오고 있다. 하지만 유로화 가치가 오르면서 EU산품의 가격 경쟁력이 떨어져 EPA 효과가 미미할 가능성도 제기된다.

□ 대미 FTA(DR-CAFTA, 2007년 3월 발효)의 효과가 점차 눈에 드러나고 있다. 무관세를 바탕으로 미국산 제품이 가격경쟁력을 회복하고 있어 한국산과 치열한 시장 쟁탈전을 벌일 전망이다.

## 1.3 시장특성

### ■ 시장 규모

□ 인구규모 1천만 명의 시장

도미니카 공화국의 인구는 2007년 기준 920만 명으로 추정되고 있으며, 1인당 GDP는 4,400달러 수준으로 여타 중남미국과 비교해볼 때 시장규모는 작은 편이다.

그러나 접경국인 아이티로부터 넘어온 이민자가 130만 명을 상회하고 있어 실제 시장규모는 1천만 명을 넘어서고 있는 점, 국내 제조기반 허약으로 대다수 제품을 수입에 의존하고 있는 점, 국민 특성상 소득 대비 소비성향이 매우 크다는 점 등을 고려할 때 인구에 비해 시장이 크다는 특징을 갖고 있다.

□ 중남미 8대 시장규모

도미니카 공화국은 카리브의 조그만 섬나라로 치부되어 시장규모가 과소평가됨으로써 우리나라 기업들의 시장개척 관심권에 들지 못했으나 2008년초 WEF(세계경제포럼)가 발표한 세계 국가경쟁력 보고서에 의하면 시장규모로 볼 때에 중남미에서 7위인 페루에 이어 8위에 랭크되고 있다.(브라질, 멕시코, 아르헨티나, 콜롬비아, 칠레, 베네수엘라, 페루 , 도미니카)

도미니카 공화국은 인구가 2009년쯤에 1,000만 명에 달할 것으로 전망되고 있는 한편 인구 1,000만에 육박하는 인접국 아이티 시장도 동시에 겨냥할 수 있어 도미니카 공화국 시장에 진입하는 것은 양국이 공유하는 이스파뇰라 섬 전체적으로 2,000만 명의 시장을 수요자화할 수 있다는 점에서 매력적이다

## ■ 시장 특성

□ 전문 유통업 중심 대형매장이 주도

주요 유통업체의 형태로서는 식품류를 주로 취급하는 대형 슈퍼마켓, 의류 및 가정용품 중심의 대형 쇼핑센터와 쇼핑몰, 전기 및 건축자재를 취급하는 대형철물점(Ferreteria) 등과 차량이나 기계, 발전기 등을 취급하는 전문판매장 등이 시장을 주도하고 있다.

아크로폴리스 쇼핑센터

□ 공급자 중심의 시장형태

식품은 물론 공산품의 대부분을 수입에 의존하고 있어서 소비자의 취향이나 수요보다는 수입상이나 유통업체가 시장을 주도하고 있다. 시장에 판매되는 상품은 규격이나 디자인이 매우 한정되어 있으며, 계절적으로도 많은 차이를 보이고 있다.

□ 다품종 소량거래 시장

시장규모가 작고 다품종 소량거래 위주로 되어 있어 유통업체의 취급품목이 다양하고 상품에 대한 전문성이 결여되어 있는 경우가 많다.

□ 비교적 견실한 외화수입원 보유

도미니카의 달러 수입원의 3대 축은 Free Zone의 수출, 관광수입(연간 관광객 300만명), 해외교포의 본국송금액(미국 ML 프로야구선수 및 미국교포의 연간 20~30억 달러 규모의 본국송금액)으로 비교적 안정적 구조를 갖고 있다.

□ 국내기업 위주의 불공정 대리점법

도미니카 국내기업이 수출업체와 에이전트십 계약을 맺으면, 대법원 법규나 판례상 에이전트십 변경이 쉽지 않다.

□ 가족중심 기업경영

가족중심의 기업경영으로 대부분 대를 이어 기업을 경영하는 경우가 많다. 경영자들도 가족으로 이루어져 있어 친밀감으로 형성된 조직체이다. 예컨대 유통기업은 꼬리피오, 라마 등 몇몇 가문이 장악하고 있으며, 가족들의 경영참여가 두드러지고 있다.

□ 만성적인 전력 인프라의 열악성

지난 40여 년간 전력보조금, 전기세 납부율 저조, 배전업체 민영화 및 재국유화(再國有化), 정부의 전력정책 불확실, 화력 위주(비산유국, 고유가) 등 다양한 사유로 잦은 정전사태가 지속(서민거주지의 경우 하루 평균 10시간 정전 지속)되고 있다. 이는 도미니카 외국인투사유치의 최대 걸림돌로 작용하고 있다.

## ■ 소비특성

□ 가격을 가장 중시하면서 브랜드도 고려

미국의 TV광고가 케이블 TV로 실시간 전달되고 있어 소비자들은 유명 브랜드이면서도 가격은 저렴한 제품을 선호한다. 품질이나 원산지에 관계없이 브랜드와 가격에 민감하게 반응하는 경향이 있다. 특히 전기 및 철물제품이나 섬유원단 등 일상생활 관련 소비재는 소비자들의 낮은 소득수준으로 인해 가격이 구매의사 결정의 최대 포인트가 되고 있다.

□ 개인적 유대관계 및 A/S 중요

제품이나 서비스 판매담당자들과의 개인적인 관계가 구매의사를 결정하는 데 중요한 요소로 작용하고 있으나 판매 후 사후관리가 더 중요한 서비스나 내구성 소비재 등의 경우 개인적인 관계와 함께 A/S의 접근용이성이 중요 마케팅 포인트가 되고 있다.

□ 소비 집중 성수기

계절적으로는 12월 25일 크리스마스에서부터 1월 6일 동방박사일(Día de Reyes Magos)를 전후로 11월 중순부터 시작되는 기업체 및 정부기관의 연말 법정 보너스 지급, 해외거주 자국민의 외화송금 등으로 약 2

개월여 동안 최고의 성수기를 구가한다.

어머니날(5월 마지막 일요일)이 있는 5월은 내구성 소비재는 물론 가정용품과 의류, 식음료 등 전 품목의 소비가 집중되며, 이밖에 2월 14일 발렌타인 데이, 7월 마지막 일요일인 아버지날, 9월의 신학기를 전후로 한 2~3주간은 의류, 문구류, 완구 등 선물용 상품의 소비가 급증한다.

## ■ 유통구조

상공업 기반이 밀집되어 있는 산토도밍고에는 총 인구의 30% 수준인 250만 명이 거주하고, 특히 구매력을 가진 중상류층이 집중되어 있어 전체 소비 활동에서 차지하는 비중은 약 70% 이상에 달한다. 산티아고는 제2의 도시로 서북부 시바오 지역의 상공활동 중심지로서 왕성한 활동을 보이고 있다.

시장규모가 작다 보니 유통업체의 취급품목이 매우 다양하여 상품판매에 대한 전문성이 결여되고, 유통구조가 전문화되거나 계열화되어 있지 못하다. 전문 노매업사는 외판원을 고용, 진국 각지의 소매상에 건본을 제시하고 수주를 받는 주문 판매제도가 성행하고 있다.

식품은 물론 공산품의 대부분을 수입에 의존하고 있어서 소비자의 취향이나 수요보다는 수입상이나 유통업체가 시장을 주도하는 공급자 마켓 형태를 띠고 있다 보니 시장에 판매되는 상품은 규격이나 디자인이 매우 한정되며 계절적으로도 많은 차이를 보이고 있다.

유통채널로서는 식품류를 주로 취급하는 대형 슈퍼마켓, 의류 및 가정용품 중심의 대형 쇼핑센터와 쇼핑몰, 전기 및 건축자재를 취급하는 대형 철물점 등과 차량이나 기계, 발전기 등을 취급하는 전문판매장 등이 있다.

유통단계의 경우 일반소비재는 수입 · 도매업자–소매업자–소비자로, 자본재나 원자재는 수입업자–실수요자로, 내구성 소비재는 Dealer –

Subdealer –소비자 순으로 이루어지는 것이 일반적이나, 수입규제가 전무하기 때문에 컨테이너 창고를 보유하고 있는 전문 수입상이나 대형 유통업체, 도매상은 물론 일부 소매상도 직접 수입하는 경우가 많다.

유통단계별 마진율은 비교적 높아 수입업자 30~50%, 도매업자 20~40%, 소매업자 30~50% 수준이다. 거래대금 지불은 일반적으로 30~60일간의 신용이 제공되며, 대량구매 또는 현금 지불 시에는 최고 40%까지도 가격 할인이 일반화되어 있다.

### 1.4 우리나라와의 관계

#### ■ 정치외교관계

도미니카 공화국은 현재 한국과 문화협정(1968년), 사증면제협정(1982년), 과학기술협력협정(1982년), 투자보장협정(2006년) 등이 맺어져 있다.

2006년 도미니카 공화국의 레오넬 페르난데스대통령이 방한(6.29~7.1)하였는데, 이 방한은 1962년 양국이 외교관계를 수립한 이후 최초의 국가 원수 방문으로서의 의미를 갖고 있으며, 2008년에는 BIE 회원국에 신규 가입하여 여수엑스포를 지지함으로써 한국의 엑스포 유치에 큰 힘을 실어주었다.

#### ■ 무역투자관계

□ 무역관계

2007년에는 우리나라의 대도미니카 수출이 약 45% 급증한 바 있으나, 2008년 들어서는 1/4분기 중 –18%의 감소세를 시현하고 있다. 이는 최대 주력품목인 승용차가 50% 가까이 급감(–48.6%)하고 있는 데다가 섬유직물 및 제품 관련 수출이 계속 두 자릿수의 하락세를 시현한 데 따른 것이다. 반면 자동차부품 및 축전지, 휴대폰 등은 100% 이상의 높은 신장세를 기록하고 있다.

### 우리나라의 대도미니카 공화국 교역동향

(단위 : US$ 백만)

| 구분 | 2003 | 2004 | 2005 | 2006 | 2007 |
|---|---|---|---|---|---|
| 수출 | 81.5 | 73.9 | 120.4 | 108.9 | 120.4 |
| 수입 | 71.8 | 121.8 | 68.5 | 87.2 | 126.2 |
| 무역수지 | 9.7 | -47.9 | 51.9 | 21.7 | -5.8 |

자료원 : KOTIS

### 우리나라의 대도미니카 주요 수출입 품목(2007)

(단위 : US$ 백만)

| 수 출 | | 수 입 | |
|---|---|---|---|
| 품목 | 금액 | 품목 | 금액 |
| 수송기계류 및 부품 | 61.59 | 합금철 | 114.65 |
| 철강제품 | 10.91 | 의료위생용품 | 3.53 |
| 산업기계 | 8.40 | 동스크랩 | 2.18 |
| 정밀 화학제품 | 4.36 | 의료용 전자기기 | 1.15 |
| 고무제품 | 3.93 | 의료용 기기 | 0.87 |
| 총계 | **120.40** | 총계 | **126.20** |

자료원 : KOTIS

### 우리나라의 대도미니카 공화국 주요 수출 품목(2007)

(단위 : US$ 만)

| 품목 | 금액 | 품목 세분 | 금액 |
|---|---|---|---|
| 수송 기계류 및 부품 | 6,159 | 승용차(지프, 세단, 왜건) | 4,675 |
| | | 화물차 | 661 |
| | | 엘리베이터 | 116 |
| | | 자동차 부품 | 431 |
| 철강제품 | 1,091 | 아연도강판 | 483 |
| | | 도금강판 | 327 |

| 철강제품 | 1,091 | 석도강판 | 209 |
|---|---|---|---|
| 산업기계 | 840 | 건설중장비 | 770 |
| 정밀 화학제품 | 436 | 의약품 | 211 |
| | | 화장품 | 68 |
| | | 염료 | 44 |
| 고무제품 | 393 | 디이어(버스, 화물차용) | 263 |
| | | 타이어(승용차용) | 90 |
| 직물 | 382 | 폴리에스터 | 128 |
| | | 편직물 | 77 |
| 전자부품 | 335 | 연축전지 | 257 |
| 산업용 전자제품 | 310 | 무선전화기 | 237 |
| | | 무선수신기 | 30 |
| 석유화학제품 | 291 | 합성수지 | 197 |
| 플라스틱제품 | 247 | 기타 플라스틱 제품 | 204 |
| 중전기기 | 245 | 변압기 부품 | 132 |
| | | 기타 변압기 | 34 |
| 가전제품 | 215 | 냉장고 | 84 |
| | | 에어컨 | 69 |
| | | 컬러TV | 52 |

자료원 : KOTIS

- 2007년도 주요 약진 품목(MTI 4단위 기준 100만 달러 이상품목 대상)

승용차(105%), 건설 중장비(26%),
철강판(68%/아연도강판 243%, 석도강판 신규 진출),
자동차부품(39%), 휴대폰(2006년 7만 달러 → 2007년 237만 달러),
변압기(42%)

- 우리2007년도 주요 부진 품목(MTI 4단위 기준 100만 달러 이상품목 대상)

화물차(−37%), 합성수지(−76%), 기타섬유제품(−40%),
폴리에스터직물(−14%), 편직물(−79%), 기타석유 화학제품(−61%),
기타직물(−60%)

□ 우리나라의 대도미니카 공화국 주요 수입 품목

도미니카 최대수출품인 합금철(페로니켈) 단일품목 수입에 집중되어 있다. 2006년 5,300만 달러(총 수입액의 61%)에서 2007년 1억 1,465만 달러로 91% 급증했다. 한국이 도미니카 합금철 총 수출량(6.8억 달러)의 20%(2007년 1~9월) 도미니카 통계 기준 (1억 3,409만 달러)를 수입했는데, 동기간 한국 통계치 기준으로는 17%에 해당한다.

2008년 들어 페로니켈 수입이 약간 줄고 있으나 폐건전지가 새로운 주요 수입품목으로 급부상하고 있고, 동스크랩 및 의료위생용품 수입도 크게 늘고 있어 전체 수입액은 증가세를 유지하고 있다. 폐건전지는 2007년 연간 19만 달러에서 2008년 1~3월중 233만 달러로 껑충 뛰고 있는데, 교포기업의 현지 폐배터리 수집 및 한국에 대한 수출사업이 본궤도에 진입한데 따른 것이다. 기타 동 스크랩, 의료위생용품, 철, 알루미늄 웨이스트(고철) 등이 주로 수입되고 있다.

□ 투자관계

**우리나라의 대도미니카 업종별 투자현황(2007 누계 기준)**

(단위 : US$ 천, 건)

| 업종 | 신규법인 | 신고건수 | 신고금액 | 투자건수 | 투자금액 |
|---|---|---|---|---|---|
| 농업 및 임업 | 1 | 1 | 31 | 1 | 31 |
| 제조업 | 5 | 11 | 5,640 | 16 | 4,076 |
| 합계 | 6 | 12 | 5,671 | 17 | 4,107 |

자료원 : 한국수출입은행

**대도미니카 공화국 진출 주요 우리 기업**

| 진출업체 | 진출연도 | 업종 | 취급분야 | 지역 |
|---|---|---|---|---|
| GARMY SPORTS. INC | 1989 | 제조업 | 공 | MOCA |
| COREAL | 2002 | 도매&소매 | 자동차부품 | SANTIAGO |
| NEO INDUSTRIAL ALFA, S.A. | 1998 | 제조업 | 박스,인쇄 | SAN FRANCISCO DE MACORIS |

| | | | | |
|---|---|---|---|---|
| 대경 | 2004 | 제조업 | 자수 | BANI |
| DKDR C POR A | 2003 | 제조업 | 의류 | BONAO |
| ROADWAY ENTERPRISES, INC. | 1989 | 제조업 | 셔츠 | BONAO |
| 리한통관사 | 1995 | 서비스업 | 통관대행 | SANTO DOMINGO |
| THE WILLBES | 1987 | 의류 | 제조업 | BANI, BARAHONA |
| B & B PLASTIC, S.A. | 1997 | 제조업 | 플라스틱 제품 | VILLA ALTAGRACIA |
| C & K, C POR A | 1984 | 제조업 | 가방 | SANTO DOMINGO |
| ARCOIRIS DOMINICANA | 1999 | 제조업 | 재봉사 & LED전등 | SAN PEDRO DE MACORIS |
| SMC, S. | 1987 | 제조업 | 의류 | LA VEGA |
| 영생통관 | 1989 | 서비스업 | 통관대행 | SANTO DOMINGO |
| U.P.I. DOMINICANA S.A. | 1989 | 제조업 | OFFSET COLOR BOX | BONAO |
| J & J, C POR A | 1991 | 제조업 | 골판지 | SAN CRISTOBAL |
| JO TINTA & TORNR | 2003 | 서비스업 | 컴퓨터,프린터, 잉크,토너 | SANTO DOMINGO |
| KODO PHARMA, S.A. | 2002 | 도매&소매업 | 의료용품 | SANTO DOMINGO |
| (주)KBH무역 | 1992 | 도매&소매업 | 자동차, 오토바이 | SANTO DOMINGO |
| (주)SEDO | 2000 | 서비스업 | 전자제품 | SANTO DOMINGO |
| ESD | 2005 | 서비스업 | 발전기 | SANTO DOMINGO |
| GRUPO ARI S.A. | 2006 | 무역업 | 폐배터리 | SANTO DOMINGO |

자료원 : 산토도밍고 KBC 자체 조사

우리기업의 대도미니카 공화국 투자진출은 카리브 원조계획(CBI)이 발효된 1984년부터 CBI혜택을 받기 위해 유화통상을 필두로 한국의 섬유봉제업체들이 진출하기 시작하여 1980년대 후반에 40여 개사가 진출, 피크를 이루었다. 그러나 1980년대 후반 이후 섬유업의 경쟁과열과 섬유산업의 불황으로 사양화되기 시작하면서 점차 줄어들기 시작하였다. 2005년부터 섬유쿼터제가 폐지되면서 현지 진출 업체의 철수가 가속화되어 20개사 정도로 줄어든 상태이다.

도미니카 공화국에 투자 진출한 기업들은 대부분 의류 봉제업 및 박스제조업체들이며, 여러 수출자유공단(Free Zone)에 분산 입주해 있다.

현지에 투자 진출한 우리 기업 중 대표적인 업체는 니트류를 생산하는 (주)미래와 사람(현지 법인 명 Wilbes)이다. (주)미래와 사람은 도미니카 공화국 서부 바라오나(Barahona)와 바니(Bani)에 대규모 공장을 운영하고 있으며, 염색 및 제작까지 일관생산체제를 갖추고 있고, 인접국 아이티(Haiti)에도 진출해 있다.

□ 한국제품에 대한 인지도

도미니카 공화국은 우리나라 국민들에게 생소하지만 한국이란 나라는 도미니카 국민들에게 대체로 잘 알려져 있는 편이다. 현대나 LG, 삼성 등 브랜드 인지도가 매우 높은 점이 기여했으며, 특히 현대 버스가 대량으로 운행되면서 인지도가 넓어졌다. 하지만 현대차를 일본차로 인지하는 경우 등 브랜드 인지도만큼 국가 인지도는 높지 않다.

한국산 자동차 중에서 Terracan, Santa Fe, Carnival, Rexton, Tucson, Sportage, Kyron 등 SUV 차량이 인기가 높으며, 2007년에 소개된 고급 SUV카 Veracruz도 인지도를 넓혀가고 있다.

최근 들어 도미니카와 우리나라 간 관계가 긴밀해지고 있다. 진자정부 및 전력 등 여러 부문에서 협력분위기가 활발히 일고 있어 우리나라 인지도는 점차 확산될 전망이다.

## 2 문화코드

### 2.1 인종, 종교, 축제, 국경일

■ 인종

도미니카 공화국의 인종 구성은 물라또(흑백혼혈) 73%, 백인 16%, 흑인 11%로서 물라토가 절대 다수를 차지하고 있다. 그러나 압도적으로 흑인이 많은 인접국 아이티에서 합법 및 불법 이민자들의 수효가 200만 명에 육박하는 것으로 알려질 정도로 아이티 인들의 도미니카 거주가 늘다 보니 도심 거리에서 느끼는 인종 구성은 순수 흑인이 20%를 상회한다.

산따 마리아노르 대성당

## ■ 종교

여느 중남미와 마찬가지로 스페인 식민시대를 거친 관계로 국민의 95%가 가톨릭을 믿고 있으며, 개신교와 예수재림교도 공존하고 있다. 아프리카계의 인구와 인접 아이티 인들의 밀입국이 늘어남에 따라 그들의 토종신앙 또한 늘어가는 추세이다.

## ■ 축제

스페인의 정복시절부터 시작된 축제는 독립기념일인 2월 27일과 광복절인 8월 16일에 열리며, 도미니카 공화국의 전통 가면과 변장을 하고 축제를 벌인다.

□ 카리브의 카니발

카니발 하면 머릿속에 가장 먼저 떠오르는 것은 아마도 브라질의 리우 카니발이거나 유럽의 카니발일 것이다. 그런데 세상에 널리 알려지지 않았지만 카리브 지역 국가들에도 카니발이 살아 숨쉬고 있다. 도미니카 공화국을 비롯해서 쿠바나 아이티, 트리니닷토바고 등 카리브 지역 국가들에서도 카니발은 국민들의 사랑을 받으며 사회적, 문화적, 경제적 기능을 유감없이 발휘하고 있다.

□ 카리브 카니발의 유래

카니발은 어원으로 보면 라틴어로 육체를 뜻하는 Carne와 작별 또는 이탈을 뜻하는 Levare(Vale)에서 나왔다. 사순절 단식 개시 시점에 부활을 앞두고 육체와 결별하는 의식의 의미를 담고 있다. 고대 그리스 로마 시대에도 주신인 바쿠스 신을 기리는 바까날(Bacanales) 등 행사가 있었는데 이의 연장선상에서 보는 시각도 있다. 카니발은 6세기 베네치아를 중심으로 이탈리아에서 기세를 얻기 시작하여 가톨릭 신봉 유럽 국가들로 확산되었으며, 후일 콜럼버스 신대륙 발견 이후 스페인, 프랑스, 포르투갈 등 가톨릭 국가들이 미주대륙 및 카리브 지역으로 식민지를 개척해 나가면서 카니발 축제도 함께 전파되었다.

특히 브라질 및 쿠바, 아이티, 도미니카공화국 등 아프리카 흑인 노예들이 수입된 식민지 국가들에서 카니발이 뿌리를 내리게 되었다. 뿐만 아니라 카리브 인들이 집단적으로 진출해 있는 뉴욕이나 마이애미, 토론토 등 북미 도시에서도 카니발이 행해지는 것을 보면 카리브 카니발은 비단 카리브 지역에만 국한되는 것이 아님을 알 수 있다.

□ 도미니카 공화국의 카니발

카니발은 도미니카 공화국에서 가장 전통 있는 대중 축제다. 언제부터 시작됐는지 확실치는 않지만 16세기부터 카니발에 가면이 본격적으로 등장했으며, 1844년 독립 이후에는 독립기념일인 2월 27일에 카니발이 거행되어 오다가 1997년 이후로는 독립기념일 의식을 경건하게 치를 수 있도록 카니발을 독립기념일 행사와 분리시켰다. 2월 매 일요일마다 각 지방별로 카니발을 개최해 3월 첫 일요일에 산토도밍고 카니발 경연대회를 끝으로 종료된다.

라베가나 산티아고 등 수십 개의 각 지방별 카니발 경연 참가그룹을 6개 카테고리로 나눠 각 카테고리별 1~3위 그룹을 선정한다. 최고의 영예인 "메호르 꼼빠르사(Mejor Comparsa : 우수 카니발 시연자)상을 문화관광부 장관 명의로 수여하며, 총 183만 뻬소(약 5천만 원)의 포상금이 지급된다. 이 상을 받기 위해 산토도밍고 시내 바닷가 인접 도로인 말레콘 가로수 길을 따라 각 지방별로 특색 있는 카니발 행렬이 이어져 거리는 축제 무드와 환희로 물결친다.

카니발에는 가면이 많이 등장하는데, 가면은 아프리카 흑인들 사이에서 어떤 주술적, 마법적 의미를 갖고 오래 전부터 사용되어 왔다. 아프리카 흑인 노예 후손들 피가 섞여있는 도미니카에서 카니발에 가면이 사용된 것은 이러한 마법적 힘을 숭배하는 신앙이 남아 있기 때문이다. 사순절을 맞아 육체(Carne)와의 작별(Vale)을 준비하는 기독교적 의미와 함께 국가 독립을 기념하는 국가적 의미와도 혼합되어 유럽과는 다른 카리브 특유의 축제문화를 연출하게 된 것으로 풀이된다. 그중에는 기독교적 의미나 국가적 의미와는 동떨어져 아프리카적 특성만 남아있는 야생 카니발(Cimarron)도 있어 카리브적 특색을 두드러지게 하고 있다.

□ 참고 : 쿠바의 카니발

도미니카와 함께 카리브의 대표주자인 쿠바의 카니발은 스페인 식민시대에 연원하고 있다. 당시 농장 영주들이 흑인 노예들로 하여금 동방박사일(1월 6일)을 맞아 즐길 수 있도록 허용해준 것이 계기가 되었다. 역사에 기록된 자료로서는 1895년 2월 24일 쿠바 수도 아바나에서 최초의 카니발이 시행된 것으로 나타나 있다. 이날 아바나에서 축제를 즐기고 있을 때 아바나에서 동쪽으로 700Km 떨어진 바이레에서는 2차 독립전쟁이 선포(바이레의 외침 : Grito de Baire)되어 한쪽에선 전생을, 한쪽에선 축제를 벌이는 묘한 상황이 전개되면서 쿠바의 카니발은 시작된 것이다. 그때부터 쿠바 카니발은 2월에 개최되어 오다가 카스트로 혁명정권이 들어선 이래 1960년대부터 사탕수수 수확 종료기인 7월로 옮겨졌다.

□ 카리브 카니발의 사회 · 경제 · 문화적 의미

카니발은 하나의 문화산업이다. 카니발을 통해 문화와 예술이 한껏 발양되고 관광객 유치에도 일조한다. 카니발 경제학자인 케이시 너스(Keith Nurse)는 카니발을 문화수출 측면에서 분석한 바 있다. 카리브의 작은 섬나라인 트리니닷토바고의 경우 카니발로 4만 명의 관광객을 유치하여 1,500만 달러의 외화를 벌어들였다. 정부가 집행한 경비와 벌어들인 수익 비율을 보면 1:7로 나타나 카니발이 외화 가득(可得) 고부가가

치 산업임을 보여주고 있어 우리에게도 시사점을 던져주고 있다.

카리브의 카니발은 사회적 카타르시스와 의료기능도 갖고 있다. 유희를 충족시키기 위한 세속화된 의식으로서의 카니발은 고된 일상으로부터의 탈피 통로를 열어줌으로써 일상에 지친 심신을 재충전할 수 있는 의료요법의 기능을 갖게 되고, 사회적 풍자나 해학을 통해 심리적 카타르시스를 선사한다.

결국 카니발이라는 유희 축제를 통해 과거 흑인노예 시절부터 쌓여온 국민들의 억눌린 가슴을 뚫어줘 정서적 안정을 되찾게 해주는 한편 소비를 촉진시켜 경제를 활성화해주는 기능을 갖고 있다. 더불어 창의력을 고양시켜 예술을 한 차원 높이는 계기도 만들어주고 사회구성원 간의 직접적인 사회적 교감을 통해 종족 간, 계층 간의 갈등을 해소함으로써 국민 통합적 기능도 수행하는 장으로서 그 의미를 지니고 있다.

맥주 쁘레지덴떼

□ 도미니카의 카니발 마케팅과 기업 이미지

카니발 철이 되면 한층 바빠지는 도미니카 기업이 있다. 바로 '도미니카 맥주회사(CND)'다. CND는 도미니카 국민들로부터 가장 존경받는 레온히메네스 그룹(Grupo Leon Jimenez)의 대표기업이다. 동사 제품인 쁘레지덴떼(Presidente : 대통령, 사장)

라는 브랜드 명으로 유명한 맥주가 있는데 국민들의 사랑을 한 몸에 받고 있다.

열광적인 국민음악인 메렝게와 함께 1년 내내 여름철인 카리브 기후 특성상 시원함의 상징인 쁘레지덴떼 맥주는 도미니카 카니발에서 빼놓을 수 없는 요소가 됐다. CND사의 카니발 마케팅이 주효했기 때문이다. CND사는 카니발 후원을 통해 유희 분위기에 들뜬 국민들의 감성과 육체를 촉촉이 적셔줌으로써 존경과 부를 한 손에 거머쥐고 있다. 물론 카니발 마케팅에만 그치는 것은 아니다. 모두 부러워하는 직원복지시스템과 사회공헌활동 등을 통해 더욱 깊숙이 대내고객과 대외고객 모두를 만족시켜주고 있다. 이것이 CND가 도미니카 공화국내 최고의 기업으로 자리잡게 된 배경이다.

## ■ 국경일

도미니카 공화국의 공휴일은 전국 공통이며, 휴일 지정 방식이 독특해서 1997년 6월 19일 발표된 법률 제 139-97호에 의거하여 종교기념일을 제외하고는 국경일이 화 · 수요일인 경우에는 그 주 월요일로 앞당기고, 목 · 금요일인 경우에는 다음 주 월요일로 연기된다. 단, 광복절인 8월 16일의 경우에는 매 4년 새 정부가 출범하는 경우에만 요일을 변경한다.

**도미니카 공화국 국경일**

| 월 | 일 | 공휴일명 |
|---|---|---|
| 1 | 1 | 신정(12월31일 오후부터 휴무) |
| 1 | 6 | 동방박사일(어린이 날) |
| 1 | 21 | 알따그라시아(Altagracia) 성모일 |
| 1 | 26 | 독립영웅 두아르떼(Duarte) 탄신일 |
| 2 | 27 | 독립 기념일(대 스페인 1차독립 기념일) |

| 3 | 21 | 부활절(전날 오후부터 휴무, 매년 변경, 4월인 경우도 많음) |
|---|---|---|
| 5 | 1 | 노동절(2008년의 경우 5월 5일이 노동절 휴무) |
| 5 | 22 | 성체일(매년 변경, 6월인 경우도 있음) |
| 8 | 16 | 광복절(대 아이티 2차 독립 기념일, 아이티가 22년간 지배) |
| 9 | 24 | 메르세데스(Mercedes) 성모일 |
| 11 | 6 | 제헌절 |
| 12 | 25 | 성탄절(12월 24일 오후부터 휴무) |

## 2.2 일반적인 국민성향

도미니카 국민 성향을 파악하는 지름길은 메렝게 문화 및 미주대륙 최초의 도시를 건설한 국가였다는 점에 대한 이해이다. (*후술되는 현장의 소리에서도 인맥형성방법 등 국민성향을 읽을 수 있다.)

도미니카하면 홈런왕 새미소사가 먼저 떠오를 만큼 세계적인 야구 강국으로 알려져 있다. 2006년 도미니카 대통령이 방한할 당시 새미소사를 대동하고 온 것을 보면 새미소사가 도미니카의 영웅이나 다름 없음을 추론해 볼 수 있다. 새미소사뿐만 아니라 알렉스 로드리게스, 뻬드로 마르띠네스 등 미국 메이저리그 주전선수 중 상당수가 도미니카 출신이다. 그만큼 도미니카 하면 야구가 유명하다. 하지만 이것만 갖고는 국민성향을 파악할 수 없다. 콜럼버스와 메렝게 없는 도미니카를 상상하기는 어렵다. 자, 이제 콜럼버스와 메렝게를 살펴보자.

### ■ 콜럼버스와 도미니카는 무슨 관계일까?

1492년에 크리스토퍼 콜럼버스가 신대륙을 발견했다는 것은 모두 알고 있는 역사적 사실이다. 하지만 콜럼버스가 최초로 상륙하여 도시를 세운 국가가 바로 도미니카라는 사실은 별로 알려져 있지 않다.

도미니카의 수도 산또 도밍고는 콜럼버스가 미주대륙에 세운 최초의 도시다. 1492년 제1차 항해 당시 콜럼버스는 바하마 제도의 산살바도르라는 섬을 미주대륙 최초로 발견했고, 항해를 계속하여 쿠바를, 이어 도미니카를 발견하여 이곳에 도시를 세웠다. 산또 도밍고라는 이름은 이곳에 와 기독교를 전파한 스페인의 도미니꼬 수도회의 수호성인인 산또 도밍고 데 구스만을 기려 붙인 이름이다. 그래서 도미니카 공화국 수도의 정식 명칭은 Santo Domingo de Guzman인데 줄여서 산또 도밍고로 불리고 있는 것이다.

1492년 12월 5일 콜럼버스가 이끄는 스페인 인들이 이곳에 왔을 때 당시 "타이노"족이라는 원주민이 살고 있었다. 이들은 가혹한 노동을 견뎌내지 못해 곧 멸족되고 부족한 노동력을 보충하기 위해 아프리카 흑인들이 수입되어 오늘날 도미니카의 본류가 된 물라또(흑인과 백인 간 혼혈)의 씨앗이 뿌려지게 됐다.

이렇게 해서 도미니카는 신세계 건설을 통한 스페인 제국의 확장 전초기지 역할을 맡게 된다. 바로 이곳에서 해안을 따라 미주대륙 다른 지역으로도 원정이 이루어지게 된 것이다.

산토도밍고에 미주대륙 최초의 대학교인 산토도밍고 국립자치대(UASD)와 함께 미주 최초의 대성당과 병원 그리고 Pate Palo(빠떼 빨로)라는 이름을 가진 미주 대륙 최초의 선술집 등이 설립되어 남아있는 것은 이곳이 식민지 진출의 전초기지였음을 입증하고 있다.

콜럼버스가 스페인에서 생을 마감하면서 자신의 유골을 도미니카에 묻어달라는 유언을 남김으로써 유해가 산또 도밍고로 이장되어 안치되어 있는 점으로 봐서 콜럼버스 자신이 신대륙 최초로 건설한 도미니카에 얼마나 애착을 갖고 있었는지를 짐작케 한다.

■ 메렝게와 도미니카는 무슨 관계일까?

메렝게

라틴 춤 하면 떠오르는 것이 많다. "탱고하면 아르헨티나, 삼바하면 브라질, 살사하면 쿠바"라는 등식과 마찬가지로 "메렝게하면 도미니카"다.

도미니카 국민들은 춤을 대단히 좋아한다. 한국인들이 노래를 즐겨 부르는 것처럼 도미니카 국민들은 춤을 즐긴다. 언제 어디서나 때와 장소 구분없이 메렝게(빠른 리듬의 경쾌한 라틴 춤)나 바차따(낭만적 리듬의 춤) 음악만 나오면 몸은 어느새 리듬에 맞춰진다.

메렝게가 도미니카 일반대중들로부터 폭발적인 인기를 누렸으나 상류층은 오랫동안 이를 받아들이지 않았다. 메렝게가 아프리카 음악에서 연원했다는 설과 메렝게 가사에 저속한 표현이 많았던 점이 상류사회와 동화되기 어려웠기 때문이다.

그러다가 도미니카 제2도시 산띠아고에서 귀족 가문 상류층 인사가 축제를 벌이면서 오케스트라와 함께 품격있는 가사를 붙인 메렝게 "대부 베드로 요한(꼼빠드레 뻬드로 후안 : Compadre Pedro Juan)"가 연주되면서 참석자들의 심금을 적시는 데 성공한 이래 이 곡은 메렝게의 고전으로서의 지위를 갖게 되었고 이때부터 메렝게가 본격적으로 유포되기 시작했다.

메렝게는 이후 많은 변화를 거듭해왔지만 메렝게 만큼 도미니카 국민 정서를 잘 표현하는 것도 없다. 도미니카 국민은 낙천적이고 시끌벅적 떠들어대기 좋아한다. 때로는 정도가 지나쳐 외국인들이 밤을 하얗게 지

새우게 만들기도 한다. 메렝게와 바차타의 낭만적 가락은 금요일 밤이나 토요일 밤은 물론 가끔씩은 일요일 밤을 지나 월요일 새벽녘까지 계속된다. 주위에 사는 외국인들은 '입향순속'이라는 격언을 새기며 그저 끝날 때까지 기다렸다가 안식을 찾거나 메렝게로부터의 자유를 찾아 온갖 비상수단을 강구해야 한다.

도미니카 인들은 이러한 향락문화에 대해 지나칠 만큼 관대하다. 일요일 밤까지 대형 스피커로 음악을 틀어놓고 즐기며 월요일 출근을 준비해야 하는 이웃주민들의 수면권을 침해해도 아무도 이의를 제기하지 않는다. 우리나라 같으면 상상할 수 없는 거대한 문화적 차이이다.

### ■ 콜럼버스와 메렝게를 알면 도미니카가 보인다.

이제 결론을 두 가지로 도출해 볼 수 있다.

첫째는 도미니카 인들의 문화적 자부심을 존중해야 한다는 점이다. 국민소득이 우리보다 낮고 피부가 검거나 혼혈이더라도 콜럼버스 후예로서 미주 최초의 문화유산을 다수 간직하고 있다는 점에서 자존심을 세워주면 도미니카 기업인과의 상담이 잘 풀릴 수 있다.

둘째는 도미니카 기업인들과 상담 시에는 절대 서두르지 말아야 한다는 점이다. 금요일 오후부터 월요일 새벽까지 메렝게를 벗 삼아 흥겹게 인생을 즐기는 것이 일보다 우선이다. "거리에서 춤을 추자, 낮에도. 거리에서 춤을 추자, 밤에도."라는 메렝게 가사는 곧 도미니카 국민들의 정서다. 일이 모든 것에 앞서는 한국적 시각을 이들에게도 대입한다면 도미니카 기업인과 좋은 관계를 맺기가 어렵다. 메렝게 문화를 깊이 이해하는 것이 도미니카 진출의 첫 관문이라는 점을 명심해야 한다.

마지막으로 덧붙일 말은 도미니카라는 국명을 쓰는 나라가 2개국이어서 혼동하지 않도록 주의가 필요하다. 여기서 말하는 도미니카란 인구 900만 명의 도미니카 공화국(Dominican Republic)을 의미한다. 쿠바와 푸에르토리코 사이에 위치한 이스빠뇰라 섬을 아이티와 분점하고 있는 스페인어 사용국이다. (*반면 또 다른 도미니카는 도미니카 연방(Commonwealth of Dominica)이다. 영연방국으로서 인구 7만 명의 영어 사용 미니국가이다. 보통 도미니카라고 하면 도미니카 공화국을 의미하나 공화국 표기가 없을 경우에는 확인해보는 것이 안전하다.)

## 2.3 소비문화

수도인 산또 도밍고에는 총 인구의 25%가 거주하며, 특히 구매력을 가진 중상류층이 집중되어 있어 전체 소비활동에서 차지하는 비중은 약 70% 이상에 달한다.

도미니카 인들은 대체적으로 생필품에 대한 소비가 많다. 특히 저소득층 일수록 생필품과 식품류에 많은 소비를 하는데, 도미니카는 국민소득 수준이 3,000~4,000달러 대로 전반적으로 낮기 때문에 중산층보다도 저소득층이 더 두텁다.

소비성향을 보면 가격을 가장 중시한다. 미국의 TV광고가 케이블 TV로 실시간으로 전달되고 있어 소비자들은 유명 브랜드이면서도 가격은 저렴한 제품을 선호한다. 품질이나 원산지에 관계없이 브랜드와 가격에 보다 민감하게 반응하는 경향이 있다. 특히 전기 및 철물제품이나 섬유원단 등 일상생활 관련 소비재는 소비자들의 낮은 소득수준으로 인해 가격이 구매의사 결정 최대 포인트가 된다.

제품이나 서비스 판매담당자들과의 개인적인 관계가 구매의사를 결정하는데 중요한 요소로 작용하고 있다. 판매 후 사후관리가 보다 중요한 서비스나 내구성 소비재 등의 경우 개인적인 관계와 함께 A/S의 접근 용이성이 중요 마케팅 포인트가 된다.

소비가 집중되는 성수기를 보면, 계절적으로는 12월 25일 크리스마스에서부터 1월 6일 Dia de Reyes Magos(동방박사일/어린이날)를 전후로 11월 중순부터 시작되는 기업체 및 정부기관의 연말 법정 보너스 지급, 해외거주 자국민의 외화송금 등으로 약 2개월여 동안 최고의 성수기를 구가한다.

어머니날(5월 마지막 일요일)이 있는 5월중에는 내구성 소비재는 물론 가정용품과 의류, 식음료 등 전 품목의 소비가 집중되며, 이밖에 2월 14일 발렌타인 데이, 7월 마지막 일요일인 아버지날, 9월의 신학기를 전후로 2~3주간은 의류, 문구류, 완구 등 선물용 상품의 소비가 급증한다.

식품은 물론 공산품의 대부분을 수입에 의존하고 있어서 소비자의 취향이나 수요보다는 수입상이나 유통업체가 시장을 주도하는 공급자 마켓 형태를 띠고 있다. 따라서 시장에 판매되는 상품은 규격이나 디자인이 매우 한정되어 있고, 계절적으로도 많은 차이를 보여 사고 싶어도 시장에 물건이 없어 못사는 경우도 자주 접하게 된다. 소비자가 왕이라는 인식이나 고객만족도의 개념은 찾아보기 어렵다. 더구나 전력사정이 매우 낙후되어 전압이 불안정한 관계로 전자제품의 고장이 잦다보니 A/S 보장기간이 아예 없는 경우도 많다. 신품을 사도 보증기간이 1년 미만이거나 1개월 또는 아예 무보증인 경우도 있다.

기념품 판매점

## 2.4 상관습 문화

수입대금 결제와 관련하여 미화수표 또는 미국 내 은행을 통한 T/T로 지불하는 경우가 많다. 보통 선수금 50%, 선적 시 50%로 지불한다. 유럽 및 미국의 거래선과 오랫동안 외상거래(D/A 90~120일)를 해온 관습으로 소량오더 수주를 기피하거나, 대금지불 수단으로 신용장을 고집하는 경우 상담 추진이 중단될 위험이 높다. 대기업의 경우 일람불 L/C 거래에 큰 저항감이 없으나 중소 수입상은 기피하는 경향이 있다.

현지의 수입업자들은 도미니카인, 레바논계, 스페인계 등이 많고 군부 통치시절(1930~1961년)을 거친 결과 거래내용에 대한 대외공개를 기피하여 거래선 전환에 매우 보수적인 경향이 남아있고 사무실이나 공장의 간판사용이 제한적이다.

## 2.5 비즈니스 에티켓

### ■ 인사소개 및 호칭

도미니카 공화국은 한국과 마찬가지로 첫 대면 시 악수를 청하며 명함을 주고 받는다. 호칭은 성명 앞에 남자인 경우는 세뇨르(Señor), 여자에게는 세뇨리따(Señorita)라는 호칭을 붙이는 것이 좋다. 명함에 리센시아도(Licenciado : 문과계 학사) 또는 잉헤니에로(Ingeniero : 이과계 학사) 등이 붙어있으면 이 칭호로 불러주는 것도 좋다. 이 호칭에는 대학 입학은 쉬우나 졸업은 어려운 현실을 반영하여 자신이 중퇴자가 아니고 졸업을 하여 학위를 받았다는 데 대한 자부심이 반영되어 있다.

도미니카 공화국 사람들은 약속시간을 제대로 지키지 않는 경우가 많다. 비즈니스 미팅 시에도 30분~1시간 정도 늦는것이 다반사이고 상대방이 재촉하여도 본인은 느긋한 것이 도미니카 문화이기도 하다. 최근에는 시간을 정확히 지키는 바이어들도 점차 늘어나 의식의 변화가 엿보이기는 하나 약속을 잡을 때에는 시간을 여유있게 두는 것이 좋다. 바이어가 약속시간에 늦을 시에도 불쾌한 감정은 드러내지 않도록 한다.

### ■ 주요 음식 및 주류

도미니카 공화국 사람들이 즐기는 음식으로 가장 대표적인 것이 망구(Mangu)이다. 도미니카 인들의 주식인 바나나 모양의 푸른색 쁠라따노(Platano)를 삶아서 으깨놓은 것으로 계란 및 고기, 양파튀김 등이 함께 나온다. 고기가 들어간 걸쭉한 스프로서 주말 음주가무에 지친 간장 해장을 위해 주로 월요일 중식 메뉴로 자주 등장하는 산꼬초(Sancocho)도 빼놓을 수 없다. 밥으로는 소금으로 간을 맞춘 흰밥 또는 약간 간이 되어 있고 아비추엘라라는 팥물을 들여 팥색깔이 나며 콩과 함께 잘게 다진 약간의 고기가 들어간 모로(Moro)라는 이름의 쌀밥이 도미니카 국민들의 주된 일상식단이다.

또한 닭튀김을 매우 좋아하며 튀긴 생선도 즐겨 먹는다. 튀긴 음식을 많이 먹다 보니 비만이 사회문제가 될 정도로 국민의 비만도가 매우 높은 편이다.

후식을 함께 해야 완벽한 한 끼 식사가 되며, 후식으로는 달콤한 케이크나 푸딩, 카라멜과 크림을 곁들인 과일을 주로 먹는다.

도미니카 인들에게 가장 인기있는 주류는 럼주인 론 바르셀로(Ron Barcelo)이다. 론 바르셀로는 1930년에 만들어지기 시작하였고, 다른 럼보다 더 자연적인 증류 방법으로 만들어졌다. 또 다른 럼인 브루갈(Brugal) 역시 도미니카 인들에게 인기 있는 주류이며, 1888년부터 도미니카 공화국 북쪽에 위치한 도시인 뿌에르또 쁠라따(Puerto Plata)에서 생산되기 시작했다. 베르무데스라는 럼주도 있으나 큰 인기는 누리지 못하고 있다. 럼에 콜라를 타서 마시는 쿠바 리브레(Cuba Libre)

거리의 야자수 판매상

도 도미니카 인들이 즐겨 마시는 주류이다.

도미니카 공화국에서 또 하나 빼놓을 수 없는 것이 바로 맥주다. 쁘레지덴떼 맥주가 가장 유명 하며, 무더운 날씨 탓에 알코올 6도의 시원한 맥주가 무더위와 갈증을 단번에 해소하는 활력소가 되고 있다.

## 2.6 화제

### ■ 세계적인 인물

도미니카 공화국 출신으로 세계적인 인물을 들라면 주저 없이 새미소사를 들 수 있다. 새미소사는 세계적 야구 강국인 도미니카를 대표하는 인물이다. 그래서 2006년 도미니카의 레오넬 페르난데스 대통령이 한국 방문 시 새미소사를 대동하고 왔다. 도미니카공화국은 야구 강국답게 전 국민이 야구를 좋아하며, 미국 메이저리그에 수많은 선수들이 진출해 있다. 대표적인 야구 선수로는 새미소사, 뻬드로 마르띠네스, 알렉스 로드리게스 등이 있다.

### ■ 유적지

도미니카의 수도 산또 도밍고는 미주대륙 최초의 도시로서 소나 꼴로니알(Zona Colonial-식민지구)이라는 스페인 식민시대 유적지가 잘 보존되어 있어 관광 명소로 인기를 끌고 있다. 이 소나 꼴로니알에는 1492년 도미니카를 발견한 콜럼버스의 아들 디에고 콜럼버스(Diego Colon)가 세운 왕궁이 남아있고, 미주대륙 최초의 성당과 수도원, 미주대륙 최초의 거리로서 디에고 콜럼버스의 부인과 귀족들이 함께 산책을 하던 거리인 라스 다마스(Las Damas)가 있다. 이 밖에도 여러 박물관과 관광 상품 가게들이 즐비하며, 특히 크리스토퍼 콜럼버스의 유해가 안치되어 있는 콜럼버스 박물관 파로 아 꼴론(Faro A Colon)에 많은 유물들이 보존되어 있다. 1990년 유네스코는 소나 꼴로니알을 인류 문화재로 지정했다.

주요 유적지를 간추려보면 다음과 같다.

□ 대성당(Catedral de Santa Maria de la Encarnación)

신대륙 발견 이후 최초의 성당으로 1510년 콜럼버스의 아들 디에고 콜럼버스가 첫 돌을 놓고 건축하기 시작하여 1540년에 완공되었다. 1546년 바오로 3세에 의해 신대륙 최고의 성당으로 선포되었다.

□ 라스 다마스(Las Damas)

Damas는 '숙녀' 라는 뜻으로 디에고 콜럼버스의 부인이 해질녘에 거닐던 거리이며, 기품있는 스페인 여성과 품위있는 귀부인들이 산책하던 거리라 하여 붙여진 이름이다. 이 거리에서 적들로부터 도시를 지키기 위해 건축된 오사마 요새(Fortaleza Ozama)와 국제적으로도 잘 알려진 럼주 회사 Ron Barcelo의 공장을 볼 수 있다.

□ 스페인 광장(Plaza España)

라스 다마스 거리 끝에 있는 스페인 광장에는 콜럼버스의 아들, 디에고 콜럼버스의 왕궁(Alcazar de Colon)이 있으며, 오랜 시간 스페인 정부 파견 총독이 집무를 보았던 총독궁(Casa Real)도 박물관으로 보존되어 있다.

□ 오반도 저택(Hostal Nicolas de Ovando)

식민시절 통치지였던 오반도 총독의 저택으로서 현재는 특급호텔(1박 250달러)로 사용 중이다.

□ 성곽(La Torre del Homenaje)

오반도 총독시절인 1503~1507년에 지어진 가장 오래된 군사시설이며, 성내에는 산또 도밍고 초대 시장인 페르난데스 오비에도(Gonzalo Fernandez Oviedo)의 동상이 있다.

□ 바스티다스 저택(Casa de Bastidas)

로드리고 데 바스띠다스(Rodrigo de Bastidas) 명예 시장의 저택으로 현재는 전시관으로 활용하고 있다.

□ 총독궁(Las Casas Reales)

1511년 당시 신대륙에 대한 모든 관할권을 가진 법정으로 건축되었다가 후에 총독궁으로 사용되었다. 1799년 신대륙에 대한 총독 관할권이 쿠바로 이관되었으며, 이때 총독궁 중심부분이 무너져 내렸다고 한다. 현재는 박물관으로 사용하고 있다.

□ 컬럼버스 등대(Faro a Colon)

신대륙 발견 500주년(1992)을 기념하기 위해 건축가 J.L.Gleave에 의해 1986년부터 건축이 시작된 박물관으로서 콜럼버스 유해가 안치된 곳으로 유명하다. 내부에 우리나라를 비롯한 48개 국가의 전시실이 있으며, 해군 박물관과 고고 해양박물관으로도 활용되고 있다.

알까사르

## ■ 도미니카의 자랑

도미니카가 가장 자랑스러워하는 것은 아름다운 옥색 바다와 일년 내내 해수욕을 즐길 수 있는 카리브 최고의 관광대국이라는 점 미국 메이저리그에 가장 많은 선수를 배출하고 있는 세계적 야구 강국이라는 점, 그리고 세계적으로 유명한 라틴 춤 메렝게의 본산이라는 점을 들 수 있다.

도미니카 공화국은 국민 모두가 흥겨운 음악의 메렝게를 즐긴다. 메렝게는 아르헨티나의 탱고, 브라질의 삼바, 쿠바의 살사와 더불어 라틴댄스를 대표한다. 아프리카와 스페인 음악이 접목되어 탄생한, 빠른 리듬의 경쾌한 음악인 메렝게는 도미니카 공화국의 국민 정서를 가장 잘 표현한 것으로 세계적으로 유명한 고유의 춤을 갖고 있다는 데 대해 문화적 자부심을 갖고 있다.

도미니카 공화국은 부시나 클린턴 등 세계적 명사들이 자주 찾는 관광명소인데, PGA 골프투어가 열리는 세계적 수준의 골프장들이 있다. 수도에서 120 킬로미터 지점의 동남부해안에 위치한 까사 데 깜뽀(Casa de Campo)는 종합관광단지로서 해수욕장, 골프장, 사격장, 테니스장, 승마장 등이 있으며, 유명 연예인들의 공연장으로서 공개 음악당을 갖고 있는 연예인마을 알또 데 차본(Alto de Chavon)이 있다. 까사 데 깜뽀에는 54홀 골프코스가 있는데 이 가운데 Teeth of Dog 18홀은 PGA 랭킹 100대 골프장 중 24위(2004년 랭킹 기준)로 알려져 있다. (그린피는 250달러 수준임)

동부 끝에 위치한 뿐따 까나(Punta Cana)와 바바로(Bavaro) 지역은 수도에서 약 200km 지점으로서(도로사정상 약 4시간 소요) 카리브 해의 맑은 물과 모래사장, 강한 태양 등을 즐길 수 있는 관광단지로 개발된 곳인데, 그중에서도 특히 세계적 투자가인 미국의 트럼프가 최근에 개발한 깝 까나(Cap Cana)는 최고급 복합 관광단지로서 2008년 PGA 투어가 개최되어 더욱 유명해졌다. (깝까나 골프장의 그린피는 가장 비싸 300달러를 상회함)

북부 해안에는 뿌에르또 쁠라타(Puerto Plata), 사마나(Samana), 쁠라야 그란데(Playa Grande) 등이 수도기점 약 300km 지점에 개발된 관광단지이다. 특히 쁠라야 그란데에는 1998년에 완공된 골프장이 천혜의 자연환경과 조화되어 내외 방문객들마다 그 아름다움에 감탄을 금치 못하고 있다.

### ■ 금기사항

역사적으로 인접 아이티의 지배를 받다가 독립한 도미니카 공화국은 아이티에 대해서 은근히 반감이 있으며, 당시에는 도미니카보다 강력한 국위를 선양했었으나 현재는 중남미 최빈국 대열에 있는 아이티의 지배를 받았다는 역사적 사실에 대해 수치스러워 하고 있다. 따라서 상담 시 도미니카 기업인 앞에서 아이티를 치켜세우는 언사는 지양해야 한다.

도미니카 국민들은 외국인이 자국민의 위신을 실추시키는 발언을 하는 경우 설사 그것이 사실이라 할지라도 격렬하게 반발하는 경향이 있다. 정부는 물론 언론이나 기업인들도 외국인의 비판을 겸허히 받아들이는 것이 아니라 주권 침해로서 불쾌하게 생각하므로 비판은 금물이다.

자국내 거주하는 200만 명에 육박하는 아이티 인에 대한 인권유린 논란이 2007년에 국제적으로 확대된 바 있는데 도미니카 국민들은 한목소리로 인권유린설을 배격했었다. 현지 주재 독일대사가 도미니카 국민에 대해 따끔한 비판성 발언을 한 적이 있었는데 이에 대해 대대적인 반격이 가해져 곤경에 처한 적도 있었다.

도미니카 공화국은 다양한 피부색을 가진 인종들이 살고 있는 국가로 인종차별을 나타내는 어휘 또는 농담과 피부색에 대한 언행은 삼가야 한다.

## 2.7 속담 또는 격언

No te apures se murio. (노 떼 아뿌레스 세 무리오)

- Don't Worry, it's all over.

➩ "신경 쓰지 말라는 말은 죽었다."

– 일을 대충 넘기지 말고 똑바로 제대로 하라는 의미. "노 떼 아뿌레스(No te apures)"라는 말은 도미니카 사람들이 즐겨 쓰는 말로서 이 나라 국

민들의 성격이 가장 잘 드러나는 말이다. 즉, 인생에는 아무것도 급한 게 없으니 스트레스 받으며 서둘러 일처리 하려하지 말고 느긋하게 인생을 즐기며 적당히 일해도 세상은 돌아간다는 뜻이다.

No hay mal que dure cien años ni cuerpo que lo resista(aguanta).

(노 아이 말 께 두레 씨엔 아뇨스 니 꾸에르뽀 께 로 레시스따(아구안따))

- Nothing goes on for ever.

"100년 가는 해악은 없으며, 인체도 100년을 견디지 못한다."

- 전반부는 스페인 격언으로 현재 아무리 큰 고통이 닥쳐온다 해도 오래 가지는 않으니 낙천적으로 생각하고 견디라는 의미이다. 후반부는 도미니카 버전이 추가된 것으로서 "노세 노세 젊어서 노세 늙어지면 못 노나니"의 쾌락주의 철학이 담겨있다. 노 떼 아뿌레스식 사고의 뿌리로 볼 수 있다.

El que su caballo vende es porque muerde o patea.

(엘 께 수 까바요 벤데 에스 뽀르께 무에르데 오 빠떼아)

- No one gets rid of the things that function.

"말을 파는 것은 물거나 차기 때문이다."

- 말이 귀한 시절 자신이 아끼던 말을 팔려고 내놓은 것은 그 말이 주인을 물어뜯거나 발길질을 해대는 등 쓸모가 없기 때문이라는 말로서 비즈니스를 할 때 자주 사용되는 속담이다. 물건은 좋아 보이는데 값이 너무 싸게 나온 것은 의심을 해보라는 의미로 사용된다.

El corazón de la auyama sólo lo sabe el cuchillo.

(엘 꼬라손 델 라 아우야마 솔로 로 사베 엘 꾸치요)

- The goodness of bad people is only known by the worse.

"호박의 심장은 칼만이 안다."

- 열길 물속은 알아도 한길 사람 속은 모른다. 비즈니스에 적용해보면 첫 거래의 어려움을 나타내는 말로 신뢰감 없이 거래가 성사되기는 어려움을 깨닫게 해주는 속담이다.

Mas vale malo conocido que bueno por conocer.
(마스 발레 말로 꼬노시도 께 부에노 뽀르 꼬노세르)

- Better a known bad person than a good person waiting to be known.

"모르는 좋은 것보다 아는 나쁜 것이 더 낫다."

- 비즈니스에 적용해보면 이미 안면이 있는 사람과 거래하는 것이 비록 그가 좋은 사람이 아니더라도 아직 모르는 사람하고 거래하는 것보다 더 안전하다는 의미로 사용된다.

Ponte donde te vea el jefe. (뽄떼 돈데 떼 베아 엘 헤페)

- Try to be noticed by important people.

"상사가 너를 볼 수 있는 곳에 서라."

- 승진하려면 돋보여라.

Puerco que no grita, cuchillo con el. (뿌에르꼬 께 노 그리따 꾸치요 꼰 엘)

- He who doesn't cry, doesn't suckle

"울지 않는 돼지는 도살해도 된다."

- 우는 아이 떡 하나 더 준다. 불평이 있어도 하지 않으면 개선되지 않으므로 불만이 있으면 기탄없이 해야 한다는 속담이다. 비즈니스에 적용해보면 여차하면 클레임을 제기할수록 이득이 된다는 말로도 연결된다.

A falta de pan casabe. (아 팔따 데 빤 까사베)

- If there's no bread, cakes are good. / Any port in a storm.

"빵 없으면 까사베"

- 까사베는 도미니카 원주민인 타이노족들이 먹던 전통식이다. 빵이 없으면 까사베라도 먹으면 된다는 의미로서 비즈니스에서 문제 발생 시 차선책을 제시할 경우 사용할 수 있는 속담이다.

## 3 바이어 상담 및 거래 Tip

### 3.1 효과적인 상담

도미니카는 페레떼리아(Ferreteria)라는 대형유통점(일반 식품을 제외하고 철물, 전기, 플라스틱, 공구, 의약품 등의 거의 모든 상품을 코너별로 구분하여 운영)이 슈퍼마켓과 함께 유통을 주도하여, 이들이 수입 및 도소매하는 패턴도 다품종 소량구매가 일반화되어 있다. 이들 페레떼리아를 통한 시장개척활동을 위해서는 각 부문별로 종합 카탈로그를 준비하여 상담하는 Package Deal이 필요하다.

현장에서는 즉석 오퍼가 가능하도록 상담 자료를 충분히 준비한다. 상담 자료 부족으로 심도 있는 상담이 이루어지지 못하면 바이어로 하여금 불신감이 들게 한다.

도미니카 공화국의 바이어들 중 영어를 쓰는 바이어들은 그리 많지 않다. 따라서 스페인어 통역원을 이용할 경우 통역원에게 상담내용과 제품 관련 내용을 사전에 충분히 숙지시키도록 한다. 통역원의 애매모호한 의미전달로 통역 내용이 미심쩍을 경우 또는 통역이 답변을 명확하게 못하고 어물쩍 넘어가는 경우에는 상담 후 이메일을 통해 바이어에게 내용을 직접 확인해보는 것이 좋다. 영어로 상담까지는 못하더라도 간략한 영문 이메일을 이해하는 경우는 많아 영문 이메일을 보내볼 수도 있지만 바이어의 영문 작성능력이 부족해 회신을 못 받을 확률이 높기 때문에 가급적 스페인어로 이메일을 보내는 것이 바람직하다.

다품종 소량거래 위주로 수입이 이루어져 은행을 통해 대금을 결제하는 정상적인 무역거래보다는 마이애미, 뉴욕, 파나마 등 인근 대도시 시장을 방문하여 현지에서 현찰로 직접 구매하는 보따리 장사나 소량주문을 콘솔하는 에이전트의 기능이 활성화되어 있다.

도미니카의 대리점계약법은 기간만료 시 계약 자동 갱신을 규정하고 있어, 많은 수입업자들이 동종 업종의 많은 국내외 공급업체와 대리점 계약 신규거래 시 시장독점을 위하여 대리점권을 요청하는 경우가 다반사다. 일단 계약을 맺은 후에는 변경이 어렵기 때문에 에이전트 계약 체결에는 신중해야 한다. 독점을 안주는 경우 마케팅 홍보활동에 소홀하기 쉽고 독점을 주면 나태해지거나 횡포를 부리는 일도 생기기 때문에 독점권 부여는 더욱 신중을 기해야 한다.

일단 체결되어 등록된 대리점 계약은 계약사항의 구체적인 위반이나 공급자에 대한 불이익 야기 등 정당한 사유가 없는 한 자동 갱신되며, 계약의 해지는 물론 갱신은 계약서 조항에 별도 명기 여부를 불문하고 당사자 일방의 의사로는 거의 불가능하고 계약기간에 비례한 영업수익과 투자자본 등에 대한 보상을 규정하고 있어 주의가 필요하다.

유통단계별 마진율은 비교적 높아 수입업자 30~50%, 도매업자 25~40%, 소매업자 30~50% 수준이며, 거래대금 지불은 일반적으로 30~60일간의 신용이 제공된다. 대량구매 또는 현금 지불 시에는 최고 40%까지 가격을 할인해주는 관행이 있는바 가격상담 시 이러한 점도 고려할 필요가 있다.

### 3.2 거래 시 유의사항

도미니카 바이어들과 거래관계를 새로이 트거나 기존관계를 잘 지속하기 위해서는 도미니카 인들의 습성 및 사고방식에 대한 이해가 우선돼야 한다. 앞에서도 언급이 되었지만 도미니카 인들은 노 떼 아뿌레스(No te apures) 사고가 만연되어 있다. 즉, "걱정하지 말라. 서둘지 말라. 내일이면 늦으리, 오늘을 즐겨라. 골치 아픈 일은 내일로 넘겨라."하는 적당히 해도 모든 것이 잘 될 거라는 낙관적, 소극적 사고가 압도적이다.

도미니카 공화국의 바이어들과 거래를 할 경우, 한국식의 "빨리빨리"는 통하지 않는다. 느긋하고 여유로운 도미니카 공화국 사람들에게는 재촉하면 할수록 상담은 어려워지기 마련이다. 따라서 인내심이 필요하다. 이메일을 보냈을 때나 오퍼를 기다릴 때, 대금결제를 기다릴 때도 마찬가지다. 도미니카 공화국 바이어들은 대금지불이 늦는 경향이 있다. 대출 금리는 아직 두 자릿수로 이자율이 높은 점도 한 원인을 제공한다. 회답 재촉을 할 시에는 안부 등을 물으며 친분감을 유지하면서 가끔씩 거래를 상기시키는 간접적인 접근법이 좋다.

문화적, 경제적으로 미국의 영향을 많이 받아 개인주의적이며, 대체로 말하기를 매우 좋아하고 상담 시 자기주장만을 계속하는 경우가 많다. 바이어와는 사전 약속을 하여 상담을 갖고, 시간약속을 지키지 않는 것에 대해 민감하게 반응하지 않도록 하며, 첫 대면 시 좋은 인상을 주는 것이 매우 중요하다. 특히 외모에 신경을 무척 쓰므로 정장을 착용하는 것이 좋으며, 한국 전통미를 느낄 수 있는 선물을 하는 것도 첫 인상을 좋게 하는 방법이다.

바이어가 상담 시 면전에서 인사치레로 쉽게 언질을 주는 경우가 많으나 제대로 지켜지는 경우가 드물기 때문에 구두약속 과신은 금물이다. 구두로 한 약속이나 오퍼 등은 문서로 받기 전에는 믿지 않는 것이 좋다.

자신이 구두 약속을 했다는 사실조차 기억을 못하는 경우도 발생하므로 거래내용을 문서로 남기는 것이 좋다.

■ 바이어가 이메일에 미회신하는 경우에 따른 단계별 대응방안

□ 1단계 대처방법

바이어가 이메일에 회신하지 않는 경우는 여러 가지 원인이 있을 수 있다. 철자가 틀린 경우 당연히 송신이 안 되지만 송신이 안 된다는 메시지가 나오지 않는 경우가 많아 잘 송신된 것으로 착각하게 되는 경우가 발생할 수 있고, 멀쩡히 잘 들어오다가 갑자기 시스템 오류로 스팸메일로 처리되는 경우도 있다. 이런 경우가 의심되면 이메일 주소를 재차 확인해봐야 한다.

□ 2단계 대처방법

분명히 이메일 주소도 맞고 송신메일 함에도 저장되어 있는데 바이어는 못 받았다고 잡아떼는 경우도 있다. 여러 사정상 받고도 못 받았다고 하는 경우도 있겠지만 실제로 못 받는 경우들이 많다. 통신사 이메일 주소가 변경되는 경우 변경 이후 한동안은 자동으로 처리해 주다가 일정 시간이 경과되면 처리가 안 된다. 예컨대 도미니카 최대의 통신기업은 CODETEL인데 이메일 주소는 @codetel.net.do이다. 그러다가 미국의 VERIZON으로 넘어가 이메일 주소도 @verizon.net.do로 바뀌어 한동안 쓰다가 2007년 멕시코의 Telmex가 인수하면서 다시 Codetel 이름으로 복귀하게 되었는데 이미 인쇄된 명함에는 verizon 주소가 그대로 찍혀있는 경우가 많다보니 이 경우 이메일은 전달이 될 수가 없다.

□ 3단계 대처방법

이메일이 스팸처리가 안 되고 정상적으로 접수가 된다 해도 바이어가

읽어보리라는 보장은 없다. 워낙 많은 수의 이메일이 매일 쏟아져 들어오다 보니 제목이 확실치 않은 것은 읽어보지도 않고 넘어가버리는 경우도 많다. 따라서 이메일 제목을 달 때 바이어가 놓치지 않고 볼 수 있도록 관심을 끌 수 있는 제목을 달아서 보내야 한다.

□ 4단계 대처방법

아니면 바이어가 영어를 구사하지 못해서일 가능성이 높다. 도미니카에는 영어를 능숙하게 구사할 줄 아는 바이어가 드물고 영어를 말하기는 해도 글로  쓰라고 하면 부담을 느끼는 바이어들은 더욱 많다. 따라서 오퍼 제의 서한을 영어로 써서 보내면 답신을 받기는 여간 어려운게 아니다. 바이어는 스페인어 이메일에는 바로 답신을 하는 경향이 있지만 영문 이메일에는 작성에 자신이 없다 보니 자꾸 미루다 결국 잊어버리게 된다.

가장 좋은 방법은 스페인어로 작성해서 메일을 보내는 것이다. 우리나라 수출업체가 영어 외에  스페인어까지 구사하기란 쉽지 않지만 중남미 전체를 대상으로 교역을 본격적으로 하고자 한다면 스페인어 구사인력 고용이 필요하다. 그러나 회사 제반사정상 여의치 않을 수도 있으니 KOTRA에 의뢰하는 것도 방법이 된다. 전직 종합상사맨이나 퇴직 코트라맨을 인력 풀로 활용하여  중소 수출기업을 지원하는 프로그램을 적극 활용하는 것이다. 코트라 내 중소기업 수출지원단 사무국을 접촉해서 스페인어 통번역 서비스를 받을 수 있다.

□ 5단계 대처방법

모든 것이 잘돼 바이어가 이메일을 보았다고 해도 많은 이메일을 동시에 보다보면 우선순위가 뒤쳐지는 이메일은 기억 속에 사라져버릴 수도 있다. 아니면 관심은 있으나 지금 당장 필요치는 않아 곧바로 대응하지 않을 수도 있다. 나중에 참고하기 위해 철해 두고는 결국 잊어버릴 수도 있다.

따라서 바이어로부터 신속하게 이메일 회신을 받기 위해서는 모든 조건이 맞아 떨어져야 한다. 가능성을 높이기 위해서는 이메일과 팩스를 동시에 보내는 것도 방법이다.

■ 팩스 송신이 여의치 않은 경우 대응방안

팩스가 잘 안 들어가 짜증나는 경우도 많이 발생한다. 팩스와 전화를 겸용으로 쓰는 경우가 많은데 퇴근 시 전화를 팩스로 돌려놓지 않고 퇴근해 버리면 방법이 없다. 일과시간 중에는 팩스를 보내려고 하면 전화로 받아버려 스페인어로 얘기를 하는데 이때  당황해서 또는 팩스번호가 잘못된 거려니 하고 그냥 끊어버리는 경우도 많다. 이런 때에는 침착하게 지금 팩스를 보내려는데 이 전화를 팩스로 돌려달라고 요청하면 팩스 송신이 가능해진다.

또 한 가지 가능성은 팩스번호 지역코드 앞에 1을 생략한 경우이다. 도미니카 공화국 지역번호는 보통 809이며, 일부는 829를 쓰기도 한다. 그러나 국제통화 시에는 반드시 1을 먼저 눌러야 한다. 미국으로 팩스를 보내는 것과 동일하게 생각하면 된다. 그런데 바이어들은 명함 전화팩스 번호 앞에 1을 명기하는 경우가 거의 없다 보니 1을 빼놓고 송신을 시도하기 일쑤다.

또 다른 가능성은 그다지 자주 발생하는 것은 아니지만 전화국이 불통되는 경우가 있다. 2008년 5월 중순에도 며칠간 휴대폰과 일반전화 모두 불통된 사례가 있었다. 불통은 아니라 해도 통신선 불량으로 오해를 사는 경우가 있다. 즉, 신호는 가는데 상대방이 아무리해도 받지를 않거나 받는 것 같은데 소리는 들리지 않고 곧 끊어져버리거나 아니면 나는 상대방의 소리가 들리는데 상대방은 내 소리를 듣지 못하는 경우도 발생한다. 따라서 팩스 음이 들리는데도 송신이 안 되는 경우도 발생하며, 송신이 완료됐다는 메시지가 나왔는데도 그쪽에서는 수신이 안 되는 경우도 발생한다.

설사 팩스가 성공적으로 송수신된 경우라도 그 팩스가 바이어 손에 들어가리라는 보장은 없다. 팩스를 여러 사람이 함께 쓰는 경우라면 다른 팩스에 휩쓸려 들어갈 가능성도 있고 토너나 잉크 부족으로 팩스내용 해독이 안 되는 경우도 발생한다.

결국 중요한 팩스라면 팩스를 보낸 다음 반드시 유선으로 확인을 해야 한다. 아니면 별도 이메일을 보내 확인해보는 것도 좋다.

## 4 현장의 소리

### 4.1 교포 사업가의 조언

도미니카에서 한국과 중미 · 카리브(도미니카, 아이티, 니카라과 등)를 이어주는 전력사업에 종사하고 있는 ESD사 최상민 사장이 전하는 애로사항과 극복방안에 대해 조언을 들어본다.

「도미니카에서 사업을 수행하는 데에는 많은 애로사항이 있다. 먼저 언어에서 오는 장벽이다. 도미니카 공화국은 스페인어를 쓰는 국가로 스페인어를 하지 못하면 비즈니스를 시작할 수가 없다. 현지의 바이어들 중에 영어를 능숙하게 하는 바이어들도 있지만, 대부분은 스페인어만 구사한다. 또한 현지 고용 직원들과의 문화적 마찰의 극복이나 원활한 관계를 유지하기 위해서 스페인어의 습득은 필수이며, 바이어에게 큰 호감을 줄 수 있는 부분이기도 하다.

또 하나의 애로사항은 현지 시장을 정확히 파악하고 관련 분야 유력인사 및 정부 관계자와의 관계를 구축해 나가는 일이다. 모든 비즈니스가 마찬가지 듯이 도미니카 공화국에서 비즈니스를 할 때에도 인맥이 중요한 요소로 작용한다. 현지의 신문과 잡지 등을 구독함으로써 시장을 정확히 파악한 후 현지의 전시 박람회 등에 참여하여 관련 정부유관 인사들 및 크고 작은 바이어들과의 교류를 지속해야 한다.

도미니카 바이어들은 대부분 약속시간을 잘 지키지 않으며, 말을 바꾸는 경우가 많고 대부분 외상거래를 하고 싶어 하기 때문에 계획성 있는 구매가 이루어지지 않는다. 첫 거래부터 외상을 원하는 바이어는 충분한 자금이 없거나 구입의사가 없는 바이어이며, 먼저 오퍼를 하기보다 바이어의 이야기를 충분히 듣고 오퍼를 하는 것이 좋다. 또한 판매하려는 제품과 관련하여 도미니카 공화국의 시장에 대한 기초적인 지식을 가지고 공급 협의를 하는 것이 좋다.

대부분 기존 거래처의 금액을 낮추기 위해 신규 공급자들에게 견적서를 받는 경우가 있는데, 이 경우 정말 구매를 원하는 것인지 아니면 비교 견적을 하기 위해서 인지 확인이 필요하다. 정말 구매를 원하는 고객의 경우에는 가격 및 공급 조건 협상이 매우 까다로우며 대부분 오너 또는 사장이 모든 구매 결정을 내린다.」

식품류를 취급하는 도미니카의 대표적 교포무역 인이지 지유무역지대내 박스 제조 기업인이기도 한 J &J사 장인탁 사장의 조언을 들어본다.

「뉴욕의 JFK 공항에서 도미니카 행 비행기를 타면 빠른 말투와 시끌벅적한 분위기를 금방 느끼게 된다. 뉴욕에 100만 명이 거주해서 뉴욕이 제2의 도시라고 하는 도미니카 공화국 사람들의 특성이 보이는 분위기다. 뉴욕에서 3시간 반 거리인 도미니카 공화국은 지리적인 위치로 인해 모든 문화, 사회, 경제 면에서 미국의 영향을 많이 받고 있다.

국가 대부분의 부를 쥐고 있는 상류계층은 미국식 교육을 받아 서구적이고 합리적이지만, 중산층과 하위계층은 영어에 서툴고 약속시간을 어기기 일쑤이며 대충 넘어가기 좋아하는 중남미적인 특성이 있다.

비즈니스를 할 시에도 마찬가지이다. 철저하고 체계적인 사업을 펼쳐

나가는 바이어들이 있는가 하면, 상담시간을 정확히 지키지 못하거나 가격조율만을 대충해서 넘어가려는 바이어들이 대부분이다.

하지만 정겹고 친근한 정서가 있는 그들에게 사업상대가 아닌 편안한 친구로서 그들의 생활 속으로 들어가 다가간다면, 신의를 중요시하고 정이 많은 도미니카 바이어들도 우리의 믿음에 응하게 될 것이다.」

## 4.2 현지 KBC에서 전하는 이야기

'거래 시 유의사항' 에 언급한 것처럼 도미니카 바이어들은 정확하게 시간을 맞추어 거래를 하는 편은 아니다. 심지어는 궂은 날씨 때문에 약속을 취소하기도 한다. 또 쉽게 언질을 주는 경향이 있어 한국 사람들이 그대로 믿고 일을 진행하다가 탈이 생기는 경우도 있다.

바이어와 상담회를 하거나 방문 날짜 확정을 위해 연락할 때, 전화상으로는 별다른 조정 없이 너무 쉽게 일정을 잡을 수 있다. 하지만 구두로 처음 한 약속을 그대로 지키는 바이어가 많은 편이 아니므로 처음 받아낸 'OK' 만 믿고 있기보다는 약속 당일까지 최소 두 번 이상은 전화와 방문 접촉을 통해 약속을 상기시키는 것이 좋다. 또 약속 시각 20~30분 전에 전화하면 "지금 가고 있다", "출발했다"는 대답이 대부분인데 오히려 20~30분을 지나 도착하는 경우가 많다. 심지어는 "약속 장소로 가는 중이다"라는 대답을 들은 뒤에도 아무 연락 없이 방문이 취소되는 경우도 있다. 따라서 직접 현지 바이어 사무실을 찾아가는 것이 아니라면 바이어와 만나기 전까지는 긴장을 늦추지 않는 편이 좋다.

이처럼 정해진 약속 시각에 쫓기듯이 움직이기보다는 본인에게 맞추어 천천히 여유롭게 행동하는 성향은, 비즈니스 문화로 볼 게 아니라 현지인의 보편적 모습이라고 보는 편이 더 정확할 듯하다. 즉 '시간이 없으면 나중에 하면 된다', '서두르지 않아도 된다' 라는 도미니카식 사고에서 비롯된 행동이라고 할 수 있다. 이러한 도미니카식 '약속 늑장 이행'은 한국적 사고와 가장 많이 부딪히는 부분이기도 하다. 이를 방지하려고 시간 약속이 중요한 상담회인 경우, 현지 바이어와는 원래 약속 시각보다 30분 정도 앞당겨 약속을 정하기도 한다. 또 바이어와 자주 연락이 필요한데, 이때 안부를 물어가며 친분을 쌓는 한편, 간접적으로 약속을 상기시키는 것도 지속적 관계 유지에 좋은 방법이 될 것이다.

# V
# 파나마

República de Panamá

# V. 파나마

República de Panamá

- 국 명 : 파나마공화국(República de Panamá)
- 위 치 : 북으로는 코스타리카, 남으로는 콜롬비아와 접경
- 면 적 : 78,200㎢(세계 118번째, 남한의 3/4배)
- 기 후 : 고온 다습(아열대성 기후)
- 수 도 : 파나마시티(Panama city, Ciudad de Panamá)
- 인 구 : 330만 명(전 세계 131위, 2007년 기준)
- 주 요 도 시 : 다비드(David), 발보아(Balboa)
- 인 종 : 메스띠소(70%), 아메리카 원주민과 혼혈(14%), 백인(10%), 아메리카 원주민(6%)
- 언 어 / 종 교 : 스페인어 / 가톨릭(85%), 개신교(15%)
- 화 폐 / 환 율 : 발보아(Balboa) / US$ 1 = 1Balboa(2008년 6월말 기준)
- 정 부 형 태 : 대통령제 입헌 민주주의
- 국 가 원 수 : 현 대통령 마르띤 또리호스(Martín Torrijos: 2004. 09- 2009.09)
- G D P : US$ 31.411 백만(2006)
- 1인 당 GDP : US$ 10,300(2007)
- 경 제 성 장 률 : 8.7%(2006), 11.2%(2007)
- 물 가 상 승 률 : 2.2%(2006), 6.4%(2007)
- 수출(對韓수출) : US$ 3.1십억(2007)
- 수입(對韓수입) : US$ 0.3십억(2007)

# Ⅰ 일반 비즈니스 환경

## 1.1 파나마 약사

| 시기(년 월 일) | 중요 역사적 사건 |
|---|---|
| 1501 | 스페인인 바스띠디아스(Bastidias) 파나마 발견<br>콜롬버스는 1502년 제4차 해외 원정시 파나마 도착 |
| 1519.08 | 스페인 정부, 다빌라(Davila) 총독 파견, 파나마 건설 |
| 1670 | 영국 해적 헨리 모건(Henry Morgan) 침입, 구파나마시 점령 및 방화 |
| 1821.11. 28 | 스페인으로부터 독립, 콜롬비아 연방국의 일원으로 편입 |
| 1903.11. 03 | 미국의 지원 하에 콜롬비아로부터 분리 독립<br>파나마 공화국으로 출범<br>초대 대통령: 마누엘 아마도르 게레로(Manuel Amador Guerrero) |
| 1914.08 | 파나마운하 개통 |
| 1903.11 | 미국은 파나마와 헤이-브나우 바리야(Hay-Bunau Varilla) 조약 체결로<br>파나마로부터 운하 지역 조차권 획득 |
| 1933.10 | 파나마-미국 간 파나마 운하에 관한 공동성명 합의<br>헤이-브나우 바리야(Hay-Bunau Varilla) 조약은 미국의 파나마 운하에<br>대한 사용, 점유 및 통제 목적에 한해 적용되며, 파나마는 수권국으로서<br>고유의 경제적 이익을 향유할 권리를 보유한다는 요지 |
| 1964.01.9~04.03 | 파나마 · 미국 간 외교관계 일시 단절 |
| 1964.01 | 파나마 학생 및 군중들과 운하주 둔 미군 간 유혈사태 발생(23명 사망) |
| 1968 | 또리호스(Torrijos) 장군 군사 혁명 |
| 1977.09 | 또리호스-카터(Torrijos-Carter) 조약 체결<br>미국은 1999.12.31부로 파나마운하 주권을 파나마에 인계 및 주둔군 철수<br>합의 "파나마운하 지대" 철폐 및 파나마 국기 게양 |
| 1999.12.31 | 파나마운하 조약은 만료되고, 이를 대체하는 "파나마운하의<br>영구 중립 및 기능 조약" 발효 |
| 1981.07 | 또리호스 비행기 사고로 사망, 노리에가(Noriega)가 군부 실권자로 등장 |
| 1989.12 | 미군침공, 노리에가 체포 및 미국 이송(국제마약사범 죄목) |
| 1994.05 | 파나마 정치사상 최초로 자유로운 분위기하에서 대통령 선거 실시.<br>뻬레스 바야다레스(Perez Balladares) 대통령(1994. 09. 01 취임) |
| 1999.05 | 미레야 모스꼬소(Mireya Moscoso) 대통령 집권 |

| 1999.12 | 미국의 파나마운하 인도 및 주둔 미군(미 남부사령부) 철수 완료 |
|---|---|
| 2004.09 | 마르띤 또리호스(Martin Torrijos) 대통령(PRD) 체제 출범 |

2006년은 전반적으로 파나마 운하 확장 프로젝트의 국민 투표 통과와 미국과의 FTA(자유무역협정) 타결로 자국민들에게는 미래 일자리 창출과 경제의 비약적인 발전을 다시 한 번 꿈꿔 볼 수 있는 기대감을 심어준 해로 평가되고 있다.

2007년 상반기 중 정치적, 경제적으로 가장 특이할 만한 사항은 6월 28일 미국과 파나마가 정식으로 서명한 FTA협정으로 볼 수 있다. 2006년 12월 말 양국 간 극적으로 타결된 FTA협상은 이후에도 자국의 통상 이익을 위해 협정문의 내용을 가지고 줄다리기를 해 왔으며, 결국 2008년 6월 말 FTA에 정식 서명하게 되었다.

양국 간 FTA 체결에 따라 미국의 대 파나마 투자 진출이 더욱 탄력을 받게 될 것으로 예상되는 가운데, 특히 미국 실버세대 이민자들의 파나마 유입 증가로 경제적, 사회적으로도 적지 않은 영향을 줄 것으로 보인다.

## ■ 한국과의 주요이슈

제2차 한-SICA(한-중미통합체제) 정상회담을 통해 2005년 9월 11일 코스타리카에서 양국 수교 사상 처음으로 정상 회담이 이루어졌다. 동 회담을 통해 양국 대통령은 파나마 시장에서의 한국 제품에 대한 인지도와 미주 물류 중심지로서의 전략적인 파나마 위치 등을 높이 산 바 있다. SICA는 중미지역의 정치, 경제, 문화적 통합을 위해 설립되었으며, 중미 7개국(코스타리카, 엘살바도르, 니카라과, 과테말라, 파나마, 온두라스, 벨리즈)을 정회원국으로 하고 도미니카공화국을 준회원국으로 두고 있다. 한-SICA 대화협의체 회의는 1997년 1차 회의가 개최된 이래 한-중미간 협력 강화에 기여해 왔으며, 2007년에는 SICA 회원국으로부터 우리의 여수박람회 유치에 대한 지지를 얻어내는 등 외교적 성과도 거두고 있다.

파나마 또리호스 대통령은 파나마운하확장 프로젝트를 비롯한 각종 분야에 대한 한국의 대파나마 투자를 희망한다고 밝혔으며, 아울러 파나마의 APEC 가입에 대한 우리측의 지지를 요청한 바 있다.

다리엔 국립공원의 초꼬족

토마토를 비롯한 대파나마 농산물 수입을 위해 한국측 조사단이 파나마를 방문한 바 있다. 아울러 광우병 등으로 인해 쇠고기 수입이 민감해진 상황 아래, 파나마 산 쇠고기가 대안으로 떠오르고 있어 이에 따른 우리 농림부측의 검토가 이루어지고 있다.

2007년 4월 개최된 서울식품기술(展)에 파나마 농축산협회 국장이 참관하여 파나마의 쇠고기 및 자국 농산물의 대 한국 수출타진을 하였으며, 2008년에는 정식 부스참가를 적극 검토 할 것이라고 한 바 있다.

## ■ 파나마 운하의 중요성

파나마 운하는 1914년 개통 이후 모든 국가에 개방되어 태평양과 대서양을 이어주는 지름길로서 세계경제의 교역확대에 크게 기여해 오고 있고 또한 지리적 요충지로써 군사적으로도 중시되어 왔다.

우리나라의 경우 미국을 비롯한 미주지역에 대한 교역의 확대와 수출선 다변화로 우리 선박의 운하 통항 횟수와 화물량도 매년 증가해 온 바 있고, 파나마의 꼴론(Colón) 자유무역지대를 거점으로 한국 대중남미 · 카리브 연안국에 대한 시장 진출도 활성화되고 있어 파나마운하의 경제적이고 신속하며 안전한 통항의 중요성은 더욱 높아지고 있다.

□ 파나마 운하 개황

- **길이** : 80km
- **폭** : 33.6m(갑문), 192~222m(수로)
- **수심** : 14m(갑문), 46~93m(수로)
- **선박통항방법** : 운하와 대양의 표고차가 최고 26m로 인해 3단계 갑문 조절을 통해 선박 이동
- **운하 통행 가능 최대 선박** : 폭 32.31m×길이 294.14m급 (일명 : Panamax급)
- **선박의 통과시간** : 약 8시간(단, 대기시간 포함 보통 25시간 이상 소요)
- **연간수입** : 11억 8,000만 달러(2007년 기준)
- **1일 평균 통과 선박 수** : 36척
  한국 선사의 운하 이용 실태 : 연간 250여 척(통행료 : 약 3,500만 달러)

□ 파나마 운하 건설 약사

파나마운하의 건설은 세계의 발전에 중요한 기여를 한 인류의 위대한 업적 중 하나로 일컬어지고 있다. 19세기 중반 프랑스인 페르난도 레셉스는 수에즈 운하 건설에 성공한 데 이어 1882년부터 1889간 파나마에서의 운하 건설을 추진하여 왔다. 하지만 수에즈운하와 같은 해수면 높이의 운하 건설을 무리하게 추진하는 등 기술적인 한계와 현지 풍토병(황열병 및 말라리아)으로 인한 막대한 인력의 희생에 이어 자신이 설립한 프랑스 운하 회사가 도산함으로써 프랑스 측에 의한 최초의 파나마운하 건설이 좌절되었다.

프랑스 측에 의한 운하건설 계획이 수포로 돌아가자, 당시 전략적 차원

에서 운하 건설에 큰 관심을 가져온 미국은 중미지역에 운하를 건설하고자, 신생 독립국인 파나마와 1903년에 조약을 체결했다. 1904년에 본격적인 공사에 착수, 10년에 걸쳐 3억 8,700만 달러(현시가 약 4,000억 달러)의 공사비를 투여하고 25,000여 명의 인명손실을 입고 1914년 완공되었다.

1999년 12월 31일을 기해 파나마운하는 미국으로부터 파나마 정부에 공식 반환되었는데, 1977년 9월 7일 미국과 파나마 간에 체결된 파나마 운하 조약(Panama Canal Treaty, 일명 Carter-Torrijos 조약)으로 그 이전에 체결된 모든 관련 조약은 폐지되고 동 조약에 따라 운하 통과 선박의 규제, 운하의 관리, 운영, 개선, 보호, 방어 등 운하 관리권과 운하 보호 및 방어를 위해 주둔해 온 미군기지 및 시설 등이 파나마 정부에 완전

산띠아고 데 라 글로리아 요새

히 이양되고 이에 따라 미군은 파나마로부터 완전 철수하였다.

파나마 운하 관리청(ACP)은 지난 1996~2002년간 실시한 운하 현대화 계획에 이어 2003년도부터 Post-Panamax 선박 통항을 위한 운하 확장 프로젝트를 추진하여 왔으며, 지난 2006년 10월 22일 운하 확장 국민투표를 통해 운하 확장이 결정됨으로써 ACP는 2007년도 상반기부터 확장 공사를 실시할 예정인 바, 총 공사비 규모는 52억 5,000만 달러, 공사 기간은 7~8년으로 예정되어 있다.

현재의 파나마 운하를 통과할 수 있는 최대 크기의 선박 Panamax급 선박(폭 32m, 길이 294m)이라고 하는데, 운하가 확장되면 최대 폭 49m, 길이 366m까지의 Post-Panamax급 대형선박의 통행이 가능한 것으로 나타났다.

## 1.2 경제 현황

| 구분 | 단위 | 2006 | 2007 | 2008(전망) |
|---|---|---|---|---|
| GDP | US$ 백만 | 17,347 | 19,895 | 22,732 |
| 일인당 GDP | US$ | 4,611 | 4,752 | 5,189 |
| 경제성장률 | % | 8.7 | 11.2 | 6.9 |
| 물가상승률 | % | 2.2 | 6.4 | 7.8 |
| 임금상승률 | % | N/A | N/A | 2% |
| 실업률 | % | 8.7 | 6.4 | 6.6 |
| 기준금리(연말) | % | 8.4 | 8.3 | 6.3 |
| 수출 | US$ 백만 | 8,476 | 9,312 | 9,967 |
| 수입 | US$ 백만 | 10,201 | 12,625 | 14,296 |
| 무역수지 | US$ 백만 | -1,726 | -3,314 | -4,329 |
| 경상수지 | US$ 백만 | 2,213 | 2,832 | 3,097 |
| 외채 | US$ 백만 | 9,989 | 10,450 | 10,979 |
| 외환보유고 | US$ 백만 | 1,335 | 1,935 | 1,385 |
| 연평균 환율 | US$ 1당 현지화 | 1 | 1 | 1 |

자료원 : 파나마 감사원, EIU, IMF(국제통계자료)

2004년 대선에서 승리한 또리호스 대통령은 긴축정책과 외채상환 등을 통한 경제 안정에 주력하고, 특히 사회간접자본 확충을 통한 민생 기반 안정에도 힘을 기울여 현재까지는 긍정적인 평가를 받고 있다. 특히, 2006년 국민 투표에서 통과된 파나마 운하 확장 프로젝트는 현정권에 힘을 실어준 견인차 역할을 해주었다는 평이다.

한편, 파나마 외교노선의 기본원칙은 상호주권 존중, 우의와 평화원칙 준수, 국제협약 및 의무 존중, 친 서방 관계 유지, 파나마운하 중립 유지, 선린우호 관계 강화 등으로 요약된다. 특정 이념에 편향되어 있지 않고 철저하게 실리 위주의 중립적인 대외관계 노선을 추구한다. 북한과는 수교를 맺지 않았고 개별 국가와 FTA를 체결한 것을 제외하면 어떠한 경제협력 조직에도 가입하지 않은 상태이다.

전반적인 정치 · 사회 안정을 기반으로 파나마의 금년도 경제 성장도 밝게 내다보고 있다. 경제 안정의 주춧돌 역할을 해온 파나마 운하, 국제 금융, 관광, 콜론 자유무역지대 등이 지속적으로 파나마 경제 성장의 근간을 받쳐주고 있기 때문인 것으로 해석된다. 파나마의 경우 최근 4년 동안 연간 6% 이상의 경세 성장률을 건지하고 있으며, 이는 최근 피나미의 전반적인 거시 경제지표에 긍정적으로 반영되어 있다. 파나마의 경제 지표 및 통계를 함께 담당하고 있는 파나마 감사원에 따르면, 실업률만 두고 볼 때 2002년 14.4%에서 2007년 12월 말 기준 6.3%로 대폭 낮아졌다는 분석이다.

2006년은 전격 실시되었던 파나마운하 확장 프로젝트의 국민 투표 통과와 미국과의 FTA 타결로 자국민들에게는 미래 일자리 창출과 경제의 비약적인 발전을 다시 한 번 꿈꿔 볼 수 있는 기대감을 심어준 한 해로 평가되고 있다.

2007년 정치적, 경제적으로 가장 특이할 만한 사항은 6월 28일 미국과 파나마가 정식으로 서명한 FTA협정으로 볼 수 있다. 2006년 12월 말 양국 간 극적으로 타결된 FTA협상은 이후에도 자국의 통상 이익을 위해

협정문의 내용을 가지고 줄다리기를 해 왔으며, 결국 2007년 6월말 FTA에 정식 서명하여 현재 미국 국회의 비준을 기다리고 있는 상황이다.

그러나 현 파나마 국회의장의 미군테러 배후 의혹으로 인해 미 의회의 비준에 차질이 발생하고 있는 상황이다. FTA가 미 의회의 비준을 통과한다면 미국의 대 파나마 투자진출이 더우 탄력을 받게 될 것으로 예상되는 가운데, 특히 미국 실버 세대 이민자들의 파나마 유입 증가로 경제적, 사회적으로 적지 않은 영향을 미칠 것으로 보인다.

2008년도 파나마 경제는 2007년도에 이어 지속적인 호조를 보일 것으로 전망하면서 파나마운하 확장공사, 파나마시티-콜론 고속도로 건설, 주요 3대 항만 시설확장 등의 개발 호재로 인해 2008년도 경제성장률은 6.7% 내외가 될 것으로 예측하고 있다.

전년 대비 경제성장률이 다소 둔화하는 것은 미국 경기가 상반기 마이너스 성장세를 기록할 것으로 전망됨에 따라 미국 의존도가 높은 파나마의 경우(예: 파나마운하 통과수입, 수출구조), 다소의 하락세는 불가피하기 때문이다.

다만 미국 소비수요의 감소가 예상되지만 아시아와 같이 떠오르는 시장의 수요 증가로 경기 후퇴를 다소 상쇄할 것으로 보이며, 중국의 파나마운하 이용이 미국에 이어 2번째인 관계로 중국 경기가 건실한 한 파나마의 경우 별 문제가 없을 것으로 예상된다.

이외 미국의 투자은행 Bear Sterns사는 파나마가 2009~2010년에 이르러 현행 투자적격 직전등급인 BB positve에서 한 등급 상향 조정된 투자적격 등급을 확보할 수 있을 것으로 고무적인 전망을 하였다.

특히, 서비스 산업 분야 중에서 2007년도에 17%의 성장을 기록한 관광 분야는 2007년도에 1차 완공된 또꾸멘(Tocumen) 국제공항 확장공사와 아울러 2008년도부터 카리브해 쪽 꼴론항이 크루즈 유람선 Home Port로 기능하게 되고 파나마 관광청(IPAT)이 관광 종합개발 계획을 발표함에 따라 2008년도에는 전년 대비 20% 이상 성장이 가능할 것으로 전망된다. 파나마의 경우 미화를 그대로 사용하는 국가로서 외환위기의 위험은 상대적으로 낮다.

(단위 : US$ 백만)

| 수 출 | | | 수 입 | | |
|---|---|---|---|---|---|
| 순위 | 국명 | 금액 | 순위 | 국명 | 금액 |
| 1 | 미국 | 3,484 | 1 | 미국 | 5,514 |
| 2 | 스페인 | 1,415 | 2 | 콜론자유무역지대 | 3,552 |
| 3 | 네덜란드 | 1,152 | 3 | 쿠라사오 | 1,230 |
| 4 | 스웨덴 | 865 | 4 | 코스타리카 | 1,052 |
| 5 | 코스타리카 | 784 | 5 | 일본 | 982 |
| (14) | 한국 | 333 | (9) | 한국 | 452 |
| 총계 | 9,312 | | 총계 | 12,625 | |

자료원 : World Trade Atlas
파나마의 대한국 수입통계는 편의국적선 수입금액을 제외한 금액임

(단위 : US$ 백만)

| 수 출 | | | 수 입 | | |
|---|---|---|---|---|---|
| 순위 | 품목(HS 2단위) | 금액 | 순위 | 품목(HS 2단위) | 금액 |
| 1 | 어류. 해산물 | 3,539 | 1 | 광물성연료 | 3,839 |
| 2 | 과실. 견과류 | 3,022 | 2 | 자동차 및 부품 | 1,509 |
| 3 | 산동물 | 296.4 | 3 | 기계류 | 1,469 |
| 4 | 육류 | 235.1 | 4 | 전기기기 및 부품 | 1,378 |
| 5 | 지와 판지 | 222 | 5 | 철강판 | 1,199 |
| 총계 | 9,312 | | 총계 | 12,625 | |

자료원 : World Trade Atlas

### 1.3 시장특성 : Face to Face 마케팅 선호

인터넷 사용이 급증하고 있으나 아직까지 홈페이지 등을 통한 제품 설명보다는 카탈로그 및 샘플을 통한 상담을 선호한다. 아울러 파나마는

아미고(Amigo : 친구) 비즈니스 성격이 강해 서큘라 레터에 대한 회신율이 매우 낮은 바, 세일즈 출장 및 박람회 참가 등의 face to face 마케팅이 효율적이다.

지속적인 거래관계를 유지하기 위해서는 매년 1~2차례 파나마를 방문하여 마케팅 상황이나 문제점을 파악하고 이를 해결하려는 성의를 보이면서 Amigo로서 지속적인 유대관계를 갖는 것이 중요하다. 또한 일부 파나마 바이어는 e-mail을 사용하지 않거나 싫어하는 경향이 있으며, 최초 거래 시에는 회사로고가 명기된 팩스를 선호한다. 따라서 바이어가 선호하는 통신방법을 확인할 필요가 있다.

## 1.4 우리나라와의 관계

### ■ 무역투자 관계

2008년에 연간 약 31억 달러의 대파나마 수출실적을 기록하였으며, 이 중 편의국적선으로 분류되는 선박수출이 27억 달러 내외에 이르고 있다.

우리의 대파나마 주요 수출품목 중 최근 승용차가 크게 증가하고 있으며, 냉장고와 칼라 TV 등 가전제품도 현지시장에서 호평을 받고 있다.

2007년 10월 22일 파나마운하 확장 프로젝트가 국민투표에서 통과됨에 따라 향후 확장공사 등에 소요되는 기계류와 각종 하역장비 등의 수출도 더욱 활기를 띨 것으로 전망된다.

**한-파나마 교역 추이**

(단위 : US$ 천, %)

| 연도 | 수출 | | 수입 | | 무역수지 |
|---|---|---|---|---|---|
| | 금액 | 증가율 | 금액 | 증가율 | |
| 2001 | 1,718,000 | 37.9 | 141,000 | 398.4 | 1,577,000 |
| 2002 | 1,184,000 | -31.1 | 143,000 | 1.0 | 1,041,000 |

| 2003 | 1,252,000 | 5.7 | 179,000 | 25.0 | 1,073,000 |
|---|---|---|---|---|---|
| 2004 | 1,263,000 | 0.9 | 293,000 | 64.1 | 970,000 |
| 2005 | 1,622,000 | 28.4 | 247,000 | -15.6 | 1,375,000 |
| 2006 | 2,226,000 | 37.2 | 241,000 | -2.8 | 1,985,000 |
| 2007 | 3,145,006 | 41.2 | 333,926 | 38.5 | 2,811,080 |

자료원 : KOTIS

**우리나라의 대파나마 주요 수출입 품목(2007)**

(단위 : US$ 백만)

| 수출 | | 수입 | |
|---|---|---|---|
| 품목명(MTI 3단위) | 금액 | 품목명(MTI 3단위) | 금액 |
| 선박 | 2,792,609 | 선박 | 274,915 |
| 승용차 | 89,217 | 원유 | 45,713 |
| 아연도 강판 | 29,193 | 동괴 및 스크랩 | 3,936 |
| 컬러 TV | 25,361 | 중유 | 2,803 |
| 자동차 부품 | 25,130 | 고철 | 2,392 |
| 철강 및 비합금 형강 | 16,032 | 알루미늄괴 및 스크랩 | 1,038 |
| 건설중장비 | 15,160 | 경유 | 984 |
| 철근 | 13,354 | 윤활유 | 674 |
| 발전기 | 13,245 | 컬러 TV | 489 |
| 냉장고 | 12,481 | 기타 수산가공물 | 386 |
| 총계 | 3,145,006 | 총계 | 333,926 |

자료원 : KOTIS

동원 수산, 서진 해운, 한국특수선과 같은 해운업체, 삼성전자, LG전자 같은 제조업체가 투자진출(통계상 투자기업 수 : 약 30건)한 것으로 나타나고 있다. 그러나 이러한 통계치는 기업등록이 자유로운 파나마의 기업법을 활용하여 실제 투자와는 관계없이 업무 편의상 파나마에 기업을 등록해 놓은 데 불과하며, 실제로는 파나마에 우리나라의 제조업 투자 진출은 전무한 실정이다. 다만 우리나라 주요 기업들의 상사지사, 현지투자 판매법인 및 교민업체가 진출해 있는 정도이다.

(단위 : US$ 백만)

| 현지법인 명 | 신고건수 | 신규법인수 | 신고금액 | 투자건수 | 투자금액 |
|---|---|---|---|---|---|
| 총계 | 38 | 13 | 296,445 | 31 | 176,800 |
| NB VIKING 1 S.A. | 3 | 0 | 48,368 | 0 | 0 |
| KP 7 INTERNATIONAL S.A. | 1 | 1 | 30,480 | 1 | 30,480 |
| CRYSTAL P S.A | 2 | 1 | 22,455 | 2 | 22,455 |
| KLDS MARITIME S.A. | 1 | 0 | 22,100 | 0 | 0 |
| NB VIKING 6 S.A. | 1 | 0 | 17,454 | 0 | 0 |
| THE WILL BES DOMINICANA INC.4 | 0 | 0 | 17,200 | 4 | 17,200 |
| NB VIKING 4 S.A. | 1 | 0 | 16,949 | 0 | 0 |
| NB VIKING 5 S.A. | 1 | 0 | 15,352 | 0 | 0 |
| LG ELECTRONICS PANAMA S.A1 | 0 | 0 | 14,134 | 1 | 14,134 |
| GMF CAPE 1 S.A | 2 | 1 | 13,939 | 2 | 13,939 |
| GMF CAPE 2 S.A | 2 | 1 | 13,939 | 2 | 13,939 |
| KLMC MARITIME S.A | 2 | 1 | 11,194 | 2 | 9,207 |
| GMF SUPRA 1 S.A | 2 | 1 | 8,105 | 2 | 8,105 |
| GMF SUPRA 2 S.A | 2 | 1 | 8,105 | 2 | 8,105 |
| GMF SUPRA 3 S.A | 2 | 1 | 8,105 | 2 | 8,105 |
| GMF SUPRA 4 S.A | 2 | 1 | 8,105 | 2 | 8,105 |
| HAWB HOLDING CORPORATION3 | 1 | 0 | 7,200 | 3 | 7,200 |
| LOGMARITIME S.A. | 1 | 1 | 5,811 | 1 | 5,811 |
| ROYAL TANKER SHIPPING S.A.1 | 0 | 0 | 4,794 | 2 | 4,794 |
| GBB SHIPPING S.A. | 2 | 1 | 2,657 | 2 | 2,657 |

자료원 : 한국수출입은행

### 파나마 진출 주요 우리 기업

| 진출업체 | 진출년도 | 업종 | 취급분야 | 지역 |
|---|---|---|---|---|
| (주)효성 파나마지사 | 1976 | 사업서비스업 | 철강, 섬유원료, 화학, 기계 | 파나마 |
| LG전자 파나마 현지법인 | 1981 | 사업서비스업 | 가전, 정보통신 | 파나마 |
| 금호타이어 파나마지사 | 1975 | 사업서비스업 | 타이어 | 파나마 |
| 대우일렉트로닉스 파나마 현지법인 | 1994 | 사업서비스업 | 전기, 전자 | 파나마 |

| 삼성물산 파나마지사 | 1975 | 사업서비스업 | 전광판, 의료기기 | 파나마 |
|---|---|---|---|---|
| 삼성전자 중미 현지법인 | 1978 | 사업서비스업 | 전자제품 | 파나마 |
| 한국외환은행 파나마지점 | 1971 | 금융 및 보험업 | 금융업, 외환업무 | 파나마 |
| 한국타이어 파나마지점 | 1994 | 사업서비스업 | 타이어 | 파나마 |
| 현대중공업 파나마 지사 | 2008 | 사업서비스업 | 중공업, 건설장비 | 파나마 |
| 삼성 SDS | 2006 | 사업서비스업 | SI | 파나마 |
| 한국통산 파나마 지사 | 2008 | 사업서비스업 | 어망, 어선 수리업 등 | 파나마 |

자료원 : 파나마 KBC 자체조사

## ■ 우리나라와의 역사적 관계

- 1962. 9.30 수교
- 1973. 5 주 파나마 대사관 개설
- 1979. 3 주한 파나마 대사관 개설

한국인의 파나마 이민은 초기 중남미 이민사와 그 궤도를 같이 한다고 볼 수 있다. 한국 스페인어문학회가 발간한 자료에 따르면 1905년 멕시코 유까딴 반도에 도착했던 첫 이민자들 이후 에네껜 농장의 형편이 어려워지자 일부 이민자들이 파나마를 거쳐 남미 지역으로 유입된 것으로 보고 있는데 이 시기가 한인 후손들이 파나마에 도착한 1차 시기라고 볼 수 있다.

이후 파나마 운하의 특수성으로 인해 1960년대부터 원양어업에 종사하는 한인 선원들이 파나마를 드나들기 시작한 것으로 나타나며 파나마 운하를 통과하는 물길을 잘 아는 김영화 선장은 1970년대부터 우리나라 배들의 운하통과 길잡이 역할을 하며 파나마 한인 이민사의 산 증인으로 회자되고 있다.

1980년대 중반 이후부터 시작된 지상사 파견직원, 유학생, 기술자, 태권도 사범 등 2차 이민세대들이 파나마에 정착하면서 본격적인 한인네

트워크가 결성되기 시작하였다. 현재는 약 300여 명의 한인이 파나마에 거주하면서 생활을 하고 있다.

## ■ 최근 주요인사 교류

**● 방문**

- 1995. 2 이상옥(전외교부장관) 특사(유엔안보리 지지 교섭)
- 1995. 8 공로명 외무장관
- 1996. 5 김광일 대통령 특사
- 1996. 6 박건우 주미대사(OAS 총회 참석)
- 1997. 9 장승우 행양수산부 차관(파나마운하 국제회의 참석)
- 2000.12 반기문 외교통상부 차관 (한 · 중미 대화협의체 회의 참석)
- 2002. 6 황두연 통상교섭본부장
- 2003.11 한명숙 대통령 특사(독립 100주년 기념)
- 2004. 9 정찬용 대통령 특사(또리호스 대통령 취임식 참석)
- 2005. 8 이태식 외교통상부차관
- 2005. 9 한–파나마 정상회담(노무현 대통령 한-SICA 정상회담 참석 계기 코스타리카 San José 개최)
- 2007. 1 국회정보위(신기남 단장) 대표단

**● 방한**

- 1995. 6 갈린도(Galindo) 외교부 장관
- 1996. 1 또리호스(Torrijos) 외무겸 법무차관
- 1996.11 만프레도(Manfredo) 파나마 운하청장
- 2002. 2 망고(Mango) 국회 농수산 위원장
- 2000. 3 나바로(Navarro) 파나마 시장(인천시와 자매결연 체결)
- 2000. 8 에이센만(Eisenmann) 외교부 사무차관
- 2000. 9 수비에따(Zubieta) 파나마 운하청장
- 2001. 7 알레만(Aleman) 외교부장관
- 2002. 3 아리아스(Arias) 외교부차관
- 2005. 5 리마(Lima) 이민청장
- 2005. 5 따르떼(Tarte) 혁신위원장

- 2005.11 레비스 나바로(Lewis Navarro) 제 1부통령 겸 외교부장관
- 2006.09 딧손(Dixon) 대법원장
- 2006.11 두란(Duran) 외무차관
- 2006.11 가르시아(García) 파나마 대학 총장
- 2007. 5 따르떼(Tarte) 혁신위원장
- 2007. 9 수비에따(Zubieta) 파나마 운하 관리청장

■ 협정체결현황

- 문화협정(1974. 6 서명, 1975.1 발효)
- 항공협정(1979.12 서명, 1982.10 발효)
- 투자보장협정(2001. 7 서명, 2002.2 발효)
- Jose Aleman 외무장관 방한 계기
- 파나마운하 영구중립의정서 가입 : 1980.11.4
- 사증면제협정(2001. 7 체결)
- 봉사단 파견 협정(2006.12 발효)

## 2 문화코드

### 2.1 인종, 종교, 축제, 국경일

파나마는 다문화 다인종 국가의 특성을 보인다. 미국, 스페인, 유태인, 아랍인, 중국인 등이 많이 분포해 있으며 흑인, 백인, 혼혈 등 여러 인종이 혼재되어 있다. 국민의 대다수가 가톨릭 신자이다.

## ■ 국경일

| 월 | 일 | 공휴일명 | 비고 |
|---|---|---|---|
| 1 | 1 | 신년휴일(Año Nuevo) | |
| 1 | 9 | 순교자의 날(Día de los Mártires) | |
| 2 | 19~20 | 카니발(Carnaval, 물의 축제일) | 4일 연휴 |
| 4 | 5~6 | 부활절 휴일(Semana Santa) | 4일 연휴 |
| 5 | 1 | 노동절(Día del Trabajo) | |
| 8 | 15 | 파나마 시 건립기념일 | |
| 11 | 3 | 대콜롬비아 독립기념일 | |
| 11 | 5 | 국기의 날(Día Nacional de la Bandera) | |
| 11 | 10 | 로스 산토스 독립항쟁기념일 | |
| 11 | 28 | 독립기념일 | |
| 12 | 8 | 어머니의 날(Día de las Madres) | |
| 12 | 25 | 크리스마스(Navidad) | |

파나마 보까스 델 또로(Bocas del Toro)

파나마 운하 전경

## 2.2 일반적 국민성향

파나마의 일반적인 국민성향은 더운 날씨로 인해 낙천적이나 비즈니스 분야에서는 철저하게 인종별로 다른 성향을 보인다. 그 이유는 대부분의 비즈니스 종사자들이 유태인계, 레바논계, 스페인계, 인도계, 중국계인이기 때문이다. 비즈니스를 위해서는 반드시 사전에 각 민족의 성향을 알고 움직일 필요가 있다. 이와 동시에 오래된 미국 주둔의 영향으로 많은 분야에서 미국적인 사고방식을 보이는 것으로 나타났으나 중남미 특색인 여유로운 성격과 시간관념으로 일처리가 늦어지는 경우가 있다.

## 2.3 소비문화

파나마의 소비문화는 양극화를 띠고 있다. 1인당 GDP 수준이 5,000달러 정도에 불과하나 외국인 관광객들로 인해 실 소비수준은 매우 높은 것으로 나타났으며 이러한 변화는 최근에 더욱 두드러지고 있다. 또한 대형

중미의 두바이 파나마 스카이라인

쇼핑몰의 등장과 함께 명품점이 급격하게 늘어난 것으로 조사돼 파나마 1인당 소득수준과는 별개의 모습을 보이는 것으로 나타났다. 이는 지속적으로 증가하고 있는 관광객들과 상대적으로 고소득층으로 분류되는 외부 유입 인구로 인해 발생하는 현상이라고 볼 수 있다.

## 2.4 상관습 문화

### ■ 비즈니스 관행

□ 소량 주문 위주

파나마는 시장이 협소한 관계로 미국 등 선진국에 비해 소량주문이 많으므로 초반 거래 시 큰 규모의 거래는 기대하기 힘들다. 또한 거래 성사까지 상당한 시간이 소요되는 것이 일반적이므로 끈기를 가지고 거래에 임해야 한다. 그러나 거래가 성사되면 주변 중미 국가에도 수출할 수 있는 거점이 되므로 매우 중요한 시장이라 할 수 있다.

□ 철저한 에이전트 관리 필요

파나마 시장 진출 시 주변 국가에 영업력을 갖춘 에이전트를 확보하는 것이 중요하다. 하지만 일반적으로 파나마 에이전트는 장기적인 사업계획을 가지고 스스로 시장을 관리하는 능력이 부족하고 수출업체의 지원만 요구하는 경우가 많아 제품에 대한 교육, 마케팅전략 교육, 지속적인 샘플 공급 등 철저한 관리가 필요하다.

법적으로 에이전트와의 계약을 파기할 때 구속조항은 없으나 수출업자와 에이전트 간 계약서 작성을 세세한 부분까지 규정하는 것이 추후 거래분쟁을 막는 데 중요한 요소이다.

파나마 운하 통과 전경

D/A뿐만 아니라 많은 업체들은 D/P(Document against Payment)조건의 거래를 요구하기도 하는데, 이런 거래는 주로 원단 거래에서 많은 편이다. 원단 거래 시 바이어들은 D/P조건으로 계약을 체결한 뒤 보통 5~10% 정도의 선수금을 지급하고 수출상이 물건을 선적한 후 추심은행이나 현지 에이전트 등으로부터 Original B/L 등 서류와 수입대금을 교환하는 방식을 취한다. 그러나 D/P조건이 위험한 것은 계약체결 후 갑자기 수입하기로 한 제품의 가격이 선수금을 준 것 이상으로 하락하였을 경우, 바이어들이 선수금을 포기해 가면서 서류인수를 거부하고 물건을 인수하지 않는 경우가 많다. 따라서 시장가격의 변화가 심한 품목을 D/P조건으로 거래할 경우에는 가능한 선수금을 20% 이상 요구하는 것이 좋고, 시장가격의 변화를 예의 주시해 물건을 선적하는 것이 필요하다.

□ 생산업체와 거래 선호

지속적인 거래관계 유지가 가능한 생산업체와 거래를 선호하고 초기 단계에서는 소량 주문의 형태를 취하면서 생산업체의 약속 이행 여부, 품질 준수 여부 등 거래의 기본요소들을 점검한 후 신뢰가 쌓이면 주문량을 확대하는 경향이 있다.

## 2.5 비즈니스 에티켓

### ■ 호칭 사용 에티켓

파나마 사람은 다른 대부분의 중남미 사람과 마찬가지로 호칭을 중시한다. 호칭은 곧 사회적 신분이며 자존심의 표상이다. 우리의 경우 박사가 아닌 이상 이름 앞에 또는 뒤에 석사니 학사니 하는 호칭을 붙이는 경우가 전혀 없는데 반해 파나마를 비롯한 중남미 국가나 스페인 등에서는 이름 앞에 반드시 학위를 붙여서 명함을 제작하며 이름을 부를 때에도 학위만으로 부르는 경우가 많다.

예컨대 인문사회계 학사학위 또는 석사학위를 받은 경우 이름 앞에 LIC.라는 표시를 하며, 이공계 학사 또는 석사 학위를 받은 경우에는 ING.라는 표기를 한다. LIC.란 Licenciado의 약자이며, ING.은 Ingeniero의 약자인데, 바이어와 명함을 교환할 때 명함에 LIC.가 있으면 상대방을 "리센시아도"(여성인 경우에는 리센시아다)라고 호칭해주는 것이 바람직하며 ING.이 찍혀있으면, "잉헤니에로"(여성인 경우에는 "잉헤니에라")라고 불러주는 것이 바람직하다. 물론 석사의 경우 Maestro라는 호칭이 있긴 하나 일반적이 아니며 보통 LIC.나 ING.를 쓰는 것이 보편적이다. 이름 앞에 아무런 표기가  없을 경우 또는 상대방의 호칭을 잊어 버렸거나 알지 못하는 상태에서 상담이 진행될 경우에는 Señor(세뇨르/SIR 또는 MR.의 의미) 또는 Caballero(까바예로/Gentleman의 의미)라고  칭하는 것이 예의에 어긋나지 않는다. 상대가 여성일 경우에는  Señorita(세뇨리따)라고 칭하는 것이 좋다. 원래 "세뇨리따"는 영어의 Miss에 해당하는 말이지만 Miss보다 광범위하게 쓰이며, 나이가 꽤 들어 보이는 경우라도 영어의 Mrs.에 해당하는 Señora(세뇨라)라고 칭하는 것보다는 "세뇨리따"라고 불러주는 것이 무난하다. 왜냐하면 기혼자라 할지라도 "세뇨라"로 부르면 불쾌해 하는 경우가 많기 때문이다. 그러나 남편과 같이 있을 경우에는 반드시 세뇨라로 불러야 예의에 어긋나지 않는다.

## ■ 상담 시 효과적인 복장

공식적인 비즈니스 미팅 시 복장은 남성이나 여성 모두 정장이 무난하다. 파나마의 무더운 날씨로 인해 바이어들은 대부분 세미 정장을 선호하는 경향이 많으나 처음으로 바이어를 만나는 경우 정장이 무난하다.

## 2.6 화제

### ■ 주요 화제

공식적인 비즈니스 미팅을 부드럽게 이어가려면 파나마 사람들이 공감할 수 있는 화제를 선택하는 것이 중요하다. 파나마의 유명 야구선수인 뉴욕 양키즈의 마리아노 리베라를 언급하거나 파나마 운하의 중요성에 대해 강조하는 것은 좋은 방법이라고 할 수 있다. 경제 규모가 작다고 무시하거나 인접국인 콜롬비아나 베네수엘라와 경제 규모와 비교하는 일은 삼가야 한다.

파나마 코르키드업 이슬라 뻴리까노(Korkidup Isla Pelicano)

아르마딜로의 체갑

## 2.7 속담 또는 격언

### ■ 모토(Motto)

Pro Mundi Beneficio.(Latin) (쁘로 문디 베네피시오)
- For the Benefit of the World.

⇨ "세계 복지를 위하여"

### ■ 속담

Camarón que se duerme se lo lleva la corriente.
(까마론 께 세 두에르메 세 로 예바 라 꼬리엔떼)
- A sleeping shrimp might be swept away by the angry waves.

⇨ "잠자는 새우는 조류에 흘러가 버린다."
– 열심히 일해야 한다는 의미

A caballo regalado no se le mira el diente.
(아 까바요 레갈라도 노 세 레 미라 엘 디엔떼)
- Do not look a gift horse in the mouth.

"선물로 받은 조랑말은 이빨을 살펴보지 마라."
- 선물에서 흠을 찾지 말라는 의미

El que madruga Dios lo ayuda. (엘 께 마두루가 디오스 로 아유다)
- The early bird catches the worm.

"일찍 일어나는 사람은 신이 돕는다."
- 부지런하라는 의미

De tal palo tal astilla. (데 딸 빨로 딸 아스띠야)
- As one sows, so shall he reap.

"콩 심은 데 콩 나고 팥 심은 데 팥 난다."
- 뿌린대로 거둔다는 의미

Al mal tiempo buena cara (알 말 띠엠뽀 부에나 까라)
- A hard time with a smile.

"힘든 일이 많을수록 인상을 펴라."
- 어려운 일을 힘내서 극복하라는 의미

La suerte es loca a cualquiera le toca (라 수에르떼 에스 로까 아 꾸알끼에라 레 또까)
- Don't miss the once-in-a-lifetime chance(chance of a life time)

"행운은 불현듯 찾아온다."
- 행운은 불시에 찾아오므로 기회를 잘 잡아야 한다는 의미

## 3 바이어 상담 및 거래 Tip

### 3.1 효과적인 상담

파나마에서 비즈니스를 할 경우, 가장 중요한 것이 파트너를 선정하는 것인데 다음과 같은 사항을 면밀히 검토해야 한다.

파나마는 인구 3백만 명의 소규모 국가이며 부의 상속이 상례화한 사회여서 현지 유력인사의 경우에는 인적 사항과 성향 파악이 가능하다. 참고로 현재 파나마에서 영향력 있는 재계 인사는 유태계, 레바논계, 스페인계, 인도계 및 중국계이며 이들은 다른 인종집단에 대해 대단히 폐쇄적인 그룹을 형성한다. 따라서 비즈니스 상대가 어떤 그룹에 속하는지 알 필요가 있으며 이러한 배경을 알 수 있다면 비즈니스에서 빠른 진전을 볼 수 있다.

### 3.2 거래 시 유의사항

파나마 바이어는 첫 거래는 at sight L/C나 Usance L/C 방식을 수용하지만 거래관계가 계속되면 D/A를 요구하는 경우가 많다. 따라서 at sight L/C만을 고집하여 거래관계를 중단하기보다는 바이어의 신용도를 확인하여 수출보험을 활용, D/A 거래를 수용하는 방안을 사전에 검토하는 것이 필요하다.

콜론 자유무역지대는 가격경쟁이 심한 중계무역지이기 때문에 바이어가 가격에 매우 민감하다.

## 4 현장의 소리

### 4.1 교포 수출업체의 조언

파나마의 지리적인 장점을 최대한 이용하면서 비즈니스를 전개할 필요가 있다. 즉 콜론 자유무역지대의 물류기반을 이용하여 새로운 비즈니스 모델을 창출할 수 있으며 꼴론 창고운영을 통해 제품 운송을 원활하게 한다면 충분한 경쟁력을 확보할 수 있다.

아울러 중미 다른 국가들에 비해 잘 발달되어 있는 금융시스템을 적극적으로 이용한다면 훨씬 수월하게 비즈니스를 전개할 수 있다는 장점이 있다.

현재 콜론 자유무역지대 내에서 점포를 운영하면서 성공적으로 사업을 하고 있는(모자 비즈니스) 'Tami Latin' 김강석 사장은 파나마-콜론 자유무역지대 비즈니스에 대해 다음과 같이 조언한다.

"말도 몰랐던 처음에는 많은 시행착오를 거쳤다. 그러므로 기본적으로 3년을 견딜 수 있는 정신력이 필요하다. 제대로 된 아이템을 선정하는 것은 무엇보다 중요하다. 그러나 이후에는 4박자를 맞출 수 있는 것이 관건이다. 생산(1개월) → 운송(1개월) → 꼴론 창고(1개월) → 외상(2개월) 이 끊임없이 자전거의 바퀴처럼 돌아가야 한다. 이 중에서 더욱 중요한 2가지는 좋은 생산자를 찾는 것과 납기를 맞추는 것이다. 유행의 주기는 대부분 미국을 따라간다고 보면 된다. 본인도 처음에는 일단 컨테이너를 갖고 와서 무조건 판매하는 방식을 취했으나 콜론에서 창고를 임대 운영하면서 고객 트렌드를 즉각 반영하는 방식으로 사업하고 있다."

"중국 제품들과의 경쟁이 가장 어려운 부분이라고 할 수 있다. 본인은 브랜드 마케팅으로 극복을 하고 있다. 처음에는 쉽지 않았지만 잡지광고, 대형 간판 광고에 꾸준히 투자한 결과 이제는 중미 바이어들이 브랜드로 우리 제품을 찾아줄 정도로 인지도가 높아졌다. 가격은 중국산보다

조금 비싸지만 품질과 디자인, 브랜드로 우리 회사 제품을 찾는 바이어가 늘고 있다. 철저한 현지화와 더불어 한국사람 특유의 근면성과 노력으로 승부한다면 중남미에서 기회가 많다고 본다."

### 4.2 한국 수출업체의 조언

금호타이어 파나마지사에서 근무하고 있는 조동근 과장은 파나마를 통한 중미-카리브 비즈니스에 대해 이렇게 이야기 한다.

"파나마 바이어들은 파나마 내에서뿐만 아니라 대부분의 경우 중미, 카리브 지역에서 비즈니스를 하기 때문에 소량 오더를 반복하여 시장 반응을 테스트한 후 본격적인 오더를 하는 경우가 많다. 소량 오더라고 무시하지 말고 바이어가 충분히 시장을 테스트 할 수 있도록 시간을 갖고 지원하면서 바이어의 요구사항을 반영해 나가면 중미 카리브 시장을 비롯하여 베네수엘라, 콜롬비아로 진출할 수 있는 교두보를 마련할 수 있다. 인내심을 갖고 꾸준히 바이어의 반응을 체크할 필요가 있으며 중미의 소국가라고 무시하는 자세를 지양할 필요가 있다."

중미, 카리브 시장 전체를 하나의 권역으로 보면 규모가 상당한 시장임을 알 수 있으며 이를 공략하기 위한 테스트 시장으로서의 파나마의 중요성을 인식하고 접근할 필요가 있다.

### 4.3 현지 KBC에서 전하는 이야기

#### ■ 해외투자 진출 시행착오 줄이기

2007년 4월, H사 S 지사장은 현지 조립공장 설립을 위해 파나마에 사전 조사차 방문하고 파나마 KBC에서 자료를 받아 타당성 검토에 들어갔다.

파나마 KBC는 투자지역 추천, 물류시스템, 원자재 공급가능 업체리스트, 유통현황, 투자관련 세금, 인센티브, 현지금융조달 방법, 환경 규제 사항, 토지사용권 매입방법, 공장설립업체 리스트, 최저임금규정, 고용주세(사회보장세,의료보험), 인력수급방법, 법인설립절차, 투자관련 제반절차에 대한 세부 자료 작성에 직접적인 도움을 주고 현지 법인 및 조립공장 설립을 적극 지원하기 시작했다.

동 사의 사업특성상 반드시 참치어선이 드나드는 항만에 위치해야 했으며 AMP(파나마 해양항만청)에서 토지를 장기 분양받아 임차료를 지불하고 영업을 해야 했다. 이 때문에 조립공장 설립 후보지 선정에 어려움을 겪었다. 중남미 국가에서 정부기관을 상대로 일을 하려면 매우 큰 인내심이 필요하다. 매우 단순한 사무처리가 한 달 이상 걸리기도 하고, 어떤 결재라인을 거치느냐에 따라 같은 일이 몇 달이 넘게 걸리기도 하기 때문이다.

2007년 10월, H사는 여러 경로를 통한 조사를 바탕으로 파나마에 법인 설립 절차를 밟기 시작했다. 파나마 KBC와 투자진출 전반에 관한 상담을 했으며, 입지후보지로 선정된 지역을 직접 방문하고 AMP와 부지 임차 협상을 시작했다.

최종적으로 H사는 가격이 저렴하고 항만이 있으며 보세구역으로 분류된 Vacamonte항에 공장부지를 장기임차하는 것으로 결정했다. 법인설립은 현지 법인설립 전문 변호사인 정문주 변호사를 통해 초기 작업을 진행하였으며 2008년 5월, 법인을 설립하였다.

## ■ 시사점

H사의 투자는 현재까지 성공적으로 진행 중이다. 이는 아래처럼 사전 준비를 철저히 한 데 힘입어 가능한 일이었다.

첫째, 철저한 사업타당성 조사이다. 참치어망 사업은 입지여건이 최우선인 사업이다. 따라서 참치어선이 드나드는 곳이어야 한다는 조건을 반드시 갖춰야 한다. H사는 이미 고객 참치어선의 동선을 꿰뚫고 있어서 파나마가 이 어선들을 대상으로 영업하기에 최적 장소라는 확실한 분석 자료가 있었다.

둘째, 정확한 정보를 전달받을 수 있는 기관을 잘 이용한 점이다. 파나마 현지정보를 가장 정확하게 파악하고 있는 KOTRA를 이용함으로써 시행착오를 대폭 줄이고 원하는 일정에 따라 신속하게 법인설립을 추진할 수 있었다.

셋째, 현지 정부와 긴밀하게 공조한 점이다. 현지 투자환경에 대해 숙지하고 정부의 지원제도를 잘 이용함으로써 매우 저렴한 값에 조립공장 부지를 임차할 수 있었다. 이에 힘입어 초기투자 비용을 대폭 줄일 수 있었고, 이는 안정적인 회사운영의 기반이 될 것으로 보인다. AMP 특성상 모든 업무가 불필요하게 지연되는 경우가 많으나 KOTRA 직원이 동행하여 긴밀한 유대관계를 쌓고 업무지연을 미연에 방지하여 일처리를 신속하게 할 수 있었다.

# VI
# 베네수엘라

República Bolivariana de Venezuela

# VI. 베네수엘라

República Bolivariana de Venezuela

- 국 명 베네수엘라 볼리바르 공화국
- 위 치 남미, 카리브해상 남부(북위 0도45부-12도12부 및 서경 59도-73도 사이)
- 면 적 912,050㎢(한반도의 4.5배, 남한의 9.2배)
- 기 후 온대성(카리브해 인근 도시), 열대우림(내륙 아마존 유역)
- 인 구 2,759만 명(2007년 기준)
- 수 도 카라카스(Caracas / 인구 385만명)
- 주 요 도 시 마라까이보(Maracaibo), 발렌시아(Valencia), 바르끼시메또(Barquisimeto)
- 인 종 메스띠소(69%), 백인(20%), 흑인(9%), 인디오(2%)
- 언어 / 종교 스페인어 / 가톨릭(전 인구의 91%)
- 화폐 / 환율 볼리바르(Bolívar : Bs.), 건국 영웅인 볼리바르(Simón Bolívar) 장군의 이름에서 따옴 / US$ 1 = 2.15 Bs.(2008년 기준)
- 정 부 형 태 민중 사회주의
- 국 가 원 수 우고 차베스 프리아스(Hugo Chávez Frías) 대통령
- G D P US$ 225십억(경상가격)(2007)
- 1인당 GDP US$ 8,251(2007)
- 경제성장률 10.4%(2006), 8.4%(2007)
- 물가상승률 24%(2006), 23.4%(2007)
- 수출(對韓수출) US$ 12억(US$ 1,232백만)(2007)
- 수입(對韓수입) US$ 0.9억(US$ 99백만)(2007)

## Ⅰ 일반 비즈니스 환경

### 1.1 약사

#### ■ 역사 및 최근 국내 정세

남미 대륙의 북단에 위치한 베네수엘라는 1498년 콜럼부스의 제3차 신대륙 항해 시 발견되어 1499년에 스페인의 식민지가 되었다. 국명은, 처음 베네수엘라에 상륙한 스페인인들이 마라까이보 호수에 지어 놓은 원주민 수상가옥을 보고는 이탈리아의 베니스와 유사다고 해 '작은 베니스' 라는 뜻의 '베네수엘라' 라고 불렀다는 설이 있다.

1811년 7월 5일 독립 선언 후, 시몬 볼리바르(Simón Bolívar)의 주도하에 1813년 스페인 지배에 항거하는 최초의 투쟁을 성공적으로 이끌었고, 그의 고향인 카라카스까지도 장악하게 되었다. 볼리바르는 대중의 지지를 받아 국가원수로 임명되었다. 그는 역사적으로 위대한 군사 지도자였을 뿐만 아니라 범미주의 개념을 최초로 주창한 사상가이기도 했다.

●시몬 볼리바르

| | |
|---|---|
| 1783년 | 7월 24일, 베네수엘라, 카라카스(Caracas)에서 탄생. |
| 1799년 | 스페인으로 유학. |
| 1802년 | 스페인에서 마리아 떼레사 로드리게스(María Teresa Rodríguez)와 결혼(1년 후 마리아가 베네수엘라에서 황열병으로 사망). |
| 1804년 | 로마 여행 시 몬떼 사끄로(Monte Sacro)에서 "아메리카가 자유를 얻을 때까지 쉬지 않으리"라고 선언함. |
| 1819년 | 베네수엘라, 콜롬비아, 파나마, 에콰도르를 포함한 그란 '콜롬비아 공화국'을 선포하고 초대 대통령으로 취임. |
| 1821년 6월 24일 | 까라보보(Carabobo) 전투에서 승리, 베네수엘라 독립. |
| 1830년 12월17일 | 콜롬비아 산따 마르따(Santa Marta)에서 서거. |

시몬 볼리바르 광장과 동상

볼리바르는 안데스 산맥을 중심으로 비정규군을 이끌고 10여년 간 스페인 군대와 처절한 전투를 벌였다. 마침내 1821년 까라보보 전투에서의 승리를 끝으로 1819년 안고스뚜라(Angostura : 현재의 Ciudad Bolívar) 의회가 선포한 그란 꼴롬비아 헌법에 따라, 과거 스페인에 의해 분할, 통치되었던 베네수엘라, 콜롬비아, 파나마, 에콰도르, 페루를 하나로 통합한 새로운 나라가 탄생되었다. 그러나 그란 꼴롬비아는 베네수엘라 독립 영웅인 호세 안또니오 빠에스(José Antonio Páez)가 1830년에 자체 정부를 세우게 됨으로써 해체되었다. 이후 정치적인 불안과 투쟁의 소란스런 시기가 계속되는 가운데 수명의 지도자 사이에 권력 암투가 이어지고, 수 차례에 걸쳐 헌법이 개정되고(1830, 1857, 1859, 1864년) 독재정권이 계속 바뀌는 과정 속에서 20세기를 맞이하게 되었다. 베네수엘라의 민주정치는 1935년, 27년간 철권정치를 행한 독재자 후안 비센떼 고메스(Juan Vicente Gómez)가 사망한 후에야 비로소 싹트기 시작했다. 고메스의 군사적 후계자들은 민주주의를 표방했으나 쿠데타의 빈발로 평화적인 정권교체가 이루어지지는 못했다. 1948년 11월, 군사쿠데타로 인해 합헌정부가 다시 전복되고, 쿠데타에 참여했던 마르꼬스 뻬레스 히메네스(Marcos Pérez Jiménez)가 1952년부터 1958년까지 베네수엘라를 통치하게 되었다.

1959년 3월에 취임한 로물로 베땅꾸르(Rómulo Betancourt) 대통령은 1960년 좌파에 의한 폭동 등으로 곤경에 처하기도 했으나 대통령 임기를 완전히 마친 첫 민선 대통령이 되었다. 그는 재임 중 대통령 연임 금지 헌법을 공포함으로써 베네수엘라 민주정치의 대부로 추앙받고 있다.

그 후 민주행동당의 라울 레오니(Raúl Leoni) 대통령(1964.3~1969.3), 기독사회당의 라파엘 깔데라(Rafael Caldera) 대통령(1969.3~1974.3), 민주행동당의 까를로스 안드레스 뻬레스(Carlos Andrés Pérez) 대통령(1974.3~1979.3), 기독사회당의 루이스 에레라 깜삔(Luis Herrera

Campín) 대통령(1979.3~1984.2), 민주행동당의 하이메 루신치(Jaime Lusinchi) 대통령(1984.2~1989.2)이 집권함으로써 매 5년마다 평화적 정권교체의 전통을 확립했다.

1988년 12월 4일, 총선에서 여당인 민주행동당의 까를로스 안드레스 뻬레스 후보가 제1야당이던 기독사회당의 에두아르도 페르난데스(Eduardo Fernández) 후보에게 승리, 1989년 2월 2일에 취임했는데, 뻬레스 후보의 당선으로 1958년의 민주화 이래 민주행동당과 기독사회당이 교체 집권하던 전통이 무너지고 민주행동당이 계속 집권하게 되었으며, 뻬레스 대통령은 민주화 이후 최초의 재선 대통령이 되었다.

뻬레스 대통령 2차 집권 후기인 1992년, 민생고와 부정부패에 대한 국민의 불만이 고조, 마침내 2차례(92.2.4, 11.27)에 걸쳐 군사쿠데타 기도가 있었으나 불발로 끝났다. 두 번의 쿠데타 기도 이후 뻬레스 대통령에 대한 국민의 신뢰가 상실된 상황에서 1993년도에는 취임 시의 경호경비(약 1,700만 달러) 유용문제로 대통령이 탄핵소추되어 1993년 6월 4일 대통령직을 상실하고, 라몬 J. 벨라스께스(Ramón J. Velásquez) 상원의원이 잔여 임기 동안 임시 대통령직을 수행했다.

1999년 2월 2일 대통령에 취임한 차베스 대통령은 군부 및 측근을 각료에 임명하고 선거공약에서 주장한 대로 4월 25일 제헌의회설치와 헌법 개정을 묻는 국민투표를 실시해, 헌법 개정 의지를 관철시켰으며, 7월 25일 실시한 제헌의회 선거에서는 전체의원 131명중 95%가 넘는 125명을 자신의 지지자들로 당선시켰다.

2000년 7월, 사회주의적 개혁을 강력히 추진하는 차베스 대통령은 국명을 '레뿌블리까 볼리바리아나 데 베네수엘라(República Bolivariana de Venezuela)'로 바꾸고 적극적으로 사회주의 정책을 실시했으나 기득권의 반발에 의한 노동 총파업을 거쳐 2002년, 2003년 정치, 경제가 혼란해졌다. 하지만 고유가로 인한 높은 수입을 빈민층의 구제(교육, 의료, 식료품 등)에 사용함으로써 빈민층의 지지를 얻어 정치안정을 이루었다. 따라서 현재는 지난 3년과 같은 정치적 위기가 재발할 가능성은 낮은 것으로 간주된다.

2004년 8월 15일 실시된 국민소환투표 결과 현 차베스 대통령이 압승을 거두었고, 같은 해 10월 31일 실시된 지자체장 선거에서도 차베스 파가 22석의 주지사 중 20석을 석권했으며 시장 선거에서도 카라카스 시장을 포함한 다수의 시장직을 차지했다.

이런 가운데 2005년 12월 4일 국회의원선거가 실행되었다. 총 투표자 11,955,956명 중에서 2,973,872(24.87%)명이 투표에 참여했다. 기존의 제5공화국운동(MVR) 소속 국회의원은 66명에서 114명으로 크게 증가했고, 기타 당에서 선출된 의원도 사실상 친 차베스이기 때문에 165석 모두 친 대통령 국회의원들이라 할 수 있다. 민주행동당(AD)은 33석에서 무석으로 줄어들었다. 이로 인해 차베스 정권은 그 기반을 다지고, 경제, 산업, 정치를 주도하고 있다.

시몬 볼리바르 센터

'21세기 신사회주의 건설' 이라는 공약 하에 제2기 집권의 야심작으로 사유재산 금지법을 골자로 한 헌법 개정 전국민 투표를 2007년 12월 2일 실시했으나 예상외로 찬성 48.8%에 반대 51.2%의 결과가 나와 반대파가 승리함으로써 급속한 개혁안에 브레이크가 걸렸다.

그러나 국민에 의한 헌법 개정 투표가 한 번 더 남아 있는 상황에서 정부는 그 동안 실행해 온 각종 사회구제 프로그램을 돌아보며 '3R(revisión : 검열, rectificación : 개정, reimpulso : 재추진)' 을 모든 국가 프로젝트에 내걸고 사회주의법의 실효를 위해 투쟁 중이다.

## ■ 대외관계

차베스 정부는 기본 외교 노선을 복수이념주의에 입각한 국제관계의 다변화에 두고 있다. 그러나 실상은 반미, 반서방적인 외교성향을 드러내며 중국, 러시아, 이란, 쿠바, 볼리비아, 에콰도르, 아프리카 국가들과 같은 사회주의 국가 및 제3세계 국가들과 자원외교를 통한 정치적 우호 협력관계 강화와 경제협력 증진에 주력하고 있다.

베네수엘라는 에콰도르, 콜롬비아, 페루, 볼리비아와 함께 안데안 공동시장에 적극 참여했는데, 안데안 정상회담에서 합의한 사항을 기초로 역내국 간에는 무세를, 역외국과는 공동 관세를 적용하는 내용의 신관세를 시행령 제2087호에 의거 1992년 3월 24일부터 시행하고 있다.

차베스 정부는 베네수엘라, 쿠바를 중심으로 ALBA(Alternativa Bolivariana Para Las Américas-베네수엘라, 쿠바, 볼리비아 : 아메리카를 위한 볼리바르 대안) 경제 협정을 강화하고자 2006년 3월 안데안 공동 시장의 공식 탈퇴를 선언했다.

그러나 안데안 공동시장이 베네수엘라 경제에 영향을 미칠 뿐만 아니라, 베네수엘라 여권 표지에도 안데안 국가 표시가 실려 있는 등 베네수엘라에 직 · 간접적으로 영향을 미치고 있기 때문에 안데안 공동시장 회원국으로의 복귀를 고려 중이다.

무엇보다 사회주의 국가 공동이념 하에 중국과 활발한 경제협력을 이루는 가운데 2006년부터 실제적, 구체적인 대규모 경제협력에 들어가 과학기술협정 및 통신, 원유, 사회간접자본, 국방, 교육, 관광 등에 대한 협정을 공식적으로 체결하고 각 분야에서 대형 프로젝트를 발주하고 있다.

양국 간 정치적인 협력 하에 무역교류는 2004년의 13억 달러에서 2005년에는 21억 달러, 2006년에는 40억 달러로 증가했으며, 2007년에는 중국의 인공위성, 통신, 사회간접자본에 대한 방대한 프로젝트 수주로 인해 100억 달러 이상으로 나타났다.

## ■ 국제기구 참여 현황

- UN(국제연합) 및 산하기구 : 1945년 11월 15일 가입.
- OPEC(석유수출국기구/창설회원국) : 원유 생산 계획, 가격 결정에 상당한 결정권을 행사하며 아랍 원유 생산국들과 긴밀한 유대 관계를 형성하고 있다.
- WTO(세계무역기구) : 1990년 8월 31일 GATT에 가입
- ALADI(중남미 통합연합)
- OAS(미주기구)
- IDB(미주개발은행)
- SELA(중남미 경제기구)
- UNASUR(중남미 국가연합)
- MERCOSUR(남미공동시장)
- ACS(카리브 국가 연합)
- FLAR(라틴아메리카 비축기금)
- ALBA(미주대륙을 위한 볼리바르 대안)
- CARICOM(카리브 공동체)

## 1.2 경제현황

■ 거시 경제 지표

| 구분 | 단위 | 2003 | 2004 | 2005 | 2006 | 2007 |
|---|---|---|---|---|---|---|
| GDP 성장률 | % | -7.7 | 17.9 | 9.3 | 10.3 | 8.4 |
| GDP | US$ 십억 | 85.5 | 111.2 | 145.2 | 167.1 | 169.8 |
| 인구 | 백만 명 | 25.5 | 26.0 | 26.5 | 27.1 | 27.2 |
| 물가상승율 | % | 31.1 | 21.8 | 15 | 14.0 | 23.4 |
| 실업율 | % | 10.2 | 8.9 | 8.9 | 8.4 | 6.1 |
| 기준금리 | % | 17 | 16.9 | 18.6 | 15.94 | 21.73 |
| 수출 | US$ 백만 | 27,170 | 38,748 | 55,473 | 64,568 | 69,165 |
| 수입 | US$ 백만 | 10,687 | 17,318 | 23,693 | 31,344 | 45,463 |
| 무역수지 | US$ 백만 | 16,483 | 21,430 | 31,780 | 33,224 | 24,702 |
| 경상수지 | US$ 십억 | 11.5 | 15.0 | 14.5 | 15.3 | 14.7 |
| 대외수입 | US$ 백만 | 8,337 | 15,160 | 33,186 | 30,600 | 44,463 |
| 공정환율 | Bs/US$ | 1,600 | 1,920 | 2,150 | 2,150 | 2,150 |
| 외환보유고 | US$ 백만 | 21,366 | 24,208 | 38,523 | 37,789 | 34,309 |

자료원 : 중앙은행 통계/Veneconomy/EIU

2007년의 GDP는 8.4%가 성장했다. 건설(24.0%), 상업서비스(18.0), 금융(14.3), 공공서비스(16.5) 등이 핵심 성장 동력으로 부각하면서 석유부문인 Oil & Gas(-3.8%), Refining(-8.0%) 등의 마이너스 성장을 상쇄하여 높은 성장세를 보인 것이다.

베네수엘라는 경제적으로 부침이 심한 국가 중 하나인데 국제 유가 의존도가 높은 이유도 있지만 정치적인 격변으로 인해 2002년 GDP 성장률은 -8.9%, 2003년은 -7.7%로, 2년간 연속 마이너스였다. 그러나 2004년에는 국제적인 고유가의 영향으로 17.9%의 급속한 회복세를 보였고 2005년에는 9.3%, 2006년에는 10.3%, 2007년에는 8.4%의 고성장을 이룩했다. 2008년은 정부의 포퓰리즘 정책에 따른 현금 사용에도 불구하고 사상 유례가 없는 고유가로 외환은 안정적이다.

고유가 및 이에 따른 원유 수출 급증, '미시온(Misión)' 이라는 명칭의 각종 대 빈민 사회복지정책 수행과 정부 공공 부문의 시장 확대가 경제 회복에 도움이 되고 있다.

### ■ 베네수엘라 수출입 현황

(단위 : US$ 백만)

| 연도 | 2003 | 2004 | 2005 | 2006 | 2007 | *2008 |
|---|---|---|---|---|---|---|
| 수출 | 27,170 | 38,748 | 55,473 | 64,568 | 69,165 | 36,958 |
| 수입 | 10,687 | 17,318 | 23,693 | 31,344 | 45,463 | 36,119 |
| 수지 | 16,483 | 21,430 | 31,780 | 33,224 | 24,702 | 839 |

자료원 : 중앙은행 / *은 Veneconomía 경제기관의 추정치임

2007년 원유, 가스의 수출액 증가율 감소에 따라 전체 수출액이 소폭 상승했는데 연도별 원유, 가스 수출액은 2005년의 48,069백만 달러, 2006년의 58,438백만 달러에 비해 2007년의 수출액은 62,681백만 달러이다.

2007년 총수출액 69,165백만 달러에서 원유, 가스 수출액이 62,681백만 달러로 전체 수출액의 90.6% 비중을 차지하고 있어 수출 구조는 매우 취약한 상태다.

수입은 국내 생산 시 주요 기업의 국유화, 원부자재의 수입통제, 높은 세금, 정부의 잦은 규정 변경 등으로 인해 국내 생산을 회피하고 대부분 수입에 의존하는 방향으로 전개되면서 수입 증가세는 정책적인 변화가 없는 경우 지속적인 증가를 예상하고 있다.

**주요 교역대상국(2007)**

(단위 : US$ 백만)

| 수출 | | | 수입 | | |
|---|---|---|---|---|---|
| 순위 | 국명 | 금액 | 순위 | 국명 | 금액 |
| 1 | 미국 | 34,889 | 1 | 미국 | 10,845 |
| 2 | 콜롬비아 | 13,733 | 2 | 콜롬비아 | 5,660 |
| 3 | 캐나다 | 9,240 | 3 | 중국 | 4,018 |
| 4 | 안틸레스 네덜란드 | 7,298 | 4 | 브라질 | 3,927 |
| 5 | 에콰도르 | 6,293 | 5 | 멕시코 | 2,128 |
| 69 | 한국 | 1,068 | 11 | 한국 | 941 |
| | 총계 | 69,165 | | 총계 | 45,463 |

자료원 : 베네수엘라 통계청

**주요 수출입품목(2007)**

(단위 : US$ 백만)

| 수출 | | | 수입 | | |
|---|---|---|---|---|---|
| 순위 | 품목(HS 2단위) | 금액 | 순위 | 품목(HS 2단위) | 금액 |
| 1 | 석유, 화합물(27) | 54,628 | 1 | 의약품류(30) | 1,435 |
| 2 | 철광류(72) | 2,011 | 2 | 전자류(85) | 5,862 |
| 3 | 비철금속(76) | 1,050 | 3 | 승용차(87) | 7,564 |
| 4 | 화학제품(29) | 527 | 4 | 폴리에틸렌(39) | 1,083 |
| 5 | 중고 유조선(89) | 253 | 5 | 제지류(49) | 682 |
| 총계 | | 69,165 | 총계 | | 45,463 |

자료원 : 베네수엘라 통계청

## ■ 인플레이션

2007년도 기획부의 물가 상승 목표를 12.0%로 잡았으나 2007년 외환 시장에서 대미 환율이 가파르게 상승해 한때 1달러당 6000Bs를 기록할 정도로 물가가 상승해 2007년 말 인플레이션율이 22.5%를 기록했다.

재경부는 2008년도 물가 상승 목표를 11%로 잡았으나 2008년 1월

3.1%를 기록해 금년도 물가 역시 정부 목표치를 초과할 것으로 예상한다.

2007년 1월 2.0%, 2월 1.4%, 3월 0.7%, 4월 1.4%, 5월 1.7%, 6월 1.8%, 7월 0.5%, 8월 1.1%, 9월 1.4%, 10월 2.7%, 11월 4.9%, 12월 3.9%로, 누적율 22.5%를 기록하고 있다. 상승을 견인하는 품목은 식음료품, 주택, 건강용품, 요식업 등이다.

2008년 1월 3.1%, 2월 2.1%, 3월 1.7%, 4월 1.7%로 현재 누적률 8.9%를 기록하고 있어 2008년 재경부의 인플레이션 목표치를 넘어설 것으로 전망한다.

### 1.3 시장특성

인구 2천 7백만 명에 연간 수입액이 453억 달러 정도로, 그리 크지 않은 시장이다. 멕시코와 비교할 때 인구는 1/4 수준이나 무역액은 1/8에 불과하다. 이는 빈부 격차가 심하고 빈곤층 비율이 인구의 70%를 차지하기 때문이다. 구매력을 가진 인구를 약 700만 명 정도로 보고 있다.

사회주의 색채의 정치적 변화와 차베스 정부의 포퓰리즘 정치로 국민들은 과거 어느 때보다도 현금이 풍부해졌고 신흥 사회주의 부유층이 형성되며 시장의 규모는 커지고 있다.

전통적으로 도시 집중의 상권, 대미 의존형 시장으로 미국과 유럽에 의존적이었으나 현재 차베스 정부의 사회주의 정책으로 사회주의 국가, 아시아 국가들과의 교류가 활발해지고 있다. 특히 이란, 러시아, 중국, 쿠바 등과 경제협정을 체결해 제 3국에서의 수입할 때보다 더 많은 혜택 및 용이성을 주어 앞으로 이들 국가와의 경제교류가 더욱 확대될 전망이다.

## ■ 외환관리위원회(CADIVI : La Comisión de Administración de Divisas)의 수입통제

2003년 2월부터 시작된 외환통제는 엄격한 정부조치에 의해 비교적 잘 지켜졌으나 시간이 지남에 따라 암시장이 급속하게 확대되어 2005년 10월 14일(금)을 기준으로 처벌조항을 대폭 강화한 제2차 외환통제를 법제화해 시행하고 있다.

정부에서 외환 통제를 실시하는 주요 이유는 2002년 12월 초부터 2개월간 지속된 차베스 대통령 축출 총파업 및 이에 따른 해외자본 도피, 국영석유공사(PDVSA)의 원유 생산 중단으로 외환이 부족해졌기 때문이다.

재경부 산하의 외환통제 실무기관인 외환관리위원회는 민간부문의 외환배정 신청을 심사, 승인하고 중앙은행을 통해 집행하고 있는데 외환보유고가 충분함에도 불구하고 행정 처리가 늦은 점이 문제점으로 지적되고 있다.(CADIVI 홈페이지 : www.cadivi.gov.ve 참조)

외환통제와 함께 고정환율제(공정환율)가 도입되었는데 최초에는 달러당 1,600Bs 수준이었으나 1년 후 1,920Bs(20% 인상)로 조정되고, 지난 2005년 3월 3(목)에는 2,150Bs(12% 인상)로 상승해 현재까지 유지하고 있다.

수입상의 경우 CADIVI로부터 외환배정(AAD)을 못 받으면 달러당 BS3,000 수준의 암시장 환율로 외환을 구입하기 때문에 경쟁력이 없을 뿐더러 2005년 10월 14(금)일에 발표한 외환거래 처벌법에 따라 물품 자체가 반입되지 못하는 사례도 있다.

## ■ 유통구조

베네수엘라 시장의 특성은 한마디로 '공급자 중심'이다. 외환관리위원회의 수입 허가 통제로 인해 생활 필수품, 자동차 및 부품의 경우 시장에 나오기 전에 대기 리스트가 존재해 순서대로 공급받고 있다.

유통구조는 전통적으로 수입상, 도매상, 소매상으로 이루어진 공급자 중심의 시장이다. 높은 마진을 위해 수입상이 도매, 소매를 겸하는 경우가 대부분이다.

수입 에이전트의 경우 커미션으로 통상 5% 정도를 요구한다. 유통 마진은 품목에 따라 다소 다르나 통상 CIF가격의 3.5~4배를 소비자 가격으로 보면 무리가 없다. 베네수엘라는 대형 유통업의 발달이 뒤진 관계로 2001년 초에는 매장 규모가 2,000~3,000평 정도인 백화점 2개(Maxy' s와 Beco) 정도만 전국에 매장을 갖고 있었다. 그러나 Sambil, Beco 등의 중산층이 이용하는 백화점과 Tijerazo, Tiraki 등 저소득층을 위한 백화점, 그리고 백화점 형태의 대형약국(Farmatodo, Locatel 등)이 속속 등장하고 있다.

우리나라와 같은 백화점 형태보다는 쇼핑몰 형태가 오히려 발달해 있다고 볼 수 있는데 카라카스 시내의 경우 과거 CCCT가 대표적인 쇼핑몰이었으나, 1999년 남미 최대 규모라고 자랑하는 Sambil이 생기면서 판도가 바뀌고 있다.

카라카스의 경우 기존 구시가지에 우리의 시장과 비슷한 형태의 재래식 상가가 밀집되어 있는데 서민들은 주로 이곳을 구매 장소로 택하는 경우가 많으며 대단위 쇼핑몰이나 신시가지의 상가 등은 중류 이상의 소비자가 이용하고 있다. 다국적 유통업체로는 네덜란드의 Macro가 영업 중이며 콜롬비아와 프랑스 합작업체인 Exito가 2001년 상반기에 카라카스에 매장을 개설했다.

대규모 백화점이나 수퍼체인, 마크로 등의 할인매장들은 통상 직접 수입하기보다는 수입상으로부터 구매하는 것을 선호한다. 이는 대금 결제, 불량품 반품, 재고 처리 등에서 국내 수입상에게 구입하는 것이 유리하기 때문이다.

연중 소비량이 가장 늘어나는 때는 크리스마스를 전후한 연말이다. 기업별로 100%~300% 가량의 보너스와 기타 수당 등을 지급하는 시기이기 때문이기도 하며 1년을 마무리하며 그 동안 번 돈을 소비하고 싶은 충동이 가장 강한 시기이기 때문이기도 하다.

2월의 사육제 기간과 4월의 부활절 기간도 비교적 연휴가 길기 때문에 여행관련 용품에 대한 수요가 많은 편이며, 8월에는 신학년이 시작되어 아동용품이나 아동복 등에 대한 수요가 많은 편이다.

베네수엘라는 유럽에서 이민 온 스페인, 포르투갈, 이탈리아계 사람들이 상권이나 제조업 등을 장악하고 있고 유태계의 경우 섬유 분야나 액세서리 분야에서 유통을 장악하고 있다. 한편 지리적으로 미국과 인접한 관계로 마이애미로부터 물품이 상당량 반입되고 있다

## ■ 소득 수준

일반 블루칼라의 소득수준은 최저임금이며, 대졸 초임은 공식 환율 적용시 약 558달러이다. 5년 경력의 매니저의 경우 800~1,200달러이다.

고용주는 매년 말에 당해년도 순이익금의 15%를 근로자에게 분배토록 규정되어 있으며, 각 근로자들에게 배당되는 이익금의 분배액은 기체결된 노·사간 단체협약에 별도로 명시되지 않은 경우, 최저 15일치 임금액에서 최고 4개월치 임금액으로 그 상한과 하한을 규정하고 있다.

이익분배금은 통상 보너스의 개념으로, 공무원도 1~3개월치의 이익분배금을 지급하며 휴가 보너스로 1개월치의 급여를 지불한다.

## ■ 연도별 법정 최저임금

정부는 2008년 베네수엘라의 최저임금이 371.73달러로 중남미에서 가장 높은 임금임이라고 하나 실제 물가는 공식 환율의 3배로 책정되어 있어 1가정 최저임금으로 생활하기는 불가능한 것으로 나타났다.

**우리나라의 대베네수엘라 주요 수출입 품목(2007)**

(단위 : BS)

| 분야별 법정 최저임금 | 변경시기 및 금액 | | | | |
|---|---|---|---|---|---|
| | 06.2.1 | 06.5.1 | 06.9.1 | 07.5.1 | 08.5.1 |
| 도시근로자 | 465,750.00 (US$ 216.62) | 465,750.00 (US$ 216.62) | 512,325.00 (US$ 238.29) | 614,790.00 (US$ 285.95) | 799,230.00 (US$ 371.73) |
| 20인 미만의 사업자 근로자 | 426,917.72 (US$ 198.57) | 465,750.00 (US$ 216.62) | 512,325.00 (US$ 238.29) | 614,790.00 (US$ 285.95) | 799,230.00 (US$ 371.73) |
| 농촌근로자 | 465,750.00 | 465,750.00 | 512,325.00 | 614,790.00 | 799,230.00 |
| 견습생 | 349,296.29 | 349,296.29 | 384,225.91 | 461,000.00 (US$ 214.41) | 599,430.00 (US$ 278.80) |
| 일용잡부 | 465,750.00 | 465,750.00 | 512,325.00 | 614,790.00 | 799,230.00 |

자료원 : 노동부[환율기준 : US$ 1.00 = BS 2,150.00]

## 1.4 우리나라와 관계

### ■ 우리나라의 대베네수엘라 교역동향

(단위 : US$ 천)

| 구분 | 2003 | 2004 | 2005 | 2006 | 2007 |
|---|---|---|---|---|---|
| 수출 | 106,977 | 229,902 | 570,523 | 995,909 | 1,232,506 |
| 수입 | 50,171 | 93,609 | 212,009 | 75,645 | 99,785 |
| 수지 | 56,806 | 136,293 | 358,514 | 920,264 | 1,132,721 |

자료원 : KOTIS

한국의 주력 수출품은 자동차, 건설중장비, 가전제품이며 2006년부터 베네수엘라 내 통신프로젝트의 발주로 광케이블, 전선 관련 수출이 크게 증가했다. 한국의 대베네수엘라 주요 수입품은 메탈 스크랩 및 화학원료 등이다.

우리나라의 대베네수엘라 투자 현황은 2005년부터 현재까지 전무하며, 현재 삼성, LG가 연락사무소 형태로 베네수엘라에 진출해 있다.

**우리나라의 대베네수엘라 주요 수출입 품목(2007)**

(단위 : US$ 백만)

| 수 출 | | 수 입 | |
|---|---|---|---|
| 품목명(MTI 3단위) | 금액 | 품목명(MTI 3단위) | 금액 |
| 집적회로반도체 | 36,574 | 원유 | 60,323 |
| 승용차 | 34,482 | 집적회로반도체 | 25,651 |
| 선박 | 24,744 | 천연가스 | 12,653 |
| 무선전화기 | 18,644 | 나프타 | 10,683 |
| 평판디스플레어 | 16,723 | 반도체제조용장비 | 7,762 |
| 합성수지 | 13,000 | 유연탄 | 5,674 |
| 총계 | 144,167 | 총계 | 122,749 |

자료원 : KOTIS

## ■ 이민 역사

베네수엘라는 1499년부터 1819년까지 스페인의 통치를 받아 스페인의 영향을 강하게 받았으며 이후 스페인, 독일, 이탈리아, 아랍, 미국인들이 석유, 광물, 상권을 장악하기 위해 들어와 다민족 국가를 이루었다.

아시아인들에 대한 배타적인 성향 때문에 한국인의 이민사는 미미한데, 볼리비아, 멕시코를 통한 농업 이주자가 시초인 것으로 알려져 있다.

이후 베네수엘라의 주 수입지였던 마이애미를 통해 비즈니스 관련 거주자가 늘어나 현재 약 200여 명의 교포가 주로 자영업에 종사하고 있다.

## ■ 우리나라와 역사적 관계 및 인지도

베네수엘라는 전통적으로 우리나라에 대해 선린우호 정책을 견지해 왔다. 1965년에는 국교를 수립하고, 1983년에는 주한 상주공관을 설치했으며, 1993년에는 과학기술협력 기본협정을 체결하고, 2007년에는 이중과세방지협정을 체결함으로써 긴밀한 관계를 유지하고 있다.

특히 1999년 10월 차베스 대통령의 방한으로 베네수엘라 정부의 한국에 대한 인식은 상당히 좋아졌다. 뻬레스 대통령 집권 당시인 1974년에 국제관계 다변화 정책에 따라 북한과 수교한 바 있으나, 북한의 대남도발책동에 대해 비판적이며, 한반도의 평화통일 원칙을 지지하고 있다. 북한은 베네수엘라 상주공관을 운영하다가 1999년 초 철수한 바 있다.

2005년 4월, 한국과 3개월 관광 무비자 협정을 맺어 관광 및 비즈니스 목적의 출입국이 간편해졌다. 피아니스트 백건우의 공연을 비롯해, 11월의 홍신자 발레단 공연, 12월의 사라 장 바이올린 연주 등 문화계의 교류가 활발하다. 2006년 국영 TV 채널인 '라 뗄레(La Tele)' 에서 한국 드라마 "겨울 연가(Sonata del invierno)"가 방영되고, 'Dynamic Korea' 의 광고 효과가 나타났으며, 11월에는 "가을동화(Otoño en mi Corazón)"가 2007년 8월에는 "이브의 모든 것(Todo sobre Eva)"이, 10월에는 "캔디 캔디(Candy Candy)"가 방영되어 한국의 이미지 개선에 이바지했다.

베네수엘라에서 한국은 일본과 함께 선진국의 이미지를 갖고 있다. 무엇보다 한국산 자동차, 2002년 월드컵을 계기로 이미시 항상을 해왔고, 이후 LG, 삼성 등의 통신, 가전제품, 현대의 중장비 제품이 국가 이미지를 제고하는 데 크게 기여한 것으로 나타났다.

그러나 국민의 반 이상이 일본과 한국에 대한 지식이 없어 한국을 일본의 일부 지역으로 오인하는 경우가 종종 있다.

## 2 문화코드

### 2.1 인종, 종교, 축일 · 국경일

#### ■ 인종, 종교

베네수엘라 국민은 메스띠소(백인과 인디오의 혼혈) 69%, 백인 20%, 흑인 9%, 인디오 2%로 구성되어 있다. 인구 구성비에서 20%를 점하는 백인은 주로 유럽계이며 대부분의 상권은 이들이 장악하고 있다. 반면 빈민층은 주로 흑인, 인디오, 물라또(백인과 흑인의 혼혈) 등이다.

1900년대 이후 석유가 발견되면서 각지에서 노다지를 꿈꾸며, 또는 일자리를 찾아 모여든 사람들로 구성된 국가이기 때문에 각양각색의 민족이 섞여 있다. 유럽도 스페인계 외에 이탈리아, 독일, 프랑스, 동구권 등 다양하며 기타 중동계, 유태인계도 많은 편이다.

베네수엘라의 인구는 2007년 기준 2천 7백만 명이다. 인구가 가장 밀집된 지역은 수도가 위치한 안데스 북동 고원과 서부 안데스 사이의 지역, 즉 베네수엘라 북서부 지역으로, 총 인구의 75% 이상이 이곳에 거주하고 있다.

인구증가율은 연평균 2.0% 정도이며 인구밀도는 20.3명/km$^2$(2004년)으로 집계되어 있다. 문맹률은 비교적 낮은 편으로, 베네수엘라 통계청이 10세 이상의 인구를 대상으로 조사한 자료에 의하면 2005년에 5.19%였다. 2008년에는 차베스 정부의 문맹퇴치 프로그램의 실행으로 문맹률이 1% 이하로 나타났다.

공용어 및 상용어는 스페인어이며, 비교적 미국의 영향을 많이 받아 일부 상류층에서는 영어가 통용되나, 중하층 국민들은 영어를 거의 하지 못하기 때문에 대부분의 비즈니스를 위해서는 스페인어 습득이 필수적이다.

국어인 스페인어는 스페인 안달루시아, 갈리시아 지방 사투리, 원주민어 등이 섞여 있어 지방색이 뚜렷하다.

국가의 공식적인 종교는 가톨릭이다. 중남미 여타 국가의 가톨릭과 마찬가지로 순수 신앙을 추구하기보다는 오랜 기간 식민 통치를 받으며 자유에 대한 갈망이 강해 정치적 색깔을 띤 가톨릭으로 발전했다.

이외에 원주민들의 샤머니즘, 자연주의 철학, 흑인종교, 무슬림 등이 있으며 최근 개신교가 증가 추세를 보이고 있다.

## ■ 축일 · 국경일(2008년 기준)

| 월 | 일 | 공휴일명 |
|---|---|---|
| 1 | 1 | 신정공휴일 |
| 2 | 4~5 | 사육제 |
| 3 | 20~21 | 부활절 |
| 4 | 19 | 독립선언일 |
| 5 | 1 | 노동절 |
| 6 | 24 | Carabobo 전쟁일 |
| 7 | 5 | 독립기념일 |
| 7 | 24 | 볼리바르 탄생기념일 |
| 10 | 12 | 아메리카대륙 발견일(Colombus Day) |
| 12 | 25 | 크리스마스 |

사육제(Carnaval)와 부활절(Semana Santa)은 해당 주간 전체 또는 일부가 추가로 휴일이 되기도 한다. 민간기업은 상례적으로 휴무를 한다.

'까르나발' 이라 불리는 사육제 기간에 각 주별로 미의 여왕을 선발한다. 주로 지방 소도시에서 전통적으로 행해지는데, 대도시민의 경우 해외, 카리브해 등지의 휴양지로 휴가를 떠나 거리가 비교적 한산해진다.

사육제 뒤의 부활절 기간을 맞아 육류 소비가 주는 대신 생선을 소비하며 성당 미사에 참석한다.

베네수엘라 중앙대학교 올림픽 스타디움

크리스마스와 연말연시는 대부분의 사람들이 휴가를 떠난다. 12월 15일부터 1월 15일까지 대다수 민간기업은 장기 휴무를 한다. 따라서 이 기간에는 모든 업무 처리가 지연되며 특히 비즈니스 출장은 피해야 한다.

기업의 경우 1년에 한 달간의 휴가 제도가 있는데, 통상 8월에 휴가를 가기 때문에 이 기간은 비즈니스 출장을 피해야 한다. 현지 학교는 7월 말부터 9월 20일경까지가 방학이고, 인터내셔널스쿨의 경우 6월 중순부터 8월 중순까지가 방학이다.

## 2.2 일반적인 국민성향

일반적인 민족성은 낙천적이며, 늘 똑같은 기후, 기름진 농토로 추위, 배고픔에 대한 걱정이 없어 느긋하고 여유가 있다. 빨리빨리 문화가 없어 우리의 시각으로는 비효율적으로 볼일 때가 많다.

식민지 농노 상태에서도 경작 후 축제를 즐기는 문화는 지금도 남아 있어 남녀노소 춤을 즐긴다. 베네수엘라인은 타 중남미인들에 비해 열정적이며 유머가 있고 애정표현이 직접적이며 분명하다.

이들의 유머를 이해하고 함께 어울리면 쉽게 친구를 사귈 수 있다. 종종 아시아에 대한 무지로 오해가 있으나 감정적으로 대처하지 말고 유머로 넘길 때 외국인의 갭을 넘어 마음을 개방하고 친구가 될 수 있다.

과거 부패정권 속에서 소수의 상류층이 모든 국가의 권력과 부를 누리며 계층간, 인종간 차별이 심했다. 또한 수도와 발달된 도시를 중심으로 상권을 장악하고 있는 유럽계 상류층은 유색인종을 차별한다.

차베스 정부 이후 유럽인, 미국인에 대한 반감이 노골적으로 표출되고 있다. 아시아에 대한 무지와 차별은 줄어들었으나 자원, 비즈니스를 위해 들어오는 아시아인들에 대한 강도 사건이 빈번해 안전에 유의해야 한다.

차까오 알따미라 전경

## 2.3 소비문화

기본적으로 베네수엘라인들은 소득의 대부분을 식비와 물품 구매에 소모하는 경향이 있다. 외모지상주의를 추구하며 최신 유행에 민감해 옷, 신발, 핸드폰, 디지털카메라 등이 수시로 바뀐다. 여성의 경우 50% 이상이 성형수술을 하고, 기본적으로 3개 이상의 액세서리를 착용하며 남녀를 불문하고 향수 사용이 필수이다.

정부의 정책과 함께 새롭게 사회주의적 신흥 부자들이 형성되어 소비문화를 주도하고 있다. 상류층의 경우 고가 쇼핑몰, 수입상가에서 소비하며 일반대중의 경우 중저가 쇼핑몰이나 재래시장 등을 이용한다.

## 2.4 상관습 문화

현지인의 정서상 직접 접촉하지 않은 상태에서 거래가 이루어지기는 어려운 점이 있으므로 1년에 1회 정도는 현지를 방문, 바이어에게 신뢰를 심어주는 자세가 필요하다. 유선이나 이메일을 통한 접촉보다는 직접 방문을 통한 친분관계 유지가 거래에 결정적인 영향력을 행사한다.

우리 업체가 현지 업체와 거래할 때 겪는 어려움 중 하나는 업무 진행 속도가 상당히 느리다는 점이다. 세관, 은행 등이 한국 업체처럼 빨리 일을 처리하지 않으므로 우리 업체로서는 수입상들이 실제로 수입 의사가 있는지, 일을 하고 있는지 의심이 들 정도이나 사회 전반적으로 모든 일 처리가 느리므로 인내심을 갖고 기다려야 한다. 베네수엘라 인의 한 시간은 하루, 하루는 일 주일, 일 주일은 한 달이라는 농담이 있을 정도다.

베네수엘라는 금리가 연 50% 이상인 데다 현지 은행이 매우 비효율적이고 관료적이기 때문에 L/C개설을 회피하는 경향이 있다. 따라서 L/C 거래보다는 D/A, D/P 및 T/T거래가 일반화되어 있으나 2003년부터 외환관리위원회(CADIVI)를 통해 수입 허가를 받아야 외환을 획득할 수 있게 되었으며, CADIVI의 지나친 조사 절차로 인해 수입 대금 지불이 3~5개월로 늦어지는데, 이런 점이 우리 업체와의 거래 성약에 장애요인이 되고 있다.

또한, 현지 수입상들은 소규모 주문을 자주 하는데, 이런 관행은 수출자에게 매우 불편하게 느껴지기 때문에 이 점 또한 거래의 장애요인이 될 수 있다. 하지만 시간이 점차 흐르면서 주문량이 늘 수도 있으므로 꾸준한 인내심을 갖고 성심성의껏 제품을 공급해 주는 자세가 필요하다.

정부와 거래 시 커미션이 공공연하게 오가는데, 이는 뇌물이라기보다는 세금의 개념에 가깝다. 1:1 수의 계약이므로 콘택트포인트를 잘 잡는 것이 거래의 결정적인 요인으로 작용하다.

일반적인 거래에서도 선물 받기를 좋아해 간단한 선물이라도 미팅 전

쁠라사 프란시아

분위기를 화기애애하게 만드는 데 큰 도움이 된다. 오더를 내리는 오너, 수입매니저들을 위한 선물로는 한국의 인삼, 자개 명함집 등이 인기가 있다. 해마다 거래 파트너의 생일을 기억해 두었다가 꽃다발과 와인 또는 위스키 같은 것을 선물함으로써 긴밀한 관계를 유지하는 것이 좋다.

## ■ 거래 시 유의사항

베네수엘라의 정부, 기업과는 공문 형태의 커뮤니케이션이 일반이다. 격식을 갖춘 서신으로 상대를 평가하므로 비즈니스 조정이나 가격 조정, 약속 신청 시에도 격식 있는 문구를 사용하는 것이 좋다. 예를 들어 호텔 요금을 문의할 때도 전화로 하면 대답을 제대로 하지 않고 서신으로 해야 회신해 줄 정도로 서신 문화가 생활 속에 깊이 뿌리박고 있다. 이런 점이 업무 효율성을 저해하는 요인이라고 생각할 수도 있으나, 언약에 대한 개념이 희박한 불신사회이기 때문에 레터로 회신을 요구하고 증거를 남겨야 한다. 일반 이메일, 팩스, 전화 문의 등은 회신 응답률이 매우 적어 회신 기대는 하지 않는 것이 좋다.

베네수엘라 사람들은 자존심이 대단히 강하기 때문에 베네수엘라를 무시하는 발언은 삼가는 것이 좋다. 특히, 이웃 국가인 콜롬비아 사람들이 베네수엘라에 들어와 하류 생활(술집의 여급, 하급 노동, 파출부 등)을 하는 일이 많아 콜롬비아 사람들을 무시하는 경향이 강하기 때문에 베네수엘라를 콜롬비아와 비교하거나, 콜롬비아 사람 같다는 등의 발언은 삼가는 것이 좋다. 특히 '인디오'라는 단어는 '노예'라는 뜻이 강하므로 현지에서는 절대로 사용하지 말아야 한다.

현 차베스 대통령에 대해서는 서민들은 대단히 좋아하는 반면, 기득권층은 싫어하는 상반된 견해를 보이고 있다. 차베스 대통령 집권 이후 거의 군사독재에 가까울 만큼 군부가 독재를 하고 있는 상황이기 때문에 정부, 군부 등에 대한 얘기는 가급적 피하는 것이 좋다.

## 2.5 비즈니스 에티켓

아레빠

인쇄 문화가 발달되지 않아 명함이 없이 미팅에 참석하기도 한다. 그러나 제대로 된 기업은 이곳에서도 명함이 필수이다. 첫 거래 시 호칭은 최대한 예의를 차려야 한다. 이후 거래가 지속되면 '친구(Amigo, 아미고)', '형제(Hermano, 에르마노)' 등의 호칭을 사용하기도 한다.

베네수엘라의 전통음식으로는 아침, 저녁 간편하게 먹을 수 있는 '아레빠(Arepa)'가 있다. 옥수수가루를 원형으로 빚어 구어서 반을 갈라 치즈, 고기 등을 싸 먹는 음식이다.

앙헬 폭포

꼬로 주교좌 성당 제단

까라오 강

점심과 저녁은 주로 고기가 들어간 코스 요리로 먹는데 와인, 위스키 등을 곁들인다. 전채요리로 작게 빚은 아레빠와 치즈, 빵을 먹은 후 본 요리인 고기를 채소 등과 함께 먹는다. 식사예절은 서양식을 따르며 음식물을 씹을 때 소리를 내어서는 안 된다. 테이블에서 손을 가리고 이를 쑤시는 행위도 불결하게 보이므로 주의해야 한다.

### 2.6 화제

정치 이야기는 금물이며 인디오, 흑인에 대한 무시 발언 역시 금물이다. 가장 존경받고 유명한 인물은 독립, 건국의 영웅 시몬 볼리바르이다. 이외에도 로스앤젤레스 필하모닉의 음악 감독인 구스따보 두다멜(Gustavo Dudamel)이 화제가 되고 있다. 미국의 프로야구 시리즈에 50여명의 베네수엘라 선수들이 뛰고 있어 스포츠에 관한 것은 언제나 즐길 수 있는 최상의 화제이다.

아름다운 자연환경을 지닌 베네수엘라는 카리브해와 앙헬 폭포 등 세계적인 관광지를 자랑스럽게 여긴다.

모래언덕

## 2.7 속담 또는 격언

El genio piensa, el inteligente habla, el bruto grita.
(엘 헤니오 삐엔사, 엘 인뗄리헨떼 아블라, 엘 브루또 그리따)

"천재는 생각하고 지혜로운 자는 말하며 무식한 놈은 소리를 지른다."
- 말이 많거나 소리를 지르는 사람들을 모욕할 때 쓰는 말이다.

Guerra avisada no mata soldados. (게라 아비사다 노 마따 솔다도스)
- In a scheduled war, no soldiers will die.

"준비된 싸움이 승리할 수 있다."
- 승리를 위해 더욱 신중을 가하라는 말이다.

Está como una hallaca mal amarrada. (에스따 꼬모 우나 아야까 말 아마라다)

"잘 묶여지지 않은 아야까(음식 일종) 같다."
- 정돈되지 않거나 서두르는 사람에게 핀잔을 줄 때 사용한다.

Está más caliente que plancha de chino. (에스따 마스 깔리엔떼 께 쁠란차 데 치노)

"중국 다리미보다 더 뜨겁다."
- 굉장히 화난 사람을 가리키는 말이다.

Tantas curvas y yo sin frenos. (딴따스 꾸르바스 이 요 신 프레노스)

- You with so many curves and me without brakes.

"길은 꾸불꾸불한데 브레이크는 없다."

- 볼륨감 있는 몸매를 가진 여성에 대한 속칭이다. 가까운 사이의 경우 모욕이라기보다는 웃으라고 하는 말에 가깝다.

## 3 바이어 상담 및 거래 Tip

### 3.1 효과적인 상담

무거운 대화를 하기 전에 가벼운 선물로 분위기를 호전시키거나 베네수엘라에 대한 칭찬으로 자존감을 높여주는 것이 효과적이다. 거래를 위한 상담 시 베네수엘라의 외환관리시스템의 이해가 필수다.

품목에 대해 품질경쟁력이나 가격경쟁력에 대해 분명히 인식시킨다. 일단 경쟁력에 대해 신뢰도가 있으면 비싸도 구입한다. 가격을 할인해준다고 해도 당사자는 기뻐하지 않는다. 받을 것을 다 받고 담당자에게 좋은 선물을 하는 것이 지속적인 거래를 유지시키는 비결이다.

상류층 이외에는 영어를 거의 못하기 때문에 스페인어가 가능한 직원을 뽑아 커뮤니케이션에 문제가 없어야 한다.

### 3.2 거래 시 유의사항

베네수엘라는 유선통신 기반이 매우 취약하다. 무선통신은 최근 한국의 CDMA 셀룰러 폰이 진출해 있으나, 유선통신 시설은 낙후되어 있어 팩스 송수신에 어려움이 많다. 특히, 팩스기는 업무 중에 전화로 사용하는 경향이 많고 퇴근 후에는 건물 전체의 전원을 차단하기 때문에 한국에서 팩스를 송신할 때 많은 어려움이 예상되므로 시차를 달리해 3~5차례 송신하거나 KBC으로 송신할 경우 대신 전달이 가능하다.

베네수엘라는 2003년 외환통제 이후로 교역 시 결제 방법에 대해 신규 법령을 제정한 바, 첫 거래를 위한 계약 체결 시 베네수엘라 결제 방법에 대해 분명히 알아두어야 후에 분쟁의 빌미를 피할 수 있다.

외환통제 때문에 대금 지급에 과도한 기간이 소요된다. B/L 발행 후 딜리버리 40일, 통관 10~15일, CADIVI 대금 결제 40~50일 등 총 90~120일의 대금 결제 기간이 요구되므로 수출상의 경우 과도한 대금 결제 기간으로 인해 베네수엘라 수출을 기피하게 된다. CADIVI 승인 기간이 최대 60일 정도면 완료되지만 바이어는 승인 후에도 CADIVI를 핑계로 수출상에게 통지하지 않고 물품을 통관, 샘플 판매 후 시장성이 없으면 외환이 승인되지 않았다고 주장하면서 수령을 거부하는 사례도 있다.

선량한 바이어의 선금 지불을 국내 수출자가 악용하는 경우가 있다. 원칙적으로 사전 결제는 불법이지만 과도한 지급 기간 때문에 쌍방이 상호 신뢰할 수 있는 경우 수입상들은 자신의 해외 보유 계좌에서 선금을 지불하기도 하는데, 이때 CADIVI의 외환승인 후 베네수엘라 중앙은행에서도 대금을 직접 수출상에게 송부하기 때문에 수출상은 이중으로 대금을 받게 된다. 보통 수출상이 바이어에게 재 송금해 주는 것이 원칙이지만 돌려주지 않는 경우가 빈번해 KBC의 클레임으로 남아 있는 사례가 있다. 이러한 클레임이 발생할 경우 KBC에서는 바이어로부터 권한을 위임받아 한국 변호사를 섭외해 수출상에게 법적인 소송을 진행하게 한다.

## 4 현장의 소리

### 4.1 교포 사업가의 조언

아시아에 대한 지식 부족으로 모든 아시아인을 '치노(중국인)'로 호칭할 때가 있다. 이때 자존심을 내세우기보다 가벼운 유머로 한국인의 차이를 드러낼 때 오히려 좋은 관계를 유지할 수 있다.

베네수엘라 바이어는 한국산 제품의 품질, 가격, 납기 등이 우수하더라도 섣부르게 구매하지 않고 뜸을 들이는 경우가 일반적이므로 한국기업은 조급하게 거래 조건을 낮추지 말고 느긋하게 기다리는 자세를 견지해야 원하는 방향으로 진행할 수 있다.

### 4.2 한국 수출업체의 조언

베네수엘라와의 거래 시 수출업체가 가장 어려워하는 부분은 세계에서 유래를 찾을 수 없는 외환통제 시스템이다. 바이어는 모든 수입절차를 서류화해 외환관리위원회의 승인을 받아야 외환을 확보할 수 있기 때문에 수출업체와 긴밀한 커뮤니케이션이 필요하다.

정치 상황에 따라 좌우되는 경제 흐름 속에서 외환승인 시스템에 대해 지식을 가진 수출업체는 더디지만 국가의 개런티 속에 대금 회수가 가능하다. 그러나 지식이 없이 팔기에만 집중할 때 외환관리위원회의 작은 조건을 만족시키지 못하고 거래선을 놓치는 경우가 부지기수다.

일례로 자동차부품업체인 A사는 수입 승인을 받기 전에 물품을 선적함으로써 세관 도착 후 압류되어 경매 처리된 사례가 있다. 이 경우 수출업체는 대금회수가 불가능하며 바이어와의 거래 관계도 회복할 수 없게 된다. 또한 바이어는 한국 수출보험공사로부터 크레딧이 하락하거나 블랙

리스트에 올라 한국과 더 이상 거래가 불가능한 상황이 야기될 수 있다.

반면, KBC의 도움으로 시스템을 이해하고 바이어에게 거래 제안을 했을 경우 간단한 조건을 만족시키고, 적시에 관련 서류를 제공하고, 선적함으로써 안전한 거래를 지속하는 경우도 있다.

수입 조건을 만족시켰을 때 좀처럼 거래 라인을 바꾸지 않는 베네수엘라 사업가들의 성향 때문에 지속적인 수출 거래선을 확보할 수 있다.

## 부록_ 외환통제하의 수입절차(CADIVI와 Milco)

### ■ 2005년 10월 14일 발표된 외환통제하 CADIVI 수입절차 10단계

□ 1단계

- 수입회사는 RUSAD에 가입해야 하는데, RUSAD에 이미 가입이 되어 있는 경우 온라인을 통해 AAD에 외환획득신청을 할 수 있음.

● RUSAD
- The Currency Administration System : 외환관리시스템
- CADIVI에서 독립적으로 외환 수요자를 관리하는 외환관리시스템임

● AAD(Autorizacion de Adquisicion de Divisas)
- The Authorization to Exchange Foreign Currencies : 외환획득승인서

□ 2단계

- 수입자는 AAD를 획득하기 위해 신청서를 주거래 은행에 신청해야 함.

● 은행에 신청 시 동반 제출해야 되는 서류
- Proform Invoice : Freight
- Insurance : 지불방법 및 구매일자가 기록된 공문 또는 계약서
- P/O : 수출자 정보(주소, 대표자, 연락처 등)

□ 3단계

- 수입자가 AAD 외환을 신청할 경우 은행은 CADIVI에 회사 정보와 함께 AAD 신청서, RUSAD 등록신청서를 제출해야 함.
- 은행은 제출받은 서류를 CADIVI에 5영업일 내로 재송부해야 함.

□ 4단계

- 신청된 AAD가 CADIVI에 승인된 후 수입자는 수출자에게 관련 제품의 공급을 주문할 수 있음.
- 승인된 AAD는 양도할 수 없으며 180일의 유효기간을 갖고 있음. (180일의 유효기간은 CADIVI가 통보한 일자를 기준으로 시작함).

□ 5단계

- 제품이 베네수엘라 항구(세관)에 도착할 경우 수입자는 통관, 관세 등에 필요한 다음 서류를 CADIVI에 제출해야 함.

> - Copy of the Import Declaration Form
> - Copy of the Commercial Invoice
> - Copy of the Transportation Document(BL etc)

- 제품이 도착하자마자 수입자는 항구(세관)에 소재한 CADIVI 사무소에 제품(화물) 검사를 요청해야 함.
  수입상이 요청하지 않을 경우 CADIVI는 외환사용승인을 취소함.

□ 6단계

- CADIVI에 의해 제품에 하자가 없는 경우 Verification Act 발급.
- Verification Act가 발급될 경우 수입자는 지체 없이 관세와 통관세를 납부.

□ 7단계

- 통관절차가 완료될 경우 수입자는 은행에 통관서류(관세납부 서류 포함), Commercial Invoice, BL, 수출입자간 계약서, 원산지 증명서 및 CADIVI 검사증 등 모든 서류를 제출해야 함.
- 수출입자 간 계약서, 원산지 증명서 등은 단순히 수출입자 간의 사적인 서류가 아니라 제3의 공공기관이 확인한 것으로, 영어나 스페인어 등으로 작성된 것이어야 함.

□ 8단계

- 은행은 접수된 수입자의 서류를 접수 일자를 포함한 5영업일 내로 CADIVI에 제출해야 함.

□ 9단계

- CADIVI는 제출된 서류에 대해 검토한 후 하자가 없는 경우 ALD를 받을 수 있음.
- ALD는 CADIVI가 수입자에게 직접 주는 것이 아니라 서류를 제출한 은행에 송부하며 수입자는 은행을 통해 ALD를 받을 수 있음.
- ALD를 받기 위해서는 수입자가 해당하는 결재금액을 은행에 입금해야 함.

> ● ALD(Autorizacion de Liquidacion de Divisas)
> – The Foregien Currency Settlement, '외환집행승인서' 로 해석됨.

□ 10단계

- ALD를 받은 은행이 수입자로부터의 결재금액 입금을 확인하면 '베네수엘라 중앙은행' 으로 외국환(US$) 송금을 요청함.
- 베네수엘라 중앙은행은 수출자의 계좌로 ALD에서 승인된 자금을 송금함.

## ■ CADIVI 외환승인 절차 시 중요사항

- Proforma Invoice와 Commercial Invoice 내용이 동일해야 함.
- AAD가 승인되었을 경우 CADIVI는 180일 이내에 모든 절차를 완료해야 함.
- CADIVI 제도 하에 수입자는 수출자에게 선금 지급이 불가능함.
  - CADIVI의 허가 하에 중앙은행이 수출자에게 직접 송금하므로 수입자가 선금을 지급할 경우 2중 지급이 됨.
- 수입자가 CADIVI를 신청한 때부터 관계기관에서는 해당 금액을 확보하므로 CADIVI 신청 절차가 종료될 경우 대금은 자동으로 수출자 계좌로 송금됨.

## ■ LC 거래 시 특이사항

- LC로 거래를 수행할 경우 10단계 중 4단계까지는 동일하며, 바로 10단계로 진행함.
  - AAD가 승인된 경우 즉시 대금결재 금액을 은행에 납부.
  - 은행은 수입자가 대금결재 금액이 입금된 것을 확인한 후 CADIVI에 관련 서류를 제출.
  - 은행으로부터 제출받은 CADIVI는 서류를 검토한 후 이상이 없는 경우 ALD 발행 후 중앙은행에 외화송금을 통보 요청.

## ■ LC 거래를 수입자가 회피하는 주요 이유

- 은행에서 LC 개설 시 대금결재 금액의 120~150% 수준으로 예치 조치.
- 베네수엘라 은행에서 LC 거래 시 각종 은행 수수료가 5~8%에 달

해 제품 단가 인상의 요인이 됨.

- 은행업무 자체가 늦어 CADIVI를 통한 거래 기간과 차이가 없으며 은행행정 자체적으로도 문제가 많아 CADIVI와 은행 간 책임을 미루는 경향이 많음.

- 상기 모든 프로세스는 www.cadivi.gov.ve를 통해 수입자가 파악할 수 있는 바, 수출자는 수입자를 통해 언제쯤 외환이 승인되는지 문의할 수가 있음. 다만, 수입자는 자신이 신청한 외환승인 프로세스를 수출자에게 알려주는 데 소극적임.

## 4.3 현지 KBC에서 전하는 이야기

### ■ 옷깃이 스치는 것은 인연이 아닌 무례

인파로 붐비는 곳에서 어깨를 치고 지나가거나 온몸으로 부딪치며 사람들 틈을 비집고 다녀도 한국인들은 대수롭지 않게 생각한다. 그러나 중남미, 특히 베네수엘라에서는 조금이라도 상대의 몸이나 옷을 스쳤다면, 즉시 "뻬르돈(Perdon)"이라고 말하는 습관을 들여야 한다. 옷깃이라도 스친 것은 인연이 아닌 무례의 극치로 간주하기 때문이다. 좁은 공간에서 상대가 알아서 비키기를 바라며 막무가내로 지나가려 할 게 아니라 "뻬르미쏘(Permiso-실례합니다)"라는 말로 상대에게 알리는 것이 예의이다. 그리고 무례한 외국인이라는 선입견을 피하는 길이기도 하다.

또 엘리베이터 안에서 버튼을 누르려고 사람들 틈을 비집고 손을 내미는 행동도 이곳에서는 '외계인' 취급을 당하기 쉽다. 그럴 때는 버튼에 제일 가까이 있는 사람에게 층수를 말한 후 "뽀르 파보르(Por Favor)"라고 말하는 것이 예의이다. 이 경우, 내가 부탁을 하는 게 아니라 상대를 배려하는 것이라고 간주된다. 안면이 없는 사람과 스킨십을 그러려니 하고 넘어가면 안 된다. 무조건 "뻬르돈", "뻬르미쏘"라고 해야 한다.

### ■ 선물은 비즈니스의 첫 단추를 푸는 것

우리는 '공짜 선물은 없다'라고 생각하지만 베네수엘라 사람들은 '선물은 공짜다'라고 생각하여 전혀 부담감을 느끼지 않는다. 오히려 받는 나를 높여주는 일이라고 여기며, 주는 이가 참 예의바르고 자신을 존중한다고 생각한다. 바이어에게 품질 경쟁력과 가격 경쟁력이 비슷한 공급업체 가운데 하나를 선택하라고 하면 틀림없이 선물을 준 업체, 생일에 위스키가 담긴 꽃바구니(베네수엘라의 일반적 생일 선물)를 준 업체를 선택할 것이다. 바이어와 첫 미팅 때에도 선물은 무례가 아니라 예의로 간주되므로 소개와 함께 선물을 주면 이후 모임을 훨씬 화기애애하게 할 수 있다.

# VII
# 콜롬비아

República de Colombia

# Ⅶ. 콜롬비아

República de Colombia

- 국 명 콜롬비아 공화국(República de Colombia)
- 위 치 북으로는 파나마, 남으로는 에콰도르, 동으로는 베네수엘라, 서로는 브라질 등과 접경
- 면 적 1,141,748㎢(남한의 11.6배, 한반도의 5배)
- 기 후 기본적으로 적도 북단에 있으나 지역별 고도에 따라 기후 상이
- 인 구 4천 146만 명(중남미 3위, 2005년 기준)
- 수 도 보고타(Bogotá)
- 주 요 도 시 보고타(Bogotá, 670만명), 메데진(Medellin 221만명), 깔리(Cali, 207만명) 등
- 인 종 메스띠소(Mestizo : 57%), 백인(Blanco : 20%), 물라또(Mulato : 14%), 흑인(Negro : 5%), 삼보(Zambo : 3%), 원주민(Indio : 1%)
- 언 어 스페인어(공용어), 64개 토속어 및 방언
- 종 교 가톨릭(92%), 개신교(7%), 기타(1%)
- 화 폐 콜롬비아 뻬소(COP : Colombian Pesos)
- 환 율 US$ 1 = 1,730뻬소(2008. 5. 말 기준)
- 정 부 형 태 대통령제(4년 연임제)
- 국 가 원 수 알바로 우리베(Álvaro Uribe) 대통령
- G D P US$ 173.8십억(2007) - 1인당 GDP US$ 4,091(2007)
- 경 제 성 장 률 6.8%(2006) 7.52%(2007)
- 물 가 상 승 률 4.48%(2006), 6.59%(2007)
- 수출(對韓수출) US$ 1,120.6백(2007)
- 수입(對韓수입) US$ 116.3백만(2007)

## Ⅰ 일반 비즈니스 환경

### 1.1 약사

#### ■ 고대사

콜롬비아 고대사 전모는 여전히 베일에 가려 있으나 적어도 11,000~20,000년 전부터 인류의 거주가 시작된 것으로 추정되며, 기원전 500년경 산 아구스띤(San Augustin)문명을 기점으로 12세기 칩차(Chibcha) 문명 등 다양한 고대문화가 활발히 발달한 것으로 알려져 있다.

고고학자들은 빙하기 시절 아시아계 원주민 일부가 베링해를 통해 아메리카로 건너왔으며, 이들 중 일부가 현재의 초꼬(Choco) 주 근처에 정착한 것으로 추정하고 있다. 현재의 보고타 인근 엘 아브라(El Abra) 지역에서 기원전 10,000년에 돌을 가공한 흔적이 발견되었으나 최초의 문명이 이곳에서 시작되었는지는 확실하지 않다.

지역별로 다양한 원주민 언어 군이 발견되는 점을 미루어볼 때 거주 분포가 광범위했으며 문명 수준 역시 지역별, 시기별로 다채로웠을 것으로 추정된다.

16세기에 스페인 탐험대가 최초로 도착했을 당시 아라왁, 까리베, 칩차(따이로나, 무이스까) 등 다양한 원주민 군이 영토 전반에 퍼져 있었으나 문화적 · 언어적 측면으로 볼 때 상당수가 칩차 족에서 유래한 것으로 알려져 있다.

신관의 상

## ■ 식민지 시대

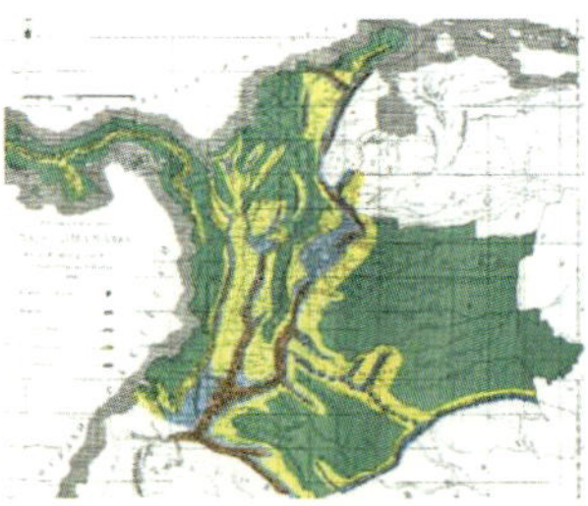

콜롬비아 식민사는 중남미 다른 국가와 마찬가지로 피와 투쟁의 정복사로 점철되어 있다. '다리엔(Darien : 현재의 콜롬비아와 파나마 국경지역)'에서 시작된 점령의 역사는 북부 카리브해 지역인 산따 마르따(Santa Marta)(1525년), 까르따헤나(Cartagena)(1533년)를 거쳐 1538년 산타페 데 보고타 등 내륙 전역으로 확대되어 갔으며 1550년 무렵에는 정치, 사회, 경제 전반에 걸쳐 식민지 지배체제가 구축된다.

당시 콜롬비아 지역은 파나마, 에콰도르 등과 함께 페루 부황청에 종속된 '누에보 레이노 데 그라나다(Nuevo Reino de Granada) 왕실 관할지' 로 시작되었으나 18세기 이후 '누에바 그라나다(Nueva Granada)' 라는 이름의 개별 부황청으로 격상되기에 이른다.

이후 식민지 경제체제가 고착화됨에 따라 대대적인 노동수요가 발생했으며 17세기를 기점으로 부족한 노동력을 충원하기 위해 아프리카 흑인 노동력의 유입이 시작되었다. 이로 인해 지금도 북동부 카리브해 및 서부 해안 지역의 흑인 비율이 높은 편이다.

## ■ 독립 및 근대사

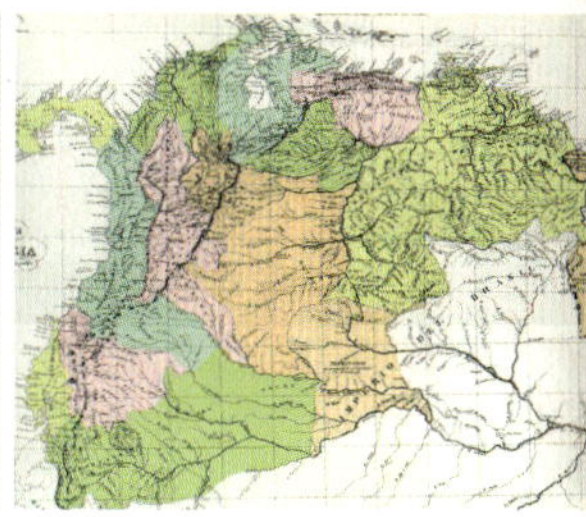

본국의 가혹한 수탈, 지배체제는 일찌감치 식민지 주민의 불만을 증폭시켰으며, 1808년을 기점으로 독립에 대한 당위성과 열망이 사회 전반에 만연하기에 이른다.

1811년 11월, 식민지 최대 교역항 중 하나인 까르따헤나에서 개최된 대규모 독립선언운동을 계기로 각계각층의 자발적 참여가 잇따랐으며 민족해방운동가 시몬 볼리바르와 프란시스꼬 데 빠울라 산딴데르를 중심으로 조직적인 세력을 갖춘 독립군이 결성된다.

이후 10년에 걸쳐 독립봉기세력과 왕실군 간 혼전이 치열하게 거듭되었으나 1819년 독립군이 산따페 데 보고타(현재의 보야까-뚱하)에서 왕실군을 대파하면서 실질적인 독립 쟁취에 성공하게 된다.

같은 해 '꾸꾸따 의회' 가 소집되어 기존의 '누에바 그라나다(콜롬비아, 에콰도르, 파나마)' 와 지금의 베네수엘라를 포함하는 광범위한 영토의 '그란 꼴롬비아(Gran Colombia)' 의 창설을 합의하는 '꾸꾸따 헌법' 이 통과된다.

창설 당시부터 취약한 연결고리를 지닌 그란 꼴롬비아 공화국은 1829년 베네수엘라에 이어 1830년 에콰도르마저 떨어져나가 사실상 해체의 수순을 밟고 만다.

이후 콜롬비아는 정치, 사회 전반에 걸친 갈등, 무력충돌 및 내전 등으로 '누에바 그라나다 공화국(1832~1857년)', '그라나디나(Granandina) 연맹(1857년)', '콜롬비아합중국(1862년)' 등으로 개칭을 거듭하다 1886년에 이르러서야 비로소 지금의 '콜롬비아공화국'으로 선포된다.

## ■ 현대사

20세기 초 콜롬비아는 역사상 최악의 내전(천일전쟁)으로 현대사를 시작했으며, 내전 이후 콜롬비아 정국의 혼란한 상황을 틈타 1903년 파나마의 독립선언이 이어진다. 이로 인해 정부는 '울며 겨자 먹기' 식으로 미국과의 협상을 시작했으며, 결과적으로 터무니없는 값에 운하 공사 및 조차권을 넘기는 과오를 범하게 된다.

이후 콜롬비아는 이른바 '폭력의 시대(La Violencia)'라 불리는 정치적 암흑기를 맞이하게 되며, 이로 인해 수많은 인명이 숙청, 살인교사, 암살 등으로 희생되는 비극을 겪는다. 이러한 혼란은 필연적으로 군부 쿠데타를 야기했으며 급기야 1953~1957년에 걸쳐 독재정부가 수립되는 결과를 가져온다.

이러한 정치적 혼돈은 1957년 보수, 자유 양당의 정치 휴전(Frente Nacional)으로 인해 완화되었으며 이후 1974년까지 양당이 번갈아 가며 정권을 차지하는 특이한 방식의 집권체제가 구축된다.

한편 1950년대를 기점으로 좌익이념으로 무장한 게릴라 단체들의 활동이 본격화되었으며 1960, 1970년대 이후 ELN(민족해방군), FARC(콜롬비아 무장혁명군), AUC(콜롬비아자위대 : 민병대) 간 갈등이 걷잡을 수 없는 수준으로 치닫게 된다.

이후 정부와 게릴라, 민병대는 40년이 넘도록 물고 물리는 교전을 거듭해오고 있으나 2002년 친미, 강경 노선 정권이 들어선 뒤부터 정부 측의 절대우세가 지속되고 있다. 2008년 현재, ELN, AUC 조직은 사실상 와해상태에 있으며 FARC 역시 지도부가 잇따라 사망함으로써 조직간 결속력이 크게 약화된 상황이다.

## ■ 최근 국제정세 및 대외관계

2006년 2월부로 재임에 성공한 현 우리베 정권은 중남미 내 대표적인 친미 강경노선을 따르고 있으며 공격적인 치안확보, 교역 · 투자 여건 개선책을 타협 없이 전개하고 있어 국민들의 지지도가 높은 편이다.

그러나 미국과의 정치, 경제, 군사원조 강화는 베네수엘라를 위시한 인근 좌파 동맹국의 강한 반발을 불러일으키고 있어 종종 외교적으로 고립되는 곤혹을 치르기도 한다.

특히 2008년 3월 1일 콜롬비아 정부가 FARC 캠프 토벌을 위해 에콰도르 국경을 무단 침범, 공습작전을 개시한 사건으로 에콰도르, 베네수엘라 정부와 전쟁 직전까지 가는 험악한 상황을 연출하기도 했다.

한편 현 정권은 취임 이후 적극적인 다자간 협상에 나서고 있으며 2007년에만 두 차례의 FTA 체결에 성공했다. 2008년 5월 현재, 최대 교역 파트너 중 하나인 미국과의 FTA가 2년 이상 진전이 없으나 EU, 캐나다 등 선진 경제권과의 자유무역협정이 활발히 진행되고 있다.

**콜롬비아 대외교역협정 체결 현황(2008년 5월 기준)**

| 구분 | 체결협정 | 체결국가 | 체결시점 |
|---|---|---|---|
| 기체결협정 | CAN(안데안공동체) | 페루, 볼리비아, 에콰도르 | 1969 |
| | G3협정 | 멕시코 | 1995 |
| | 콜롬비아-Caricom | 카리브공동체 가입국가 | 1998 |
| | CAN-Mercosur | 메르코수르 가입국가 | 2004 |
| | 콜롬비아-칠레 FTA | 칠레 | 2007 |
| | 콜롬비아-중미3개국 | 엘살바도르, 온두라스, 과테말라 | 2007 |
| 체결추진협정 | 콜롬비아-미국 FTA | 미국 | 미정 |
| | 콜롬비아-EU | EU 가입국가 | 미정 |
| | 콜롬비아-캐나다 | 캐나다 | 미정 |

## ■ 연대기로 보는 콜롬비아 약사

| 시기 | | 중요 역사적 사건 |
|---|---|---|
| 고대사 | BC 10,000~20,000 | 최초 인류 정착 및 거주(추정) |
| | BC 500 | 산 아구스띤 문명 |
| | 1200년 전후 | 칩차 문명 |
| 정복사 | 1499년 | 최초 스페인 탐험대 도착(알론소 데 오헤다 장군) |
| | 1533~1550년 | 식민지 정복 |
| | 1550년 | 식민지 지배체재 구축(누에보 레이노 데 그라나다) |
| 식민지사 | 1600년 이후 | 아프리카로부터 흑인 노동력 유입 시작 |
| | 1700년 이후 | 누에바 그라나다(Nueva Granada) 부황청으로 격상 |
| 독립사 | 1808년 | 스페인 경제위기 시작(독립운동 본격화) |
| | 1811년 | 까르따헤나(Cartagena) 독립선언(11월) |
| | 1811~1819년 | 독립군 무장투쟁(시몬 볼리바르, 프란시스코 산딴데르) |
| | 1819년 | 실질적 독립 쟁취(산타페 데 보고타 전투) |
| | 1819년 | 꾸꾸따(Cúcuta)의회 소집 |
| | 1819~1829년 | 그란 꼴롬비아(Gran Colombia) 창설 |
| 근대사 | 1829년 | 베네수엘라 독립선언 |
| | 1830년 | 에콰도르 독립선언 |

| | | |
|---|---|---|
| 근대사 | 1832~1857년 | 누에바 그라나다 공화국 개칭 |
| | 1857~1862년 | 그란 안디나 연맹 개칭 |
| | 1862~1886년 | 콜롬비아 합중국 개칭 |
| | 1886년 | 현재의 콜롬비아 공화국 선포 |
| 현대사 | 1903년 | 파나마 독립선언 |
| | 1953~1957년 | 군사독재정권 수립 |
| | 1957~1974년 | 정치 휴전(보수, 민주당) |
| | 2002년 | 현 우리베 정권 취임 |

## 1.2 경제 현황

### ■ 거시경제 현황

2003년 이후 연 평균 5% 이상의 고공성장을 구가 중인 콜롬비아 경제는 2007년 GDP 성장률 기준 7.52%를 달성, 최근 30년 간 가장 높은 수치를 기록했다.

집권 2기에 접어든 현 정권의 적극적인 경기부양책에 힘입어 교역 및 투자 규모가 대폭 확대되는 추세에 있으며 전반적인 거시경제지표 역시 고른 안정세를 보이고 있다.

| 구분 | 단위 | 2006 | 2007 | 2008(전망) |
|---|---|---|---|---|
| GDP | US$ 십억 | 133.7 | 173.8 | 211.1 |
| 일인당 GDP | US$ | 3,130 | 4,091 | 5,027 |
| 경제성장율 | % | 6.8 | 7.52 | 5.56 |
| 물가상승율 | % | 4.48 | 5.69 | 5.32 |
| 실업율 | % | 11.8 | 9.9 | 11.4 |
| 기준금리(연말) | % | 7.5 | 9.5 | 9.75 |
| 수출 | US$ 십억 | 24.3 | 25.7 | 27.1 |
| 수입 | US$ 십억 | 24.5 | 28.0 | 31.2 |
| 무역수지 | US$ 십억 | -0.2 | -2.3 | -4.1 |

| 외국인직접투자 | US$ 십억 | 6.4 | 9.0 | 11.7 |
|---|---|---|---|---|
| 외 채 | US$ 십억 | 45.5 | 44.7 | 50.2 |
| 외환보유고 | US$ 십억 | 15.4 | 20.9 | 23.5 |
| 연평균 환율 | US$1당 현지화 | 2,239 | 2,014 | 1,680 |

자료원 : 콜롬비아 중앙은행(Banco de la República), 콜롬비아 통계청(DANE)

## ■ 교역동향

**주요 교역대상국(2007)**

(단위 : US$ 백만)

| 수출 | | | 수입 | | |
|---|---|---|---|---|---|
| 순위 | 국명 | 금액 | 순위 | 국명 | 금액 |
| 1 | 미국 | 7,302 | 1 | 미국 | 9,103 |
| 2 | 베네수엘라 | 3,177 | 2 | 멕시코 | 2,783 |
| 3 | 에콰도르 | 853 | 3 | 브라질 | 2,213 |
| 4 | 네덜란드 | 642 | 4 | 중국 | 2,018 |
| 5 | 스위스 | 570 | 5 | 베네수엘라 | 1,298 |
| (33) | 한국 | 107 | (7) | 한국 | 1,008 |
| | 총계 | 25,720 | | 총계 | 28,030 |

자료원 : 콜롬비아 대외통상부(BACEX)

**주요 수출입품목(2007)**

(단위 : US$ 백만)

| 수출 | | | 수입 | | |
|---|---|---|---|---|---|
| 순위 | 품목(HS 2단위) | 금액 | 순위 | 품목(HS 2단위) | 금액 |
| 1 | 석유 | 3,473 | 1 | 전화 | 939 |
| 2 | 석탄 | 2,474 | 2 | 자동차 | 699 |
| 3 | 니켈 | 1,335 | 3 | 옥수수 | 581 |
| 4 | 커피 | 1,145 | 4 | 구난차량 | 508 |
| 5 | 연료유 | 663 | 5 | 프로필렌 | 409 |
| | 총계 | 25,720 | | 총계 | 28,030 |

자료원 : 콜롬비아 대외통상부(BACEX)

## 1.3 시장특성

### ■ 일반개요

중남미 국가 중 비교적 건실한 경제구조를 지닌 것으로 평가받는 콜롬비아는 1980년대 중남미 각국을 휩쓴 외채위기에도 불구하고 모라토리엄 위기나 살인적인 인플레이션을 겪지 않은 국가다.

전통적으로 농업, 광업 등 1차 산물에 의존하는 평면적 산업구조를 지니고 있으며 섬유, 플라스틱, 자동차 등 일부 부문을 제외한 제조업 기반이 열악해 자본재 및 내구성 소비재 수입 의존도가 60%를 상회하는 것으로 알려져 있다.

지역별, 계층별 소득차가 심한 편으로, 상품시장 역시 고가시장과 저가시장으로 양분되어 있으나 둘 사이의 편차가 점차 줄어들고 있는 추세다. 일반적으로 부유층을 상대하는 고가시장은 유럽, 미국, 일본 등의 선진국 제품이, 서민을 상대하는 저가시장은 자국산 및 중국산 제품의 점유율이 높은 편이다.

콜롬비아는 지하경제에 대한 높은 의존도를 보이고 있다. 전체 수입품의 30% 내외가 밀수품으로 추산되고 있으며, 가전(텔레비전, DVD, 오디오) 및 생활용품(의류, 신발) 등이 주요 거점별 밀수시장을 통해 유통되는 실정이다.

당국은 연간 10억 달러 내외의 마약자금이 무역 또는 투자형태로 유입되고 있는 것으로 추정하고 있으며, 상당한 액수가 건축 및 금융부문과 밀접한 연관성을 지닌 것으로 알려져 있다.

한편 최근의 경제상황 호전 및 뻬소화 평가절상에 따른 구매력, 수입여건개선 등은 대외교역, 특히 수입규모의 확대를 가져왔으며 종전의 가격 우선시장에서 탈피, 품질 및 기호 우선 시장으로의 진입을 가속화하고 있다.

## ■ 유통구조

콜롬비아 상품 유통망은 일반적으로 직수입상(다국적 직수입 업체), 도소매상(현지 유통망을 갖춘 대형 할인매장) 및 지하시장(밀수 및 미허가 개인 수입상) 등으로 3분화되어 있다.

직수입상의 경우 기술 선도 다국적 기업으로 구성되어 있으며 본국 또는 제3국, 현지 공장에서 직수입이 가능한 유통경로를 지니고 있다. 수입물품은 대형할인매장, 소매상 및 자사 Show Room 등을 통해 유통된다.

현재 콜롬비아 소비자들이 가장 많이 활용하는 유통경로인 대형 할인매장의 경우 2006년 총 판매액이 69.9억 달러에 달할 만큼 활황세를 유지하고 있다(직전년도 동기 대비 19.3% 증가).

**2006년도 콜롬비아 주요 할인매장별 시장점유율**

| 업체명 | 점유율(%) |
|---|---|
| Exito | 30.23 |
| Carulla Vivero | 16.21 |
| Carrefour | 15.43 |
| Olímpica | 12.89 |
| Alkosto / K-tronix | 10.74 |
| 기타 | 14.50 |
| 합계 | 100 |

자료원 : 콜롬비아 시장 보고서(Vademécum de Mercados), 2008

한편 가격에 민감한 소비층을 대상으로 일부 개인 수입상 및 밀수업자들이 개별 소량 구매한 품목을 염가에 판매하는 지하시장도 유통의 한 축을 형성하고 있다. 이들 품목은 시중 거래가보다 15~20% 이상 낮은 가격으로 거래되고 있으나 공식 A/S가 불가능하며 불량 및 파손 시 보상 방안이 없어 규모가 줄어드는 추세에 있다.

## ■ 소득수준

콜롬비아 국민의 1인당 GDP는 2004년 2천 달러 달성에 이어, 2006년 3천 달러, 2007년에 4천 달러를 돌파하는 등 가파른 상승곡선을 그리고 있으나 여전히 지역별, 계층별 소득격차가 큰 편이다.

정부는 사회 조세정의 실현의 일환으로 1994년 소득수준에 따른 거주지 구분을 재편성하는 법령 142조(102항)를 제정, 각종 공과금, 제세, 사회안전망 구축 시 다른 기준을 적용하고 있다.

동 법령에 의거 모든 구역은 거주민 평균소득 수준에 따라 6개 지역 구분으로 나눠지며 숫자가 낮을수록 소득수준이 낮아지며 높을수록 고소득층에 가까워진다.

수도 보고타의 경우 전체 주민의 70% 이상이 1인당 소득 257~1,285 달러 사이에 해당하는 2, 3지역에 거주하고 있으며 개별소득수준이 1,500달러를 넘는 4지역 이상이 전체의 14%를 상회하고 있다.

**보고타시 Estrato(소득별 지역구분) 구성비율**

| 지역(Estrato) | 지역구분 | 1인당 월소득 | 구성비율(%) |
|---|---|---|---|
| 1 | 극빈층 | US$ 257 미만 | 9.3 |
| 2 | 저소득층 | US$ 257~771 | 42.7 |
| 3 | 중하층 | US$ 772~1,285 | 30.2 |
| 4 | 중산층 | US$ 1,286~2,056 | 9.1 |
| 5 | 중상층 | US$ 2,057~4,112 | 3.7 |
| 6 | 고소득층 | US$ 4,113 초과 | 1.7 |

자료원문상 누락분 3.3% 및 해당년도 설명 없음 / US$ 1=COP 1,780 내외 기준,
자료원 : Tabla de Estratos Socioeconómicos en Bogotá

## 1.4 대한관계

### ■ 교역동향

**우리나라의 대콜롬비아 교역동향**

(단위 : US$ 백만)

| 구 분 | 2003 | 2004 | 2005 | 2006 | 2007 |
|---|---|---|---|---|---|
| 수 출 | 296.5 | 459.4 | 623.6 | 912.9 | 1,120.6 |
| 수 입 | 76.1 | 103.3 | 136.7 | 205.5 | 116.3 |
| 무역수지 | 220.4 | 353.1 | 486.8 | 707.3 | 1,004.3 |

자료원 : KOTIS

**우리나라의 대콜롬비아 주요 수출입 품목(2007)**

(단위 : US$ 백만)

| 수 출 | | 수 입 | |
|---|---|---|---|
| 품목(HS 2단위) | 금액 | 품목(HS 2단위) | 금액 |
| 자동차 | 660.1 | 합금철, 선철 | 38.8 |
| 무선통신기기 | 65.7 | 커피 | 32.8 |
| 자동차부품 | 61.7 | 동제품 | 28.2 |
| 합성수지 | 57.7 | 알루미늄 | 3.1 |
| 기타석유화학제품 | 21.3 | 가죽 | 3.0 |
| 총계 | 1,120.6 | 총계 | 116.3 |

자료원 : KOTIS

### ■ 대콜롬비아 투자 동향

양국간 투자교류는 교역관계만큼 활성화되지 못했는데, Proexport(콜롬비아 무역투자관광진흥청)에 따르면 2000년 이후 한국 발 콜롬비아 FDI 유입액은 50만 달러 미만일 정도로 미미한 수준이다.

투자액의 대부분은 우리기업의 현지법인 또는 소액 설비투자를 통해 이뤄진 것으로 추산되나 공식통계 작성 및 공개에 소극적인 현지 실정상 정확한 자료 입수에 어려움이 있다.

**연도별 한국 발 콜롬비아 투자유입액**

| 연도 | FDI유치액(US백만$) | 증감률(%) |
|---|---|---|
| 2000 | 0.0 | - |
| 2001 | 9.7 | - |
| 2002 | 0.1 | - |
| 2003 | 0.0 | - |
| 2004 | 0.0 | - |
| 2005(추산치) | 0.2 | - |
| 2006(추산치) | 4.5 | - |
| 2007(추산치) | 36.3 | - |

증감률은 극한치 제외 / 자료원 : Proexport(콜롬비아 무역투자관광진흥청)

## ■ 현지진출기업

2008년 5월 현재 콜롬비아에는 삼성, LG, 현대, 세라젬, Leokon 등 총 6개 기업이 현지법인 및 지사 형태로 진출, 활발하게 활동하고 있다.

진출형태별로는 판매법인(4개사) 및 지점(2개사)으로 나눠져 있으며, 품목별로는 가전, 통신 2개사, 차량(상용) 1개사, 의료기기 1개사, 레진 1개사, 종합(철강, 화학, 전기 등) 1개사로 이루어져 있다.

**콜롬비아 진출 주요 우리 기업**

| 진출업체 | 진출연도 | 업종 | 취급분야 | 지역 |
|---|---|---|---|---|
| 삼성전자 | 1997 | 도소매업 | 가전, 통신 | 보고타 |
| 세라젬 | 2005 | 도소매업 | 건강보조기구 | 보고타 |
| 현대자동차 | 2006 | 도소매업 | 상용차 | 보고타 |
| 현대종합상사 | 1980 | 도소매업 | 철강, 화학 | 보고타 |
| 레오콘 | 2004 | 도소매업 | 레진류 | 보고타 |
| LG전자 | 1999 | 도소매업 | 가전, 통신 | 보고타 |

자료원 : 보고타 KBC 자체조사

## ■ 우리나라와의 역사적 관계

중남미 내 유일한 6.25 파병국인 콜롬비아는 당시 대내외적으로 어려운 상이었음에도 불구하고 4천 명 이상의 병력(보병 1개 대대, 구축함 3척) 파병을 감행한 진정한 혈맹국가 중 하나다.

한국정부는 콜롬비아 군인의 희생을 기리기 위해 매년 다수의 참전용사 방한을 추진하고 있으며, 금년 중 참전기념비(까르따헤나) 개설, 한콜 우애병원(보고타) 설립 등 다방면으로 보은사업을 추진 중이다.

한편 2008년으로 44년째를 맞는 콜롬비아 한국이민사는 백년 이상의 전통을 자랑하는 멕시코, 브라질과 비교해 절반 이상 짧은 역사이기는 하나, 문화와 언어의 장벽 속에 고군분투해야 했던 시절이었다.

1964년 미국을 경유한 유학생 1명, 국제 결혼자 1명 등으로 시작한 한인사회는 1960년대 중후반 공관개설요원 파견을 계기로 비로소 외형상 틀을 갖추게 되었으며 1970년, 한국 여자농구단의 남미순회 응원단 결성을 계기로 정식 한인회가 조직된다.

이후 1979년을 기점으로 의류 도 · 소매업에 종사하는 한인들이 보고타를 중심으로 터전을 잡은 뒤 꾸준한 성장을 계속하게 된다. 1980년대 말부터 연수, 유학생 수요가 늘어나 1990년대 초반에 이르러서는 100명에 육박한다.

1997년 한국의 IMF 발발은 급속도로 성장한 한인, 유학생 사회 전반에 무시할 수 없는 변화를 가져왔으며 이후 테러, 내전, 납치 등 현지 치안여건 악화로 인해 그 규모가 줄어들게 된다.

## ■ 한국 제품의 인지도

현지 치안여건이 극도로 악화되던 시절, 대부분의 외국투자 기업이 철수를 감행할 때 우리기업은 과감하게 현지 투자를 늘렸으며 이는 상대적으로 통신, 가전, 자동차 부문에서 우리기업의 인지도를 대폭 확산시키는 결과를 가져왔다.

처음 콜롬비아를 찾는 한국인의 경우 도로를 가득 채운 한국 자동차 모습에 놀란다. GM대우 판매 물량 합산 시 현재 보고타에서 운행되는 경승용차, 택시의 경우 절반에 가까운 차량이 아토스, 마티스, 리오 등 한국산이며 선호부문 역시 기존 저가차량에서 고급차종으로 다각화되고 있다.

삼성, LG사의 LCD, Plasma TV, 휴대폰, MP3 등은 현지 젊은이들이 가장 선호하는 브랜드 중 하나이며 현지 대형할인매장 내 삼성, LG코너에는 구매자들의 관심과 방문이 끊이지 않고 있다.

## ■ 양국 간 협약체결 현황

| | | | |
|---|---|---|---|
| – 문화협정 | (1976년) | – 과학기술협정 | (1981년) |
| – 사증면제협정 | (1981년) | – 무역협정 | (1985년) |
| – 투자협정 | (1996년) | | |

연도고분

## 2 문화코드

### 2.1 인종, 종교, 축제 및 국경일

■ 인종

브라질, 멕시코에 이어 중남미 내 인구 규모 3위를 자랑하는 콜롬비아는 융합과 교차를 거듭한 역사에 걸맞게 각계각층의 다인종, 다문화로 구성되어 있다.

현재 콜롬비아 인종은 크게 메스띠소(Mestizo), 백인(Blanco), 물라또(Mulato), 흑인(Negro), 삼보(Zambo), 원주민(Indio) 등 6가지로 구분되어 있는데, 이는 역사적으로 정복 이전의 토착 원주민, 식민지 시대의 유럽인(백인), 이후 노동력 확보차원에서 유입된 아프리카 흑인 등 다양한 인종 간의 교차혼혈에서 비롯되었다.

전체 인구의 57% 내외가 스페인계 백인과 토착 원주민의 후예인 메스띠소로 구성되어 있으나 토착 원주민의 경우 전체의 1% 미만일 정도로 구성비율이 낮은 편이다.

**콜롬비아 인종구성비(구성비 순)**

| 연번 | 인종구분 | 인종구성 | 구성비(%) |
|---|---|---|---|
| 1 | 메스띠소 | 백인 + 원주민 | 57 |
| 2 | 백 인 | 백인 | 20 |
| 3 | 물 라 또 | 백인 + 흑인 | 14 |
| 4 | 흑 인 | 흑인 | 5 |
| 5 | 삼 보 | 흑인 + 원주민 | 3 |
| 6 | 원 주 민 | 원주민 | 1 |

인구의 절반 이상을 메스띠소가 차지하고 있으나 실제 정치, 경제상 실권은 지주계급의 후손인 백인이 독점하는 경우가 많으며 어떤 의미에서 신분의 고착화, 세습화가 여전히 진행 중에 있다.

한편, 콜롬비아 정부는 소수민족 기회균등 차원에서 하원 166석 중 2석을 원주민 자치구 및 아프리카계 자치구에 의무 배정하고 있다.

지역별 인종분포도를 보면 토착 원주민의 경우 카리브 북동부 해안, 동부, 남부 아마존 열대정글 등 대외접촉이 낮은 지역에 편중되어 있으며, 흑인의 경우 중북부 해안, 서부 해안 지역 분포도가 높은 것으로 나타난다.

**콜롬비아 지역별 소수민족 분포도(짙은 색깔일수록 분포도 높음)**

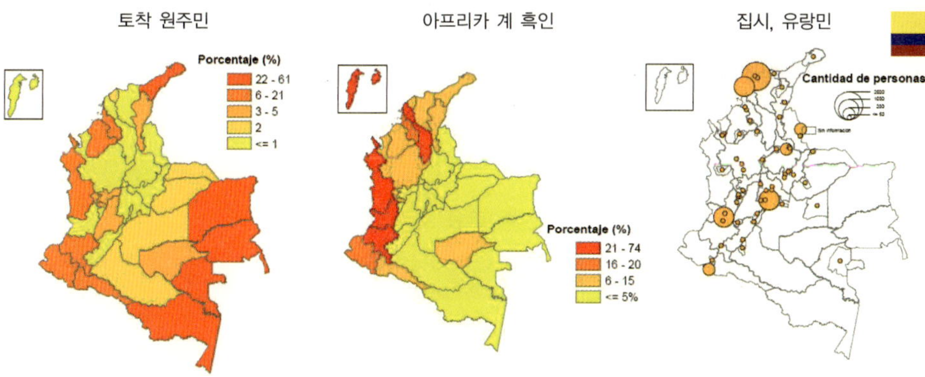


자료원 : DANE(통계청, 2005 인구연감)

## ■ 종교

전통적인 가톨릭 국가인 콜롬비아는 전 국민의 90% 이상이 가톨릭을 신봉하고 있으나 최근 수도 보고타를 중심으로 개신교 확산 추세가 눈에 띄게 증가하고 있다.

산따 바르바라 성당

그밖에 이슬람교, 유태교, 토속 원주민 신앙 등이 존재하고 있으나 전체의 3% 미만을 차지할 만큼 미미한 수준으로 알려져 있다.

## ■ 축제 및 국경일

낙천적인 라틴문화를 고수하고 있는 콜롬비아는 지역별, 시기별 축제 및 문화행사가 빈번하게 열린다. 대표적인 축제로는 카리브의 정서를 흠뻑 느낄 수 있는 바랑끼야 카니발(2월), 메데진 꽃축제(8월), 콜롬비아 최고의 미인을 선발하는 까르따헤나 11월 축제 등이 있다.

**연중 주요 축제 및 행사**

| 개최시기 | 행사명 | 장 소 |
|---|---|---|
| 1월 | Carnaval de Blancos y Negros | Pasto |
| 2월 | Carnaval de Barranquilla | Barranquilla |
| 8월 | Feria de las Flores | Medellín |
| 11월 | Fiesta de Cali | Cali |
| 11월 | Fiesta de Noviembre | Cartagena |

콜롬비아 공휴일은 역사적 기념일과 종교기념일로 구분되어 있으며 전통적인 가톨릭 국가답게 종교기념일 빈도수가 높은 편이다. 정부는 국민 여가생활 장려 차원에서 공휴일이 주말과 겹칠 경우 월요일을 임시 공휴일로 지정하고 있다.

- 법정공휴일수 : 20일 - 종교기념일수 : 14일 - 역사기념일수 : 4일

**2008년 주요 공휴일 일정표**

| 일자 | 공휴일 | 기념일 구분 |
|---|---|---|
| 01/01 | 신정 | - |
| 01/07 | 주현절 | 종 교 |
| 03/24 | 성요셉축일 | 종 교 |
| 03/20~23 | 부활절 | 종 교 |
| 05/01 | 노동절 | - |
| 05/05 | 예수승천일 | 종 교 |
| 05/26 | 성체기념일 | 종 교 |
| 06/02 | 예수성심제 | 종 교 |
| 06/30 | 성베드로와 바울의날 | 종 교 |
| 07/20 | 독립기념일 | 역 사 |
| 08/07 | 독립전쟁기념일 | 역 사 |
| 08/18 | 성모승천일 | 종 교 |
| 10/13 | 신대륙발견일 | 역 사 |
| 11/03 | 모든 성인의 날 | 종 교 |
| 11/17 | 까르따헤나독립기념일 | 역 사 |
| 12/08 | 성모수태일 | 종 교 |
| 12/25 | 성탄절 | 종 교 |

## 2.2 일반적인 국민성향

### ■ 강점 및 약점

콜롬비아인은 일반적으로 온순하고, 낙천적이며, 친절하고, 개방적인 국민이라는 평을 받고 있으며 콜롬비아를 처음 방문한 외국인들의 경우 의외로 좋은 인상을 가지고 돌아간다.

적도 부근에 위치한 지리적 특성과 사회 전반에 만연한 시간개념의 부재는 흔히 콜롬비아 사람이 게으르고, 나태하다는 편견을 주기 쉬우나 중산층 이상의 근면성과 성실성, 교육에 대한 열의는 한국인 못지않게 높은 편이다.

가족은 삶의 어떤 것보다 우선시될 정도로 연대의식이 투철하며, 봉사활동, 자선행사 등 공동체 활동에도 높은 가치를 부여하고 있다. 다인종, 다문화권의 특징상 편견, 차이, 이질성에 대해 관대한 편이다.

비즈니스에 대한 열의 또한 매우 높은 편이나 이는 종종 금전적, 심정적 손해에 대한 과민한 반응으로 연결되기도 한다. 사업이나 업무상 야기된 손해는 이유나 정도에 관계없이 보상받으려는 심리가 강해 종종 한국인 고용주들과 갈등이 발생한다.

평소 순종적이고 친절한 모습은 간데없고 실익을 계산한 상황논리와 법적근거를 들이대며 조목조목 따지는 모습은 정서적 유대감과 희생, 양보를 중시하는 한국 사람들에게 심한 배신감을 야기하고, 이기적이며 안목이 좁다는 인상을 주기 쉽다.

이는 콜롬비아 사회, 교육 전반에 걸쳐 형성된 자아 주체 의식의 발현으로 해석할 수 있다. 만 3세부터 시작되는 유치원 교육에서부터 '나'와 '가족'은 모든 것에 앞선 절대가치로 우선시되고 있는 이들에게 정당한 권리의 추구, 불합리한 처우에 대한 명확한 표명, 납득할 수 있는 수준의 사후조치 요구는 지극히 당연하고 자연스러운 일이다.

따라서 대부분의 콜롬비아인에게 스스로의 권리를 찾지 못하고, 부당한 처우에 항의하지 못하는 상황은 대단히 수치스러운 일이며, 주위의 냉소를 사기도 한다. 이들의 문화에서 인간적인 유대감과 나의 권리 추구는 애초부터 비교대상으로 볼 수 없는 별개의 개념인 것이다.

또한 이들의 비즈니스, 직장생활에서 금전 못지않게 소중한 것은 합당한 처우와 자존심이다. 직장 내 고압적인 분위기, 고성 등은 본인 과실 여부와는 별개로 인격적인 무시와 위협으로 간주되며, 종종 법정에까지 이르게 하는 결과를 가져온다.

특히 젊은 세대를 중심으로 돈이 직장의 전부는 아니라는 의식이 팽배해 있으며 고용인과 고용주는 언제든 남남으로 돌아설 수 있는 일시적 관계라는 점을 명확히 하고 싶어 하는 성향이 강하다. 근무시간 중 아무런 거리낌 없이 다른 직장을 찾고, 의견을 물어보는 이들의 모습은 종종 외국인 고용주를 당황하게 만든다.

### ■ 신뢰를 쌓으며 사귈 수 있는 방법

다른 라틴 문화권과 마찬가지로 콜롬비아 국민 역시 시간과 경험의 공유를 소중하게 생각한다. 현지인들에게는 가족 단위로 함께 보내는 편한 시간을 통해 서로를 알아가고 판단하는 것이 보편적이다.

처음 콜롬비아에 온 외국인이라면 비즈니스 파트너, 직장 동료에게 가

로스 까띠오 국립공원

까운 쇼핑센터 및 시내명소의 추천을 부탁하며 다가서면 쉽게 가까워질 수 있을 것이다. 답례의 표시로 가족을 동반한 식사초대, 외식 등은 짧은 시간 내 신뢰를 쌓을 수 있는 좋은 방법이다.

한편 콜롬비아 상류층은 기본적으로 사회적 지위와 격을 중시하는 클럽문화에 익숙해 있으며 대부분의 재계, 정계 인사는 본인이 속한 클럽을 통한 사교활동을 선호한다.

가족단위 활동이 활발한 현지 특성상 사교클럽 역시 골프, 테니스, 수영장, 연회, 식당 등 다양한 행사 소화가 가능한 대규모 여가시설을 갖추고 있으며 가입 시 직장, 직위, 경제적 능력 외에도 사회적 영향력, 가정실사 인터뷰 등 까다로운 조건을 충족시켜야 한다.

### ■ 지역, 인종, 계층 간 감정

콜롬비아는 광대한 영토만큼이나 지역별 특색, 차이가 다양하며 서로에 대해 구분 짓기를 좋아한다. 가령 수도 보고타 출신의 경우 세련되었으나 개인주의적이고, 이해득실에 빠르며, 해안지방 출신의 경우 낙천적이고 인간적인 반면 게으르고 신뢰할 수 없다는 식이다.

이러한 특성은 종종 좋지 않은 면만 부각되어, 일종의 편견 내지는 빈정거림으로 받아들여지는 경우가 많아 외국인으로서 주의를 요할 부분이기도 하다. 일반적으로 콜롬비아 인들이 공감하는 출신지역 별 특성은 다음과 같다.

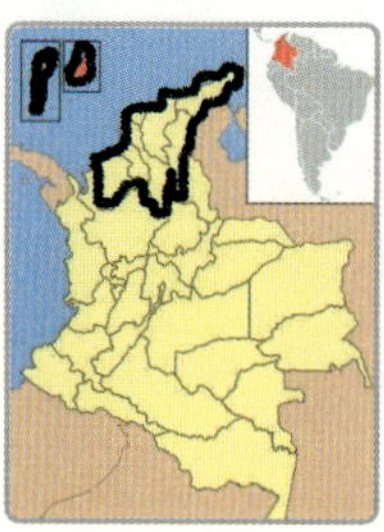

**카리브 해안지방 출신(Costeños : 꼬스떼뇨스)**

- 주요도시
  Cartagena, Barranquilla, Santa Marta, Guajira 등
- 특성 및 선입관
  낙천적, 인간적, 직설적, 게으르고 시끄러움

안띠오끼아 지방 출신(Antioqueños : 안띠오께뇨스)

- 주요도시
  Medellín, Envigado, Bello, Río Negro 등
- 특성 및 선입관
  미인의 땅, 상인기질, 자부심, 보수적, 돈에 민감

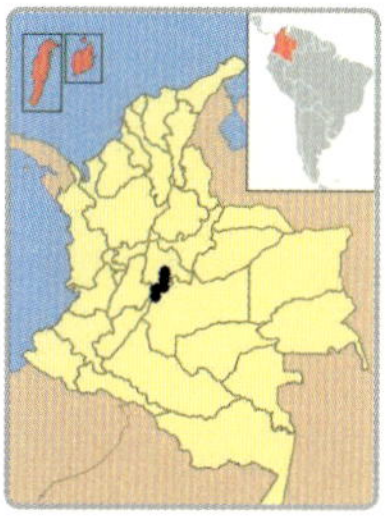

보고타 출신(Bogotanos : 보고타노스)

- 주요도시
  Bogotá
- 특성 및 선입관
  개인주의, 자부심, 도회적, 이해득실에 민감

(북부) 수도권 출신(Cundi-Boyacenses : 꾼디보야센세스)

- 주요도시
  Tunja, Duitama, Facatativá, Zipaquirá, Chía 등
- 특성 및 선입관
  보수적, 폐쇄적, 일에만 전념

산딴데르 지방 출신(Santandereanos : 산딴데레아노스)

- 주요도시
  Bucaramanga, Cúcuta, Barranbermeja, Ocaña 등
- 특성 및 선입관
  후한 인심, 푸짐한 음식, 거칠고 무뚝뚝한 여성

다인종, 다문화로 구성된 콜롬비아는 인종 간 융화도 및 이견 차가 크지 않은 편이나 대개 특정 지역을 중심으로 모여 사는 경우가 많다. 공식적인 차별은 존재하지 않으나 번화가 일부 소수 디스코텍, 주점의 경우 흑인, 원주민의 출입을 제한하는 경우도 있다고 한다.

부와 권력의 세습 성향이 강한 콜롬비아에서 계층 간 반목과 갈등은 콜롬비아가 직면한 사회문제 중 큰 부분을 차지한다. 소수 부유층의 정치, 경제실권 독식 현상, 사회적 불평등은 무장테러 및 마약 밀매, 밀수, 납치 등이 기승을 부리는 데 결정적인 빌미를 제공한다.

### ■ 외국인에 대한 감정

콜롬비아 국민은 기본적으로 외국인에 대해 호의적인 정서를 지니고 있다. 서반구 선진국(북미, 유럽)에는 막연한 동경심을 품고 있는 경우가 많으며, 한국, 일본을 위시한 아시아 선진국에는 유구한 문화, 급속도의 경제발전에 대한 호기심과 동경을 동시에 보인다.

과거 민병대, 테러세력이 자원개발을 위해 들어온 외국인 투자자를 국부 및 민중의 수탈자로 규정, 적대세력으로 치부한 바 있으나 현 정권의 강력한 치안확보 및 경기부양책에 힘입어 대부분은 해결의 기미를 보이고 있다.

한편 중남미 유일의 6.25 참전국인 콜롬비아는 역사적, 정서적으로 한국인에게 친밀한 감정을 느끼고 있다. 올림픽, 월드컵, APEC 등으로 고양된 국가 이미지는 LG, 삼성, 현대 등 우리 기업의 선전으로 기술 선도국으로서의 입지가 한층 강화되는 추세에 있다.

## 2.3 소비문화

### ■ 최근 소비성향

최근의 경제상황 호전 및 뻬소화 평가절상에 따른 수입여건 개선은 대외교역, 특히 수입의 대폭 확대를 가져왔으며 점진적으로 가격우선 시장에서 탈피, 품질 및 기호우선 시장으로 진입이 가속화되고 있다.

따라서 콜롬비아 소비자에게 구매행위는 단순한 필요의 충족에서 신분의 표현 수단으로 변화 · 고착화되어 가고 있으며, 과거와 달리 미용, 자기계발, 여가 및 오락 부문 지출이 눈에 띄게 증가하고 있다.

최근 몇 년 간의 경기부양 효과를 노린 대대적인 신용대출 · 대부 제도가 사회전반에 활성화되어 있으나 일각에서 제기되는 물가상승 견제를 위해 2008년 들어 신용대출 요건이 대폭 강화된 실정이다. 이에 따라 자동차, 부동산 관련 소비가 급감하는 추세를 보이고 있다.

### ■ 성별, 연령별 소비문화

2005년 콜롬비아 통계청(DANE)이 실시한 인구조사에서 콜롬비아 총 인구는 4,146만 명으로 집계되었는데, 전체 인구의 절반 이상인 51%가 여성으로, 여아출생비율이 남아출생비율을 상회하는 것으로 나타났다.

**콜롬비아 인구 성별 구성비율**

자료원 : 콜롬비아 통계청(DANE)

연령대별로는 0~19세 미만이 총 인구의 40%로, 가장 높은 비율을 보였으며 20~29세(16.6%), 30~39세(14.0%), 40~49세(12.1%), 기타(16.8%) 순을 기록해 40세 미만의 젊은 연령층이 전체의 70%를 넘는 것으로 알려졌다.

**콜롬비아 인구 연령대별 구성비율**

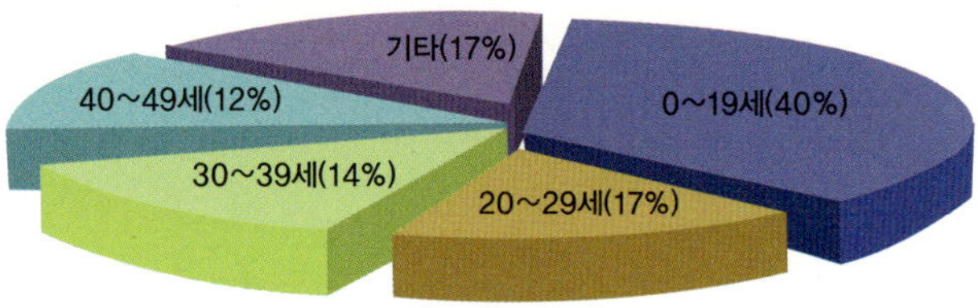


자료원 : 콜롬비아 통계청(DANE)

**콜롬비아 인구현황(2005년 기준)**

| 진출업체 | 진출연도 | 업종 | 취급분야 | 지역 |
|---|---|---|---|---|
| 연령대 | 남성(명) | 여성(명) | 합계(명) | 비중(%) |
| 0~19 | 4,303,868 | 4,100,906 | 8,404,774 | 20.26 |
| 10~19 | 4,190,320 | 4,082,480 | 8,272,800 | 19.94 |
| 20~29 | 3,374,313 | 3,548,293 | 6,922,606 | 16.69 |
| 30~39 | 2,793,651 | 3,042,800 | 5,836,451 | 14.07 |
| 40~49 | 2,393,186 | 2,630,626 | 5,023,812 | 12.11 |
| 50~59 | 1,569,034 | 1,716,964 | 3,285,998 | 7.92 |
| 60~69 | 953,452 | 1,072,335 | 2,025,787 | 4.88 |
| 70~79 | 550,373 | 656,583 | 1,206,956 | 2.91 |
| 80 이상 | 207,920 | 281,280 | 489,200 | 1.22 |
| 합계 | 20,336,117 | 21,132,267 | 41,468,384 | 100 |

비중합산치 조정값(80세 이상) / 자료원 : 콜롬비아 통계청(DANE)

현지 유력 경제지 'Dinero' 가 실시한 앙케이트에 따르면 연령대별 소비특성 및 남녀 항목별 지출비중은 다음과 같은 차이를 보이는 것으로 알려져 있다.

**연령대별 소비 특성**

| 연령대 | 사회적 직위 | 평균 임금수준(US$) | 소비 특성 |
|---|---|---|---|
| 18~25 | 학생 및 취업대기자 | – | 가족의 구매결정 과정에 결정적 영향을 미침 |
| 25~35 | 경제적 자립도를 갖춘 사회초년병 및 중간 매니저 | 800~2,500 | 실험적, 모험적 소비성향 이 강하며 자기계발 및 여가선용 지출 비중 높음 |
| 35~45 | 기업체 고위간부 및 자영업자 | 3,000이상 | 경험적, 보수적 소비성향 가족 구성원을 위한 지출 비중 높음 |

비중합산치 조정값(80세 이상) / 자료원 : 콜롬비아 통계청(DANE)

**25~35세 연령 대 남, 여 항목별 지출비중**

| 남 | 비중(%) | 여 | 비중(%) |
|---|---|---|---|
| 오락 및 여가 | 55.00 | 미용 및 자기계발 | 30.23 |
| 기타 | 17.27 | 의복 | 19.37 |
| 의복 | 13.22 | 오락 및 여가 | 21.31 |
| 보건 및 건강 | 11.01 | 기타 | 16.18 |
| 미용 및 자기계발 | 3.50 | 보건 및 건강 | 12.91 |
| 합계 | 100 | 합계 | 100 |

자료원 : 콜롬비아 경제 전문지(Dinero)

## 2.4 상관습 문화

### ■ 선호 결제방식 및 거래유형

부족한 운전자금 및 높은 금융코스트, 치안여건으로 인해 신용장 개설을 회피하는 업체가 많아 업계 전반에 DP, DA, T/T 등 외상거래가 만연해 있다.

콜롬비아 시장에 진출 역사가 깊은 미국, 유럽 선진국들은 지리적, 심리적 인접성을 바탕으로 현지 수입상들과의 외상거래 조건을 일반화하고 있으나 우리기업 입장에서는 신중을 기할 필요가 있다.

거래경험이 없는 업체의 경우 신용장 거래 또는 Ship-back, 원가손실이 없을 만큼의 금액을 선금으로 확보해둘 필요가 있으며 KEIC(수출보험공사) 부보를 통한 우회안전장치 확보도 고려해볼 만한다.

### ■ 접대 및 선물

콜롬비아 바이어 역시 접대문화에 익숙한 편이나 주로 음악, 와인을 곁들인 식사, 시내명소 동행 등 부담 없는 선에서 마무리하는 것을 선호한다.

사업상 접대 시에도 본인 가족을 동반하는 사례를 흔히 볼 수 있으며 자택 또는 별장, 클럽 등지로 초청, 콜롬비아 문화를 보여주고 긍정적인 반응을 듣고 싶어 하는 성향이 강한 점을 활용할 필요가 있다.

경험상 상당수의 현지 바이어가 실용성, 기능성보다는 보관, 장식을 위한 기념품을 선호하는 것으로 보인다. 한국적 색채나 디자인이 담긴 부채, 인형, 그림 등 장식물이 무난하다.

차, 담배, 건강식품 등 기호식품은 가급적 피하는 것이 좋으며 지나친 고가선물 역시 상대방에 부담감을 가져올 수 있다. 선물의 내용보다 포장에 치중하는 성향이 강한 점 역시 유의할 필요가 있다.

## 2.5 비즈니스 에티켓

### ■ 복장

첫 바이어 대면 시 정중하고 단정한 복장 착용이 일반적이다. 무더운 카리브 해 근처 도시의 경우 넥타이를 생략, 가벼운 반팔셔츠만 입는 경우도 있으나 한국인의 경우 정장 착용이 무난하다고 볼 수 있다.

## ■ 인사소개 및 호칭

통역원 대동 여부에 관계없이 밝게 웃는 얼굴로 바이어를 맞이하며 인사말을 건네는 것이 중요하다. 간단한 스페인어 인사말을 구사할 수 있으면 더욱 좋은 인상을 남길 수 있다.

### □ 간단한 스페인어 인사말

- Buenos Días(부에노스 디아스 : 아침인사)
- Buenas Tardes(부에나스 따르데스 : 점심인사)
- Buenas Noches(부에나스 노체스 : 저녁인사)
- Mucho gusto(무초 구스또 : 만나서 반갑습니다)

호칭은 상대의 성별, 기혼여부에 따라 세뇨르(Mr), 세뇨라(Mrs), 세뇨리따(Miss) 등 3가지를 사용하게 된다. 남성의 경우 기혼 여부에 관계없이 '세뇨르 + 성', 기혼 여성은 '세뇨라 + 성', 미혼 여성은 '세뇨리따 + 성' 으로 부르면 된다.

**성별, 기혼여부에 따른 호칭**

| 성별 | 기혼여부 | 호칭 | | 영어 |
|---|---|---|---|---|
| | | 스페인어 | 발음 | |
| 남성 | 기혼 | Sr.(Señor) | 세뇨르 | Mr. |
| 여성 | 기혼 | Sra.(Señora) | 세뇨라 | Mrs. |
| 여성 | 미혼 | Srta.(Señorita) | 세뇨리따 | Miss |

한편 스페인에서는 거의 사라진 어법이나, 콜롬비아에서는 이름 앞에 Don(남성), Doña(여성)를 붙이는 관습이 남아 있다. 상대방을 극존칭하

는 의미에서 또는 학사 학위 이상의 학력을 지닌 사람에게 Doctor(남성), Doctora(여성) 등의 호칭을 관용적으로 쓰기도 한다.

예) Mr. Alfonso(이름) Vargas(성)의 경우 사용가능 호칭 :
- Sr. Vargas(세뇨르 바르가스)
- Don Alfonso(돈 알폰소)
- Dr. Vargas(독또르 바르가스)

## ■ 명함교환

명함은 일반적으로 명함 케이스에서 꺼내 건네주는 것이 바람직하며 상대로부터 받은 명함은 꼼꼼히 읽어본 후 정확히 보관하는 모습을 보여주는 것이 좋다.

왼손 또는 한 손으로 건넨다고 무례하게 보이지는 않으며 필요시 간단한 메모와 날짜 등을 적어도 무방하다. 단, 명함이 떨어졌다고 해서 메모지, 냅킨 등에 연락처와 이름을 적어주는 것은 결례다.

## ■ 약속신청

상담약속은 최소 15일 전(권장 : 30일 전) 구두상으로 합의할 필요가 있으며 2회 가량 메일, 팩스, 레터 등 서면 Confirm을 병행하는 것이 좋다. 입국 즉시 바이어에게 연락을 취하고 약속 일시 및 장소를 상기시킨다.

전화든 서면이든 정확한 정보전달을 위해 가급적 스페인어 교신을 권장하며 메일 발송 시 한국어 문자가 포함될 경우 스팸메일로 처리될 가능성이 높은 바 사전주의가 요망된다.

■ 주요 음식 및 식사예절

산악지대, 해안, 정글 등 다양한 자연환경을 지닌 콜롬비아는 지역마다 특색 있는 다양한 음식문화를 보유하고 있다. '까르네 아사다(Carne Asada)' 는 콜롬비아 대표적인 숯불구이 고기로, 한국 사람의 입맛에 거부감이 없다.

보고타 토속음식으로는 '아히아꼬(Ajiaco)' 를 들 수 있다. 닭 가슴살, 옥수수, 감자 등을 넣어 끓인 것으로, 한국의 닭백숙과 유사한 별미 음식이다.

콜롬비아 사람들이 즐겨먹는 주류는 맥주, 와인, 아구아르디엔떼(Aguardiente) 등이 있으며 식사와 곁들여 천천히 마시는 것이 일반적이다. 독특한 아니스 향을 지닌 '아구아르디엔떼' 는 일반 서민들이 즐겨 찾는 소주의 일종이다.

별다른 식사예절은 없으나 지나친 음주, 술잔 돌리기, 첨잔은 피해야 한다. 건배 시 한국식 문화를 강요하는 행위는 상대방의 불쾌감을 자아낼 수도 있다.

## 2.6 화제

■ 세계적인 인물

콜롬비아는 문화, 예술, 스포츠 부문에서 세계적으로 유명한 인사를 배출한 바 있으며 이들에 대한 자부심은 연령과 지위에 관계없이 절대적이다.

소설 『백년의 고독』을 통해 노벨 문학상을 수상한 '가브리엘 가르시아 마르께스' 는 '마술적 사실주의' 의 새로운 지평을 연 인물로 평가받고 있다.

현존하는 화가 및 조각가 중 가장 유명한 인물은 메데진 출신의 '페르

까르따헤나의 요새

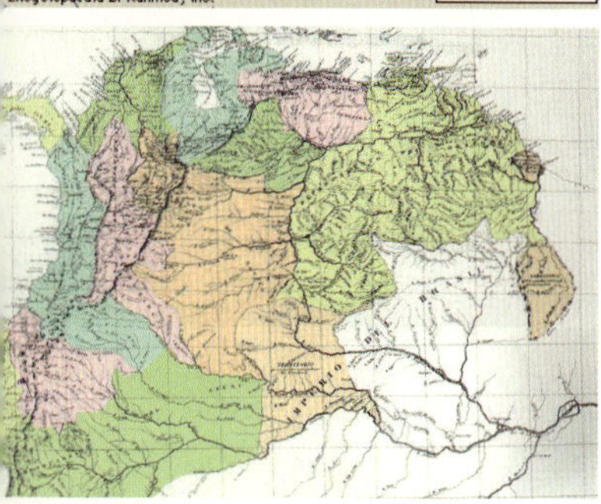

난도 보떼로'다. 그의 작품은 전 세계 경매입찰에서 매번 최고가를 갱신할 정도로 높은 인지도를 보유하고 있다.

그 밖에 섹시 아이콘의 대명사 '샤키라', 반전 운동 가수 '후아네스', 한 시대를 풍미한 축구스타 사자머리 '발데라마', 흑표범 '아스쁘리야', 독특한 제스처 및 자세로 인해 스파이더맨으로 불리는 PGA 스타 '까밀로 비에갸스' 등은 콜롬비아 국민의 자부심을 한껏 추켜세워 준 영웅들이다.

## ■ 역사적 사건

콜롬비아는 과거 그란 꼴롬비아 시절 파나마,

에콰도르, 베네수엘라를 총괄하는 정치의 중심지였으며 '시몬 볼리바르'의 중남미 독립전쟁 수행에 중대한 역할을 담당했다.

## ■ 커피, 에메랄드

콜롬비아 커피는 생산규모 면에서 브라질, 베트남에 이어 세계 3위권의 규모를 자랑하고 있으며 향과 맛에서는 전문가들로부터 세계 최고수준으로 평가받고 있다.

콜롬비아 커피조합이 직접 운영하는 브랜드 '후안 발데스(Juan Valdez)'는 미국 및 스페인 일부 지역에서 스타벅스의 인지도를 추월하는 등 잠재적 성장 가능성을 보여주었다.

전통적인 자원부국인 콜롬비아는 황금, 석유, 석탄 외에도 에메랄드 생산량에서 세계 1위의 규모를 자랑하고 있으며 순도 및 광도는 세계 최고 수준으로 평가받고 있다.

## ■ 금기사항

콜롬비아는 마약, 치안불안, 밀수, 빈곤 등 많은 사회문제를 지니고 있어 외부의 부정적 평가에 대단히 민감한 반응을 보인다. 따라서 처음 만나는 상대와 대화 시 마약, 내전, 납치 등 내부 상황에 대한 섣부른 의견개진은 절대 삼갈 필요가 있다.

• **월드컵 자살골로 피살당한 수비수**

1994년 콜롬비아 월드컵 대표팀은 펠레가 우승후보로 지목할 만큼 탁월한 경기력과 개인기를 갖춘 팀이었으며, 덩달아 국민들의 기대감 역시 하늘을 찌르고 있었다. 그러나 콜롬비아 팀은 본선 이후 무기력한 플레이를 계속, 국민들의 실망감을 자아냈으며 급기야 미국과의 경기에서는 수비수 '안드레스 에스꼬바르' 선수의 자살골로 패배해, 허무하게 돌아오게 된다. 이후 자살골의 주인공 '에스꼬바르'는 메데진의 어느 주점에서 사소한 말다툼 끝에 우발성 총격으로 피살당하는 비극을 겪으며 전 세계 외신에 오르내린다. 콜롬비아 국민들은 위 사건이 마피아, 마약거래상들이 행하는 거액의 내기 등 국가의 어두운 부분과 연관되었다고 생각하며, 지금도 매우 수치스런 과거사 중 하나로 금기시하고 있다. 축구를 좋아하는 한국 출장자의 경우 바이어에게 위 사건에 관해 물어 보며 관심을 표하는 경우가 있으나 이는 상대방으로부터 불필요한 수치심과 반발을 불러올 가능성이 큰 바, 가급적 삼갈 필요가 있다.

아울러 가톨릭 국가임에도 불구하고, 자유로운 이성관계 및 남녀평등 사상으로 결손가정 비율 및 이혼율이 비교적 높다. 상대가 먼저 얘기하지 않을 경우를 제외하고는 사생활에 대한 관심은 피하는 것이 좋다.

### 2.7 속담 또는 격언

Al que madruga Dios le ayuda. (알 께 마드루가 디오스 레 아유다)
- God helps those who get up early.

"하늘은 새벽을 깨우는 자를 돕는다."

- 성실, 근면은 콜롬비아 인들에게 유년시절부터 강조되는 덕목이며, 실제 4, 5살 아이들이 유치원에 가기 위해 새벽 5시부터 일어나 서두르는 광경도 흔히 볼 수 있다. 대민 서비스 기관인 관공서, 은행 역시 7시부터 정상 근무가 시작되며 기업, 학술계의 경우 조찬 모임 역시 일반화되어 있다.

Cuentas claras y el chocolate espeso. (꾸엔따스 끌라라스 이 엘 초꼴라떼 에스뻬소)
- Make for me the accounts clear and the chocolate thick.

"계산은 칼같이, 코코아는 끈적끈적하게!"

- 콜롬비아 사람들은 오전, 오후 새참에 걸쭉하게 끓인 초콜릿(한국의 코코아)을 즐겨 마신다. 스페인어에서 'claro'는 '명확한', '분명한'이란 의미 외에 '묽은'이라는 말로도 쓰이며 '걸쭉한'을 의미하는 'espeso'

라뽀빠수도원의 안뜰

에 대비되는 단어로, claro에 담긴 이중의미를 활용하는 언어유희적 속담이다. 사전에 꼼꼼히 분석하고 따져보는 것을 좋아하면서도 개인적인 공간에서는 친밀감과 유대감을 강조하는 콜롬비아 인의 특성을 잘 반영하고 있다.

Los 3 'B's (Bueno, Bonito y Barato: 부에노, 보니또 이 바라또)
- The three 'B'(good, beautiful and cheap).

⇨ "싸고, 예쁘고, 좋은!"

– 콜롬비아 비즈니스맨들이 가장 즐겨 쓰는 관용어구로, '로스(Los:정관사) 뜨레스(Tres:3) 베(알파벳의 B)스' 라 읽는다. 'Bueno(좋은, 고품질의)', 'Bonito(예쁜, 우수한 디자인을 갖춘)', 'Barato(싼, 저렴한)' 라는 의미의 세 형용사 첫 글자에서 따온 말로, 한마디로 말해 고품질, 우수 디자인의 품목을 최저비용으로 사겠다는 경영방침이다. '우리는 3B를 충족시키는 제품을 찾습니다!' 라는 이 한 마디는 종종 우리 기업 출장자를 시작부터 맥 빠지게 만드는 문구 중 하나다.

## 3 바이어 상담 및 거래 Tip

### 3.1 효과적인 상담

#### ■ 상담 시 사전 준비사항 및 유의사항

상담에 앞서 복장, 명함, 회사소개 자료, 샘플, 바이어 정보, Talking Point, 통역 등 제반 준비사항이 제대로 갖춰져 있는지 확인한다. 다른 모든 바이어와 마찬가지로 콜롬비아 바이어 역시 잘 준비되고 조율된 업체에게 신뢰와 호감을 느낄 수밖에 없다.

> **• 정장 및 구두는 핸드캐리가 바람직**
> 낙후된 공항 전산망 때문에 수화물의 도착 지연 및 분실 사례가 빈번하게 발생하고 있어 상담 당일 복장 문제로 곤혹을 치르는 출장자가 종종 있다. 상담 당일 청바지, 운동화 등 Casual한 복장 착용 시 준비성 부족 및 신뢰도 저하로 이어질 가능성이 큰 관계로, 가급적 정장, 와이셔츠, 넥타이, 구두, 명함 등은 핸드캐리 짐으로 가져오는 것이 바람직하다.

여타 중남미 국가들과 마찬가지로 콜롬비아 바이어 역시 약속관념이 희박할 확률이 많지만 적어도 상담시간 10분 전 약속장소에서 먼저 기다리는 것이 좋다.

> **• 약속시간에 항상 늦는 바이어**
> 전통적으로 시간약속에 개의치 않는 현지 문화 특성상 상담 당일 약속시간에 늦는 바이어가 태반이며 이는 최근 들어 정도를 더해 가는 극심한 교통체증 및 교통 통제로 인해 더욱 습관화되어 가는 추세다. 시간개념의 부재는 상대의 직위고하 여부에 관계없이 일반화되어 있으며, 이는 현지 근무 한국인들이 가장 받아들이기 힘든 부분 중 하나이다. 따라서 출장자는 상대의 시

간 준수 여부에 너무 민감해하지 말고 편안히 기다리는 여유를 가지는 것이 좋다. 상대의 약속 준수 여부를 거래 성사 의지, 또는 상대에 대한 배려 부족 등과 연계시킬 경우 콜롬비아 바이어의 부정적인 반응으로 이어질 수 있으며, 약속시간에 늦은 바이어에게 불쾌하지 않은 표정으로 정중히 환대해 줄 경우 오히려 긍정적인 인상을 가지고 상담에 임할 수 있을 것이다.

상담 시 숫자와 관련된 사항은 반드시 문서화하는 것이 바람직하며 상담종료 후 협의내용, 질의사항, 요청사항 등을 상호간 다시 한 번 정리할 필요가 있다. 바이어를 위한 제품 카탈로그, 동영상 등 바이어 키트를 미리 준비해오면 훨씬 효과적인 상담결과를 기대할 수 있다.

### ■ 에이전트 확보 및 상담 방법

콜롬비아 바이어는 한국에 대한 우호적인 인상을 바탕으로 상담 시 과잉 기대를 하는 경향이 있으며 초면에 신용거래나 독점 에이전트십을 요청하기도 한다.

현지에서 신용거래 및 대리점 영업은 일반적인 영업 관행이나 초기에는 소극적으로 대처할 필요가 있어 보인다. 회사 방침상 첫 대면에 독점권 교부는 불가하며, 에이전트 희망 시 초도물량의 연내 판매실적 등으로 판단해 보자는 식의 권유가 효과적이다.

결과적으로 상대 바이어의 시장 영향력, 점유율, 경쟁동향에 대해 파악하지 못한 에이전트 계약은 필히 삼가야 하며 여러 업체와의 거래경험을 통해 자체 판단이 설 때까지 유보해 두는 것이 바람직하다.

### ■ 영어 통용 여부

콜롬비아 바이어의 영어 구사 비율은 극히 저조한 편으로 가급적 통역원을 대동하는 것이 좋다. 통역원은 보고타 KBC 홈페이지를 통해 무료로 신청할 수 있으며 통역원과 제품 및 상담내용에 관해 사전에 충분히 협의할 필요가 있다.

불가피하게 영어상담으로 진행해야 할 경우 의문사항은 반드시 글로 써서 확인해야 하며 특히 영어 · 스페인어에는 일부 숫자 단위가 틀릴 수도 있는 바, 주의가 요망된다.

> **예)** Billion은 현대 영어에서 '10억(million의 천배)'로 쓰이나 대부분의 스페인어 권에서는 '1조(million의 백만배)'로 이해됨

## 3.2 거래 시 유의사항

### ■ 계약체결에 앞선 유의사항

콜롬비아 국민은 근본적으로 낙천적인 라틴문화를 이어받고 있으며, 이런 기질은 무역거래에서도 많이 나타난다. 제품품질 및 가격에 만족하면 자신의 자금능력, 무역 및 통관에 대한 지식을 고려하지 않고 쉽게 거래에 동의하고 추후 문제가 발생하면 쉽게 약속을 저버린다.

일단 구두 상 합의는 언제든 깨어질 수 있다는 점을 감안하고 상담에 임할 필요가 있으며 합의사항은 반드시 문서로 남겨놓을 필요가 있다.

송장 상 물품대금의 Under Value가 일반적으로 이뤄지고 있는 바, 수출업체의 책임한계를 명확히 해 둘 필요가 있으며 수입물품이 세관에서 분실되거나 항구에서 보고타까지 내륙운송 도중 도난사고의 위험도 적지 않으므로 운송상의 책임한계를 명확히 해야 한다.

한편 D/P, D/A 거래 시, 일부 콜롬비아 업체는 선적 후 갖은 이유를 들어 악의적인 추가 할인을 요구하는 경우가 있는 바, 외상거래의 경우

최소 Ship-back이 가능한 비용을 선수금으로 확보해 둘 필요가 있다.

- 차선책으로의 T/T 결제방식
  - 사전 거래 경험이 없는 업체와의 첫 거래는 가급적 'L/C at Sight'가 권장되나 거래규모가 10만 달러 이하의 소액 오더의 경우 대부분의 현지 바이어가 D/A, D/P를 요구하는 사례가 많다. 이 경우 차선책으로 T/T 거래를 유도하되 오더 컨펌 시 선수금 30% 내외를 선지급 받은 후 BL 원본은 잔금 입금이 완료된 이후 발송하는 것이 바람직하다.
  - KEIC(한국수출보험공사)에서 제공하는 수출보험 부보를 통한 우회안전장치 확보도 적극 고려해볼 만하다.

### 이메일 미회신 및 오퍼 지연

기본적으로 영어에 취약한 콜롬비아 바이어는 스페인어 교신이 아닐 경우 회신에 늦는 경우가 많다. 따라서 정확한 정보 전달을 위해 가급적 스페인어 교신을 권장하며 메일 발송 시 제목 및 보내는 이에 한국어 문자가 포함될 경우 스팸으로 처리될 가능성이 높은 점에 유의할 필요가 있다.

또한 대부분의 현지 바이어는 회사소개나 거래의사를 타진하는 팩스, 이메일에 일일이 답신할 필요성을 느끼지 못한다. 경험과 면식을 통한 비즈니스를 선호하는 현지 상관습상 한 번의 서면 소개로는 계약체결은 커녕 답신 자체를 기대하는 것도 어려운 것이 현실이다.

가급적 시장개척단, Sales 출장지원 등 KOTRA 해외마케팅 사업을 활용하는 접촉이 권장되나, 부득이한 사유로 현지출장이 불가할 경우, 사전에 스페인어(영문) 카탈로그, 샘플 등을 정식우편으로 발송하는 것이 효과적이다.

보낸 이의 정성을 소중히 여기는 콜롬비아 인들은 즉각적인 필요가 없을지라도 관심을 가지고 보관해 둘 가능성이 높으며, 이 경우 차후 관련 수요 발생 시 KBC, 대사관 등을 통해 역 오퍼가 들어올 확률이 높다.

한국기업의 잦은 오퍼 문의 및 독촉은 현지 바이어들의 가장 큰 원성을 자아내는 요인 중 하나다. 선천적으로 낙천적인 성향이 강한 데다 한국과 달리 수요발생 주기 및 자금회전 시기가 규칙적이지 못한 현지 여건상 우리 기업의 입장에서 지극히 정상적인 문의임에도 불구하고 때때로 정도를 넘어서는 과민한 반응을 보인다.

이 경우 차분히 상대방의 양해를 구한 다음 언제까지 확답을 줄 수 있는지 바이어로 하여금 결정하게 하는 것이 좋다. 제시하는 기한이 2, 3달 이상으로 불필요하게 길어진다고 판단될 경우 본사의 상황과 입장을 정중하게 설명한 후 거래의사 여부를 재확인하도록 한다.

## 4 현장의 소리

### 4.1 교포사업가의 조언

콜롬비아 시장진출을 고려하고 있는 우리기업이라면 지금이 놓칠 수 없는 진출 적기이나 시장을 콜롬비아 하나에 한정짓지 말 것을 충고하고 싶다.

역사적으로 중남미는 급락과 변동편차가 대단히 심한 시장으로, 항상 최악의 경우를 상정해야 하며, 시장 다변화를 노려야 한다. 천혜의 물류 입지조건과 통상경제협정 등을 잘 활용, 콜롬비아를 남미시장의 진출 교두보로 활용하는 것도 바람직하다.

문화, 정서적인 차이로 인해 고용주-피고용인 간 갈등이 적지 않으나 절대적으로 피고용인에 유리한 현행 노동법에 따라 노사 갈등상황 발생 시 전적으로 고용주가 피해를 감수하는 사례가 많으며, 종종 대규모 견적을 요청, 판매자의 기대를 한껏 부풀려 놓고 실제 주문량은 터무니없을 정도로 빈약한 경우나, 아예 감감 무소식인 경우 역시 다반사로 겪을 수 있는 문제다.

아울러 경험상, 납기일자, 선적서류 기한 등은 충분한 여유를 두고 협상하는 것이 좋으며 가급적 불가항력적 요소, 유예기한, 적용사례 등의 융통성 있는 해석의 여지를 많이 남겨놓는 것이 효과적이다.

(산업용 엔진, 굴삭기 부품 수입업체 P사 K대표)

현지 IT시장의 경우 중남미 국가 중 비교적 기술수용도와 도입속도가 빠른 편에 속하나, 호기심만 가질 뿐 실제 구매에는 극히 보수적인 성향을 보인다.

콜롬비아는 마약, 밀수에 따른 돈세탁 대용으로 저가제품의 유입이 범람하고 있으며 저가 IT제품, PC 부품 역시 이런 용도로 활용되는 사례가 많아 가격 및 공급경쟁력에 어려움이 많다.

한국 IT제품의 경우 최첨단, 고부가가치, 기능 면에서 우위를 앞세우고 있으나 실제 구매자의 추천, 권유를 중시하는 보수적 소비 패턴이 주를 이루는 현지 소비 특성상 시장공략이 쉽지 않은 상황이다.

특히 일부 제품의 경우 지나치게 기능의 다양성에만 치중, 매뉴얼 기재내용과 실제 구현기능이 일치하지 않거나, 사전 양해나 설명 없이 기능을 생략하고 출시되는 사례가 있어 제품의 신뢰도 상실로 이어지고 있다.

한편 현지 IT 제품 업계는 대부분 통관 및 무역지식에 문외한일 경우가 많아 업무 진척 및 이해도가 아주 느릴 수 있다는 점에 유의해서 거래 전반에 걸쳐 인내심을 가지고 꼼꼼히 체크해볼 필요가 있다.

(IT, UC, PC 보안소프트웨어 업체 S사, E대표)

## 4.2 한국수출업체의 조언

### ■ 플라스틱 사출, 금형 수출업체 I사 K대표

□ 10년 뒤를 목표로 하는 시장 선점 활동

플라스틱 사출, 금형을 전문으로 하는 I사의 K대표는 이미 10년 전 현지 진출을 위해 현장 시장조사를 시행한 바 있다. K대표는 언어, 치안 등의 제약에도 불구하고 단신으로 주요 제조업체를 방문, 업체별 인증요건 및 선호요인에 관해 철저한 분석을 가했으며, 후진국 및 개발도상국 수요가 높은 산업특성에 착안 향후 시장 진출 적기를 국민소득 3,500달러 진입시점으로 설정하고 중장기 진출전략을 수립했다.

□ 시장선호요인 분석 및 Testing 시장 설정

당시 콜롬비아는 소득수준이 한국보다 낮음에도 불구하고 유럽식 인증제도 및 디자인에 익숙해져 있는 상황이었기 때문에 한국 금형업체로서는 납품이 불가한 상황이었다. 이에 K대표는 콜롬비아 업계가 요구하는 유럽식 인증(기술) 요건을 정밀 분석한 후 중남미 진출의 전초시장으로 북아프리카 시장을 선정해 집중 공략했다. K대표는 공격적인 영업활동, 기술투자 등을 바탕으로 북아프리카 시장에서 대대적인 성공을 거두게 되며, 기술, 경험, 가격 모든 면에서 우위를 점하게 되었다.

□ 진출 적기를 노린 체계적인 시장 공략

이후 K대표는 중남미 각국의 거시경제지표 및 시장동향의 주기적인 모니터링에 근거, 국가별 진출 시기 및 전략을 차별화했으며, 콜롬비아의 경우 북아프리카 시장에서 얻어낸 거래, 기술경험, 인증요건, 인지도를 바탕으로 재진출해 첫 해에만 3건 이상의 오더 수주에 성공했다. 현재 K대표는 'KOTRA 지사화 사업'에 가입, 적극적인 시장 확대에 나서고 있으며 현지 바이어 간 호평에 힘입어 입지가 더욱 확대될 전망이다.

### 4.3 현지 KBC에서 전하는 이야기

콜롬비아에 거주하는 한국인에게 한국과 콜롬비아 문화의 가장 큰 차이점을 들라면, 아마도 이구동성으로 두 가지를 얘기할 것이다. 첫째는 정도를 넘어서는 보안절차에 따른 융통성 부재, 둘째는 사회 전반에 예외 없이 만연한 시간개념 부재이다. 특히 보안과 관련된 사항은 사회정서상 양보가 불가한 제 1덕목으로서 의식적이든 무의식적이든 이에 반하는 행위는 더 큰 오해를 불러일으킬 소지가 다분하다.

최근 대폭 개선기미를 보이고 있지만 콜롬비아는 과거 50년 이상 내전, 마약, 테러에 시달려온 전통적인 치안부재국가 중 하나이다. 이 때문에 사회 곳곳에 지나치다 싶을 정도로 보안규정과 절차가 만연하여 종종 한국 기업인을 당황하게 만든다.

일례로 한국 기업인 한 명이 거래은행에 들어가 자기 차례를 기다리던 중 휴대전화가 울려, 별다른 생각 없이 통화를 시도한 적이 있었다. 이내 주변 분위기가 심상치 않음을 느꼈으나 영문을 몰라 의아해하던 중 은행직원과 보안요원이 출동했다. 그리고 휴대전화를 압수한 뒤 고압적인 분위기로 다그쳐 큰 곤혹을 치렀다.

당사자 입장에서는 말할 수 없이 억울하고 부당한 처사이나, 현지보안당국으로서는 과거 소규모 은행 강도단의 전형적인 범죄행위와 유사한 사례로 오인할 수 있는 위험한 상황이었다. 콜롬비아에서는 일반고객으로 은행에 위장잠입하여 큰 금액을 인출하는 특정 고객을 지정, 밖에서 대기 중인 일당에게 전화하여 인상착의를 설명해주는 2, 3인조 강도단이 성행했다. 그래서 이런 사태를 방지하기 위한 예방조치 중

하나로 은행 내 휴대전화 통화를 예외 없이 금했다.

의아한 것은 은행 내 휴대전화 문자 메시지 전송은 가능하다는 점이다. 이 때문에 상당수 콜롬비아 국민이 통화금지의 실효성에 의문을 제기하고 있다. 우리로서는 그 실효성 여부에 관계없이, 콜롬비아의 이러한 현실을 인식하고 이해하여 불필요한 오해가 발생하지 않도록 사전에 차단하는 것이 바람직하겠다.

# VIII
# 페루

República del Perú

# VIII. 페루

República del Perú

- 국 명 페루(현지어 : República del Perú)
- 위 치 북쪽은 에콰도르, 콜롬비아, 동쪽은 브라질, 남쪽은 칠레, 볼리비아 접경
- 면 적 1,285천㎢(전세계 20위, 중남미 3위, 남한의 13배)
- 기 후 리마를 포함한 해안지대 : 사막성 기후
  안데스 산맥 이동의 산악지대 : 열대성 기후
- 수 도 리마(Lima)
- 인 구 총 2,750만명(전세계 41위, 6위, 2007년 기준)
- 주 요 도 시 리마(Lima, 850만명), 아레끼빠(Arequipa, 100만명), 치끌라요(Chiclayo, 73만명), 뜨루히요(Trujillo, 70만명)
- 인 종 인디오(Indio, 50%), 메스띠소(Mestizo 37%), 백인(12%), 일본 및 중국계 1%
- 언 어 / 종 교 스페인어 / 가톨릭교(92.5%), 기독교(5.5%), 기타(2.0%)
- 화 폐 / 환 율 누에보 솔(Nuevo Sol) - US$ 1 = 2.90 솔(2008. 6월말 기준)
- 정 부 형 태 대통령 중심제
- 국 가 원 수 알란 가르시아 뻬레스(Alan Garcia Perez)
- G D P US$ 109,217십억(또는 백만)(2007)
- 1인 당 GDP US$ 3,918(2007)
- 경 제 성 장 률 7.6%(2006), 9.0%(2007)
- 물 가 상 승 률 1.1 %(2006), 3.9 %(2007)
- 수출(對韓수출) US$ 21,496백만(2007)
- 수입(對韓수입) US$ 19,599백만(2007)

## Ⅰ 일반 비즈니스 환경

### 1.1 약사

페루인들의 조상은 B.C. 12,000년 경 해안 지역의 동굴에서 거주한 흔적이 발견되며, 페루의 고대사는 크게 쁘레잉카(Preinca : 잉카 이전)와 잉카(Inca)로 나뉜다.

대표적인 쁘레잉카 문명은 차빈(Chavin), 빠라까스(Paracas), 나스카(Nasca), 모치까(Mochica), 띠아우아나꼬(Tiahuanaco), 우아리(Huari), 치무(Chimu) 등이며 잉카문명은 15세기 초반에 전성시대를 맞았다.

리마시 전경

리마 해안

문자를 쓰지 않은 문명이기 때문에 구전으로 내려오는 역사를 전하고 있어 연도나 당시 상황은 정확하지 않은 편이다.

잉카문명의 역사를 심도 있게 살펴보면 남아메리카의 중앙 안데스 지방에는 BC 2000년경에 초기 신전이 출현하였고, 이후 차빈, 모띠까, 나스까, 띠아우아나꼬 문명 등이 잇따라 번영하였다.

1200년 경부터 지방 국가 형성기로 들어가, 각지에 왕국과 부족국 등 정치조직이 성립하였다.

그 중에서 가장 강대하였던 것은 페루 북쪽 해안지방의 찬찬(Chan Chan)이라는 대도시를 중심으로 한 치무(Chimu) 왕국이었으나, 잉카제국은 그들 여러 왕국 중에서 가장 늦게 나타나 치무를 비롯하여 각지의 지방적 정치조직을 정복 통합하고 전(全)안데스 지대에 걸치는 통일국가를 형성하였다. 그러나 잉카제국을 건설한 잉카족의 기원에 대한 정확한 사실은 알 수 없다.

나스까 유적

16세기에 잉카를 정복한 스페인 사람들이 채집하였던 전설에 의하면 만꼬 까빡이라고 하는 선설적 인물이 13세기경, 사기의 부족을 이끌고 페루 남부 고원(高原)의 꾸스꼬(Cuzco)에 정주하였다. 그곳에 태양의 신전을 축조하였는데 이는 잉카족과 창까족과의 싸움이 발단의 계기가 되었다.

창까족은 꾸스꼬 남서쪽의 안다우아일라스(Andahuaylas) 지방에 본거지를 두고, 페루 중부고원의 아야꾸초(Ayacucho) 지방까지 정치적으로 지배하였던 대부족이었다. 꾸스꼬의 잉카족을 정복하기 위하여 대군을 보냈다. 당시 잉카제국의 왕자였던 빠차꾸떽(Pachacutec)의 지도하에 창카족을 쳐부수었기 때문에 꾸스꼬가 갑자기 중부 페루고원의 패권자로 부상했다.

영토의 확대와 더불어 빠차꾸떽은 태양신전을 개축시키고 각종 제도와 의례를 정비하였다. 또한 1430~1440년 사이에 정치적 통합을 위한

피사로

정신적 구심점으로 꾸스꼬의 면모를 일신시켰고, 정복지에 관리를 보내 지방의 부족들을 꾸스꼬의 통치 하에 두는 정책을 적극적으로 추진하였다. 이러한 업적을 남긴 빠차꾸떽은 1472년경에 죽었다.

빠차꾸떽의 뒤을 이은 뚜빡 잉카 유빵끼(Tupac Yupanqui) 왕(王) 시대에도 정복은 계속되어 에콰도르 지방과 칠레, 아르헨티나 북부도 잉카의 영토가 되었다. 그는 질서와 규율이 있는 행정제도를 전국적으로 확대했으며, 태양신전과 성채를 중심으로 공공건축물도 각지에 세웠다.

잉카제국의 근본적인 형태는 뚜빡 잉카 유빵끼 시대에 이루어졌다. 이 잉카가 죽은 1493년 이후 와이나 까빡 시대에는 영토 확대는 없었지만 여러 제도를 정비하거나 강화하는 한편 변경의 에콰도르 지방을 개발하는 데 힘을 쏟았다.

이때부터 황제가 수도 꾸스꼬를 비우게 되는 경우가 많아졌으며, 꾸스꼬를 중심으로 하는 지배층과 에콰도르의 키토를 중심으로 하는 지배층과의 사이에 대립이 생기게 되었다.

잉카제국은 1526년 스페인 프란시스꼬 삐사로(Francisco Pizarro)의 침략과 정복으로 막을 내렸다. 그 결정적 사건은 1533년 황제 아따우알빠(Atahualpa)의 처형이었다.

남미를 정복한 프란시스꼬 삐사로 장군(1478~1541)은 1535년 1월 18일 페루 해안과 리막강의 중심도시인 리마시를 페루의 수도로 정하였다.

| 시기 | 중요 역사적 사건 |
| --- | --- |
| 1525 | 와이나 까빡 사망 |
| 1532 | 와스까르 Vs 아따우알빠 전쟁 |
| 1535. 01. 18 | 리마 시 건설 |
| 1821 | 페루 독립 선언(불완전한 독립) |
| 1824 | 아야꾸초 전쟁 |
| 1825 | 페루 독립 선언(완전 독립) |
| 1825~1865 | 불완전한 정치로 40년 동안 35명의 대통령 집권 |
| 1866. 05. 02 | 스페인 전쟁 |
| 1879 | 태평양 전쟁 |
| 1879 | 앙가모스 전쟁 |

피사로 장군에 의하여 남미가 스페인의 식민지로 되면서 스페인은 중남미를 5개 지역으로 나누었으며 각기 그 지역에 부왕청을 두어 지배하였다. 페루 독립 운동에 앞장선 산 마르틴 장군은 1821년 독립 선언을 하였으나 이는 부왕청을 유지하는 불완전한 독립이었다. 이후 산 마르틴 장군은 시몬 볼리바르 장군과 비밀 회담을 가져 페루에서 물러나겠다고 선언하였다.

시몬 볼리바르 장군은 베네수엘라 출신으로 프랑스 계몽사상에 심취하여 식민지를 해방하겠다는 사명감을 가지고 있었으며 남미 연합을 꿈꾸었다. 페루에서는 아야꾸초 전쟁을 통하여 프랑스 왕당파를 격파하고 페루를 실질적으로 완전히 독립시켰다. 남미 연합을 꿈꿔왔으나 이루지 못하여 묘비에조차 "연합, 연합, 연합"을 새길 정도였다.

페루는 독립 이후 약 40년 간 정치적으로 매우 불안정한 시기로 이 기간 동안 무려 35번이나 대통령이 바뀌었다.

스페인은 페루 독립 초기에는 페루의 독립을 부정하다 1853년에 가서야 페루의 독립을 인정하였다. 그러나 13년이 지난 1866년 5월 2일 까야오(Callao)와 베야비스따(Bellavista)를 다시 침범하였으나 페루는 에콰도르, 칠레, 볼리비아와 동맹을 맺어 스페인에 대항했다. 이 전쟁을 승리로 이끈 장군은 호세 갈베스(Jose Galvez)이다.

칠레 북부의 볼리비아 경계에 위치한 아따까마 사막에는 초석이 많았다. 그 동안 초석은 천연비료로만 알려져 왔었는데 영국은 초석이 화약원료임을 알고 칠레를 설득하여 이 사막을 점령 할 것을 부추겼다. 이즈음 볼리비아는 페루와 군사협정이 맺어져 있었으며 양국이 합하면 충분히 이길 것으로 믿고 전쟁에 가담하였다.

하지만 영국군의 지원을 받은 칠레는 볼리비아와 페루 동맹군을 이겨 페루의 남단 아리까와 따끄나까지 차지하였다. 이때부터 볼리비아는 바다를 빼앗기고 영원한 내륙국이 되었다.

1929년 페루는 국제 사회에 이를 선포하여 따끄나를 반환 받았으나 아리까는 칠레 땅으로 남아 아직도 양국 간 외교적 충돌을 야기한다. 한편, 그 당시 볼리비아는 해군이 막강하였으나 그 힘이 상실되어 현재까지 잔존하는 해군은 띠띠까까 호수에서 훈련을 하고 있다.

| 시기 | 중요 역사적 사건 |
|---|---|
| 1985~1990 | 알란 가르시아 대통령 집권 |
| 1990 | 후지모리 대통령 집권 |
| 2000 | 후지모리 사임 |
| 2000 | 발렌띤 빠니아구아 대통령 취임(임시) |
| 2001 | 알레한드로 똘레도 대통령 집권 |
| 2006 | 알란 가르시아 대통령 재임 |

1949년 태생, 알란 가브리엘 루드윅 가르시아 뻬레스(Alan Gabirl Ludwig Garcia Perez)는 리마 가톨릭 대학에서 문학과 산마르코스 국립대학에서 법학을 전공하고 스페인과 프랑스에서 유학을 하였다.

1977년부터 아쁘라(Apra)당 간부를 지내다 1985년 35세의 나이로 세계 최연소 대통령으로 집권하였다. 알란 가르시아 대통령 첫 집권

시기에는 정치와 경제가 매우 불안정하여 테러와 인플레이션이 매우 심하였다.

후지모리

알란 가르시아 대통령을 이은 알베르또 후지모리 후지모리(Alberto Fujimori Fujimori) 대통령은 일본인 국적을 감추고 대통령에 출마하였으며 1990년 집권하여 1992년 4월 국회법을 개정함으로써 대통령 연임을 가능하게 하였다. 후지모리 대통령은 한국의 박정희 대통령을 매우 존경하여 유사한 정치를 펼쳤는데 후지모리 대통령이 3차 집권을 하였던 2000년까지 테러리스트를 완전 소탕하고 외채를 큰 폭으로 줄였다.

항간에는 후지모리 대통령 시절에 빈민구제를 빌미삼아 극빈층에게 불임약이 섞인 쌀을 보급했다고도 하고 법적으로 금지된 코카인 제조를 묵인하는 대신 높은 세금을 부과하여 외채를 갚았다고도 전해진다.

후지모리 대통령 사임 후 빠니아구아 대통령은 2001년 7월 알레한드로 똘레도 만리께(Alejandro Toledo Manrique)가 대통령으로 취임하기까지 수 개월간 대통령직을 맡았다.

1946년 3월 28일 시에라 지역 앙카쉬에서 태어났고 침보떼에서 자란 똘레도 대통령은 어려서부터 현명하였다. 침보떼 지방방송국이 수여한 문학상 수여식에서 주요 정계 인사들을 만나면서 정치의 꿈을 펼쳤는데 중학교를 마친 후 지방 교구청을 통하여 미국 샌프란시스코 대학에 장학생으로 입학하였고 이후 스탠포드 대학에서 인류경제학 석사와 박사 학위를 받았다.

2001년 취임 후, 인디오 출신이라는 이유로 인기도가 떨어지기도 하였으나 국제 원자재 가격 상승 추세를 업고 페루 경제를 조금이나마 호전시켰다.

2006년 민족주의 좌파세력인 오얀따 우말라(Ollanta Umala)와 마지막 격전 이후 대통령으로 선출된 알란 가르시아는 첫 집권 시기의 실책을 만회하겠다는 일념으로 경제 안정에 힘쓰고 있으며 현재 비교적 높은 지지도를 유지하고 있다. 알란 가르시아 정부는 대체적으로 기업계, 투자가에 우호적인 경제성장 정책을 실시하고 있으며 이에 맞추어 페루의 주종 상품인 원자재 가격도 국제시장에서 호조(好調)를 보임으로써 앞으로 상당 기간 페루 경제를 호황으로 이끌어가고 있다. 이에 따라  정권 지지도도 유지될 것으로 보인다.

공무원 임금 동결 및 국가예산 축소 등 긴축정책을 실시함으로써 전임 똘레도 정권과는 대조적인 이미지를 국민에게 각인시키는 데에 주력하고 있으며  빈민층 및 사회적 소외계층 구제에 많은 노력을 기울이고 있다. 2008년 APEC을 비롯한 각종 국제 행사를 페루에서 개최하면서 페루 전역에 인프라 구축에 힘쓰고 있다.

한편, 알란 가르시아 대통령은 임기 초반 심각했던 인플레이션, 달러의 평가절상과 물가지수 상승으로 일반 서민들로부터 비난을 받았다. 하지만 아직까지 큰 문제를 야기하지 않으면서 정권을 유지하고 있다. 미국과의 관계는 비교적 잘 유지하고 있으며, 똘레도 대통령이 종결하지 못했던 미국과의 FTA를 종결시켰다. 그리고 인접국 칠레 및 중국과도 매우 우호적 관계를 유지하고 있다.

2008년에는 EU, 중남미 정상회담, APEC 개최를 통하여 인프라 확충에도 힘쓰고 있으며 치안도 많이 개선되고 있다.

## 1.2 경제현황

### ■ 주요 경제지표

| 구분 | 단위 | 2006 | 2007 | 2008(전망) |
|---|---|---|---|---|
| GDP | US$ 백만 | 93,330 | 109,217 | 114,114 |
| 일인당 GDP | US$ | 3,388 | 3,918 | 4,052 |
| 경제성장률 | % | 7.6 | 9.0 | 8.0 |
| 물가상승률 | % | 1.1 | 3.93 | 2.5 |
| 임금상승률 | % | 1.4 | 1.32 | 1.3 |
| 실업률 | % | 7.3 | 9.4 | - |
| 기준금리(연말) | % | 10.8 | 10.5 | 10.7 |
| 수출 | US$ 십억 | 23.4 | 27.9 | 29.5 |
| 수입 | US$ 십억 | 15.3 | 19.6 | 21.1 |
| 무역수지 | US$ 십억 | 8.1 | 8.3 | 8.3 |
| 경상수지 | US$ 십억 | 2.4 | 1.5 | 1.1 |
| 외국인직접투자 | US$ 십억 | 15.5 | 16.1 | |
| 외채 | US$ 십억 | 28.3 | 31.4 | - |
| 외환보유고 | US$ 십억 | 17.3 | 27.7 | - |
| 연평균 환율 | US$1당 현지화 | 3.28 | 3.13 | - |

자료원 : 페루 중앙은행

페루는 광물 자원이 매우 풍부한 나라로 국제 원자재 가격이 상승하면서 매년 두드러진 경제 성장을 보인다. 2007년의 경제성장률은 9%에 달했으며 2004년 이후 연평균 5% 이상 성장을 기록하고 있다. 2008년은 8.0%의 경제 성장이 전망되고 있다.

경제가 상승하면서 물가 상승률도 폭이 커졌으나 2008년에는 전년보다 안정된 2.5%대를 전망하고 있다.

**주요 교역대상국(2007)**

(단위 : US$ 백만)

| 수출 | | | 수입 | | |
|---|---|---|---|---|---|
| 순위 | 국명 | 금액 | 순위 | 국명 | 금액 |
| 1 | 미국 | 5,250 | 1 | 미국 | 3,603 |
| 2 | 중국 | 3,041 | 2 | 중국 | 2,474 |
| 3 | 스위스 | 2,335 | 3 | 브라질 | 1,884 |
| 4 | 일본 | 2,184 | 4 | 에콰도르 | 1,511 |
| 5 | 캐나다 | 1,785 | 5 | 아르헨티나 | 1,126 |
| 10 | 한국 | 883 | 11 | 한국 | 522 |
| 총계 | | **27,588** | 총계 | | **20,464** |

자료원 : 페루 수출입 협회

**주요 수출입품목(2007)**

(단위 : US$ 백만)

| 수 출 | | | 수 입 | | |
|---|---|---|---|---|---|
| 순위 | 품목 | 금액 | 순위 | 품목 | 금액 |
| 1 | 광물 | 17,328 | 1 | 산업용원자재 | 6,205 |
| 2 | 석유 | 2,248 | 2 | 산업용자본재 | 3,988 |
| 3 | 직물 | 1,730 | 3 | 연료, 윤활유 | 3,623 |
| 4 | 농목축제품 | 1,503 | 4 | 내구 소비재 | 1,753 |
| 5 | 수산물 | 1,456 | 5 | 비내구 소비재 | 1,438 |
| 총계 | | 24,265 | 총계 | | 17,007 |

자료원 : 페루 관세청

## ■ 환율

페루는 미달러화가 현지화(솔 : Sol)와 함께 시장에 그대로 통용됨에 따라 민간이 보유한 달러가 상당할 것으로 전망된다.

페루 화폐인 솔은 2002년 이후 계속 고평가되어 왔는데 2002년말 환율이 미화 1달러=3.5솔에서 2004년 12월에는 1달러=3.281솔로 6% 이상 평가절상되어 수출에 악영향을 미치는 반면 수입에는 유리하게 작용하였다.

그러나 2005년 하반기부터 다시 평가절하가 진행되어 2005년 10월말 1달러=3.381, 2005년 12월에는 1달러=3.40을 넘어서기도 했으나 2006년부터 다시 안정세에 들어 2007년 3월에는 1달러=3.18대를 기록하였다.

그러나 이후 솔화의 가치가 급속히 평가절상되어 2008년 4월에는 2.53대로 곤두박질하여 일반인들의 심리적 마지노선인 1달러=3솔대가 무너졌는데 6월 이후 중앙은행이 외환시장에 개입을 하여 조금씩 회복되고 있다.

### ■ 인플레이션

페루 경제는 최근 물가를 위협할 만한 내부 요인이 없었으며 경제가 안정되면서 현지화가 달러 대비 강세를 유지하여 2005년부터 1%대의 안정적인 물가 상승율을 기록해 오다 최근 들어 상승세를 보이고 있다.

## 1.3 시장특성

### ■ 시장특성

기본적인 생필품을 제외한 일반 상품시장은 규모가 크지 않아 소량다품목 주문이 일반화돼 있으며 거래 시 최소 주문량을 소화하지 못하여 수출을 포기하는 한국 업체들이 있는데 페루시장 개척 시 최소 주문량 수준을 탄력 있게 수용할 필요가 있다. 페루는 플라스틱, 맥주, 의약품, 봉제업을 제외한 제조업이 발달하지 않아 대부분 소비 제품을 수입한다.

■ 유통구조

매년 수입시장 확대로 경쟁이 치열해짐에 따라 수입상 모두 비용을 줄이고 가격경쟁력을 확보하기 위해 단순한 경로를 보인다.

■ 소득수준

최근 들어 경제성장이 지속되고 2004년 이후 GDP 성장률이 5% 이상을 유지하면서 매년 상승하고 있다.

## 1.4 우리나라와 관계

■ 무역투자 관계

2000년 이후 지속적으로 수출, 수입액이 상승하고 있으나 동(銅), 아연(亞鉛)을 비롯한 각종 원자재가격 상승으로 페루로부터의 수입이 수출을 능가하여 거의 해마다 무역수지 적자 현상을 보인다.

**연도별 한-페루 수출입동향**

(단위 : US$ 천)

| 구분 | 2003 | 2004 | 2005 | 2006 | 2007 |
|---|---|---|---|---|---|
| 수 출 | 204,397 | 245,026 | 282,285 | 358,875 | 466,161 |
| 수 입 | 194,417 | 283,116 | 249,488 | 675,897 | 1,039,988 |
| 무역수지 | 9,980 | -38,090 | 32,797 | -317,022 | -573,827 |

자료원 : KOTIS

우리나라 수출품목 중 대표적이라 할 수 있는 자동차의 현지 인지도 향상 및 경쟁력 확보로 인하여 수출이 대폭 증가할 것으로 보인다. 페루의 제조업 성장 및 산업발전, 정부의 에너지가스화 정책, 석유화학산업

**우리나라의 대페루 주요 수출입 품목(2007)**

(단위 : US$ 백만)

| 수출 | | 수입 | |
|---|---|---|---|
| 품목명 | 금액 | 품목명(MTI 3단위) | 금액 |
| 실린더용량(1,500cc~3,000cc) | 34,530 | 아연광과 그 정광 | 498,150 |
| 총중량이 5톤 이하 | 26,398 | 연광과 그 정광 | 98,236 |
| 오르토프탈산디옥틸 | 8,327 | 동광과 그 정광 | 314,602 |
| 에이치형강 | 22,748 | 경질석유 및 조제품 | 16,317 |
| 셀룰러 통신망/무선 전화기 | 52,861 | 응결한 것 | 30,505 |
| 폴리프로필렌 | 5,927 | 커피 | 14,411 |
| 압축점화식 내연기관 | 16,798 | 몰리브덴광과 그 정광 | 2,529 |
| 실린더용량(1,500~2,500) | 22,203 | 캐비아와 대용물 | 6,750 |
| 프로필렌 공중합체 | 4,014 | 면제품 | 796 |
| 백신(인체의약용 ) | 6,080 | 남성용 면제품 셔츠 | 160 |
| 총계 | 466,16 | 총계 | 1,039,88 |

자료원 : KOTIS

육성책, 정유공장 리모델링 추진 등으로 대형 프로젝트 및 플랜트 수요도 증가할 것으로 예상된다.

그러나 페루 수입 시장은 아직까지 가격을 우선시 하는 가격 경쟁 시장으로 다수 한국제품은 중국산과 비교하여 가격경쟁력을 상실하였고 한국 수출업체가 중국 제조품을 한국산이라고 속여 판매하는 사례도 있다.

한편, 지리적 원거리, 언어소통 장애, 소량주문관행, 거래 성사까지의 장시간 소요로 국내 업계의 페루 시장 관심도 또한 동남아, 중국 등 보다는 저조하다.

페루의 경제부 투자국(Proinversion)에 따르면, 우리나라의 대 페루 투자진출 현황은 2005년 12월까지 약 4,400만 달러 정도로 1995년 이후부터 투자액이 지속적으로 늘어나고 있다. 가장 투자액이 큰 분야는 운송업 분야로 전체 투자액의 50% 가까이를 차지하고 있다.

분야별로 살펴보면 운송업, 금융업 및 무역업에 대한 우리나라의 투자가 활발한 것을 볼 수 있고 주요 투자기업으로는 SK, 대우, LG 등 대기업과 석유공사, 수산업 및 수산물 가공 등에 종사하는 중소기업과 자동차 및 자동차 부품 트레이딩에 종사하는 소규모 자영업 등이다.

페루 유전개발에 SK, 대우, 석유공사가 아마존 지역 8광구에 투자하였고 SK는 까미세아(Camisea) 가스전에 그리고 광업진흥공사와 LS-Nikko가 각각 마르꼬나(Marcona) 동광에 지분을 15%씩 보유하고 있는 상황이다.

페루는 해안선이 길고 수산자원이 풍부하여 다양한 수산물이 생산되는데, 몇몇 우리나라 기업이 북부 뚬베스(Tumbes) 지역 등에 투자하여 활동 중이다. 주로 대형 오징어, 장어 등을 우리나라, 일본, 유럽 등에 수출한다.

페루에서는 택시의 절반 가까이가 대우의 티코일 정도로 우리나라 자동차에 대한 인식이 좋고 현재 많이 사용되고 있는 상황이며 페루에서 자동차 관련 업종에 종사하는 우리나라 교민 수도 상당하다. 이외에도 섬유, 전자제품, 보안장비, 중장비, 무역, 의료분야 등 다양한 분야에도 우리나라가 투자한 상황이다.

**우리나라의 대 페루 투자현황(2008)**

| 업종 | 신고건수 | 신고금액 | 투자건수 | 투자금액 |
|---|---|---|---|---|
| 농림어업 | 1 | 170 | 1 | 128 |
| 광업 | 13 | 869,030 | 12 | 533,593 |
| 제조업 | 6 | 8,512 | 3 | 6,590 |
| 건설업 | 1 | 235 | 1 | 235 |
| 도소매업 | 6 | 23,485 | 6 | 21,925 |
| 운수창고업 | 1 | 566 | 1 | 566 |
| 총계 | **28** | **901,998** | **24** | **563,037** |

자료원 : 한국수출입은행

**주요 기업별 대 페루 투자현황**

<table>
<tr><th>분야</th><th>투자회사명</th><th>프로젝트명</th><th>투자액<br>(US$백만, 예정액포함)</th><th>지분</th></tr>
<tr><td rowspan="4">자원</td><td>광업진흥공사</td><td>Marcona(동광)</td><td>4.8</td><td>15%</td></tr>
<tr><td>LS-NIKKO</td><td>Marcona(동광)</td><td>4.8</td><td>15%</td></tr>
<tr><td>SK</td><td>Camisea(가스)<br>LNG<br>Block56(석유)</td><td>283<br>900(예정)<br>22</td><td>17.6%<br>30%<br>17.6%</td></tr>
<tr><td>석유공사/<br>대우인터내셔널/<br>SK</td><td>Block8(석유)</td><td>727</td><td>석유공 : 20%<br>대우 : 11.7%<br>SK : 8.3%</td></tr>
<tr><td>제조업</td><td></td><td></td><td>5.8</td><td>2건</td></tr>
<tr><td>도소매업</td><td></td><td></td><td>17</td><td>6건</td></tr>
<tr><td>기 타</td><td></td><td></td><td>0.7</td><td>운수창고업 등</td></tr>
<tr><td>총 계</td><td></td><td></td><td>1,965.1</td><td></td></tr>
</table>

자료원 : 한국수출입은행, 해당업체 문의

페루투자진흥청(Proinversion) 분석에 의하면 2002년부터 2005년까지 페루에 투자한 100대 기업 중 SK가 18.75백만 달러로 29위에 랭크되어 있으며 LG전자가 5.38백만 달러로 51위에 포진되어 있다. SK는 페루 최대 가스유전인 까미세아에 투자 진출한 상황이며 LG전자는 페루 가전제품 시장에 있어서 삼성전자와 함께 쌍벽을 이루고 있다.

□ 현지진출 기업

페루에 진출한 한국 기업은 약 20여 개 사로 리마에 LG, 삼성, SK, 대우 인터내셔널 등 주요 업체가 지사, 법인을 설립해 있고, 지방에는 수산가공 업체가 분포하며 현지 교민들의 사업체도 있다.

| 진출업체 | 진출연도 | 업종 | 취급분야 | 지역 |
|---|---|---|---|---|
| (주)대우인터내셔널 | 1996 | 지사 | 석유, 가스 탐사 및 개발, 생산 | 리마 |
| CNC SAC | 2001 | 법인-합자, | 농업 및 관련 서비스 | 리마 |
| Corea Trade SAC | 2003 | 법인-단독 | 서비스업 | 리마 |
| Mega Internacional Service SAC | 1997 | 법인-단독 | 이벤트 모듈 제작 | 리마 |
| 고려 여행사 | 1997 | 법인-단독 | 서비스업 | 리마 |
| 대원 수산 | 2000 | 법인-단독 | 선박, 냉동 공장, 수산물 생산 및 수출 | 리마 |
| 리마 연합 여행사 | 2004 | 법인-단독 | 서비스업 | 리마 |
| Maquinarias U-GUIL S.A. | 1997 | 법인-단독 | 현대 중장비 딜러, 중장비 임대 | 리마 |
| 페루코 해운 주식회사 | 1990 | 법인-단독 |  | 리마 |
| 페스코 마린 | 2005 | 법인-단독 | 수산물 가공 | 딸라라 |
| LG전자 | 1997 | 법인-단독 | 전자제품 | 리마 |
| SK(주) | 1996 | 지사 | 에너지 | 리마 |
| Ultra Frio SAC | 2002 | 법인-단독 | 냉동 | 리마 |
| 삼성전자 | 1996 | 지사 | 전자제품 | 리마 |
| 아우토 코리아(주) | 2002 | 법인-단독 | 자동차 부품 수입 | 리마 |
| 인트라월드와이드 | 1999 | 현지 법인 | 보안장비 | 리마 |
| 하나로 | 1998 | 법인-단독 | 건설업 | 리마 |
| 한국석유공사 페루사무소 | 1996 | 지사 | 에너지 | 리마 |
| 대한광업진흥공사 | 2006 | 지사 | 광업 | 리마 |
| 후리코(주) | 1997 | 법인-단독 | 농수산업 | 피우라 |
| Park-Lab | 1999 | 법인-단독 | 사진관 | 리마 |

자료원 : 리마 KBC 홈페이지 / 현지진출기업

□ 우리나라와 역사적 관계

1977년 3명의 병아리 감별사가 페루에 정착하면서 이민 역사가 시작되었으며 1970년대 말 박만복 배구 감독 등을 비롯한 한국 교민이 증가하기 시작했다. 1990년대에는 교민수가 2,500명 정도 되었으나 후지모리 대통령 사임과 더불어 동양인에 대한 감정이 나빠지면서 서서히 미국 또는 인근 타 국가로 이주하여 현재 약 900여 명으로 집계되었다.

리마의 교민들은 주로 섬유, 자동차부품, 중고자동차, 중장비 관련하여 현지 회사를 운영하고 있다. 또한 일부는 식당, 식품점을 운영하고 있으며 지방의 경우 수산업, 수산 가공업 및 수출업에 종사하고 있다. 참고로 초기 3명의 병아리 감별사 중 현재 페루에는 한 사람만 거주하고 있는 것으로 밝혀졌다.

페루 전체의 한국 교민 수는 약 900명으로 잠정 집계하는데 대부분이 수도 리마에 거주하고 있으며 한인회 사무실이 위치한 아베니다 아비아시온(Av. Aviación: San Borja) 지역에 한식당, 한국 슈퍼마켓, 비디오 대여점 등 다수의 상점이 밀집되어 있고 한인학교가 위치한 산 펠리뻬(San Felipe) 아파트촌 주위에도 식당, 떡집, 사진관 그리고 다수의 한인 가족이 거주한다.

대부분의 교민 자녀들은 인터네셔널 스쿨을 이용한다. 고등학교나 대학을 한국이나 미국으로 보내며 페루에 남는 자녀들은 소수다. 한인학교는 한인회를 통하여 주말에만 운영한다. 교회와 성당은 각각 하나씩이다.

● **한인회 연락처**
- 한인회장 : 홍순민 회장
- 전화 : (51-1) 225-3181 /3180
- 메일 : asope_kr@hanmail.net / asope_kr@hotmail.com
- 주소 : Av. Aviación 3199, 3er Piso, San Borja, Lima, Peru

□ 우리나라 인지도

페루 사람들은 LG, 삼성, 대우차, 현대차 등으로 인해 한국이 소비재를 잘 생산하는 산업국가라는 인식을 가지고 있다. History Channel이 방영한 현대그룹과 CNN 한국특집을 통하여 조선, 건설, IT 강국이라는 인식도 가지고 있다.

중년층 이상에서는 박만복 감독의 모국으로 더 유명하지만 실제 비즈니스 및 문화 교류 등이 적어 일반인들은 한국의 실상을 잘 모르는 편이다. 현지의 중국계, 일본계가 많아 중국인 또는 일본인으로 착각하는 경우도 다반사다.

중남미 모든 국가가 그렇듯이 페루도 축구를 매우 사랑하는 편이다. 지난 2002년 한-일 월드컵을 통하여 한국에 대한 홍보가 더욱 활발해졌으며 특히 깨끗이 정돈된 축구장과 거리 모습이 방영되어 페루 사람들의 부러움을 사기도 하였다. 한편, 2007년 9월 한국에서 개최된 유소년 축구경기에서 페루 팀이 최초로 준결승전까지 진출해 한국에 대한 인지도가 더욱 높아지기도 하였다.

그리고 금년도 3월 한국 정부가 페루 정부에 순찰차용 현대 Tucson 50대와 기아 Sportage 50대를 무상 기증하면서 또 한 번 전국민의 주목을 집중하였다.

꾸스꼬시 전경

## 2 문화코드

### 2.1 인종

인디오가 절반 이상(50%)이며 메스띠소(37%), 백인(12%), 일본과 중국 등 동양계(1%)로 구성되어 있다. 백인과 동양인은 주로 리마, 아레키빠, 뜨루히요와 같은 대도시에 거주하고 있으며 안데스 산맥에 위치한 산간 지방에는 인디오 분포도가 높다.

원주민

■ 종교

가톨릭이 92.5%로 가장 큰 비중을 차지한다. 페루의 가톨릭은 스페인 정복 시 유입되어 원주민들의 반발을 차단하는 데 일조했다. 특히 페루 전통 샤머니즘과 결합된 종교 혼합적 요소가 강하게 남아있다. 화려한 전통 의상을 입은 마리아상이나 유색 예수상 등이 이런 특성을 잘 반영한다.

개신교는 약 5.5%로 집계되고 있으나 매년 신자가 증가하고 있으며 기타 종교는 약 2.0% 내외이다.

대성당

■ 축제

페루는 가톨릭 국가로 주요 축제는 가톨릭 성인과 관련된 것이 많다.

□ 카니발

2월 한 달 간으로 일요일이면 물풍선, 물, 파우더 등을 뿌리는데 아는 사람이건 모르는 사람이건 마구 뿌려댄다. 리마 시내의 경우는 덜하지만 지방은 심해서 일요일이면 지방 수도공사에서 단수를 할 정도이다. 처음 보는 사람들은 매우 의아해 한다. 볼리비아와 국경을 접하고 있는 푸노 지방의 카니발이 가장 유명하다.

□ 부활절

3~4월 중이며 목~일요일까지 축제를 한다. 금요일은 예수가 처형당한 날로 예수상, 마리아상을 들고 시가행진을 실시한다. 지방으로 갈수록

행진이 볼 만한데 특히 아야꾸초(Ayacucho) 지방 행진은 유명하다. 부활절은 아야쿠초 지방의 성수기다.

□ 성 후안의 날

6월 24일 성요한의 날에는 후아네스라는 음식을 먹고 지방은 공휴일이다. 후아네스는 요한의 머리를 상징하는 음식으로 바나나 잎안에 쌀, 올리브 열매, 삶은 계란, 건포도 등으로 머리, 눈, 코, 입을 만드는 데 싸올린 잎은 쟁반에 올려진 요한의 머리를 연상하게 한다.

□ 독립기념일

7월 28~29일로 피에스따 빠트리아(Fiesta Patiria)라고 불리는데 연휴동안 국내, 해외 여행객이 증가하며 기업은 상여금을 지불한다. 이 날을 맞아 각 백화점, 쇼핑센터는 다양한 프로모션을 실시하여 매상 올리기 작전을 펴기도 한다.

시청사

□ 성탄절

가톨릭 국가에서 성탄절은 우리나라의 구정이나 마찬가지로 가장 큰 축제에 속한다. 24일 크리스마스 이브가 가장 중요한 날로 이 날을 전후하여 기업들은 1주일씩의 휴가를 주기도 한다. 크리스마스 이브에는 제사상처럼 상을 잘 차리고 크리스마스 트리 주위에 선물을 놓고 자정이 되면 성탄을 축하하며 선물을 교환한다. 폭죽을 터트리고 빠네통이라고 이탈리아에서 전파된 빵을 나누어 먹는다. 고용주는 까나스따라고 불리는 빠네통을 비롯하여 와인, 위스키 또는 식료품을 바구니에 담아 직원들에게 선물한다.

산따 로사

□ 신년

신년은 성탄에 이어 큰 축제지만 성탄절보다는 비중이 낮은 편이다. 통상 성탄절은 가족과 함께 신년은 친구와 함께 보낸다. 마찬가지로 자정이 되면 신년 인사를 나누고 한 해 동안 이루고 싶은 소원을 포도 12알을 먹으며 비는데 진학을 희망하는 사람은 책을 들고, 여행을 하고 싶은 사람은 여행 가방을 들고 동네를 돌기도 한다. 페루는 1월이 한 여름으로 많은 수의 주민들이 리마에서 90km 떨어진 아시아라는 해변과 근처 클럽, 별장에서 신년을 맞는 것을 꿈꾼다.

□ 생일

페루는 생일을 아주 중요하게 여겨 생일날에는 결근을 해도 된다. 지인들이 조그마한 선물이라도 해 주는 편이며 직장 동료들은 케익, 선물 등을 준비한다.

□ 국경일

페루는 공식 휴일 이외에 정부부처에서 정하는 정부 및 유관기관 공무원의 휴일이 별도로 있으며, 공식 휴일이 토요일이나 일요인 경우 전날 또는 다음날도 간혹 현지 관광진흥을 위하여 휴일로 하는 경우가 많다.

민속춤

월요일이 공휴일의 중간인 경우도 연휴로 지정하는 경우가 많아 페루 방문 시 사전에 꼭 문의할 필요가 있다.

**국경일**

| 날짜 | 휴일명 | 현지어 |
|---|---|---|
| 1/1 | 신년 | Año Nuevo |
| 가톨릭 교회력에 따라 매년 변동 | 부활절 | Semana Santa |
| 5/1 | 노동절 | Dia del Trabajo |
| 6/29 | 성 베드로와 성 바오로의 날 | San Pedro y San Pablo |
| 7/28 ~ 7/29 | 독립기념일 | Fiestas Patrias |

| 8/30 | 성녀 ROSE의 날 | Santa Rosa de Lima |
|---|---|---|
| 10/8 | 앙가모스 전투 기념일 | Combate de Angamos |
| 11/1 | 모든 성인의 날 | Todos los Santos |
| 12/8 | 성모의 날 | Immaculada Concepcion |
| 12/25 | 성탄절 | Navidad |

## 2.2 일반적인 국민성향

친절하고 여유가 있으며 삶을 즐기는 편이다. 모르는 사람에게도 거리낌없이 다가가 말을 걸고 농담을 하기도 한다. 특히 광장이나 레스토랑, 디스코텍 등에서 외국인에게 스스럼없이 말을 걸어오는 젊은 여자들을 흔히 볼 수 있다.

일반적으로 책임을 회피하려는 경향이 크며 정부 탓으로 돌리는 경우도 많고, 업무 처리에 있어서 융통성이 매우 부족한 편이다. 일례로 업무 담당자가 결정하여 처리 할 수 있는 일조차도 반드시 상사에게 문서로 보고, 승인이 나야 처리하므로 한국인들은 이해하기 힘든 경우가 많다.

### ■ 지역 간 감정

각 출신지역마다 자부심이 상당히 큰 편인데 특히 아레끼빠 지역 사람들의 경우 지역에 대한 자부심이 아주 강하고 타 지역 사람들, 특히 수도인 리마 사람들을 배척하는 경향이 있다.

### ■ 인종 간 감정

눈에 띄는 인종간의 차별은 없으나 잡지와 신문을 통한 High Society 모임에는 주로 백인들이 상류계층의 주류를 형성하고 있다. 골프 클럽 및 각종 레저 클럽 가입 시에도 규정화되어 있지는 않지만 불문율처럼 백인을 우선시하는 경향이 있다.

### ■ 계층 간 감정

큰 갈등을 보이지 않고 현재 위치에 만족하는 편이다. 이는 열심히 노력해도 계층 이동이 어려우므로 개선책을 세우기보다 현 위치에 만족하는 듯하다.

### ■ 한국인을 포함한 외국인에 대한 감정

매우 우호적이며 스스럼없이 말을 걸어오는데 동양인의 경우 중국인이냐 또는 일본이이냐고 묻는 경우가 많다. 최근 외국 투자와 관광객 수 증가로 수도 리마를 비롯한 꾸스꼬, 뿌노, 이끼또스 등 페루 전역에 걸쳐 외국인을 많이 만날 수 있는데 동양인과 유럽인에 대한 감정은 매우 좋으나 좌파 세력이 강한 베네수엘라, 볼리비아 사람에 대한 감정은 그리 좋은 편은 아니다.

## 2.3 소비문화

소득수준에 따라 천차만별의 소비성향을 보이지만 대체로 저축성향보다 소비성향이 훨씬 강하다. 최근 신차 수입과 이에 따른 할부제도가 활성화 되어 젊은 층의 차량 구매가 성행하고 있으며 휴대전화 보급량도 매년 증가하고 있다.

한편, 페루 인들은 음악과 춤을 즐겨 특히 영상기기(라디오, MP3 등)에 대한 소비가 많으며 사진 찍는 것도 매우 좋아하는 편이다.

페루 인들의 소비성향을 잘 알 수 있는 문화 중 하나는 결혼식 문화인

데 시청에서 간략한 결혼식을 한 후, 성당에서 종교적인 결혼식을 하는데 이 들 두 결혼식을 하루에 하는 경우도 있고 이틀에 나누어 하는 경우도 있다. 특히 종교결혼식은 성당에 따라 3~6개월 또는 1년 전에 예약해야하며 주로 밤에 한다. 결혼식 이후, 신랑, 신부를 비롯한 하객들은 파티에 참석하는데 자정에 시작하여 새벽 또는 이른 아침까지 이어지는 이 파티를 위해서 몇 년 동안 저축을 하는 사람들도 있으나 대출 또는 할부카드를 이용하는 경우가 더 많다. 결혼식 파티 비용은 통상 3,000달러 이상이며 결혼 이후 몇 년 동안 갚아나가는 부부들도 있다.

### ■ 연령별 · 소득계층별 소비성향, 최근 변화

최근 미국 등 외국 여행이 보편화되면서 젊은 세대의 소비성향도 점차 그들과 유사해지고 있다. 특히 고소득자들은 중남미 수도라고 불리는 미국 마이애미로의 쇼핑 투어가 공공연하다. 마이애미의 경우 라틴계 인구가 많아 스페인어가 그대로 통하여 굳이 영어회화를 준비하지 않아도 되는 장점이 있다.

## 2.4 상관습 문화

### ■ 상관습(선호 결제방식 및 거래유형)

L/C의 경우 금융기관에서 신용장 금액의 90~120%의 담보를 요구하고 있어 사실상 L/C 거래보다 T/T를 선호하며 첫 거래부터 외상거래를 요구할 정도로 외상거래가 일반화되어 있다. 한국 업체의 경우 이를 무조건 배격하려 하나 바이어 신용, 규모, 신뢰성 등을 감안한 뒤 탄력적으로 적용하는 것이 바람직하다.

## ■ 접대문화

공식적인 점심 접대의 경우 보통 1시경에 시작하여 전채요리, 식전 와인, 주요리 및 주류, 후식, 커피 등 약 2시간 이상에 걸친 식사가 이루어지며 저녁의 경우 주로 8~9시 이후 접대한다. 술자리의 경우 한국처럼 술을 서로에게 강요하는 분위기는 아니다.

한국 음식을 접대할 경우 맵지 않은 "불고기"와 "숯불갈비"가 가장 적격인데 불고기는 페루음식 "로모 살따도"와 삼겹살은 아사도와 유사하여 거부감 없이 접대할 수 있는 메뉴다. 사람에 따라 자장면, 김치, 된장찌개를 선호하는 경우도 있다. 그러나 어떠한 경우든 무리하게 젓가락 사용을 강요하지 말고 젓가락과 함께 포크도 세팅하는 센스가 요구된다. 그리고 찌개의 경우 숟가락을 찌개 그릇에 넣는 행동은 상대방에게 불쾌감을 줄 수 있으므로 개별 접시를 요청하여 개별 서빙한다. 또한 김치, 된장 등 페루 인에게 익숙하지 않은 음식을 강제로 먹이는 것은 자제한다.

삐까로네스

안띠꾸쵸스

일반적으로 현지인 집에 식사 초대를 받아 방문할 경우 와인 또는 케익을 선물하는 것이 보편적이다.

### ■ 선물(뇌물) 문화

선물을 주고받는 문화는 일반화되어 있다. 생일, 결혼기념일, 아버지, 어머니의 날, 크리스마스 등 각종 기념일을 축하하여 작은 선물이라도 꼭 하는 편이다. 특히 지방의 경우 생일날은 출근을 하지 않아도 된다.

5월 둘째 일요일(어머니 날)과 6월 셋째 일요일(아버지 날)에는 백화점, 슈퍼마켓 등에서 각종 프로모션 행사를 펼쳐 크리스마스 못지않은 분위기를 자아낸다. 어머니날 주요 선물은 의복, 화장품, 주방용 가전제품 등이다. 아버지날은 의복, 술, 기타 소형 가전기기 등을 많이 선물 한다. 그러나 최근 들어 여행권, 현금 선물도 점차 증가하고 있다.

매스컴을 통하여 뇌물혐의로 고발되는 경우가 자주 있는 것으로 보아 뇌물문화가 성행한다는 사실을 알 수 있는데, 특히 각종 입찰 때 뇌물수수가 많이 이루어진다. 한편, 세관 등에서는 원만한 업무 진행을 핑계로 뇌물을 강요하는 편이며 교통경찰의 경우 여경보다 남자경찰이 더 뇌물을 강요한다.

## 2.5 비즈니스 에티켓

일반적인 글로벌 비즈니스 에티켓을 따르면 무난한 것으로 보이나 약속 시간을 잘 지키지 않는 편이며, 30분 또는 1시간씩 후에 나타나 황당하게 하는 경우도 있다. 약속에 늦거나 약속을 어겼을 경우 교통 체증, 급작스런 업무 등이 아닌 가족의 중병과 사망과 같은 핑계를 대는 경우도 흔하다.

■ 인사소개

보통 남-여, 여-여 사이에는 볼을 맞대어 인사하며 남-남 사이에는 악수를 한다. 하지만 상대가 외국 여자임에도 불구하고 굳이 볼에다 인사함으로써 상대방이 불쾌감을 느끼게 하는 경우도 있다.

상대방을 소개할 경우 성을 호칭하는 것이 기본이며 직위를 알려 직위와 성을 함께 부르는 것이 일반적이다.

■ 명함

한국 비즈니스맨들과 비교하여 페루인들은 명함을 잘 소지하지 않는다. 명함을 주고 받을때는 격식 없이 한손으로 주고받는 편이며 명함에 사진 또는 학력을 표시하기도 한다.(예 : Doctor, Engineer, Professor 등)

■ 호칭

일반적으로 초면일 경우 우스뗏(Usted : 3인칭 존칭)을 사용하지만 친근감을 느끼면 뚜(Tú : 너)를 쓰는 경우도 많다. 뚜(Tú : 너)를 쓰고 싶을 경우 상대방에게 우선 양해를 구하는 것이 일반적이다. 일반적인 호칭은 Mr/Mrs/Ms에 해당하는 Señor/Señora/Señorita 등을 앞에 붙여 이름 또는 성을 부르는데 의사, 엔지니어, 교수, 변호사(Doctor, Ingeniero, Profesor, Abogado) 등과 같이 직책을 성 또는 이름 앞에 놓아 학력 또는 직업을 과시하는 경우도 있다.

■ 약속신청

일반적으로 "언제 한번 만나자"의 의미는 거의 이루어지지 않을 약속을 의미한다. 정확한 시간과 장소를 정하지 않는 한 약속이 이루어지기 힘들며 약속을 지키지 않는 경우가 많다. 약속 시간이 1시간 이상이나 늦었음에도 불구하고 약속 장소에 나타나는 경우도 있어 외국인들은 의아해할 수도 있다.

최근 휴대전화의 보급률이 높아지면서 비즈니스맨들 사이의 약속 문화도 조금씩 개선되고 있는 편이지만 예고 없는 종교 행사 또는 집단 데모 등으로 인한 도로차단과 차량운행 제한 등은 여전히 훼방꾼으로 작용한다.

■ 식사예절

일반적으로 점심시간이 1~3시로 한국과 비교하여 긴 편인데 이는 식사 과정이 전채요리, 스프, 주요리, 후식으로 긴 점도 있지만 식사속도가 매우 느린 점도 있다.

"빨리빨리"에 익숙해져 있는 한국인들은 어색 하겠지만 상대방 속도에 맞춰 주는 것이 예의이며 음식을 입에 넣고 말하거나, 스프를 소리내어 마신다거나 식사가 끝나지 않았는데 자리에서 일어나는 행동은 결례다.

## 2.6 화제

■ 세계적인 인물

□ 바르가스 요사(Vargas Llosa)

페루의 작가, 편집자, 저널리스트, 초청교수 등을 지냈으며 대통령 선거에도 출마하였다. 라틴아메리카의 대표적 저항작가로 군사학교 시절의 경험을 바탕으로 쓴 『도시의 개』와 홍등가를 배경으로 한 『녹색의 집』이 가장 많이 알려져 있다.

1936년 3월 2일 페루 아레끼빠에서 태어나 2세 때 외교관인 할아버지를 따라 볼리비아로 갔으며 9세 때 귀국하여 수도원 부설학교에서 소년 시절을 보내고, 1950년 리마의 레온시도 쁘라도 군사학교에 진학하였다. 1955년 산마르코스대학교에 입학하여 문학과 법학을 공부하였다. 마드리드대학교에서 박사 학위를 받았다.

파리에서 스페인어 교사와 방송인으로, 파리와 페루의 여러 잡지에서 편집자와 저널리스트로 활동하였다. 유럽과 미국의 대학에서 초청교수를 지내는 등 다양한 경험을 했다. 멕시코를 방문했다가 '완벽한 독재 체제' 라는 발언을 하여 추방당하기도 했다. 1980년대 중반에 페루의 군사정권으로부터 제의받은 총리직을 거부하여 국민들의 열렬한 지지를 받았고 1990년 대통령 선거에 출마하여 알베르또 후지모리와 경쟁하였으나 낙선하였다.

1966년 홍등가를 배경으로 원주민들을 착취하는 악덕 상인과 군 경비대, 매춘부로 전락하는 원주민 처녀 등을 묘사한 『녹색의 집』을 발표하여 페루 국가상, 스페인 비평상과 함께 세계적인 명성을 얻기도 하였다. 1995년 스페인어 권에서 가장 권위 있는 문학상인 세르반테스 상을 수상하였다.

□ 알베르또 후지모리(Alberto Fujimori)

페루 출생의 일본계 이민 2세로, 1990년 라틴아메리카 역사상 동양계로는 최초로 페루 대통령에 당선되었다. 취임 후 경제 재건에 착수하였으며 정치적 안정도 이룩하였으나 연임을 위한 각종 부정과 비리로 집권 10년 만에 사임했다. 2000년 일본으로 도주했으나 2005년 칠레에서 체포되었다.

2000년 4월, 3선에 도전해 1차 투표에서 49.89%의 지지를 얻었으나 과반수 획득에 실패한 뒤 재투표에서 51.2%의 득표로 3선에 성공했다. 그해 7월 28일 취임식 당일의 대규모 데모로 인해 국립은행 경비원 6명이 사망하는 사태가 발생했고, 이어 11월에는 당시 국가정보부장이던 몬떼시노가 야당 의원을 돈으로 매수하는 장면이 담긴 비디오 테이프가 공개되면서 실각해 일본으로 도주하였다. 이후 그의 집권 기간에 일어났던 각종 비리와 부패가 속속 드러나기 시작하였다. 사법 · 언론 장악, 의회 강제해산, 1995년 재선 과정에서의 야당 후보 도청, 3선 연임을 위한 변칙적인 법률 승인, 2000년 2월에 행해진 유권자 수천 명의 명부 조작, 국고 유용, 헌법상 투표권이 없는 군인과 경찰의 신분증 위조 발급 등 부정과 비리로 인해 집권 10년 만에 권좌에서 물러났다.

2008년 4월 초 페루 최고법원이 징역 6년형을 확정하였으나 5월 재심을 하였다. 그는 팩스로 사임서를 제출하여 국제적으로 주목을 받았다.

□ 마리오 떼스띠노(Mario Testino)

1954년 페루에서 출생했다. 다이애너비의 총애를 받았던 사진작가이다. 현재 윌리엄 왕자의 연인에게 사진 수업을 하고 있다.

□ 후안 디에고 플로레스(Juan Diego Flores)

1973년 페루에서 출생했다. 세계가 인정한 제 2의 파바로티로 현존 세계 최고의 테너 중 한명으로 주목받고 있다.

□ 소피아 물라노비치(Sofia Mulanovich)

2004년 세계 서핑 대회 1위를 한 경험이 있다.

## ■ 사건

□ 일본 대사관저 테러 침입 사건

1996년 12월 17일 아키히토 일본왕의 생일을 축하하는 파티가 열리고 있던 리마의 페루 주재 일본대사관에 극좌파인 투빡아마루 해방운동(MRTA) 소속 게릴라 14명이 수류탄과 총으로 무장하고 난입한 사건이 발생하였다. 이들은 아오키모리히사 일본대사를 비롯하여 프란시스꼬 뚜델라 페루 외무장관, 이원영 한국대사 등 내빈 700여 명을 인질로 잡았다.

□ 대사관 인질사건

종신형을 받아 수감 중인 MRTA 지도자 롤란드 폴라이와 동료 400여 명의 석방 등 4개항의 요구사항을 제시하였다. 그후 여성과 고령자 등 상당수의 인질을 풀어주었으나 일본대사 등 72명을 계속 억류하고 요구조건의 이행을 강요하며 위협을 가하였다. 이런 상황에서 후지모리 페루 대통령은 사건 4일 후 TV연설을 통해 MRTA의 요구를 단호히 거절한다는 성명을 발표하였고, 그 후 페루의 도밍고 빨레르모 교육장관이 정부대표로 인질석방을 위한 교섭을 벌였으나 성공을 거두지 못 했다.

대사관 인질사건

정부는 1997년 4월 22일 150여 명으로 구성된 특수부대를 대사관에 전격 투입시켜 인질구출작전을 전개하였다. 그 결과 범인들은 전원 사살되고 인질 71명이 사건 발생 126일 만에 풀려났으나 까를로스 히우스띠 대법관과 페루군 2명이 죽었다. 이 사건을 통해 테러에 대처하는 후지모리 대통령의 강경조치는 국제사회의 높은 평가를 받은 반면, 인명존중을 내세우며 소극적인 입장을 고수한 일본의 태도에 대해서는 비판이 있었다.

□ 삐스꼬 대지진

2007년 8월 15일 저녁 6시40분 수도 리마에서 200km 떨어진 남부 삐스꼬 지방에서 진도 7.9의 강진이 발생하여 약 600여 명의 사상자가 발생하였다. 당시 삐스꼬 대성당에서 미사를 드리던 신자는 200명 이상으로 성당의 잔해에 눌려 사망하였다. 이날은 성모승천대축일로 지진이 강타한 저녁 6시 40분에는 성당에 신자들이 가득차 있어 많은 희생자를 내었다.

지진 발생 직후 알란 가르시아 대통령은 긴급방송을 통해 국민들을 안심시킨 데 이어 16일 아침 헬기편으로 이까시와 삐스꼬 시를 시찰하고 국가비상사태를 선언하였다. 당시 임금인상을 요구하며 파업중이던 의사들은 파업중단을 선언하고 재해지역으로 달려갔다. 수도 리마에서는 소수의 사망자가 발생했으나 2분 가량 강진이 계속되면서 건물들이 흔들리자 시민들이 거리로 쏟아져 나와 한동안 아수라장이 되었고 지진 발생 후 약 3여시간 통신이 마비되기도 하였다.

지진 발생 직후부터 적십자로부터 구호물품이 답지하는 등 국제사회의 구호 손길이 이어졌으며 한국 대사관, LG, 삼성, SK 등 현지 진출 한국 기업들도 다양한 방법으로 구호물품을 지원하였다.

한편, 지진의 강도가 8이상일 경우 자연재해라도 국가에서 보상의 의무가 있어 일부 언론들은 실제 강도가 8.3이었으나 정부가 책임 회피를 위하여 7.9로 보고하였다고 주장하였다. 그러나 이것은 증명할 자료는 없다.

마추삑추

## ■ 유적지

□ 마추삑추

잉카문명의 도시 마추삑추는 쿠스꼬에서 우르밤바 강을 따라 114Km 내려간 지점, 높이 표고 2,280m의 산정에 위치하고 있다. 주위는 높은 산들과 절벽으로 둘러싸여 있고 우르밤바 강 유역의 열대우림이 무성한 정글로 산 아래에서는 보이지 않고, 공중에서만 그 존재를 확인할 수 있어 '공중도시' 라 불리고 있다.

공중에서 본 마추삑추의 총면적은 5㎢이며 절반 가량이 경사면으로 되어 있다. 유적 주위는 높이 5m, 두께 1.8m의 성벽으로 견고하게 만든 요새로 둘러싸여 있는데 아직도 마추삑추의 정확한 용도가 무엇인지 밝혀지지 않고 있다. 1983년에 세계문화 유산으로 지정되었고 2007년 '신 7대 불가사의' 중 하나로 선정되었다.

마추삑추 여행을 하려면 우선 해발 3,300m에 위치한 꾸스꼬로 가야한다. 꾸스꼬 지형상 비행기 운항은 오전 중에만 이루어지고 꾸스꼬에서 마추삑추를 가는 열차 또한 매일 왕복 한편(꾸스꼬 출발 6:15a.m, 마추삑추 출발 4:00 p.m.)밖에 없어 마추삑추 여행에는 최소한 1박 2일이 요구된다. 이 열차로 꾸스꼬에서 마추삑추로 가는 데는 4시간 정도가 소요된다.

□ 나스까 라인

페루 남부의 태평양 연안과 안데스 산맥 기슭 사이에 위치해 있는 지역으로 평원 위에 벌새, 고래, 원숭이, 거미, 개, 나무, 우주인, 펠리컨 등의 그림이 그려져 있는데 그림의 크기가 100~300m에 달하기도 하며 8km의 직선이 마치 긴 활주로처럼 뻗어 있는 것도 있다.

나스까 라인은 워낙 광활하여 지상에서는 관측이 되지 않고 경비행기를 이용해야 하는데 지형 특성상 경비행기는 오전 중에만 운행하고 있다. 날씨가 좋은 날은 7시부터 비행이 시작되지만 그렇지 않은 날은 비행 가능한 시간까지 무작정 기다려야 하는 경우도 있다.

비행시간은 약 15~20분 내외로 3~5명이 탑승하며 지상에 가까이 날고 흔들림이 많아 승객이 멀미를 하는 경우도 있다. 일반적으로 아침 식사 전 비행과 식후 최소 1시간 후 비행을 권장하고 있다.

비행 외, 평원 입구에 전망대가 설치되어 있으나 비행을 통해서 감상하는 것과는 비교가 안 된다. 근교에는 나스까 라인 외, 나스까 라인 연구를 위하여 방문한 세계 각국의 과학자들이 남긴 흔적을 보관하는 나스카 박물관도 있다.

한편 판아메리카나 고속도로를 건설할 때 평원 중심부에 도로를 내는 바람에 현재 나스까 평원은 고속도로 양편으로 두 개로 나뉘어져 있어 보는 이를 아타깝게 한다.

### ■ 페루의 자랑

잉카제국의 후예라는 점과 많은 문화유산을 가지고 있는 점을 자랑스럽게 여기고 있다. 페루 역사를 살펴보면 잉카의 역사는 그리 오래 되지 않았으나 마야, 아스텍 문명과 함께 남미의 주요 문화로 꼽히고 있어 잉카에 큰 의미를 부여한다.

또한 풍부한 농수산물과 광물도 자랑스럽게 생각하고 있다. 특히 감자의 원조국임을 자랑스럽게 생각하는데 지난 APEC 회의의 한 주제였던 빈곤퇴치에 관하여 페루 알란 가르시아(Alan Garcia) 대통령이 "감자가 세계 빈곤 퇴치의 주요한 열쇠"라고 발언하기도 하였다. 현재 국제 감자 연구소(International Potato Center)는 리마 국립 농과대학 근처에 위치하며 위의 연구소 발표 자료에 의하면 현재 페루에서 재배되는 감자 종류는 4,000종이 넘는다고 한다.

### ■ 금기사항

정치 문제나 주변국, 특히 칠레와의 관계 부분은 민감한 사항으로 가급적 언급하지 않는 편이 좋으며 경제적으로 낙후된 점이나 불균등한 분배 시스템 등에 대해서도 부끄럽게 생각하고 있다.

## 2.7 속담 또는 격언

A donde fueres, haz lo que vieres. (아 돈데 푸에레스 아스 로 께 비에레스)

➩로마에 가면 로마의 법을 따르라는 표현이다(When in Rome, do as the Romans do). 사업을 하는데 있어 현지에 잘 적응하고 토착화하라는 것으로 이해할 수 있다.

Lo barato sale caro. (로 바라또 살레 까로)

➩싼게 비지떡이다. 싸서 좋아 보이나 결과적으로 보면 더 많은 비용을 지출하게 된다는 뜻이다.(Cheap things turn out to be expensive)

이 밖에 특별한 속담과 격언은 없으나 페루 인들의 습성으로 보아 "친구 따라 강남 간다."라는 표현이 적당한데 이는 혼자서 하기보다 어떤 경우든 여럿 또는 집단으로 하기를 좋아하기 때문이다. 일례로 한국 대학생들의 개별 배낭여행 문화를 매우 생소하게 생각하고 있으며 한국 방문 시에도 친구가 가면, 혹은 경쟁사가 가면 간다는 경우를 흔히 볼 수 있다.

"피는 물보다 진하다", 페루는 전통적인 모계사회와 가족 중심의 사회로서 여성들의 사회 참여도가 높은 편이다. 친구, 직장동료보다 가족 간의 화합이 더욱 잘 이루어지는 편이다.

"네 것, 내 것"은 분명히 속담이나 격언은 아니지만 페루 인들의 특성이 한껏 묻어 있는 표현이다. 아무리 부부일지라도 공용 재산을 갖지 않고 심지어는 남편은 집세, 부인은 기타 세금과 식비, 이런 식으로 공용 경비를 각각 부담하는 경우가 흔하다.

"아마수아, 아마유야, 아마께야"는 "도둑질하지 말 것, 거짓말하지 마라, 게으름 피지 마라" 라는 잉카 격언이다. 현재에도 학교, 관공서, 교도소 등에 이런 문구를 붙여 경각심을 불러일으킨다.

## 3 바이어 상담 및 거래 Tip

### 3.1 효과적인 상담

#### ■ 상담 시 사전준비 사항 및 유의사항

페루 바이어들은 영어 가능자가 매우 희박하여 스페인어로 된 카탈로그 또는 홍보자료를 반드시 요청하고 있다. 페루 바이어들은 카탈로그 송부를 매우 희망하는데 이는 페루에서는 카탈로그가 매우 귀하기 때문이다. 페루는 제조업이 부진하여 대부분 수입에 의존하다 보니 카탈로그보다 수입 제품별 전단지가 홍보자료로 쓰여 제품 카탈로그에 매우 흥미를 느끼는 편이다. 그래서 한국 업체가 시간을 두고 스페인어로 된 카탈로그를 준비한다면 큰 효과를 기대할 수 있다.

영어를 할 줄 안다고 하는 바이어라도 인사와 자기소개 정도이므로 상담 시에는 반드시 한-스페인어 통역원 동행이 필요하다.

페루 바이어들은 대개 다품종, 소량 수입을 원하는데 한 마디로 "될 만한 것을 수입해서 팔아 보겠다"는 의도이다. 그리하여 상담 시 제품에 대한 전문 지식과 정보보다 가격을 먼저 물어 한국 업체들을 당황하게 하는 경우가 많은데, 이럴 때는 거부감을 갖기보다 인내심을 갖고 설명하는 자세가 필요하다. 일례로 페루에서는 Volvo 중장비와 중장비 부품을 수입, 판매하는 업체가 골프채, 맥주도 수입하고 있다.

■ 애로사항

페루 바이어와의 상담 또는 거래 시 가장 큰 애로사항은 시차와 언어상의 문제이다. 페루는 한국과 -14시간의 시차가 있기 때문에 한국 업체가 페루 업체로 전화를 하려면 밤 11시 이후 다음날 오전 5시 이전에 해야 한다. 팩스 사용 시에도 문제가 있는데 페루는 대부분 전화/팩스 겸용이라 스페인어를 구사하지 못하는 한국 업체가 전화할 경우 팩스 톤을 부탁한다는 말을 못하여 팩스 전송에도 어려움을 겪는데 이 경우에는 “또노 델 팍스, 쁘르 파보르”라고 하면 된다.

이 외, 최근 가장 큰 애로점으로 대두되는 것은 중국산 제품 대비 높은 가격이다. 페루는 아직도 가격 경쟁 시장으로 거의 모든 제품에서 가격을 중시하는데 일본 제품은 품질을 인정하여 높은 가격을 수용하지만 한국 제품의 경우 중국 제품과 비교하여 무조건 가격 조정을 요구하고 있다. 또한 한국 업체의 경우도 비즈니스 상담 시에는 한국 제품으로 상담, 홍보 한 뒤 수출 시에는 중국 제조 공장에서 선적을 하여 현지 업체들로부터 비난을 받는 경우도 허다하다.

■ 가격 할인

페루 사람들은 타 중남미 사람들과 비교하여 정이 많은 편인데 이는 비즈니스 거래에도 잘 나타나 처음부터 높은 가격을 제시하여 할인 해주는 뉘앙스를 안겨주면 매우 효과적이다.

■ 에이전트 확보 및 상담방법

페루의 경우 시장이 그리 크지 않아 다수 업체와의 거래보다 믿을 만한 에이전트를 통한 수출이 유리하다. 능력 있는 에이전트는 KOTRA 시장조사대행, 시장개척단 상담 또는 해외세일즈출장 서비스를 통하여 확보하기를 권유한다.

한편, 페루 바이어들은 한 번의 구매 경력도 없이 첫 상담부터 에이전트 계약을 요구하는데 한국 업체는 이를 거절하기보다 융통성 있게 대처하는 능력이 요구된다.

#### ■ 영어 통용 여부

중소기업의 경우 영어 사용자가 적은 편이고 대기업 수입 담당자들은 영어 가능자가 있지만 깊이 있는 대화로 들어가면 통역이 필요한 경우가 대부분이다. 최근 들어 영어 사용자가 증가하는 추세이나 다른 나라들과 비교하면 적은 편이다.

### 3.2 거래 시 유의사항

#### ■ 결제거부

제품에 하자가 없는 경우를 제외하고 결제를 거부하는 경우는 드문 편이다. 오히려 대금 송금 후 한국 업체들이 물량을 선적하지 않는다는 현지 업체들의 클레임이 더욱 많은 편이다.

#### ■ 이메일 미회신

이메일을 가지고 있으나 이메일을 통한 회신은 매우 힘든 편으로 오히려 팩스 또는 전화가 효율적이다. 이메일, 팩스 송부 후에는 반드시 수신 확인이 필요하며 영어 편지, 소개서 송부는 거의 대부분 스팸 메일로 간주되니 피하는 것이 좋다.

■ 오퍼 지연 등 애로사항과 이에 대한 대응 방안

페루는 "아오리따"(Ahorita, 지금)라는 단어가 1분, 1시간, 하루 등 다양하게 적용되어 단기간 거래 성약을 약속하지만 인내심을 가지고 지속적인 컨택을 통하여 요구사항을 적극적으로 수용하는 자세가 필요하다.

## 4 현장의 소리

### 4.1 교포 사업가의 조언

현지에서 중장비 수입, 대여 사업을 하는 M사의 대표는 페루 정부나 페루인과의 사업적인 약속은 신뢰할 수 없으며 오히려 페루 주재 외국인 회사는 신뢰를 할 수 있다고 언급하였다.

영세기업을 운영하는 한국업체는 되도록이면 페루정부나 중소기업과의 일은 사업이 어렵더라도 하지 않는 것이 바람직하다고 하는데 이는 10~20%의 선금을 지불한 후 나머지 대금결제는 하지 않는 경우가 비일비재하기 때문이다. 페루정부나 업체와 계약을 하더라도 변호사를 고용하는 것이 바람직하다고 덧붙였다.

### 4.2 한국 수출업체의 조언

■ 바이어의 요구를 최대한 듣자

의자 부속품을 판매하는 국내 B사는 시장개척단 사업을 통하여 리마의 3개 사와 거래를 해 왔다. 한 업체와는 보관상의 문제로 현지 업체가 물량의 40%를 재선적 해줄 것을 요구하였는데 현지 업체와의 향후 거래를 고려하여 적자임에도 불구하고 요구를 들어주었다. 이 회사와는 좋은 관계를 유지하고 있으며 지속적으로 수출하고 있다. 이 후 이 회사는 현지 업체와의 신속한 접촉과 폭넓은 F/U을 위하여 현재 당관의 지사화사업을 신청하여 잘 활용하고 있다.

### ■ 시장 변화를 알자

중고 중장비를 판매하는 국내 S사는 시개단을 통하여 페루 방문 후, KOTRA 지사화사업을 통하여 매년 100만 달러 이상 수출을 성약하고 있고 볼리비아까지 진출하였다. 특히 동사가 페루에 지사화 사업을 실시한 시점은 페루의 건설, 건축, 광업 경기가 한창 상승하던 시기라 큰 덕을 보고 있다.

### ■ 자주 방문하자

인접국 칠레에 지사를 가지고 있는 한국 A사는 메일을 통하여 페루 시장에 진출 하고자 하였으나 번번히 실패하였다. 이후 우리 KBC 지사화사업을 통하여 업체 발굴, 잦은 방문으로 현재 페루 5개사, 에콰도르 2개사, 볼리비아 1개사와 거래 중이다.

### ■ 인내심을 가지자

페루의 한 업체가 한국으로부터 콘텍트 렌즈를 신규로 수입하기를 원하였다. 이때 한국의 M사가 시장개척단을 통하여 동사와 접촉을 하고 수출을 진행하였다. 하지만 페루는 의료기기 및 의약품은 수입 시 수입 허가를 받아야 하는데 신규업체라 경험이 없어 시간을 끌고 여러 가지 서류를 요구하자 수출을 포기하였다. 이후 현지 업체는 타 한국 업체와 접촉하여 거래 중인데 가끔은 현지 시스템을 이해하고 수용할 필요가 있다.

### 4.3 현지 KBC에서 전하는 이야기

#### ■ 페루인의 시간관념

지극히 중요하지 않다고 생각하면 시간 약속을 엄격히 지키지 않는다. 따라서 일단 약속을 한 다음에는 몇 번이고 확인하여 그 약속이 매우 중요하다고 알려야 한다. 이렇게 하지 않으면 100% 약속 시각에 늦거나 오지 않는다.

페루인들은 그날 바로 하는 경우가 거의 없다. '내일', '다음날', '가능할 때', '다음주' 등 자기에게 유리한 때로 미룬다. 농담 삼아 '돈 받는 것, 운전, 이성 관계' 빼고는 다 느리다고 하기도 한다. 이는 무능이나 게으름이 아니라 최대한 시간을 벌어 자기에게 유리한 방향으로 상황을 이끌려는 생존방법이다. 이 점을 극복하고 페루인과 제대로 거래하려면 시간을 충분히 잡고 미리 준비하는 방법뿐이다. 당일 찾아가 결과를 요구하면 이룰 수 있는 것은 없다.

#### ■ 인간 관계 / 가족 관계

페루에서는 무슨 일을 하든 상대방과 개인적인 친분을 쌓는 것이 가장 중요하다. 따라서 페루 기업과의 비즈니스를 처음 시작할 때에는 반드시 먼저 그 상대방 기업체 책임자, 담당자와 관계를 원만히 해야 한다.

페루인은 가족지향적이다. 어느 정도 상대방과 친숙해지면 항상 자신의 가족을 소개하고 집에 초대하는 것이 상례이다. 이것은 상대에 대한 신뢰감의 표시이다. 업무와 개인사를 엄격히 구분하지 않아, 상담을 하다가도 아무렇지 않게 가족과 통화하기도 한다.

또 페루인은 극히 개인주의이다. 아무리 친해도 돈 계산에서는 한 푼도 손해 보지 않으려 하며 특히 자기가 먹은 것은 자기가 내는 것이 대원칙이다. 같이 있을 때에는 친한 듯해도 헤어진 다음에는 결코 먼저 연락하지 않는다. 페루인과 어느 정도 이상으로 깊은 친구가 되기는 매우 어렵다.

### ■ 의사소통

페루인은 전화로 사적인 얘기를 하는 것은 매우 좋아하고 개인적인 통화를 오래하지만 업무 관계 사항은 전화로 하는 것을 좋아하지 않는다. 업무를 본격적으로 진행하려 할 경우에는 반드시 시간을 정해서 직접 방문해야 한다. 이 때문에 한국에서 계속 전화, 팩스, 이메일로 연락해도 회신이 오지 않는 것이다.

### ■ 양보와 합의

페루 기업인은 비즈니스 상담이나 협상에 있어 직접적인 대립, 논쟁, 거절보다는 간접적이고 암시적인 방법을 더 많이 사용한다. 직접 거절 의사를 표시하지 않고 전화를 계속 피해 지쳐서 스스로 단념하게 만드는 방법을 쓴다.

페루인은 분명한 이유 없이 상대방에게 양보하는 것을 싫어한다. 이것은 기업 대 기업 상담에서도 나타난다. 가격협상 때에도 약간 양보해 주는 것을 큰 혜택을 베푸는 것처럼 생각한다. '계약'도 업무 마무리가 아니라 업무 진행 수단으로 본다. 계약서에 기한이나 시한을 명시해 놓았다고 해서 반드시 지킬 사항으로 여기지 않는다. 업무를 좀 더 잘 추진하기 위해 편의상 기록했다고 생각한다.

# IX
# 칠레

República de Chile

# IX. 칠레

República de Chile

- 국 명 칠레(República de Chile)
- 위 치 북으로는 페루, 볼리비아, 동으로는 아르헨티나 등과 접경
- 면 적 약 757,000㎢(한반도 면적의 3.4배, 남한 면적의 7.7배)
  /(남극령 포함시 약 2백만㎢)
- 기 후 북부(사막기후), 중부(지중해성 사막기후), 남부(온대성 한랭기후)
- 인 구 15,980,912명(2005년 기준)
- 수 도 산티아고(Santiago)
- 주 요 도 시 산티아고(600만명), 발빠라이소(154만명) 등
- 인 종 메스띠소(66%), 백인(29%), 인디오(5%)
- 언 어 / 종 교 스페인어/ 가톨릭(85%), 개신교(10%), 기타(5%)
- 화 폐 / 환 율 뻬소(Peso)/ US$ 1 = 504 뻬소(2008년 5월말 기준)
- 정 부 형 태 대통령중심제(임기 4년, 연임불가, 중임가능)
- 국 가 원 수 미첼 바첼렛(Michele Bachelet) 대통령
- G D P US$ 164,058백만(2007)
- 1인 당 GDP US$ 9,884(2007)
- 경 제 성 장 률 4.3%(2006), 5.1%(2007)
- 물 가 상 승 률 2.6%(2006), 7.8%(2007)
- 수출(對韓수출) US$ 65.8십억(US$ 4,184백만)(2007)
- 수입(對韓수입) US$ 51.3십억(US$ 3,115백만)(2007)

## I 일반 비즈니스 환경

### 1.1 약사

| 시기 | 중요 역사적 사건 |
| --- | --- |
| 1536.4 | 삐사로(Pizzaro)장군 칠레 도착 |
| 1541.3 | 산티아고 건설 |
| 1543~1553 | 스페인 정복자의 칠레 주요도시<br>(La Serena, Concepción, Valdivia 등) 건설 |
| 1810.9.18 | 칠레 독립 |
| 1970.11.3 | 살바도르 아옌데(Salvador Allende) 정권수립 |
| 1973.9.11 | 아우구스또 삐노체뜨(Augusto Pinochet) 쿠데타 및 군사정권 수립 |
| 1990.3.11 | 삐노체뜨 하야, 민주정권 재수립 |

스페인 정복자의 발길이 닿기 이전, 칠레에는 다양한 인디오 부족이 살고 있었다. 스페인 정복 이전 칠레에 거주한 인디오 부족은 크게 9개 부족으로 나뉘는데, 그 중 마뿌체(Mapuche), 또는 아라우까노라고 불리는 인디오들이 가장 큰 비중을 차지했다.

그러나 페루, 볼리비아 등과 달리 칠레는 열악한 자연환경 때문에 국가 또는 문명의 발달이 거의 불가능했으며 각 부족은 매우 독립적인 생활을 유지했다. 원주민들은 남과 북에 걸쳐 태평양 해안을 따라 부족별 분포가 명확했다. 북으로는 아따까마 사막 주변의 아따까메뇨(Atacameño)족이, 남으로는 마뿌체, 빠따고네스(Patagones)족이 큰 비중을 차지했다.

현재 칠레 역사는 스페인의 뻬드로 데 발디비아(Pedro de Valdivia)가 1542년 산티아고를 건설하고 식민지 정복을 개시하면서 시작된다. 잉카 제국의 일부였던 칠레의 남부에는 아라우까노 및 마뿌체 등의 원주민이 거주했는데, 이들은 정복 초기 스페인군과 끊임없이 투쟁을 벌였다.

스페인군에 완전히 정복된 1557년부터 약 200년간 칠레는 페루 부왕

모네다 궁

의 통치 하에 놓이게 되었으며 19세기에 들어서면서 독립 운동이 태동하기 시작했다. 1810년에는 자치정부수립이 선포되었으며 1812년에는 아르헨티나의 원조를 받아 마이뿌(Maipú)전투에서 스페인 군대를 몰아냄으로써 실질적인 독립을 이루어내게 된다.

그 후 칠레는 19세기 말 아르헨티나와의 조약을 통해 칠레 남부 마젤란 해역에 대한 주권을 확보하고 1879년부터 4년간 페루, 볼리비아 연합군에 대항한 태평양전쟁을 승리로 이끌면서 북부 아따까마 사막을 칠레 국토로 편입시켰다.

그러나 20세기 들어 정치적 불안이 계속되었으며 좌우파 간의 갈등이 반복되는 가운데 결국 1970년 세계 최초의 선거에 의한 사회주의 정권인 아옌데 정부가 출범하게 되었다. 그러나 거듭되는 경제정책의 실패로 불만이 극에 달해 1973년 군부 쿠데타가 발생했으며 1974년 군사정권인 삐노체뜨 정부가 출범했다.

그 후 칠레는 16년 동안 군정통치체제를 유지했으며, 1988년에 삐노체뜨 대통령의 집권 연장안이 부결됨에 따라 1989년 12월에 대통령 및 상하원의원 선거가 실시되었다. 이를 통해 국회가 재구성되고 문민정부의 복귀가 이루어졌다.

문민정부의 복귀와 더불어 군정의 잔재 청산 및 민주주의의 제도 개혁이 추진되었으며 삐노체뜨 정권부터 시행되어 오던 개방경제정책을 유지하면서 지속적인 경제성장기반을 마련했다. 또한 사회문제 해소 및 복지정책에 대한 지원도 점차 확대되었다.

2006년 최초 여성대통령으로 당선된 바첼렛은 과거 정권의 정책을 계승함과 동시에 연금, 보건, 교육 등 복지정책 강화와 빈부격차 해소를 위한 정책을 중심으로 국정을 운영하고 있다. 그러나 선출 당시 지지율 50%가 넘는 인기를 누렸던 바첼렛 대통령은 올해 들어 급격한 지지율 하락으로 고민하고 있다. 일각에서는 사회당 중심의 집권 연립 여당인

**바첼렛 대통령 지지도**

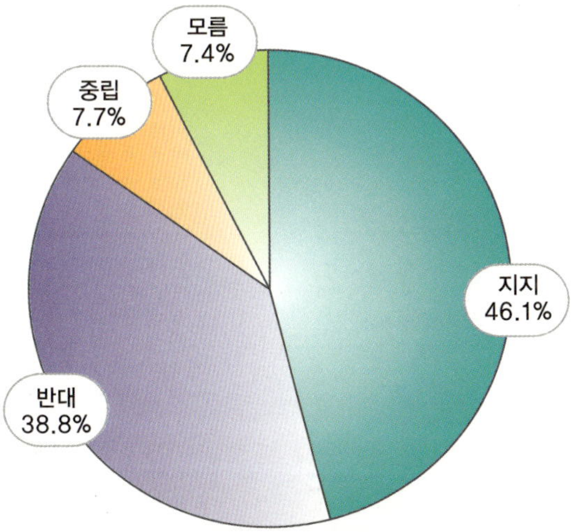


자료원 : Adimark(2008년 5월 앙케이트)

중도좌파연합(Concertación)의 위기론까지 거론되고 있는 상황이다.

바첼렛 대통령의 지지율을 곤두박질치게 한 주범은 2007년 2월 '선진교통시스템 도입' 이라는 명분으로 추진된 산티아고 교통망 개선프로젝트, '뜨란산티아고(TranSantiago)' 다. 그러나 이 문제 이외에도 최근에 칠레의 성장잠재력의 지속적인 약화 및 투자환경에 대한 내외부의 부정적인 평가로 정부의 능력 부족에 대한 비판이 일고 있는 실정이다.

또한 반복되는 광산 하청 노동자의 불법 파업에 대한 불명확한 대처, 심각한 수준의 인플레이션, 산티아고 전역으로 확대되고 있는 범죄율 증가 등이 바첼렛 정권의 지지도 하락 원인으로 작용하고 있다.

## 1.2 경제현황

■ 칠레 주요 경제지표 및 2008년 전망

| 구분 | 단위 | 2006 | 2007 | 2008(전망) |
|---|---|---|---|---|
| GDP | US$ 십억 | 111.8 | 145.8 | 163.2 |
| 일인당 GDP | US$ | 8,903 | 9,879 | 10,125 |
| 경제성장률 | % | 4 | 5.2 | 4.5 |
| 물가상승률 | % | 3.7 | 2.6 | 7.8 |
| 임금상승률 | % | 5.4 | 7.3 | - |
| 실업률 | % | 8 | 7 | 6.8 |
| 기준금리(연말) | % | 5.02 | 5.31 | 6.22 |
| 수출 | US$ 십억 | 58.4 | 67.6 | 70.5 |
| 수입 | US$ 십억 | 35.8 | 43.9 | 52.3 |
| 무역수지 | US$ 십억 | 12.6 | 13.7 | 18.2 |
| 경상수지 | US$ 십억 | 21.9 | 22.4 | 23.3 |
| 외국인직접투자 | US$ 십억 | 31.6 | 13.7 | - |
| 외채 | US$ 십억 | 476억 | 547억 | - |
| 외환보유고 | US$ 십억 | 194억 | 169억 | 172억(2월) |
| 연평균 환율 | US$ 1당 현지화 | 531 | 496 | 512 |

자료원 : 산티아고 상공회의소, 중앙은행 등

칠레는 1990년도부터 중도 좌파의 집권이 계속되고 있으나, 경제 정책은 적극적인 시장개방을 통한 자유주의 시장 경제 질서의 틀을 유지·강화하고 있다. 이와 함께 칠레 정부는 성장잠재력 강화 및 국토 전반의 균형 발전을 위해 각종 인프라의 건설 및 확장 사업을 추진하고 있으며 현 정권의 주요 공약 중 하나였던 저소득층에 대한 지원 시스템도 개선하고 있다.

뿐만 아니라 칠레 경제부는 작년에 이어 올해에도 국가 경쟁력 강화를 위해 기업 경영환경 개선 및 기술혁신 분야 장려 등을 골자로 하는 'Chile Emprende Contigo(칠레는 그대와 함께 시작한다)' 캠페인을 추진하고 있다. 이 캠페인은 조세제도 단순화, 법인세 체납이자 감면, 중소기업 신용보증 지원, 개폐업 절차 간소화, 정부 구매 대금 결제 기간 단

발빠라이소 항구

축 등의 기업환경 개선안과 Innovation & Development 분야 민간 투자에 대한 정부 보조금 지원, 신기술 도입 인센티브 지원 등 기술혁신 장려정책 등으로 구성된다.

2008년도 칠레 경제성장의 키워드는 국제유가와 미국, 중국, 인도 등 주요 원자재 수요국의 경기 활성화 여부, 그리고 국제 구리거래가의 향방이라 할 수 있다.

실제로 올 1분기 칠레 경제기관 및 전문가들은 2008년 경제성장률을 5% 선으로 예측했으나, 국제유가 급증 및 미국 서브프라임 여파로 해외투자 및 수출 감소가 예상됨에 따라 3회에 걸쳐 예상 경제성장률을 하향 조정했으며, 현지 전력부족 문제 및 인프라 확충이 미진할 경우 성장률이 더 낮아질 수도 있을 것이라 전망했다.

산티아고 상공회의소가 2008년 1분기에 조사한 바에 따르면 기업 경제기대지수는 58포인트로, 처음 조사를 시작한 2003년 이후 가장 낮은 수치를 기록했다. 설상가상으로 2008년 4월 기준 소비자물가도 전년대비 8% 이상 상승함에 따라 서민들의 경제적 부담은 지속적으로 증가하고 있으며 환율 하락에 따른 수출 감소로 인해 현재 긍정적인 경제전망은 불가능한 상황이다.

**주요 교역대상국(2007)**

(단위 : US$ 백만)

| 수출 | | | 수입 | | |
|---|---|---|---|---|---|
| 순위 | 국명 | 금액 | 순위 | 국명 | 금액 |
| 1 | 중국 | 9,950 | 1 | 미국 | 7,268 |
| 2 | 미국 | 8,419 | 2 | 중국 | 4,878 |
| 3 | 일본 | 7,091 | 3 | 브라질 | 4,497 |
| 4 | 네덜란드 | 3,909 | 4 | 아르헨티나 | 4,330 |
| 5 | 한국 | 3,849 | 5 | 한국 | 3,087 |
| 총계 | | 65,787 | 총계 | | 42,713 |

자료원 : World Trade Atlas

**주요 수출입품목(2007)**

(단위 : US$ 백만)

| 수출 | | | 수입 | | |
|---|---|---|---|---|---|
| 순위 | 품목(SITC 2단위) | 금액 | 순위 | 품목(SITC 2단위) | 금액 |
| 1 | 구리(74) | 24,718 | 1 | 원유(27) | 11,316 |
| 2 | 기타광물(26) | 17,251 | 2 | 기계류(84) | 5,472 |
| 3 | 어류(03) | 2,742 | 3 | 자동차(87) | 4,304 |
| 4 | 과일(08) | 2,585 | 4 | 전기기계(85) | 3,625 |
| 5 | 목재(47) | 2,349 | 5 | 플라스틱(39) | 1,524 |
| 총계 | | 65,787 | 총계 | | 42,713 |

자료원 : World Trade Atlas

## 1.3 시장특성

### ■ 시장특성

□ 완전개방시장

칠레정부는 1970년대부터 지금까지 시장개방정책을 유지하고 있으며 총 42개국과 FTA 또는 경제보완협정을 체결함으로써 실질 평균 관세율이 2% 수준인 완전경쟁시장이라고 할 수 있다. 그 결과 국내 제조업이 전무한 상황으로 거의 모든 제품이 수입으로 충족되고 있으며 이에 따라 생산자보다는 유통업자 또는 수입업자 중심의 시장구조가 형성되어 있다.

□ 중남미 선진국 자부심 커

칠레는 주변 남미 국가와 다르게 유럽식 선진국가라는 자부심이 매우 강하며 자신의 뿌리가 유럽이라는 의식도 매우 강하다. 이에 따라 사회 시스템부터 개개인의 소비 성향까지 모두 유럽지향적인 성격이 짙다.

□ 빈부격차에 따른 소비구조 이분화

상위 20%가 총 수입의 60% 정도를 차지하고 하위 20% 계층이 총 수입의 4% 정도를 차지하는 극단적인 빈부격차로 인해 수요의 양극화 현상이 심하게 나타나므로 1인당 GDP(1만 달러에 육박) 수준 및 국가 경제 규모만으로 시장을 평가해서는 곤란하다. 소비자의 절대다수는 가격 지향적 고객이며, 바이어들도 마찬가지다.

□ 유통업체 영향력 막대

칠레 내수의 대부분이 수입으로 충족됨에 따라 전통적으로 유통업체의 영향력이 막강한 상황이다. Cencosud, D&S, Ripley, Falabella로 대표되는 대형 백화점 체인을 비롯해 이들의 계열사인 Jumbo, Lider, Tottus 등 슈퍼마켓 체인이 전국에 체인망을 확보하고 있으며, 각종 건설자재 및 기계류 전문 체인인 Sodimac이 DIY 제품부터 건설자재 공급까지 커버하고 있는 상황이다. 뿐만 아니라 Ahumada, Salcobrand, Cruz Verde 등 약국들도 대형화 및 체인점화되어 있으며 취급 제품도 일반 화장품에서부터 전문 의약품까지 광범위하다.

## ■ 유통구조

칠레 유통업체들은 다국적기업 제품 및 기타 경쟁력 있는 해외기업 제품에 대한 칠레시장 내 유통 독점권을 획득하려는 경향이 매우 강하다. 또한 여러 기업이 생산한 유사 품목을 함께 취급하는 경우가 많아 실질적으로는 소수의 대형 업체들이 주요 품목에 대한 대칠레시장 공급을 책임지고 있다고 해도 과언이 아니다.

실제로 자동차의 경우 한 유통 딜러가 독점권을 보유한 브랜드 수는 평균적으로 4~5개 정도이며 지속적으로 취급 브랜드 라인을 확대하고 있는 추세다. 현지 대형 자동차 유통업체 중 하나인 Derco사의 경우

Suzuki, Renault, Nissan, Mazda 등 취급 브랜드가 총 4개에 달하며, 그 밖에 중장비 기계류, 타이어, 자동차 부품 등의 독점 딜러로도 활동 중이다.

그러나 백화점, 슈퍼마켓 등 소매유통업체의 경우 재고부담 및 그에 따른 비용부담을 최소화하기 위해 직접 수입보다는 전문 수입업자를 통해 제품을 공급받는 방식을 선호하고 있다. 그 결과 비인기 품목 및 브랜드에 대한 유통업체의 횡포가 점차 심해지고 있으며 그만큼 업체 간 경쟁도 치열해지고 있는 상황이다.

칠레 유통구조는 재래식 및 현대식 구조로 뚜렷하게 양분되어 있으며 재래식 시장은 주로 중 · 저소득층을 대상으로 하고 있다.

재래식 시장의 경우 유통구조가 투명하지 않으며 저소득층의 구매 편의를 위해 낱개 판매 및 부분 판매가 성행하고 있다. 산티아고 시내의 대표적인 재래시장은 Mercado Vega, Mercado Central 등을 들 수 있으며 수산물, 육류 야채류 및 각종 공산품까지 취급 품목은 매우 광범위하다. 뿐만 아니라 산지 직송 또는 현대식 유통업체보다 단순한 유통 구조로 인해 마진율이 높지 않으며 동일 제품의 가격이 최대 50%까지 차이가 나는 경우도 있다.

현대식 구조는 주로 서구식 대형 쇼핑센터를 의미하며 대형 유통업체가 보유한 칠레 전역의 체인망을 통해 제품이 공급되고 있다. 주요 고객층은 중상류 계층으로 세계 유명브랜드 및 제품을 취급한다. 주로 Shopping Mall 형태로 도시별 주요 지점에 위치하며, 최근에는 접근성을 최대화하기 위해 주거지 근접 지역에 다양한 파생 형태의 체인점을 개설하고 있다. 칠레 최대 유통업체 중 하나인 D&S사의 슈퍼마켓 체인인 Lider의 경우 최근 비즈니스 모델을 양분해 대형 할인매장인 Hiper Lider와 접근성을 최대화한 중소형 마켓인 Lider Express를 운영 중이며, 경쟁업체인 Cencosud사의 경우 현지 중소형 슈퍼마켓 체인의 인수합병을 통해 영역을 확대하고 있는 상황이다.

현대식 유통업체의 경우, 재래식 시장과는 다르게 다양한 수입업자를 통해 여러 단계를 거쳐 제품을 공급받는 상황으로, 재래시장보다는 가격이 상대적으로 높은 편이며 동일 슈퍼마켓 체인의 지점 위치(고소득층 거주 지역, 중저소득층 거주 지역)에 따라서도 판매 가격에 차이가 있는 경우도 있다.

칠레 주요 현대식 유통체인은 Almacenes Paris, Falabella, Ripley 등 백화점 체인 및 Jumbo, Lider, Tottus, Santa Isabel, Unimarc 등과 같은 슈퍼마켓 체인이 있다.

## ■ 소득수준

중남미 대부분의 국가가 그러하듯 칠레 또한 극심한 빈부격차로 인해 명목소득과 실제소득에 큰 차이가 있다.

칠레 통계청에서 2007년 발표한 자료에 따르면 칠레 전체 노동인구 940만여 명 중 약 85%의 월수입이 500달러 이하인 것으로 나타났으며 나머지 15%는 월수입이 1,500달러 이상인 것으로 나타났다. 이에 따라 전체 노동인구의 월간 수입합계에서 1,500달러 이상 수입자가 차지하는

**칠레 연도별 평균 임금**

(단위 : 명, 뻬소, %)

| 연도 | 명목임금 | 상승률 |
|---|---|---|
| 2003 | 271,265 | 3,54 |
| 2004 | 276,623 | 1,98 |
| 2005 | 281,734 | 1,85 |
| 2006 | 299,504 | 3,95 |
| 2007 | 321,341 | 7,27 |
| 2008 | 345,754 | 9,9 |

자료원 : 칠레 통계청

비중은 총 60%로 부의 집중현상이 여전히 개선되지 않고 있는 것으로 분석된다. 뿐만 아니라 칠레 노동부에서 정한 최저임금인 108,000뻬소 이하 수입자가 전체 노동자의 45.6%에 달해 실질적인 구매력 보유 인구는 전체 인구의 10% 내외인 것으로 판단되는 상황이다.

그 결과 칠레 시장은 소비계층에 따라 서로 다른 소비 패턴을 보인다. 빈곤층 밀집지역은 낱개판매, 염가판매를 많이 하는 재래시장에 소비자들이 집중되고 있으며, 부유층의 경우 쾌적한 쇼핑환경 및 각종 부가서비스를 제공하는 첨단 쇼핑몰 이용률이 높은 편이다.

대형 유통업체의 경우에도 체인점의 위치에 따라 동일제품의 판매가를 차등 적용하는가 하면 취급품목도 차별화해 양 소비계층의 구매력에 맞는 마케팅 전략을 펼치고 있다.

### 1.4 우리나라와 관계

#### ■ 무역투자관계

□ 무역

우리나라는 칠레의 제5위 수입 및 수출 대상국으로, 주로 구리, 메탄올, 포도주, 돼지고기 등 원자재를 수입하고 자동차, 경유, 전자제품 등을 수출하는 상호 보완적 교역구조를 유지하고 있다.

최근 대칠레 수출 품목 중 경유(Diesel) 수출이 급증하고 있는 상황인데, 이는 아르헨티나산 천연가스 공급이 불안정해 에너지난을 겪고 있는 칠레에서 대체 에너지원으로 비상 발전용 디젤 수요가 급증해 우리나라의 대칠레 주력 수출품목인 경유의 수출이 폭발적으로 증가했기 때문인 것으로 파악된다.

우리나라의 대칠레 자동차 수출은 금년 상반기 중 일본을 추월해 9월 기준 신차 시장 점유율 28.6%를 기록했다. 그러나 일본과 칠레의 FTA가

칠레의 포도

9월부로 발효되어 일본차의 경쟁력 제고가 예상되고, 2008년에는 경쟁이 더욱 심화될 것으로 보인다.

□ 투자

수출입은행의 집계에 따르면, 1980년부터 2007년까지 우리나라의 대칠레 직접투자 누계액(투자금액 기준)은 9,000만 달러 수준으로, 같은 기간 중 우리나라의 총 해외투자액 768억 달러의 0.12%에 불과하다.

**우리나라의 대칠레 교역 동향**

(단위 : US$ 백만)

| 구분 | 2003 | 2004 | 2005 | 2006 | 2007 |
|---|---|---|---|---|---|
| 수출 | 517 | 708 | 1,151 | 1,566 | 3,115 |
| 수입 | 1,058 | 1,933 | 2,279 | 3,813 | 4,184 |
| 무역수지 | -541 | -1,225 | -1,128 | -2,247 | -1,069 |

자료원 : KOTIS

**우리나라의 대칠레 주요 수출입 품목(2007)**

(단위 : US$ 백만)

| 수출 | | 수입 | |
|---|---|---|---|
| 품목명(MTI 3단위) | 금액 | 품목명(MTI 3단위) | 금액 |
| 석유제품(133) | 1,811 | 동제품(622) | 1,866 |
| 자동차(741) | 672 | 동광(113) | 1,274 |
| 합성수지(214) | 123 | 제지원료(251) | 227 |
| 무선통신기기(812) | 95 | 기타금속광물(119) | 184 |
| 철강판(613) | 43 | 기타석유화학제품(219) | 176 |
| 건설광산기계(725) | 39 | 육류(022) | 121 |
| 총계 | 3,115 | 총계 | 4,184 |

자료원 : KOTIS

칠레 외국인투자위원회의 집계에 따르면, 1974년부터 2006년까지 D.L.600 규정을 통해 외국인투자위원회의 허가를 받아 들어온 한국의 투자규모는 대칠레 총 외국인투자액의 0.06%에 불과해 투자분야에서는 그 비중이 매우 미미한 수준이다.

**우리나라의 대칠레 업종별 투자현황**

(단위 : US$ 천, 건)

| 업종대분류 | 신고건수 | 신규법인수 | 신고금액 | 투자건수 | 투자금액 |
|---|---|---|---|---|---|
| 총계 | 82 | 35 | 123,230 | 99 | 104,002 |
| 농업 및 임업 | 3 | 0 | 1,026 | 0 | 0 |
| 어업 | 9 | 3 | 5,651 | 8 | 2,863 |
| 광업 | 3 | 1 | 31,900 | 6 | 31,204 |
| 제조업 | 41 | 18 | 24,037 | 57 | 15,158 |
| 건설업 | 2 | 2 | 808 | 5 | 508 |
| 도매 및 소매업 | 21 | 10 | 58,024 | 21 | 54,170 |
| 통신업 | 3 | 1 | 1,785 | 2 | 100 |

자료원 : 한국수출입은행(2008. 3월 누계 기준)

**현지진출 기업 현황**

| 연번 | 회사명 | 투자년도 | 지역 | 투자내역 |
|---|---|---|---|---|
| 1 | 삼성물산 | 1980 | 산티아고 | 지점, 도소매업 |
| 2 | 삼성전자 | 1981 | 산티아고 | 단독법인, 도소매업 |
| 3 | LG전자 | 1981 | 산티아고 | 단독법인, 도소매업 |
| 4 | 현대종합상사 | 1982 | 산티아고 | 지점, 도소매업 |
| 5 | STX팬오션 | 1987 | 산티아고 | 연락사무소, 운수업 |
| 6 | 대우전자 | 1993 | 산티아고 | 단독법인, 도소매업 |
| 7 | 이건산업 | 1993 | 라우따로 | 단독법인, 제조업 |
| 8 | 세라젬의료기 | 2004 | 산티아고 | 단독법인, 도소매업 |
| 9 | 위덱스 | 2005 | 산티아고 | 단독법인 - 운송창고업 |
| 10 | 태웅로지스틱스 | 2005 | 산티아고 | 단독법인 - 운송창고업 |
| 11 | 포스코건설 | 2006 | 산티아고 | 단독법인, 건설업 |
| 12 | 한국타이어 | 2006 | 산티아고 | 연락사무소, 도소매업 |
| 13 | 신광산업 | 2007 | 프루띠야 | 단독법인, 제조업 |

## ■ 우리나라와 역사적 관계

- **국교 수립** : 1962년 6월
- **교민 수** : 약 2,000명
- **협정체결** : 무역협정(1977년), 항공협정(1979년), 경제기술협정(1982년), 문화협정(1983년), 과학기술협력협정(1994년), 투자보장협정(1996년), 이중과세방지협정(2003년), 원자력협정(2002년), 자유무역협정(FTA, 2003년), 운전면허 상호인증협정(2006년) 등

우리나라 최초의 칠레 이민은 1970년대의 화훼 재배 농가 5세대였다. 1977년 이후 칠레의 정치가 안정되면서 아르헨티나로부터 이주해 온 32세대 100여명의 한인이 초대 재칠레한인회의 근간이 되었다.

재칠레 동포들은 주로 산티아고 의류도매상점 밀집지역인 빠뜨로나또(Patronato)에서 의류, 잡화 소도매업에 종사하고 있으며 그 밖에 제조업 분야에도 종사하고 있다. 최근 한인 진출 분야가 점차 확대되는 추세로

건설, 호텔, 교육업에 진출한 교민들도 있으며 동포 2세들은 변호사, 교수, 의사 등 고급직종에 자리를 잡아가고 있다. 현재 재 칠레 한인동포의 수는 약 2,000명 정도인데, 대부분 산티아고에 거주하고 있으며 이끼께, 뿌에르또몬뜨 등에도 한인사회가 형성되어 있다.

한국과 칠레의 관계는 2003년 양국의 FTA 체결 이후 급속도로 가까워지기 시작했으며 양국 시장에서 상대국에 대한 이미지도 향상되기 시작했다. FTA 체결을 기점으로 우리 기업들은 대칠레시장에 대한 마케팅을 강화하고, 칠레를 중남미 진출 교두보로 활용하기 위해 전략적으로 칠레시장에 접근했으며 동시에 안정적인 자원 확보를 위한 관계 구축에 힘을 쏟았다.

칠레의 경우 한국은 아시아 첫 FTA 체결 국가라는 데 큰 의미를 부여했으며 구리 이외에 와인, 과일류, 육류 등 자국 주요 생산품의 아시아 시장 내에서의 경쟁력 확인을 위한 테스트 마켓으로 한국을 적극 활용하고 있다. 그 결과 양국 시장에서 상대국 기업 및 상품에 대한 인지도가 향상되고 소비자 선호도 및 신뢰도 역시 지속적으로 상승하고 있는 상황이다.

그러나 양국의 관계가 상품교역 관계에만 치중되어 있는 점은 많은 전문가들이 지적하는 사항으로, 향후 양국의 관계 강화를 위해서는 학술 · 문화 교류 및 투자 교류의 확대가 필요하다는 의견이 제기되고 있다.

## ■ 우리나라 인지도

칠레 내 한국에 대한 이미지는 테크놀로지, 품질, 창의성 등 긍정적인 것이 대부분이며 칠레 내 한인사회에 대한 이미지도 매우 좋은 편이다. 특히 한국-칠레 FTA 체결 이후 한국 자동차 및 IT, 가전 브랜드의 이미지가 최고 수준으로 높아진 상황으로, 한국 제품에 대한 칠레인들의 평가는 High Technology, Good Quality, Perfect design, Most-wanted Item 등으로 다양하다.

## 2 문화코드

### 2.1 인종, 종교, 축제, 국경일

■ 인종

칠레 통계청에 따르면 칠레는 백인 중심 국가로, 전체 인구의 95%가 백인 또는 백인-원주민 혼혈인 메스띠소이며 나머지 5%가 원주민 또는 동양인인 것으로 조사되었다.

■ 종교

칠레 국민의 70%가 가톨릭 신자이며 그 밖에 기독교(15%), 여호와의 증인(1.1%), 무교(8.3%) 등이 있다.

칠레 주교좌 성당

■ 국경일

**2008년도 칠레 법정공휴일**

| 날짜 | 휴일명 | 현지어 |
|---|---|---|
| 1.1 | 신정 | Año Nuevo |
| 3.21~3.23 | 부활절 | Semana Santa |
| 5.1 | 노동절 | Día del Trabajo |
| 5.21 | 해군의 날 | Glorias navales |
| 6.29 | 성 베드로 & 성 바울 축일 | San Pedro y San Pablo |
| 7.16 | 성모 까르멘의 날 | Nuestra Señora del Carmen |
| 8.15 | 성모승천일 | Asunción de la Virgen |
| 9.18 | 독립기념일 | Fiestas Patrias |
| 9.19 | 국군의 날 | Glorias del Ejército |
| 10.12 | 인종의 날 | Día de la Raza |
| 11.1 | 성인의 날 | Todos los Santos |
| 12.8 | 성모마리아 잉태일 | Inmaculada Concepción |
| 12.25 | 성탄절 | Navidad |

## 2.2 일반적인 국민성향

■ 민족성 및 인맥형성

흔히 칠레는 남미의 섬나라라고 불리는데, 이는 서쪽으로는 태평양, 동쪽으로는 안데스 산맥에 막혀 역사적으로 외부와의 교류가 쉽지 않았음을 의미하는 말이다. 이런 자연 환경으로 인해 칠레인들은 주변 페루, 아르헨티나, 브라질과는 다르게 폐쇄적이고 배타적인 민족성을 보유하게 되었다.

또한 17년에 걸친 삐노체뜨 독재정치의 여파로 아직까지 상호 불신풍조가 사회 전반에 확산되어 있다. 그 결과 칠레인들을 친구로 사귀기는 쉽지 않으며 서로 신뢰가 쌓이고 마음을 열 때까지 기다리는 인내심이

칠레 전통춤인 꾸에까를 추는 사람들

필요하다. 특히 외국인(동양인)의 경우 문화적 차이가 더해짐에 따라 친구가 되기에 더 많은 시간이 소요되는 경향을 보였으나 최근 동양 문화 및 아시아 국가에 대한 관심이 높아지면서 칠레인들이 먼저 다가오는 모습도 종종 볼 수 있다.

칠레 내부적으로는 최근 괄목할 만한 경제성장에 따라 중남미 선진국이자 유럽식 국가라는, 강한 자부심을 가지고 있으며 자신들은 여타 중남미 국가와 다르다는 의식이 매우 강하다. 실제로 현지 매스컴에서 연일 보도하는 중남미 지역 뉴스란의 헤드라인은 늘 "칠레, 중남미 1위"라는 문구로 채워지기 일쑤이다. 칠레인들은 이런 뉴스를 접하면서 "당연히 우리가 최고"라는 우월감에 빠지기도 한다.

실례로 얼마 전 현지의 어느 일간지가 중남미 투자 매력도 조사 항목 전체에서 칠레가 페루보다 낮은 평가를 받았다는 결과를 발표하자 현지 매스컴 및 국민들은 놀라움을 감추지 못했으며, 연일 정부의 정책을 비판하고 페루의 투자 유치 프로그램에 대한 분석 기사를 내면서 불편한 기색을 감추지 못하기도 했다.

칠레 전체 인구의 95%가 유럽 혈통 또는 유럽 혈통임을 주장하는 백인 계통으로 전반적인 사회 분위기 및 성향이 매우 유럽 지향적이며 이에 따라 사회 정책 및 시스템, 기술 도입 등 모든 분야에서 유럽식이 우선 적용 대상으로 채택되는 경우가 다반사다.

개개인 또한 공과 사의 구분이 매우 뚜렷한 편이며 업무적으로는 매우 냉철하고 규정 및 지침에 의한 처리를 중요시한다. 그 결과 중남미 국가 중 공무원의 부패도가 가장 낮은 세계 20위를 기록하고 있으며 관공서 민원처리 과정에서 뇌물관행도 전혀 찾아볼 수 없다.

### ■ 인종차별

칠레 대다수의 인구가 백인계통이다 보니 페루, 볼리비아 등 원주민 비율이 비교적 높은 주변국의 이민자들 및 아시아계 이민자들에 대한 차별이 종종 일어나는 편이나 표면적으로 드러나고 있지는 않다. 정부 관료를 비롯한 기업 고위직 인사 등 사회 주요 인사는 대부분 백인이 독점하고 있으며 모든 정책 결정에서 이들의 입김이 가장 강하게 작용하고 있다.

**칠레인의 외국인에 대한 이미지**

| 인종 | 이미지 |
|---|---|
| 유럽인 | 유럽에 대한 동경이 매우 강하며 자신의 뿌리도 유럽이라고 굳게 믿고 있다. 자신의 조상이 유럽인일 경우 매우 자랑스럽게 생각하며 자신의 가문에 대한 과시욕이 강하다. |
| 미국인 | 젊은 층의 경우 미국에 대한 동경심이 있으나 유럽지향적인 면이 더 많다. 그러나 미국 문화, 미국 제품에 대한 선호도는 높은 편이며 특히 부유층을 중심으로 자녀의 미국 유학에 열성적인 편이다. |
| 중남미인 | 페루, 볼리비아는 무시하는 편이며 아르헨티나 외환위기 이후 아르헨티나인들에게는 묘한 우월감을 느끼고 있다. 자신들은 여타 중남미 국가와 다른 유럽 후손의 국가라는 우월감에 빠져 있으며 페루, 볼리비아의 메스띠소는 무시하는 경향이 강하다. |
| 동양인/<br>중동인 | 중동인에게는 큰 거부감이 없으나 최근 중국 이민자의 증가로 중국인들에 대한 인식이 좋지 않은 편이다. 동양인을 보면 무조건 중국인이라고 생각하는 경향이 있으나 일본, 한국인이라는 것을 알면 대하는 태도가 달라지는 편이다. |

## 2.3 소비문화 : 연령대별 · 소득계층별 소비성향, 최근 변화

칠레는 내수시장이 작고 대부분의 소비재 수요가 수입으로 충족되는 상황이다. 모든 품목이 소량으로 수입되고 있으며 특별히 인기 있는 품목이 아닐 경우 2, 3차 수입이 되지 않는 상황이다. 유통업체들의 경우도 재고에 대한 거부감이 매우 심해 수입된 제품이 모두 판매되고 나서도 재수입 결정에 매우 소극적인 반응을 보이는 것이 일반적이다.

여타 중남미 시장과 마찬가지로 칠레 시장은 고가시장과 저가시장으로 뚜렷하게 양분된 특징을 보이고 있다. 저가시장의 경우 중국, 브라질, 인도산 제품이 주를 이루고 있으며 고가시장은 선진국 유명 브랜드, 명품 브랜드 등이 주로 유통되고 있다.

### ■ 소득계층별 소비성향

최근 칠레 모든 소득계층에서 나타나는 특징 가운데 하나는 IT, 통신비 지출비의 증가를 꼽을 수 있다. 특히 청소년을 비롯한 젊은 층을 중심으로 MP3, MP4에 대한 관심이 날로 증가하고 있으며 최신 휴대폰에 대한 수요도 급속히 늘어나고 있는 추세다.

그러나 전체적인 측면에서 볼 때 저소득층의 경우 여전히 식료품 및 기타 생활필수품에 대한 소비가 전체 소비에서 가장 큰 비중을 차지하고 있으며 최근 인플레이션이 심화됨에 따라 저소득층의 구매력은 날로 약화되고 있는 실정이다.

반면에 고소득층의 소비는 점차 브랜드, 품질, 원산지 등을 중심으로 이루어지고 있는 것으로 나타났으며 제품 구매 이외에 스파, 토탈바디케어 등 서비스 지출과 함께 오페라, 발레, 뮤지컬 등 여가생활에 대한 비중이 높아지는 양상을 보이고 있다.

소비자 계층의 양분화가 심화됨에 따라 칠레 정부에서는 중산층 육성을 위한 각종 지원 대책을 내놓고 있으나 실효성에는 아직 많은 의문이 제기되고 있으며 실업률 증가 및 기업들의 투자규모 축소에 따른 시장 침체를 해결할 수 있는 근본적인 대책이 요구되고 있는 상황이다.

## ■ 연령대별 소비성향

□ Teenager Group

칠레 Teenager 그룹은 매우 이성적임과 동시에 개인적인 라이프스타일을 추구하고 있다. 또한 감성적으로나 이성적으로 더 나은 사람이 되고 싶어 하는 열망이 크며 다른 국가의 동일그룹에 비해 외모에 대한 관심은 그리 크지 않은 것으로 보인다. 전통적으로 칠레 Teenager 그룹의

전통복장의 아이들

주요 소비 품목은 의류, 음반, 서적, 잡지 등이며 최근 인터넷 및 TV 시청이 이들 생활에서 차지하는 비중이 크나 아직까지 이들 미디어는 entertainment 기능만을 담당하고 있는 실정이다.

□ Studying Age group

전체 인구의 8%를 차지하는 18~22세 대학생 인구의 소비는 주로 음식, 의류, entertainment 분야에 집중되어 있으며 특히 클럽, 레스토랑, 바 등 서비스 산업의 주요 고객층으로 자리 잡고 있다. 뿐만 아니라 칠레 전체 소득 증가와 함께 이들의 구매력도 날로 향상되고 있는 상황으로 동 산업의 주요 마케팅 그룹으로 자리잡고 있다.

칠레 국립 미술관

□ Young Adults Group

대학을 졸업한 23~27세 그룹은 칠레 전체 인구의 24%를 차지하고 있으며 취업 후 안정적인 수입을 바탕으로 IT 분야의 early adopter 그룹으로 인식되고 있다. 이들의 Technology에 대한 관심은 다른 소비 그룹에 비해 매우 높은 편이며 컴퓨터, 핸드폰, 인터넷, MP3, MP4 등의 주요 소비층이다.

□ Middle-Age Group

칠레 중년층 인구(30~59세)는 전체 인구의 38%를 차지하고 있으며 이들은 주로 여행상품, 명품 쇼핑 등에 대한 소비지출이 많은 편이다.

□ DINK 족(Double Income No Kids)

칠레 딩크족의 비율은 전체 인구 대비 16.25%(2005년)로, 지속적으로 증가하고 있으며 2015년 18.6%에 달할 것으로 예상되고 있다. 이들은 상대적으로 많은 가용소득과 여가시간을 활용해 entertainment, leisure 상품에 대한 투자가 많은 편이며 부유층 DINK족들은 카리브해, 크루즈 여행 등 일반인들이 쉽게 하지 못하는 여행상품의 주 고객으로 자리잡고 있다.

## 2.4 상관습 문화

### ■ 상관습

1,600만의 인구를 지닌 칠레는 내수시장이 협소한 국가로 소량 다품종 주문이 보편적이다. 또한 대금결제 조건으로 대기업의 경우는 신용장 방식이 일반적으로 사용되나, 중소기업들은 외상거래를 선호하고 있다. 일례로 직물수입도매상들의 경우 소매상들에게 120~180일 외상거래를

하고 있다. 따라서 수입 시 120일 D/A거래가 보통이며 주요 백화점들도 60~120일 어음지급을 결제조건으로 하고 있다.

신용장 방식 거래의 경우도 언더밸류에 의한 관세회피를 위해 일부는 신용장 방식으로 지불하고 일부는 현금으로 지불하는 방식을 제시하기도 하는데 이 경우도 추후대금을 받지 못하는 경우가 나오기 때문에 주의할 필요가 있다.

즉, 칠레 대기업들과의 거래는 큰 문제가 없으나 중소 수입상들에게 외상을 줄 경우 외상값도 못 받고 고객도 잃어버리는 결과가 초래될 가능성이 높다. 구체적으로는 1년 동안 거래해 신용을 쌓은 바이어도 외상거래를 시작한 후 외상 금액이 어느 정도 도달하면 잠적하거나 대금을 갚지 않고 거래선을 바꾸는 일이 비일비재하기 때문에 외상거래는 절대 지양하는 것이 바람직하다.

### ■ 선물 문화

칠레는 소수 파워엘리트 정치를 지향해 온 까닭에 중남미 국가 중 공무원 부패도가 가장 낮다. 관공서 민원처리 과정에서 뇌물관행이 거의 없어 담당자에게 금품을 제공하며 부적절한 방법으로 업무를 처리하려다가는 오히려 낭패를 보는 수가 있다. 사회 분위기 또한 인맥 구축, 원활한 업무 진행을 위한 선물 및 접대는 불필요하다는 인식이 매우 강하며 업무 처리 과정에서는 정도를 밟되, 일이 마무리되고 난 후에 부담을 주지 않는 선에서 작은 선물을 한다면 개인적인 친분을 맺게 되어 향후 업무 추진 시 인간적인 도움을 받을 수는 있다.

비즈니스 파트너에 대해서는 한국을 알릴 수 있는 작은 선물을 준비하는 것이 좋다. 핸드폰 줄, 액정클리너 같은 물건은 값도 저렴하고 출장 시 휴대가 간편하면서도 칠레에서는 흔하지 않은 물건이라 선물을 받으면 좋아한다. 인삼 관련 제품이나 자개로 된 명함집 같은 선물도 매우 좋아하지만, 이러한 선물은 고가이므로 처음 만날 때 선물하기보다는 거래가 무르익어 가는 단계나, 개인적인 친분이 형성되었을 때 주는 것이 효과적이다.

### 2.5 비즈니스 에티켓

#### ■ 인사소개

칠레에서 남자끼리는 악수를 교환하는 것이 일반적인 인사법이며, 친해질 경우 등을 살짝 두드리면서 하는 가벼운 포옹도 가능하다. 여성과 인사할 때는 가볍게 포옹을 하며 뺨을 맞대는 것이 보편적인 인사법이다. 처음 만나는 동양인에게는 문화 차이를 고려해 악수를 청하기도 하나, 칠레 여성이 이러한 인사법을 청했는데 피하면서 손만 내밀 경우 기분이 상할 수도 있으니 다소 어색하더라도 현지 식으로 가볍게 볼에 인사를 하는 것이 바람직하다. 이때 상대방을 불필요할 정도로 세게 끌어안거나 정말 볼에 입을 맞출 경우 실례가 될 수도 있으므로 주의해야 한다.

#### ■ 호칭

호칭은 남자의 경우 성 앞에 세뇨르(Señor), 여성의 경우 세뇨리따(Señorita)를 붙이면 된다. 기혼여성으로 생각해 세뇨라(Señora)라고 불렀는데 미혼인 경우에는 상대방의 기분을 상하게 할 수도 있지만, 기혼여성을 세뇨리따로 부르더라도 크게 실례가 되지 않는다.

대기업 사무직의 경우는 근무 시 정장을 하지만, 개인 사업을 하는 경우나 중소규모 기업의 경우 노타이, 면바지 차림의 편안한 복장으로 근무하는 편이다. 중대한 미팅이나 공식행사를 제외하고는 외부에 상담을 나가는 경우에도 편안한 차림새를 하는 경우가 많은데, 일반적인 문화가 그러하므로, 상대방이 상담 약속에 정장을 하고 오지 않았다고 해서 불쾌하게 생각할 필요는 없다. 그러나 그것은 상대방의 문화이고, 처음 바이어를 만나는 자리에는 가급적이면 정장 차림으로 나가서 깔끔한 인상을 심어주는 것이 좋다.

정부부처나 기관, 대기업을 방문할 때나 공식 행사 시에는 칠레인들도 차림새에 매우 신경을 써서, 양복에 넥타이를 착용하는 것이 일반적이다.

### ■ 약속신청

기업이나 기관 방문 시 사전약속은 필수이며 연락 없이 무작정 찾아가 담당자와의 면담을 요청하는 것은 큰 실례로 받아들여진다. 뿐만 아니라 사전 약속이 되어 있다고 하더라도 방문 전일 또는 당일에 다시 한번 연락해서 확인하는 것이 바람직하다. 방문 약속을 잡을 때는 대부분 비서를 통하는 것이 일반적인데, 한국에서와 마찬가지로 칠레에서도 비서들과 원만한 관계 유지가 매우 중요하다. 비서의 기분을 상하게 할 경우 상급자와의 커뮤니케이션 경로가 원천적으로 봉쇄당하는 경우가 있으니 유의해야 한다. 12월 3일은 비서의 날로, 칠레 기업들은 거래처의 비서와 좋은 관계를 유지하기 위해 꽃이나 작은 선물을 돌리기도 한다.

칠레 비즈니스맨들은 일반인에 비해 시간 약속을 잘 지키는 편이지만, 일부 바이어들은 전형적인 '남미 기질'을 드러내 약속시간이 한참 지나도록 연락도 없이 나타나지 않다가 계속 전화를 걸면 그때서야 억지 핑계를 대면서 나오지 못하겠노라고 답하기도 하며, 전화를 고의적으로 받지 않는 경우도 있다.

### ■ 식사예절

칠레인들은 특별히 기피하는 음식이 없으므로 메뉴 선정 시 개인의 식성 이외에 문화적인 요인을 고려할 필요는 없다. 단 대표적인 와인 산지답게 식사 시간에 와인이 빠지는 경우는 드물다. 특히 손님을 대접할 경우에는 반드시 와인을 준비하도록 한다. 칠레에서 와인은 물이나 음료수처럼 흔한 개념이므로 고가 제품을 선택할 필요는 없으나, 대신 칠레산 와인에 대한 사전 지식을 갖추고 있다면 바이어에게 좋은 인상을 줄 수 있다. 한국에 칠레산 와인이 많이 소개되고 있다는 이야기나 부산 APEC 정상회담 때 칠레산 와인이 건배주로 사용된 사례 등의 이야기 거리는 식사시간에 자연스럽게 대화를 풀어나가는 소재가 될 수 있다.

엠빠나다

칠레 바베큐 빠리야다

점심시간은 일반적으로 1~3시 정도이며, 대부분의 식당이 오후 1시부터 손님을 받기 시작해서 4시경 영업을 마쳤다가 오후 7시 30분 정도가 되면 저녁영업을 시작한다. 저녁식사는 보통 오후 9~10시에 시작된다. 칠레인들은 식전주 → 전식 → 메인요리 → 후식의 순서로 천천히 식사를 하므로, 저녁식사의 경우 2시간 이상에 걸쳐 천천히 먹는다고 생각해야 한다.

### 2.6 화제

칠레는 빠블로 네루다, 이사벨 아옌데 같은 세계적인 작가들을 배출한 국가로 칠레인들은 이들에 대한 자부심이 매우 강하다. 또한 칠레 최고 인기스포츠 종목 중 하나인 테니스 스타 페르난도 곤살레스에 대해서도

빠블로 네루다의 초상

네루다와 세 번째 부인 마띨데의 무덤

매우 자랑스럽게 여기고 있어 이들에 대한 이야기를 풀어나갈 경우 칠레인들과 가까워질 수 있다.

칠레인들은 자국 출신 인물 이외에 안데스산맥과 태평양을 끼고 형성된 자연자원에 대한 자부심도 매우 강하며 특히 외국인들이 주요 관광지에 대한 이야기를 할 경우 매우 만족스러워하는 경향이 있다.

칠레인과 대화할 때 가급적 정치 이야기는 삼가야 한다. 칠레는 민주적인 선거를 통해 사회주의 정권이 평화적으로 들어선 최초의 국가지만, 이후 삐노체뜨에 의해 사회주의 정권이 무너지고 장기간의 군부독재 정권이 들어섰다.

우리나라에서는 숙청, 민간인 학살, 부패권력, 군사독재 등 삐노체뜨의 부정적인 면이 주로 부각되어 있고, 삐노체뜨가 쿠데타를 일으켰을 때 망명을 거부하고 자살을 택한 사회주의자 아옌데 대통령에 대해서는 전혀 모르거나 애틋한 향수를 갖고 있는 경우가 종종 있다. 그러나 삐노체뜨 집권 후 칠레가 자유 시장경제 정책을 수행함으로써 안정적인 경제 발전의 계기를 마련한 것에 대해 긍정적으로 평가하는 칠레인(주로 사회주의 반대론자)들도 많이 있는 등, 개인의 평가가 많이 엇갈리므로 상대방에게 삐노체뜨에 대한 평가를 묻지 않는 것이 좋다. 무거운 대화 주제인데다가, 정확한 지식이나 칠레 현대사에 대한 이해가 부족한 상태에서 상대방에게 섣불리 의견을 제시하는 것은 바람직하지 않다.

안데스 산맥의 설경

전반적으로 칠레인의 피부색은 밝은 톤이며, 흑인과의 혼혈은 거의 없다. 칠레에 처음 오는 출장자들이 중미 지역의 물라또(흑인과 백인의 혼혈)를 연상하고 칠레에 왔다가 흑인이 하나도 없다면서 신기해하는 경우가 많다. 실제로 칠레인은 대부분 원주민(마뿌체)과 백인 간의 혼혈이며, 순수 백인은 드물다. 하지만 칠레인들은 원주민을 무시하는 경향이 있어 자신에게 원주민의 피가 섞였다는 점을 인정하지 않으려 한다. 따라서 바이어와 상담할 때 상대방이 혼혈 같아 보인다고 해서 메스띠소(원주민과 백인의 혼혈)라는 표현을 사용하면 매우 불쾌해할 수 있으니 주의하기 바란다.

### 2.7 속담 또는 격언

칠레의 전통 속담은 가톨릭의 영향을 받은 권선징악적인 것들 이외에 주로 평범한 사람들의 생활상이 묻어나는 것이 많으며 어리석은 사람들을 의미하는 격언 및 인생에 대한 조언이 담겨 있는 것도 많은 편이다.

Al pan pan y al vino vino. (알 빤 빤 이 알 비노 비노)
- To call a spade a spade. (To call bread bread and wine wine.)

"빵은 빵이라고 하고 와인은 와인이라고 말하라."
- 매사를 명확하게 처리해야한다는 의미

Chancho en misa. (찬초 엔 미사)

"미사를 보는 자리에 돼지가 앉아 있다."
- 자리에 필요 없는 사람을 의미

Dar perlas a los cerdos. (다르 뻬를라스 아 로스 세르도스)
- Don't give your pearls to pigs.

"돼지에게 진주를 준다."
- 받는 사람에게 어울리지 않는 선물, 또는 쓸모없는 선물을 준다는 의미

Al pie del amo engorda el caballo. (알 삐에 델 아모 엔고르다 엘 까바요)
- Diligence is the mother of good fortune.

"말의 주인이 부지런하면 말이 살찐다."
- 부지런한 사람이 복을 받는다는 의미

Camarón que se duerme, se lo lleva la corriente.
(까마론 께 세 두에르메, 세 로 예바 라 꼬리엔떼)
- Opportunity seldom knocks twice.

"잠들어 있는 새우는 개천물에 휩쓸려간다."
- 정신을 차리고 기회가 왔을 때 놓치지 말아야 한다는 의미

Buscarle la quinta pata al gato. (부스까를레 라 낀따 빠따 알 가또)
- To look for the fifth paw to the cat.

⇒ "고양이의 다섯 번째 다리를 찾는다."
– 눈앞에 있는 간단한 해결책을 보지 못하고 고민하는 사람을 의미

Cambian los payasos pero el circo sigue. (깜비안 로스 빠야소스 뻬로 엘 씨르꼬 시게)
- The clowns change, but the circus stays the same.

⇒ "광대를 바꿔도 서커스는 나아지지 않는다."
– 사람을 바꾸는 것이 능사는 아니다.

El parche antes de la herida. (엘 빠르체 안떼스 데 라 에리다)
- To catch precautions.

⇒ "상처가 나기도 전에 붕대를 감는다."
– 일이 더 나빠지기 전에 빠져나갈 구멍을 만든다는 의미

El día del níspero. (엘 디아 델 니스뻬로)
- Day of the Medlar.

⇒ "당산사나무의 날."
– 당산사나무가 매우 더디게 크는 것을 빗대어 모든 것이 더디게 진행되는 날을 의미

Hoy canta Gardel. (오이 깐따 가르델)

⇒ "오늘 가르델이 공연한다."
– 40~50년대 아르헨티나의 유명 탱고 가수 까를로스 가르델(Carlos Gardel)이 칠레에서 공연을 한 뒤 칠레 청중에게 돈을 나눠줬던 것에서 유래한, 노동자들의 급여일을 의미.

Igual que el capitán Araya. (이구알 께 엘 까삐딴 아라야)

"아라야 장군(아옌데 정부를 지지했던 장군)과 다를 바 없다."
- 늘 시키기만 하고 자신은 일을 하지 않는 상사 의미

Robarle los huevos al águila. (로바를레 로스 우에보스 알 아길라)

"독수리의 알을 훔친다."
- 위험천만한 일을 하는 것으로 의미

pago de chile. (빠고 데 칠레)

"칠레 급여"
- 칠레는 과거 주변 국가에 비해 생활수준이 현격히 떨어졌으며 이에 따라 보수도 상대적으로 적은 편이었다. 이를 빗대어 보수가 적은 일을 가리킬 때 이런 표현을 쓰기 시작했다.

## 3 바이어 상담 및 거래 Tip

### 3.1 효과적인 상담

#### ■ 상담 약속 및 사전 준비사항

칠레인들과 만나기 위해서는 최소 1~2주 전 미리 날짜를 약속하는 것이 바람직하며 정부 기관과의 면담일 경우 1개월 전에 미리 가능성을 알아보는 것이 좋다. 또한 사정에 따라 면담을 하지 못하게 될 경우 최대한 빠른 시일 내에 면담 연기 또는 변경 가능성을 타진하는 것이 미래 관계

유지에 좋다. 칠레인들은 주변 중남미 국가들과는 다르게 개인적인 약속이나 공적인 약속에 상관없이 약속 시간을 매우 잘 지키는 편으로 약속 시간에 늦는 것을 큰 실례로 여긴다. 이에 따라 칠레인들을 대하는 한국인들도 시간을 최대한 엄수할 필요가 있다.

칠레인들은 면담이 비효율적이거나 성과가 좋지 않아 자신이 시간을 낭비했다고 생각하면 재차 면담 신청이 들어와도 단칼에 거부하는 경우가 비일비재하다. 이에 따라 칠레 기업인 또는 정부 관계자와의 면담을 할 경우 사전에 논의할 내용을 정확히 파악하고 이들에게 매력적으로 보일 수 있는 포인트 한두 개 정도를 준비하는 것이 좋다.

### ■ 유의사항 및 애로점

한국 기업들에게 중남미 시장의 이미지는 정치 · 경제적인 불안, 높은 범죄율 등 부정적인 이미지가 대부분인 관계로 쉽사리 진출 결정을 못할 뿐만 아니라 진출 결정을 했다 하더라도 현지 시장에 대한 정확한 정보가 부족해 비즈니스에 큰 어려움을 겪기 십상이다. 또 이렇게 현지의 건설프로젝트를 수주했다거나, 매력적으로 보이는 투자 기회가 왔을 때, 현지 실정에 대한 정보가 부족해 주저하는 경우도 많이 있다. 이에 따라 다양한 수출지원 기관에서 생산하는 정확한 정보를 확인하고 실제 거래 시 유용한 KOTRA 시장정보 및 수출보험공사 상품을 활용, 리스크를 줄일 수 있는 방법으로 진출을 도모할 필요가 있다.

칠레에서는 일상생활에서 영어를 자유로이 구사하는 사람을 만나는 것이 어려우며, 영어 구사 인력을 채용하는 것은 더욱 어렵다. 기업체 홈페이지도 대부분 스페인어 버전만 지원하기 때문에, 다양한 외국어 구사 인력을 보유하지 못한 우리 중소기업의 경우 현지 바이어 발굴 과정 및 커뮤니케이션 과정에서 고충을 호소하는 경우가 많다. 이에 따라 진출 계획 시 스페인어 카탈로그(프린트물 또는 PDF 파일)를 구비하고, 간단한 스페인어 표현 및 비즈니스 스페인어에 대한 지식을 축적할 것이 요구된다.

또한 칠레가 다른 주변 국가들에 비해 행정 절차의 시스템화 수준이 월등함에도 불구하고 한국인의 '빨리빨리' 근성 때문에 칠레 시장에 진출할 경우 답답함을 느낄 수 있다. 칠레에서 바이어와 약속한 내용에 대해 한국에 돌아가 확인 메일을 보내면 감감 무소식인 경우가 많다. 그러나 한국 업체의 불만을 확인하고 현지 바이어에게 연락해 보면 한국 업체에서 너무 재촉한다며 불평하는 경우가 대부분이다. 이렇듯 칠레에서는 의사결정과 행정절차 진행 속도가 매우 느리므로 인내심을 갖고 기다려야 한다.

#### ■ 에이전트 확보 및 상담 방법

현지 기업인들은 외국 제품을 수입할 때 자신들의 기준에 시장성이 있다고 판단할 경우 칠레 시장 내 독점권을 요구하는 경우가 허다하다. 이는 대부분의 제품이 수입 유통되기 때문에 잠재력이 있는 품목의 현지 독점 공급 업체의 지위를 확보하고 동일 품목이 경쟁 업체에 수출되는 것을 미연에 방지하려는 것이 목적이다. 그러나 칠레 업체들이 독점권을 요구한다고 해서 쉽게 독점 계약을 체결할 경우 칠레 업체들의 소량주문 관행으로 인해 수출 확대 채널 확보에 어려움을 겪을 수 있으니 주의해야 한다. 또한 상담 바이어가 독점권을 요구할 겨우 2~3년간 지속적인 거래를 한 후 연간 일정 금액 이상의 수입이 가능하다고 판단될 경우 독점 계약을 하겠다는 전제 조건을 제시하는 것이 바람직하다.

### 3.2 거래 시 유의사항

칠레는 내수시장이 협소한 국가로 소량 다품종 주문이 보편적이다. 한국 기업과 상담이나 거래 경험이 있는 칠레 바이어들에 따르면 제품을 구매하고 싶기는 하지만 한국 수출업체에서 칠레 시장 상황에 맞지 않는 높은 기준의 최소주문수량을 계약 조건으로 제시함으로써 상담이 그 이상 진전되지 못하는 경우가 종종 발생한다고 한다. 첫 거래 규모가 작다고 실망하지 말고, 좋은 제품을 공급하다 보면 거래 물량을 점점 늘려갈 수 있을 것이다.

칠레에서 만났을 때는 당장이라도 주문할 것 같은 분위기였는데 귀국하고 보니 아무런 연락이 없다고 당황하지 말아야 한다. 귀국하는 즉시 안부인사와 함께 상담 내용을 요약해 바이어에게 제공하기로 약속한 추가 정보 등과 더불어 메일, 팩스 등으로 송부하는 것이 좋다. 그러나 일단 자료를 보낸 후에는 1~2주 정도 바이어가 검토할 시간을 주는 인내심이 필요하다. 자료를 보내자마자 하루가 멀다하고 바이어의 답변이나 결정을 재촉하는 한국 기업의 열성이 오히려 역효과를 낼 수도 있다.

기초적이면서도 한국 업체들이 자주 범하는 실수로는 이메일 계정의 발송자명 설정을 들 수 있다. 바이어로부터 응답이 오지 않는다며 바이어가 메일을 받았는지 확인해 달라는 요청이 현지 KBC으로 많이 들어오는데, 바이어를 접촉해 보면 대부분 메일을 받지 못했다고 답한다. 이는 메일 발송자 이름이 한글로 설정되어 있을 경우에 주로 발생하는데, 이 경우 바이어의 메일박스에는 발신자명에 한글 이름 대신 "???"라 표시되므로 이를 스팸으로 간주해 읽지도 않고 바로 삭제해 버리기 때문이다. 메일 계정의 '개인정보 설정' 또는 '기본정보 수정'에서 발신자명을 바꾸는 것이 가능하니 반드시 메일 발신자 정보에서 이름을 영문으로 바꿔 두어야 한다. 가급적 바이어가 알아보기 쉽게 개인 명의보다는 회사명으로, 또는 회사명과 개인 이름을 병기하는 것이 좋다.

칠레인들은 지리적으로 고립돼 있는 관계로 외국어에 특히 약하다. 또한 다른 스페인어 국가들에 비해 말도 빠르고, 발음하는 법도 조금 달라 애로 사항이 많다. 따라서 상담 시에는 스페인어를 유창하게 하는 통역사를 대동하는 것이 효과적이며, 부득이 영어를 사용할 경우에는 반드시 제대로 이해했는지 확인해야 한다.

칠레는 우리나라와 비교할 때 경제 규모가 작고 기술 수준도 취약하지만, 중남미 최고의 IT강국, 정치 · 경제 선진국이라는 자부심이 매우 강하며, 중남미의 유럽을 지향한다. 그러므로 칠레인과 대화를 이끌어 나갈 때 칠레를 여느 중남미 국가로 일반화하는 듯한 인상을 주면 몹시 불쾌해하며, 대화를 진전시키기 어렵다는 점을 명심해야 한다.

## 4 현장의 소리

### 4.1 교포 사업가의 조언

협소한 내수시장에 전 세계 모든 브랜드 및 제품이 자유롭게 유통되고 있는 칠레 시장에서의 사업은 결코 쉽지 않다는 것이 현지 사업가들의 공통적인 견해다. 정부의 공격적인 시장개방 정책이 칠레 소비자들에게 그만큼 선택의 폭을 넓혀준 것은 사실이나 기업의 입장에서 보자면 동종 품목을 판매하는 기업의 수가 늘어난다는 것은 치열한 경쟁에서 살아남아야 한다는 부담감을 가중시키는 요소다.

뿐만 아니라 칠레의 시장 구조가 저가시장과 고가시장으로 양분된 상황에서 제품의 타깃 시장 설정 및 가격 경쟁력 제고를 위한 전략이 필수로 요구되고 있으며 저가시장에 주로 유통되던 브랜드의 고가시장 진입이 거의 불가능하므로 초기 진입 시 포지셔닝이 매우 중요하다. 현지 바이어와의 거래에서도 가격, 품질 수준을 비롯해 애프터서비스, 부품 무상공급 요구 등 요구사항이 매우 상세하고 까다로움에 따라 이들의 구미에 맞는 제품을 공급하기가 상당히 어렵다.

기업 운영 면에서도 중남미 최고 수준의 조세, 행정시스템이 갖춰져 있기는 하지만 경직된 고용구조 및 채용 및 해고에 소요되는 비용이 상당한 부담으로 작용하기도 한다. 실제로 외국기업이 칠레 내에서 영업활동을 할 경우 기업 내 종업원의 최소 85%는 칠레 국적인을 고용해야 한다는 조건, 최소 고용계약기간은 1개월로 1회 연장이 가능하며 재 연장할 경우는(또는 계약 기간의 합이 2년을 초과 시) 자동으로 영구고용계약이 되는 조건 등은 기업 활동에 부담이 될 수 있다는 의견이다.

뿐만 아니라 법정 근무시간인 주당 45시간 이외에 하루 최대 2시간까지 초과근무가 가능하며 초과근무 시에는 기본 시급 이외에 50%의 추가 근무수당지급이 의무이기 때문에 한국과 같은 자발적인 야근은 상상할 수 없다. 보통 한국적인 사고방식으로는 담당 업무가 남았을 경우 스스로 야근을 하는 경우가 많아, 현지 한국인 기업들의 경우 현지 직원의 야근을 대수롭지 않게 생각할 수 있으나 초과근무수당 미지급 시 추후 법정소송과 같은 문제가 발생할 수 있음을 명심해야 한다.

이에 따라 칠레 기업의 고용주는 사업장에 근무시간기록부(Libro de Asistencia: 리브로 데 아시스텐시아)를 비치해 직원들의 근무시간을 관리하고 있으며 노동청에서 작업장 실태 조사를 나올 경우 근무시간기록부에 기록된 내용을 토대로 조사를 실시한다. 또한 사업장에 동 기록부가 없을 경우 벌금을 부과 받는다. (노무관련 소송 발생 시 근거자료가 될 수 있으므로 반드시 비치하고 근로자가 출퇴근 시간을 정확하게 기록하는지 항상 점검해야 한다.)

아울러 기업 내 직원 관리담당자들은 칠레 노동법 및 직원 고용에 따른 비용 부담에 대한 내용을 숙지해야 하고, 칠레 시스템에 따른 원활한 노동관리 능력을 갖추어야 하며, 불미스러운 일을 사전에 방지할 수 있어야 한다.

(• 작성자 : J사장 • 업체명 : M자동차 • 품목 : 중고차)

## 4.2 한국 수출업체의 조언

J사가 칠레 시장을 접하게 된 것은 2006년 말 시장개척단 일원으로 방문하면서부터다.

당시 칠레 시장에서는 이미 J사가 개발한 전기충전방식 냉동탑이 수년 전에 수입되어 운영되고 있었는데, 이탈리아산이 거의 독점하고 있었다. J사는 이미 이탈리아산 제품에 관해 파악하고 있었고 기술 · 가격 경쟁력에서 충분히 승산이 있다고 판단하고 칠레 시장 진출의 성공을 확신할 수 있었다. 많은 바이어들이 J사와의 거래에 큰 관심을 보였는데, 그 중에서도 한국기업과 10여 년을 넘게 거래해 온 E사와 거래 상담을 진행하게 되었고, J사는 최초 거래를 성사시키기 위해 기존 수출가격보다 약간 낮은 가격을 제시함으로써 동 바이어와 거래 협상을 시작한 지 3개월 만에 10만 달러 수출 성약을 거두게 되었다.

J사는 바이어와의 장기적인 동반자 신뢰 구축을 위해 무엇보다 고객관점에 기준을 두고 기술적인 서비스 및 부품을 지원했으며 또한 제품이 칠레에 도착되는 시점에 맞추어 J사 이사가 직접 칠레를 방문해 바이어의 제품 조립과 사용에 대해 자문 서비스를 제공해 줄 것을 약속했다.

또한 J사는 E사가 원하는 제품 사양을 도면으로 작성해 J사의 기술력을 동 바이어에게 전달함으로써 믿을 수 있는 기업이라는 인상을 확고하게 심어 줄 수 있는 계기도 마련할 수 있었다.

드디어 첫 오더 제품이 칠레에 도착하게 되었고, 바이어가 요구하지 않았는데도 불구하고, 제품 조립을 위해 사용되는 공기구와 교체 부품을 E사에게 무상으로 제공함으로써 E사와의 관계 구축을 더더욱 확고히 할 수 있었다. 어쩌면 J사가 손해 보는 장사를 하고 있는 것이 아닐까하는 판단을 내릴 수도 있었겠으나, 무엇보다 상품을 구매하는 바이어의 관점에 맞추어 우수한 품질, 서비스 및 제품 공급을 위해 최선을 다하는 모습을 보여주었다.

그로부터 4개월 후, 갑작스럽게 E사로부터 새로운 오더를 계획 중이며 장기적인 거래 관계 형성에 관심이 있다는 소식을 접하게 되었다.

아무리 칠레 바이어가 까다롭고 수입 결정까지 소요되는 시간이 한국인의 입장에서 지나치게 오래 걸린다 해도 무엇보다 고객을 향한 J사의 끊임없는 관심과 열정, 배려가 양사 간의 신뢰를 쌓는 데 큰 도움이 되었다고 생각한다.

( • 업체명 : J사 • 품목 : 축냉탑(Eutectic type cold storage plate))

## 4.3 현지 KBC에서 전하는 이야기

### ■ 칠레 바이어, 자존심을 건드리지 말라!

칠레인들은 남녀노소를 막론하고 경제, 문화, 정치 등 모든 면에서 자국에 대한 자부심이 매우 강하다. 모든 분야에서 주변 중남미 국가들을 압도하는 수준차를 생각하면 당연한 것일 수 있겠으나 가끔 사고방식이나 행동을 보면 좀 지나치다 싶을 정도로 우월감이 가득 차있는 경우가 있다.

특히 아시아 경제대국인 한중일 3국의 사람들의 눈에 비친 칠레인들의 생활수준 및 전체적인 국가 수준은 자국에 비해 현저히 뒤떨어져 있음에도 불구하고 이들의 맹목적인 유럽 사랑과 무지에서 비롯된 아시아인에 대한 차별을 느끼게 될 때에는 당혹감을 감출 수 없다.

그러나 이러한 칠레인들의 동양사회에 대한 지식 및 경험부족에 못지않게 아시아 비즈니스맨들의 중남미 및 칠레에 대한 정보부족 또한 양 지역 간 교류확대에 걸림돌로 작용하고 있다. 아울러 칠레의 특성을 무시하고 중남미를 하나의 시장으로 묶어 생각하는 오류를 범하는 것도 아시아인들의 문제라고 할 수 있다.

2007년 초, KOTRA 시장개척단 프로그램을 통해 칠레 시장에 처음 발을 디딘 한 업체는 초기에는 "중남미 시장이 다 똑같지 다를 것이 뭐있나."라고 생각했는데 "칠레 시장은 규모는 작은 반면 바이어들의 수준은 매우 높은 것 같다."라고 시장평가를 내렸다.

실제로 중산층 이상의 칠레인들은 유럽을 비롯한 선진국의 트렌드에 빠르게 반응하고 있으며 이러한 소비층을 타깃으로 하는 수입상들은 품질, 디자인, 가격 모든 면에서 매우 까다로운 기준을 제시하는 것이 일반적이다. 또한 칠레는 사회 각 계층별로 구매력에 현격한 차이가 나기 때문에 타깃 계층에 따른 적절한 마케팅 기법이 활용되어야 살아남을 수 있는 시장이다.

또 다른 사례는 한국기업들이 주로 범하는 실수 중 하나로 칠레 시장 규모 및 바이어들의 성향은 무시한 채, 무조건 수출자 편의주의로 거래를 원한다는 점이다. 2007년 사이버 상담으로 현지 업체와 거래 상담을 진행한 한 업체는 현지 바이어가 자사 제품에 대해 관심도 많았고 수입 의사도 있었지만 주문수량이 기본 주문수량에 미달되어 수출을 포기했다는 얘기를 들은 적이 있다.

그러나 칠레시장은 인구 2,500만에 불과한 작은 시장으로 한국기업의 수출관행에 맞게 대량으로 수입오더를 할 수 있는 기업은 극소수에 불과하다. 또한 대형 수입업체조차도 재고부담을 최소화하기 위해 국내 수요자들에게 선주문을 받은 후 필요한 양만큼만 수입 오더하는 경우도 다반사인 시장이다. 그러나 한 번 거래를 시작한 기업과는 신뢰가 쌓일수록 점차 주문량을 늘리는 것이 일반적이므로 소량거래를 통해 꾸준히 신뢰를 쌓아가는 것이 중요한 시장이라고 할 수 있다.

마지막으로 중남미 시장을 재고 처리 시장으로 여기고 주요 수출시장에 판매하고 남은 제품을 판매하려는 전략은 결코 통하지 않음을 명심해야 한다. 2007년 시장개척단 업체로 참가한 한 한국기업은 이미 미국, 일본에 신제품을 출시한 상태에서 중남미 3개국 시장개척단 프로그램에 참여, 재고 모델을 가지고 바이어들과 판매 상담을 한 적이 있다. 그러나 칠레 바이어들은 예전 모델임이 여실히 드러나는 제품 디자인 및 한국기업 담당자의 상담 태도 등을 문제 삼으며 불쾌감을 드러냈다. 결국 한국 업체는 단 한 건의 거래성사도 시키지 못하였을 뿐만 아니라 상담회 종료 후 "중남미에 재고 다 처분하려고 했는데 하나도 못 팔고 돌아가게 생겼다."는 말을 공공연하게 해 아직 우리 기업들의 칠레 시장에 대한 인식이 얼마나 부족한지를 여실히 보여주기도 하였다.

칠레 시장은 늘 관심은 많은 시장이었으나 지리적, 문화적 차이로 인해 우리 기업들이 쉽게 진출을 결정하지 못하는 시장 중 하나였다. 또한 진출을 결정하였더라도 언어적, 문화적 차이로 인해 현지 시장에서 자리를 잡는 것이 쉽지만은 않은 시장이다. 그러나 최근 중남미 지역은 세계 주요 경제블록으로 부상하면서 그 중요성이 날로 더해가고 있는 상황이며 많은 산업분야에서 진출기회가 증가하고 있다. 이러한 상황과 더불어 칠레의 경우 중남미 최고 수준의 사회 인프라와 세계 10위권 기업경영환경을 보유한 국가로 중남미 시장 진출 교두보로서의 중요성이 그 어느 때보다도 높다. 이에 따라 우리 기업들은 막연한 시장진출 시도보다는 다각적인 시장 분석 및 시장정보 입수를 통해 충분히 시장을 이해하고 치밀한 전략을 마련, 체계적인 진출을 통해 현지시장에서의 입지를 차근차근 다져나가야 할 때이다.

# X
# 아르헨티나

República Argentina

# VIII. 아르헨티나

República Argentina

- 국 명 아르헨티나 공화국(República Argentina)
- 위 치 아메리카대륙 남부
- 면 적 278만㎢ (세계 8위, 한국의 약 28배)
- 기 후 북부 아열대, 중부 온대, 남부 한대
- 수 도 부에노스아이레스 (Buenos Aires, 인구 303만 명)
- 인 구 4,067만 명(2008년 7월 기준, 남 49% - 여 51%)
- 주 요 도 시 코르도바 (Cordoba), 로사리오 (Rosario)
- 인 종 백인 97%, 기타 3% (인디오 0.5% 미만)
- 언 어 / 종 교 스페인어 / 로마가톨릭 92% (종교 활동은 20% 미만)
- 화 폐 / 환 율 뻬소(Peso) / US$ 1 = 3.10뻬소(2008년 6월 기준)
- 정 부 형 태 대통령 중심제 (1차에 한해 재임 가능)
- 국 가 원 수 끄리스띠나 페르난데스(Cristina Fernández de Kirchner)
- G D P US$ 257.8십억(2007)
- 1인 당 GDP US$ 6,621(2007)
- 경 제 성 장 률 8.5%(2006), 8.7%(2007)
- 물 가 상 승 률 9.8%(2006), 8.4%(2007)
- 수출(對韓수출) US$ 489,140백만(2007)
- 수입(對韓수입) US$ 731,533백만(2007)

# Ⅰ 일반 비즈니스 환경

## 1.1 약사

| 시기 | 중요 역사적 사건 |
|---|---|
| 1580 | 스페인 식민통치 시작 |
| 1810.05.25 | 5월 혁명 (독립운동 시작) |
| 1816.07.09 | 독립선언 |
| 1946.06.04 | 페론(Juan Domingo Peron) 대통령 취임<br>페론 대통령(대통령 재임 1946~1955, 1973~1974)과 에바 페론 (1919~1952) |
| 1955.09.16 | 페론 대통령 쿠데타로 실각 |
| 1982.04.02 | <br>포클랜드 제도의 위치<br>포클랜드(말비나스)전쟁 (6.14 종전)<br>날짜 : 1982년 4월 2일~1982년 6월 14일<br>장소 : 포클랜드 제도, 사우스조지아 사우스 샌드위치 제도와 그 인근 해상과 영공<br>결과 : 영국의 군사적 승리와 아르헨티나 군사정권의 붕괴<br>이유 : 아르헨티나의 국내 문제 해결을 위한 포클랜드(말비나스)제도 침공 |
| 1983.12.10 | 알폰신(Alfonsin, UCR당) 민간정부 출범 |
| 1989.07.08 | 초인플레 경제위기 가운데 메넴(Menem)정부 출범 |
| 1991.04.01 | 태환정책(미화 대 뻬소화를 1:1로 고정) 실시 |
| 1995.07.08 | 메넴(Menem) 4년 임기 재취임 |
| 1999.12.10 | 야당연합(Alianza)당 델 라 루아(De la Rua) 정부 출범 |
| 2001.12.11 | 예금인출 제한조치 전격 발동(일명 'Corralito' : 꼬랄리토) |
| 2001.12.20 | 민중시위로 데 라 루아(De la Rua) 대통령 중도 사퇴 |
| 2001.12.23 | 사아(Rodríguez Saa) 임시 대통령 선출 |
| 2001.12.24 | 아르헨티나 정부, 민간 대외채무 디폴트 선언 |
| 2001.12.30 | 집권당내 정책 이견으로 사아 대통령 사임 |
| 2001.12.31 | 두알데(Duhalde) 상원의원 대통령 선출 |
| 2002.01.07 | 태환제 폐지(법안 상하양원 통과), 이중환율제 실시 |

| | |
|---|---|
| 2002.02.11 | 단일 변동환율제 실시(이중환율 중 공정환율 폐지) |
| 2002.11.14 | 채무불이행(세계은행, 제2의 디폴트) |
| 2002.12.02 | 요구불 예금 현금인출 제한조치(Corralito) 해제 |
| 2003.01.16 | 초단기 IMF 협상 타결 |
| 2003.05.25 | 네스또르 키르츠네르(Néstor. Kirchner)대통령 정부 출범 |
| 2003.09.10 | IMF와 중기(3년) 구제금융 협상 타결 |
| 2005.03.01 | 디폴트국채 교환거래 성공, 탈 디폴트 공식 선언 |
| 2006.01.03 | IMF 채무 전액 조기 상환(US$ 95억 3,000만) |
| 2007.12.18 | 끄리스띠나 끼르츠네르(Cristina Kirchner)대통령 정부 출범 |

역사적으로 1970년대 아르헨티나는 군사정권은 자국민에 대한 폭압과 인권 탄압으로 인해 일명 '더러운 전쟁(Guerra Sucia)' 이라는 오명을 뒤집어쓰면서 최악의 시대를 맞았다. 게다가 경제는 여타 다른 남미 군사정권과 비교해 그다지 좋은 성과를 내지 못했다. 군사정권의 정당성 위기는 1970년대 후반 들어 점점 가중되기 시작했다. 대내적인 위기를 대외적으로 해결하고자 군사정권은 서둘러서 대외적 이슈들에 눈을 돌렸다. 군사정권이 할 수 있는 유일한 방법은 군사력을 동원한 전쟁을 수행해 명예를 회복하는 일이었다. 하지만 미국과 칠레의 외부 지원을 받은 영국의 핵잠수함 때문에 명예는 실추되고 곧 바로 정당성의 위기(the crisis of legitimacy)에 몰려 스스로 정권을 민선정부에 내주어야 했다.

말비나스(영국에서는 포클랜드)전쟁의 상처와 잔혹한 군부의 아픔을 그대로 안고 출범한 알폰신 대통령의 민간정부는 새로운 경제성장을 도모하고자 1985년 경제 쇼크 처방인 아우스뜨랄 플랜(Plan Austral)을 시행하였다. 그러나 그 효과는 오래가지 못하고 경제 불안은 오히려 심화되어 1980년대 말의 기록적인 초인플레 현상을 초래하였고, 가시지 않았던 군부세력의 위협은 사회적 단합과 안정을 저해하고 있었다. 이러한 분위기 가운데 대선이 치러졌고 결국 메넴 차기 정권은 위기를 돌파하고자 몇 달을 앞당겨 조기 출범하였다.

5월 혁명광장과 대통령궁(Casa Rosada)

불안한 국정을 넘겨받은 메넴 정부는 IMF와 미국행정부의 조언(일명 'Washington Consensus' : 워싱턴 합의)대로 신자유주의 정책을 도입하여 금융시장을 개방하고 수많은 국영기업을 민영화해 정부 축소를 추진하였으며, 환율을 고정시켜(Convertibility; 태환법, 달러:뻬소=1:1) 살인적 인플레를 멈출 수 있었다.

국영기업 매수와 금융계로 몰리던 외국인 투자로 인해 경제는 안정적으로 성장할 수 있었으나, 비현실적인 고정 환율이 국가경쟁력을 떨어뜨리고 투기자본(핫머니의 자본 도피)이 대거 빠지면서 상황은 다시 크게 악화되어 사상 최악의 경제공황으로 평가되는 2001~2002년 경제 위기 사태로 이어졌다.

이후 두알데의 과도정부는 고정 환율을 폐지하고 뻬소화를 평가 절하하여 국내산업의 경쟁력을 키우는 등 내수성장 위주의 경제모델로 전환하여 아르헨티나를 성장세로 되돌려 놓는 데 성공하였다.

1990년대 경제모델 실패의 원인으로서 미국을 중심으로 한 신자유주의가 지적되어 한동안 양국 간의 관계는 소원해지기도 하였다. 2003년 취임한 끼르츠네르 정권은 과도정부의 정책을 계승하여 임기 동안 연 9%에 가까운 경제성장률을 기록하였고, 메르코수르(MERCOSUR: 남미공동시장)와 중국과의 교역을 강화시켰다.

7월 9일 대로와 오벨리스크
(Avenida 9 de Julio y Obelisk)

2007년 12월 끼르츠네르 대통령의 영부인이자 상원의원인 끄리스띠나 끼르츠네르 정부가 출범하여 사상 처음으로 부부 간의 권력 이양이 실현되었다. 미국을 냉대하던 남편과는 달리 끄리스띠나는 전임 정권의 외교노선을 유지하면서도 미국에게 화해의 제스처를 보이고 있다. 그리고 인플레 압력에도 불구하고 성장 위주의 경제정책 유지를 주창하여 지속적인 경제성장을 공약으로 내걸고 있다.

하지만 이에 따른 우려의 목소리 또한 커지고 있다. 수 년간 동결되었던 임금 인상을 통해 내수시장을 강화시키고 사회적 불만을 부분적으로나마 해소할 수 있었지만 소비증가와 함께 인플레가 다시 고개를 들고 있기 때문이다. 더군다나 인플레 공식 통계를 담당하는 아르헨티나 통계청(INDEC)에 대한 정부의 개입과 조작설이 불거지면서 최대의 논란거리로 부상하였다.

한편 국민들의 사회 안정문제도 중요한 과제로 남아 있다. 놀라운 성장률에도 불구하고 여전한 빈부차이로 인한 치안문제는 여전히 일반시민들의 의식 속에서 불안요소로 작용하고 있다. 사회 범죄율이 지속적인 사회 문제로 남아 있다.

또한 지난 2008년 3월 발생하였던 농축산물 '수출세 인상안'을 두고 농축산업계 최장기 파업에서 드러나듯이 사회세력 간의 갈등이 악화될 우려가 있다. 역사적으로 내수성장단계의 희생물이자 현재 조세수입의 핵심 역할을 감당하고 있는 농축산업계는 정부가 수출세를 45%로 올리려 하자 강하게 반발하였다.

비록 정부가 이를 만회할 수 있는 보조 정책을 약속하고 있으나 이와 같은 공격적인 정책들은 치안 문제나 국가균형성장 문제와 함께 사회구성원들의 조화로운 사회통합에 장애가 될 수 있다는 것이다.

사상 초유의 원자재 가격 상승에 힘입어 아르헨티나의 성장세는 당분간 지속될 것으로 판단된다. 이런 성장세 때문에 2006년 12월 일본 브릭스(BRICs) 연구소로부터 아르헨티나는 소위 'VISTA국가'로 선정되어 주목을 받기도 했다(Vietnam, Indonesia, South Africa, Turky, Argentina).

그러나 막대한 수입이 균형적 분배, 의료와 교육 같은 그간 보류했던 부문 관련 투자, 지속 가능한 중장기적 경제 체제 자력 수립과 어떻게 연결될지는 아직 미지수다.

## 1.2 경제현황

### ■ 아르헨티나 경제 지표

| 구분 | 단위 | 2006 | 2007 | 2008(전망) |
|---|---|---|---|---|
| GDP | US$ 십억 | 211.1 | 257.8 | – |
| 일인당 GDP | US$ | 5,463 | 6,621 | – |
| 경제성장률 | % | 8.5 | 8.7 | 7.0 |
| 물가상승률 | % | 9.8 | 8.5 | 10.0 |
| 임금상승률 | % | 19.4 | 20.0 | 20.0 |
| 실업률 | % | 8.7 | 7.5 | 9.5 |
| 기준금리(연말) | % | 7.6 | 9.2 | 11.0 |
| 수출 | US$ 억 | 465.7 | 559.3 | 615.0 |
| 수입 | US$ 억 | 331.6 | 447.8 | 515.0 |
| 무역수지 | US$ 백만 | 13,872 | 13,340 | – |
| 경상수지 | US$ 백만 | 7,691 | 7,210 | – |
| 외국인직접투자 | US$ 백만 | 4,809 | 5,720 | – |
| 외채 | US$ 억 | 1,367 | 1,447 | – |
| 외환보유고 | US$ 억 | 320.4 | 461.8 | 450.0 |
| 연평균 환율 | US$ 1당 현지화 | 3.07 | 3.12 | – |

자료원 :아르헨티나 중앙은행

### ■ 경제성장률

1999년부터 4년 동안 계속된 경기 침체의 영향으로 경제는 19.5%나 후퇴하였으나 네스또르 끼르츠네르 정부가 집권한 2003년부터 경제가 성장세로 전환하여 2007년까지 5년간 43%에 이르는 성장을 달성하였으며, 이후 꾸준한 성장세를 유지하여 왔다.

지난해 12월 출범한 끄리스띠나 끼르츠네르 정부는 전임 정부의 경제 정책을 그대로 유지할 것을 천명하였고 투자를 유치하기 위해 좀 더 적극적인 외교활동을 펼칠 것으로 예상된다.

2008년에는 7% 이상의 안정 성장세를 유지할 전망이나, 급증한 수요로 인한 에너지위기, 설비투자, 농촌 파업, 농산물 수출 등이 경제성장의 변수로 남아 있다.

| 구분 | 단위 | 2003 | 2004 | 2005 | 2006 | 2007 |
|---|---|---|---|---|---|---|
| 성장률 | % | 8.8 | 9.0 | 9.2 | 8.5 | 8.7 |
| 1인당 GDP | US$ | 3,380 | 3,980 | 4,715 | 5,462 | 6,830 |

자료원 :아르헨티나 통계청(INDEC)

### ■ 물가

2005~2006년 정부의 재정지출 확대와 대미환율 하락 방어를 위한 외환 개입으로 시중 통화량이 증가하여 인플레 요인으로 작용하고 있다. 따라서 현재 아르헨티나 정부는 각 산업단체 · 유통업체 등과 가격 안정화 협약을 체결하고, 수출세 인상, 수출 제한 등 적극적인 통제정책을 통해 물가 안정을 유지하는 것이 최대 경제 현안이다. 한편 정부의 통계청(INDEC) 개입설이 불거지면서 통계청의 공식통계에 대한 투명성이 논란거리가 되고 있다. 실질인플레는 정부발표 수치의 2배 수준이다.

| 구분 | 단위 | 2003 | 2004 | 2005 | 2006 | 2007 |
|---|---|---|---|---|---|---|
| 소비자물가 | % | 3.7 | 6.1 | 12.3 | 9.8 | 8.4 |
| 생산자물가 | % | 2.0 | 7.9 | 10.6 | 7.1 | 13.2 |

자료원 : 아르헨티나 중앙은행

## ■ 환율

아르헨티나 정부는 강력한 수출 드라이브를 위해 외환시장에 개입하여 고환율을 유지하는 정책을 펴고 있다. 2008년 현재에도 재정흑자를 활용하여 외환시장에 적극 개입하고 달러를 매입함으로써 고환율 유지, 수출 확대, 외환보유고 증대 등을 꾀할 것으로 보인다.(2008년 기준 대미환율 : 3.16~3.21)

| 구분 | 2001 | 2002 | 2003 | 2004 | 2005 | 2006 | 2007 |
|---|---|---|---|---|---|---|---|
| 대미환율 | 1.00 | 3.07 | 2.95 | 2.94 | 2.92 | 3.06 | 3.15 |

자료원 : 아르헨티나 중앙은행

## ■ 실업률

아르헨티나는 경제위기의 영향으로 최악의 실업률을 기록했다가 (2001~2002년 사이 20% 초과) 최근에 경제 회복과 더불어 실업률은 낮아져 2007년 한 자리대로 하락(7.5%)하였다. 국가로부터 생계보조금을 수령하고 있는 실업가장은 엄밀히 실업자로 간주되지 않고 있으나 이들을 모두 포함하면 실업률은 10% 수준으로 상승하게 된다. 또한 청년 실업은 여전히 심각한 문제로 남아 있다. (2005년 기준 27%)

| 구분 | 2003 | 2004 | 2005 | 2006 | 2007 | 2008(전망) |
|---|---|---|---|---|---|---|
| 실업률 | 15.6 | 14.6 | 12.5 | 8.7 | 7.5 | 10 |

자료원 : 아르헨티나 통계청(INDEC)

아르헨티나 실업자 운동, 일명 '삐께떼로 운동(movimiento piquetero)'

## ■ 외채

2001년 12월 디폴트 선언 이후 2004년 6월 1일 아르헨티나 경제부는 IMF 외채 원금의 75% 탕감과 연체이자 100% 상환 계획을 전격 발표하였다. 이어서 2005년 1월 디폴트 국채 교환 거래안이 발표되었고, 같은 해 2월 6주간에 걸친 교환 거래 협상이 성공적으로 종료(참여율 76%)하여 외채 재조정을 완료하였다.

| 구분 | 단위 | 2003 | 2004 | 2005 | 2006 | 2007 |
|---|---|---|---|---|---|---|
| 외채 | US$억 | 1,788 | 1,913 | 1,286 | 1,367 | 1,447 |
| GDP비중 | % | 133.8 | 112.5 | 62.5 | 64.0 | 56.2 |

자료원 : 아르헨티나 중앙은행

## ■ 금리

2003년부터 저금리 기조를 보이고 있으나 최근 금리는 상승 추세다. 은행수수료가 높아 실질 소비자부담 금리는 15% 수준이다.

| 구분 | 단위 | 2003 | 2004 | 2005 | 2006 | 2007 |
|---|---|---|---|---|---|---|
| 콜금리 | % | 1.7 | 2.1 | 6.7 | 7.6 | 9.2 |

자료원 : 아르헨티나 중앙은행

## ■ 경상수지

경기회복 이후 아르헨티나의 경상수지는 꾸준한 흑자폭을 유지하고 있다. 정부는 재정흑자를 위하여 수출증대를 통한 경상수지 흑자유지책을 고수하고 있어 경상수지 흑자는 지속될 전망이다.

(단위 : US$ 백만)

| 구분 | 2004 | 2005 | 2006 | 2007 |
|---|---|---|---|---|
| 경상수지 | 3,278 | 5,407 | 7,691 | 7,210 |
| 무역 | 13,239 | 12,714 | 13,872 | 13,340 |
| 서비스 | -1,666 | -1,666 | -798 | -861 |
| 자본 | -8,922 | -6,312 | -5,872 | -5,602 |
| 이전 | 627 | 671 | 489 | 332 |

자료원 : 경제생산부/통계청

## ■ 대외교역

2007년 아르헨티나 수출입 규모는 수출이 20.4% 증가한 559억 달러, 수입이 31.1% 증가한 448억 달러를 기록하여 2006년에 이어 사상 최고 기록을 다시 한번 갱신하였다. 수출은 정부의 강력한 수출드라이브 정책과 고환율 정책으로 인해 수입은 아르헨티나의 고성장에 힘입어 증가세가 가능하였다.

2008년에는 전년 대비 증가율이 소폭 하락할 전망이지만 성장세는 계속되어 새로운 기록을 달성할 것으로 예상된다. 수출은 2007년 대비 10% 증가할 것으로 전문가들은 예측하고 있으나 국제시장에서의 농산물 가격 변동의 영향을 받을 것으로 전망된다.

수입은 15% 증가할 것으로 예상되며 국민소득 증가로 인한 내구성 소비재와 기계 등 자본재 수입이 크게 상승할 것으로 보인다.

**연도별 교역동향**

(단위 : US$ 백만, %)

| 연도 | 2000 | 2001 | 2002 | 2003 | 2004 | 2005 | 2006 | 2007 |
|---|---|---|---|---|---|---|---|---|
| 수출 | 26,162 | 26,580 | 26,004 | 30,280 | 34,358 | 40,352 | 46,456 | 55,933 |
| (증감) | 11.7 | 1.6 | -2.2 | 16.4 | 13.5 | 17.4 | 20.0 | 20.4 |
| 수입 | 25,281 | 20,319 | 8,991 | 13,851 | 22,447 | 28,689 | 34,151 | 44,780 |
| (증감) | -0.9 | -19.6 | -55.8 | 54.1 | 62.1 | 27.8 | 31.0 | 31.1 |
| 수지 | 881 | 6,261 | 17,013 | 16,429 | 11,911 | 11,663 | 12,306 | 11,154 |
| (증감) | -142.2 | 610.5 | 171.7 | -3.4 | -27.5 | -2.1 | 5.5 | -9.4 |

자료원 : 아르헨티나 통계청(INDEC)

## ■ 주요 국가별 교역동향

수출 부문은 미주지역 수출이 49.6%로 전체 수출의 절반을 차지하고 있으며, 그 가운데 남미공동시장(MERCOSUR) 역내 국가인 브라질에 대한 수출이 가장 높은 비중을 차지한다. 특히 대중국 수출은 52억 달러를 넘어, 가장 빠른 증가세를 보이고 있다.

**지역 · 국가별 수출동향**

(단위 : US$ 백만)

| 순위 | 국가명 | 2004 | 2005 | 2006 | 2007 |
|---|---|---|---|---|---|
| | **미주** | **18,028** | 21,196 | 24,265 | **27,339** |
| 1 | 브라질 | 5,605 | 6,333 | 8,094 | 10,499 |
| 2 | 칠레 | 3,835 | 4,499 | 4,380 | 4,184 |
| 3 | 미국 | 3,723 | 4,493 | 4,012 | 4,155 |
| 4 | 멕시코 | 1,036 | 1,159 | 1,465 | 1,436 |
| 5 | 우루과이 | 664 | 844 | 1,112 | 1,170 |
| 6 | 베네수엘라 | 438 | 513 | 806 | 1,171 |

| 7 | 파라과이 | 522 | 509 | 621 | 780 |
|---|---|---|---|---|---|
| | **유럽** | **6,927** | 8,083 | 9,911 | **11,667** |
| 1 | 스페인 | 1,353 | 1,565 | 1,822 | 2,061 |
| 2 | 네덜란드 | 1,243 | 1,352 | 1,443 | 1,799 |
| 3 | 독일 | 727 | 872 | 1,125 | 1,256 |
| 4 | 이탈리아 | 948 | 983 | 1,095 | 1,095 |
| 5 | 러시아 | 359 | 670 | 901 | 901 |
| | **아시아** | **6,426** | 7,825 | 8,452 | **11,809** |
| 1 | 중국 | 2,628 | 3,193 | 3,473 | 5,187 |
| 2 | 한국 | 319 | 366 | 431 | 690 |
| 3 | 일본 | 356 | 303 | 398 | 687 |
| 4 | 인도 | 567 | 739 | 909 | 865 |
| 5 | 말레이시아 | 276 | 420 | 532 | 532 |
| | **아프리카** | **2,577** | 2,455 | 2,943 | **3,994** |
| 1 | 알제리 | 452 | 452 | 537 | 770 |
| 2 | 남아공 | 608 | 491 | 916 | 1,002 |
| 3 | 이집트 | 595 | 558 | 324 | 581 |
| | **오세아니아** | **138** | 162 | 152 | **247** |

자료원 : 아르헨티나 통계청(INDEC)

수입 부문은 미주지역 수입이 56.1%로 전체 금액의 절반 이상을 점유하고 있다. 국가별 수입 비중은 브라질, 미국, 중국 순이다. 2007년 8월 중국으로부터의 수입이 전체의 10%를 초과하자 아르헨티나 정부는 수입제한조치의 일환으로 수입최저가격제도를 강화한 바 있다.

**지역 · 국가별 수입동향**

(단위 : US$ 백만)

| 순위 | 국가명 | 2004 | 2005 | 2006 | 2007 |
|---|---|---|---|---|---|
| | **미주** | **22,320** | 17,143 | 19,475 | **24,565** |
| 1 | 브라질 | 7,726 | 10,436 | 11,749 | 14,523 |
| 2 | 미국 | 3,857 | 4,499 | 4,246 | 5,264 |
| 3 | 멕시코 | 714 | 739 | 1,110 | 1,337 |
| 4 | 칠레 | 493 | 672 | 599 | 708 |

| | | | | | |
|---|---|---|---|---|---|
| 5 | 파라과이 | 383 | 455 | 505 | 1,056 |
| 6 | 베네수엘라 | 430 | 513 | 24 | 24 |
| 7 | 우루과이 | 300 | 428 | 301 | 449 |
| | **유럽** | **5,154** | 5,970 | 7,237 | **9,505** |
| 1 | 독일 | 1,127 | 1,335 | 1,544 | 2,137 |
| 2 | 이탈리아 | 669 | 766 | 907 | 1,071 |
| 3 | 스페인 | 610 | 645 | 613 | 813 |
| 4 | 네덜란드 | 302 | 382 | 207 | 237 |
| 5 | 러시아 | 135 | 670 | 244 | 430 |
| | **아시아** | **3,299** | **4,926** | **6,364** | **9,195** |
| 1 | 중국 | 883 | 1,529 | 3,121 | 5,093 |
| 2 | 일본 | 440 | 557 | 932 | 1,279 |
| 3 | 한국 | 269 | 378 | 439 | 526 |
| 4 | 말레이지아 | 278 | 172 | 223 | 325 |
| | 인도 | 160 | 261 | 303 | 384 |
| | **아프리카** | **180** | **168** | **238** | **272** |
| 1 | 알제리 | 282 | 1 | 15 | 19 |
| 2 | 남아공 | 90 | 108 | 118 | 131 |
| | 이집트 | 18 | 4 | 15 | 39 |
| | **오세아니아** | **85** | **150** | **149** | **177** |

자료원 : 아르헨티나 통계청(INDEC)

## ■ 품목별 교역동향

**품목(분야)별 수출 통계**

(단위 : US$ 백만, %)

| 구분 | 2004 | 2005 | 2006 | 2007 | 증가율 |
|---|---|---|---|---|---|
| 합계 | 34,453 | 40,352 | 46,456 | 55,933 | 20.0 |
| 농축산가공품 | 6,828 | 13,138 | 15,244 | 19,221 | 45.0 |
| 1차산품 | 11,932 | 8,098 | 8,953 | 12,482 | 26.0 |
| 공산품 | 9,522 | 11,984 | 14,825 | 17,384 | 17.0 |
| 원유 등 | 6,171 | 7,132 | 7,759 | 6,846 | -12.0 |

자료원 : 아르헨티나 통계청(INDEC)

## 수출 상위 20개 품목

(단위 : US$ 천만, %)

| 순위 | HS코드 | 품목명 | 2005 | 2006 | 2007 | 비중 |
|---|---|---|---|---|---|---|
| 1 | 2304 | 대두박 | 3,798 | 4,358 | 5,737 | 10.3 |
| 2 | 1507 | 대두유와 그 분획물 | 2,247 | 2,789 | 4,405 | 7.9 |
| 3 | 1201 | 대두 | 2,296 | 1,779 | 3,426 | 6.2 |
| 4 | 2710 | 석유와 역청유(원유제외) | 2,589 | 2,882 | 3,027 | 5.4 |
| 5 | 1005 | 옥수수 | 1,368 | 1,264 | 2,249 | 4.0 |
| 6 | 8703 | 승용차 | 805 | 1,432 | 2,176 | 3.9 |
| 7 | 1001 | 밀과 메슬린 | 1,281 | 1,472 | 1,995 | 3.6 |
| 8 | 2603 | 구리와 그 정광 | 996 | 1,337 | 1,753 | 3.2 |
| 9 | 8704 | 화물차 | 1,078 | 1,390 | 1,696 | 3.1 |
| 10 | 2709 | 원유 | 2,509 | 2,406 | 1,293 | 2.3 |
| 11 | 2711 | 석유가스 | 1,254 | 1,511 | 1,263 | 2.3 |
| 12 | 7304 | 철강제의 관과 무계목 중공프로 파일 | 839 | 1,071 | 1,227 | 2.2 |
| 13 | 8708 | 자동차부품 | 788 | 939 | 1,114 | 2.0 |
| 14 | 9998 | 기타 | 648 | 732 | 874 | 1.6 |
| 15 | 0201 | 쇠고기(신선, 냉장) | 584 | 566 | 790 | 1.4 |
| 16 | 4104 | 소 또는 마속동물의 가죽 | 533 | 605 | 697 | 1.3 |
| 17 | 1512 | 해바라기유, 면실유와 그 분획물 | 735 | 703 | 636 | 1.1 |
| 18 | 7108 | 금 | 143 | 547 | 562 | 1.0 |
| 19 | 2204 | 포도주 및 포도즙 | 311 | 384 | 494 | 0.9 |
| 20 | 3004 | 의약품 | 296 | 376 | 448 | 0.8 |

자료원 : World Trade Atlas
(순위 · 비중 2007년 기준)

## 품목(분야)별 수입 통계

(단위 : US$ 백만, %)

| 구분 | 2004 | 2005 | 2006 | 2007 | 증가율 |
|---|---|---|---|---|---|
| 합계 | 22,320 | 28,689 | 34,151 | 44,780 | 31.0 |
| 중간재 | 8,630 | 10,377 | 11,893 | 15,501 | 30.0 |
| 자본재 | 5,378 | 7,011 | 8,385 | 10,759 | 28.0 |
| 자본재 부품 | 3,599 | 4,859 | 6,137 | 7,718 | 26.0 |
| 소비재 | 2,500 | 3,162 | 3,849 | 5,147 | 34.0 |

| 자동차 | 1,197 | 1,603 | 2,038 | 2,710 | 33.0 |
|---|---|---|---|---|---|
| 에너지 | 1,003 | 1,545 | 1,730 | 2,830 | 64.0 |
| 기타 | 14 | 132 | 118 | 115 | -3.0 |

자료원 : 아르헨티나 통계청(INDEC)

### 수입 상위 20개 품목

(단위 : US$ 천만, %)

| 순위 | HS코드 | 품목명 | 2005 | 2006 | 2007 | 비중 |
|---|---|---|---|---|---|---|
| 1 | 8703 | 승용차 | 1,603 | 2,038 | 2,710 | 6.1 |
| 2 | 8708 | 자동차부품 | 1,256 | 1,721 | 2,281 | 5.1 |
| 3 | 8517 | 전화기 | 147 | 148 | 1,977 | 4.4 |
| 4 | 2710 | 석유와 역청유(원유제외) | 659 | 838 | 1,773 | 4.0 |
| 5 | 8802 | 비행기 | 456 | 601 | 795 | 1.8 |
| 6 | 8704 | 화물차 | 665 | 697 | 784 | 1.8 |
| 7 | 8471 | 컴퓨터 | 708 | 835 | 657 | 1.5 |
| 8 | 1201 | 대두 | 156 | 156 | 647 | 1.5 |
| 9 | 3105 | 광물성 또는 화학비료 | 247 | 299 | 597 | 1.3 |
| 10 | 3004 | 의약품 | 395 | 460 | 533 | 1.2 |
| 11 | 8701 | 트랙터 | 397 | 368 | 497 | 1.1 |
| 12 | 2601 | 철광과 그 정광 | 427 | 503 | 472 | 1.1 |
| 13 | 3901 | 에틸렌의 중합체 | 335 | 353 | 463 | 1.0 |
| 14 | 2716 | 전기 | 263 | 267 | 460 | 1.0 |
| 15 | 8414 | 기체 또는 진공펌프, 기체압축기 | 290 | 357 | 456 | 1.0 |
| 16 | 2931 | 기타 유기/무기 화합물 | 265 | 300 | 446 | 1.0 |
| 17 | 8408 | 엔진 | 248 | 286 | 414 | 0.9 |
| 18 | 4011 | 고무제의 공기타이어 | 250 | 288 | 398 | 0.9 |
| 19 | 8528 | 텔레비전 수신기 | 76 | 141 | 365 | 0.8 |
| 20 | 3102 | 질소비료 | 113 | 154 | 364 | 0.8 |

자료원 : World Trade Atlas
(순위 · 비중 2007년 기준)

## 1.3 시장특성

■ 중남미 3위 경제대국, 스페인어권 남미경제의 중심

아르헨티나는 GDP · 교역 면에서 멕시코, 브라질에 이어 중남미에서 3위를 차지하고 있다. 인구 4,067만 명이고, 1인당 GNP는 구매력(PPP) 기준으로는 14,838달러로 중남미 국가 중 가장 높다. 인근국의 1인당 GNP(PPP)는 칠레가 12,727달러, 브라질이 8,964달러이다.

■ 풍부한 자원

아르헨티나의 면적은 한국의 28배로 세계에서 여덟째로 크다. 세계적인 농축산물 수출국가로 해바라기 기름은 생산 · 수출 면에서 세계 1위, 쇠고기 생산은 세계 3위, 대두 · 옥수수 · 대두유 · 꿀 · 포도주 등의 생산과 수출은 세계 5위권 이내이다.

광물자원 또한 풍부하다. 광물 잠재 매장량은 세계 6위로 국토의 75%가 탐사조차 하지 않은 상태이다. 미국 콜로라도 광물스쿨에 의하면 아르헨티나의 광물투자 내부수익률은 금이 세계 2위, 동은 세계 3위 등으로 높다. 천연가스 생산은 남미 1위, 원유 생산은 남미 3위다.

■ 남미공동시장(MERCOSUR)의 중요성

아르헨티나는 브라질, 우루과이, 파라과이 등 남미공동시장 회원국과의 교역비중이 높으며, 특히 브라질과 돈독한 관계를 유지하고 있다. 남미공동시장 회원국 간에는 대부분의 품목에 대해 무관세 혜택을 주고 있어 수출경쟁력 확보를 위해 역내 투자진출을 활성화할 필요가 있다.

### ■ 유럽계 다국적 기업의 시장지배

1990년 초 공기업 민영화로 수많은 외국 기업이 진출했다. 아르헨티나 100대 기업 전체 매출액 중 외국계가 차지하는 비중이 71.3%로 매우 높다. 스페인계 기업이 가장 많으며 100대 기업 중 석유, 전화, 가스, 항공 부문의 4개 기업이 전체의 13.2%에 해당하는 매출을 차지하고 있다.

### ■ 공산품 수입의존 및 수입대체산업

공산품은 대부분 수입에 의존하거나 국내에 진출한 다국적 기업에 의존하고 있다. 주요 품목별 수입의존도는 컴퓨터 등 사무용기기 79%, 가전 · 통신기기 60%, 의료 · 광학기기 62%, 일반기계 51%, 기초 화학제품 36%, 수송기기 34%, 섬유류 18%, 플라스틱 제품 15% 등이다.

최근에는 수입대체산업 육성을 통한 재공업화를 경제 3대 정책 중 하나로 추진 중이다. 수입대체 활성화 분야는 식품, 음료수, 라디오, TV, 가스레인지, 난로, 건축자재, 의류, 가죽, 신발, 종이, 농기계류, 플라스틱 제품 등이다.

### ■ 대형 유통망 확대

1990년대 중반까지만 해도 아르헨티나의 유통망은 소매상 중심이었다. 그러던 것이 1990년대 후반부터 까르푸, 줌보, 월마트 등 다국적 대형 유통업체들이 노르떼, 디스꼬, 꼬또 등과 같은 토종자본 유통업체들과 함께 유통시장에 진출하면서 대형 유통망으로 중심으로 유통시장이 재편되고 있는 추세이다.

최근에는 중국계 연쇄점(Autoservicio)이 급속히 확대되고 있다. 2006년을 기준으로 부에노스아이레스에 있는 중국계 연쇄점 수는 약 4,800

개로 추정되며 지금도 꾸준히 증가하고 있다. 이는 전체 소매유통의 30%에 해당한다.

## 1.4 우리나라와의 관계

### ■ 교역동향

한국-아르헨티나의 교역규모는 2007년 사상 최초로 10억 달러를 넘었다. 이는 아르헨티나 경제위기 이전에 9억 달러에 달하였던 1997년 기록을 넘는 것이다.

**연도별 교역동향**

(단위 : US$ 백만, %)

| 연도 | 2002 | 2003 | 2004 | 2005 | 2006 | 2007 |
|---|---|---|---|---|---|---|
| 수출 | 51,471 | 161,439 | 239,144 | 309,008 | 330,937 | 489,140 |
| 수입 | 376,419 | 435,670 | 421,499 | 371,755 | 556,021 | 731,533 |
| 수지 | −324,948 | −274,231 | −182,355 | −62,747 | −225,084 | −242,393 |

자료원 : KOTIS

수출은 한국의 경쟁력이 높은 공산품을 중심으로 이뤄진다. 주요 품목은 폴리에스터 제품, 자동차, TV, 액정디바이스, 편직물 등이며, 한국 브랜드의 핸드폰이나 가전제품들은 브라질 · 멕시코를 경유하여 수입되기도 한다.

**대아르헨티나 주요 수출품목(MTI 6단위)**

(단위 : US$ 천, %)

| 순위 | 코드 | 품목명 | 2006 | 2006 증가율 | 2007 | 2007 증가율 |
|---|---|---|---|---|---|---|
| | | 총계 | 330,937 | 7.1 | 489,140 | 47.8 |
| 1 | 214014 | 폴리에스테르수지 | 35,703 | −23.1 | 59,492 | 66.6 |
| 2 | 741170 | 압축점화식 2,500시시 이하 | 0 | − | 34,221 | − |
| 3 | 821111 | CRT TV(아날로그) | 31,769 | −16.5 | 20,555 | −35.3 |

| 4 | 836110 | 액정디바이스 | 946 | 1,112 | 20,094 | 2,023 |
|---|---|---|---|---|---|---|
| 5 | 741160 | 불꽃점화식 1,500CC 초과 | 0 | – | 19,237 | – |
| 6 | 741200 | 화물자동차 | 10,521 | 101.6 | 18,443 | 75.3 |
| 7 | 436000 | 편직물 | 6,691 | 27.9 | 18,249 | 172.7 |
| 8 | 713110 | 공기조절기 | 14 | –12.8 | 15,296 | 110,104 |
| 9 | 234000 | 복합비료 | 0 | – | 13,767 | – |
| 10 | 832110 | 천연색음극선관 | 14,020 | 4.2 | 11,373 | –18.9 |
| 11 | 723100 | 금속절삭가공기계 | 8,156 | 22.6 | 9,520 | 16.7 |
| 12 | 813220 | HDD | 9,609 | 65.7 | 9,474 | –1.4 |
| 13 | 821122 | LCD TV(디지털) | 7,288 | 108.4 | 8,636 | 18.5 |
| 14 | 422200 | 폴리에스터사 | 7,989 | –4 | 8,252 | 3.3 |
| 15 | 824200 | 에어컨 | 9,107 | 49.3 | 7,871 | –13.6 |
| 16 | 825400 | 전자레인지 | 6,117 | –0.6 | 7,691 | 25.7 |
| 17 | 434200 | 폴리에스터직물 | 6,286 | –1.8 | 7,483 | 19.1 |
| 18 | 213020 | 텔레프탈산 | 0 | – | 7,103 | – |
| 19 | 320320 | 버스 및 화물차용 타이어 | 6,804 | –14.3 | 6,562 | –3.6 |
| 20 | 711140 | 압축점화식내연기관 | 1,514 | 563.2 | 6,486 | 328.3 |

자료원 : KOTIS

수입부문은 농산물과 원자재를 중심으로 구성되어 있다. 주요 품목은 동강, 대두유, 소가죽, 대두박, 치즈 등이다. 현재 우리나라는 대두유 수입량의 85.6%를 아르헨티나로부터 수입하고 있다. 또한 아르헨티나는 대두박은 2위, 소가죽 · 땅콩은 3위, 치즈는 5위의 수입대상국이다.

**대아르헨티나 주요 수입품목(MTI 6단위)**

(단위 : US$ 천, %)

| 순위 | 품목코드 | 품목명 | 2006 | 2006 증가율 | 2007 | 2007 증가율 |
|---|---|---|---|---|---|---|
|  |  | 총계 | 556,021 | 49.6 | 731,533 | 31.6 |
| 1 | 113000 | 동광 | 187,766 | 663.6 | 281,067 | 49.7 |
| 2 | 13110 | 대두유 | 119,692 | 4.6 | 143,071 | 19.5 |
| 3 | 13500 | 박류 | 133,979 | 30.2 | 129,705 | –3.2 |

| | | | | | | |
|---|---|---|---|---|---|---|
| 4 | 13600 | 사료 | 3,967 | −88.2 | 46,993 | 1,084.7 |
| 5 | 331100 | 소가죽 | 22,684 | 133.5 | 37,025 | 63.2 |
| 6 | 41900 | 기타어류 | 14,695 | 39.1 | 22,771 | 55 |
| 7 | 614130 | 무계목강관 | 6,803 | −63.9 | 18,500 | 172 |
| 8 | 24340 | 치즈 | 15,136 | 84.4 | 14,246 | −5.9 |
| 9 | 43100 | 오징어 | 5,973 | 418.9 | 3,633 | −39.2 |
| 10 | 13190 | 기타식물성유지 | 295 | −79.7 | 3,256 | 1,004.0 |
| 11 | 15410 | 잎담배 | 1,265 | −18.1 | 2,970 | 134.7 |
| 12 | 226200 | 의약품 | 1,934 | 191.5 | 2,404 | 24.3 |
| 13 | 15740 | 포도주 | 1,744 | 70 | 2,278 | 30.6 |
| 14 | 15940 | 과일주스 | 2,427 | 96.6 | 1,952 | −19.6 |
| 15 | 24390 | 기타낙농품 | 823 | 902 | 1,754 | 113.2 |
| 16 | 711220 | 기체펌프 | 962 | 129,034 | 1,678 | 74.4 |
| 17 | 439500 | 부직포 | 1,560 | 29 | 1,498 | −4 |
| 18 | 15210 | 초코렛 | 802 | −1.2 | 1,402 | 74.7 |
| 19 | 229000 | 기타 정밀화학제품 | 1,085 | −22.8 | 1,265 | 16.6 |
| 20 | 228900 | 기타 정밀화학원료 | 1,028 | −46 | 1,095 | 6.6 |

자료원 : KOTIS

## ■ 우리나라의 투자진출 현황

한국의 대아르헨티나 투자진출 금액은 2007년 기준으로 1억 7,000만 달러다. 이는 전체 해외투자금액의 0.19%로 매우 미미한 수준이라고 할 수 있다.

2001~2002년 경제 위기로 인해 한국기업들은 현지 조직을 대폭 축소하거나 철수하였다. 그러나 이후 아르헨티나 경기가 안정적 성장세를 유지하자 우리 기업들의 현지 진출도 증가하는 추세이다.

**한국의 대아르헨티나 연도별 투자현황**

(단위 : 건, US$ 천)

| 연도 | 신규법인 | 신고건수 | 신고금액 | 투자건수 | 투자금액 |
|---|---|---|---|---|---|
| 2000까지 | 46 | 107 | 322,145 | 342 | 152,020 |
| 2001 | 2 | 1 | 4,310 | 2 | 3,255 |
| 2002 | 0 | 0 | 0 | 2 | 6,655 |
| 2003 | 0 | 2 | 13,700 | 0 | 0 |
| 2004 | 0 | 0 | 0 | 0 | 0 |
| 2005 | 0 | 0 | 0 | 0 | 0 |
| 2006 | 2 | 4 | 44,637 | 2 | 3,251 |
| 2007 | 3 | 6 | 21,772 | 9 | 5,129 |
| 계 | 53 | 120 | 406,564 | 357 | 170,310 |

자료원 : 한국수출입은행

**한국의 대아르헨티나 업종별 투자현황**

(단위 : 건, US$ 천)

| 업종 | 신규법인 | 신고건수 | 신고금액 | 투자건수 | 투자금액 |
|---|---|---|---|---|---|
| 농림어업 | 27 | 56 | 54,953 | 116 | 47,175 |
| 광업 | 6 | 27 | 177,187 | 187 | 46,062 |
| 제조업 | 13 | 26 | 92,463 | 28 | 11,015 |
| 건설업 | 1 | 2 | 3,900 | 16 | 1,805 |
| 도소매업 | 4 | 7 | 77,500 | 10 | 61,625 |
| 서비스업 | 1 | 2 | 1,010 | 1 | 255 |
| 계 | 46 | 120 | 406,564 | 330 | 150,196 |

자료원 : 한국수출입은행 (1968~2007년 누계기준)

## ■ 한국 업체 진출현황

한국 업체의 아르헨티나 진출은 전자 및 수산업 위주로 진행되었다. 가전회사 3개 사와 수산회사 5개 사가 진출하였고, 이외에 석유탐사 분야에 2개 사가 활동 중이다.

전자부품, 발전 · 절전제품, 가전제품 등이 유망한 가운데 관련 분야

중심의 투자 진출이 확대될 것으로 예상된다. 또한 최근 우리나라의 원자재 확보의 중요성이 부각되면서 원유탐사, 광물개발, 농수산물 가공업 등에 대한 관심 및 개발 진출을 모색할 필요가 있다.

**투자진출 현황**

| 구분 | 진출업체 | 진출연도 | 비고 |
|---|---|---|---|
| 전자 | 삼성전자 | 1996 | |
| | LG전자 | 1986 | |
| | 대우일렉트로닉스 | 2004 | |
| | 펜택 | 2007 | 법인철수 후 에이전트 운영 중 |
| | 아리온테크놀로지 | 설립 중 | 케이블 방송 셋톱박스 |
| 상사 | 대우 INT'L | 1977 | |
| 자원 | (주)골든오일 | 2004 | 원유 및 가스 생산판매 |
| | 페트로 테라 | 2005 | 원유 및 가스 개발 |
| 수산 | 한성기업 | 1985 | |
| | (주)동남 | 1992 | |
| | 사조산업 | 1985 | |

자료원 : KBC 자체 작성

## ■ 아르헨티나의 한국

박정희 정권 아래 한국정부는 당시 중남미에서 가장 선진국이었던 아르헨티나로의 농업이민을 계획 · 추진하였다. 따라서 아르헨티나의 초기 이민 역시 브라질과 마찬가지로 농업이민으로 특정지울 수 있다.

농업이민이 시작되기 전 1956년과 1957년 2차례에 걸쳐 제3국을 선택한 반공포로 12명이 입국하여 정착하였다. 1965년 10~12월 아르헨티나 남부 리오네그로(Rio Negro)주 라마르께(Lamarque)시에 첫 가족단위 농업이민 세대 93명이 도착하였다.

1977년 5월 남미이민을 제한하는 5.4 조치로 이민이 일시적으로 중단되기도 하였으나, 파라과이 등을 통한 이민유입은 계속되었다.

1985년 4월 한국 · 아르헨티나 간에 이민협정(이민송출 및 접수절차에 관한 의정서)이 체결되어 농업이민 세대와는 성격을 달리하는 새로운 이민 세대의 붐을 이루게 되었다. 그로부터 1989년까지 연평균 1,000세대 이상이 아르헨티나에 정착하는 등 한때 한인 수는 5만 명을 육박하기도 했다.

그러나 1990년대 중반부터 경기가 둔화되고 이후 상황이 장기침체로 악화되면서 캐나다, 미국, 브라질, 멕시코로의 재이주 현상이 나타났고 적지 않은 수가 본국으로 역(逆)이민하는 등 교민사회는 급격한 위축을 경험하였다.

2003년 이후 경제가 다시 안정을 되찾자 동포들이 다시 돌아오고 있어 1만 6천까지 줄어들었던 교민수가 현재 2만~2만 5천명 이상으로 회복된 것으로 추정되며, 점진적이지만 꾸준히 새로운 이민세대들이 유입되고 있다.

교포들은 아르헨티나 전국의 주요도시들에 분포되어 있으나 절대적인 다수가 부에노스아이레스시의 플로레스(Flores, 일명 '백구촌'), 아베야네다(Avellaneda)거리를 중심으로 한 '플로레스따(Floresta)' 및 '온세(Once)' 지역에 거주하고 있다. 브라질과 같이 대부분 여성의류의 소매, 도매, 제조 및 원단원사 생산 · 수입에 종사하면서 사회적으로 중산층을 차지하고 있다.

현재 이민 1세에서 1.5 · 2세로 세대교체 중인 한인사회 내에는 한인회를 비롯하여, 민주평화통일자문회의 지부, 재향군인회, 향우회, 각종 종교단체 등 수십여 개의 단체가 존재하며 두 개의 일간지와 한 개의 주간지, 한 개의 한국어 라디오방송이 활동 중이다.

또한 정부의 공식인가를 받아 2중언어로 정식 초등교육과정을 가르치는 한인학교가 있다. 한편 북한과는 정식적인 수교가 맺어지지 않았다.

고국의 '한강의 기적'과 함께 아르헨티나에 정착한 이민 1세대는 노력과 희생을 바탕으로 이민자들로 구성된 사회에서 상대적으로 짧은 기한 내에 독립적인 영역을 구축하고 중산층이라는 위치를 확보할 수 있었다. 하지만 이민 1세가 물러나가고 1.5 · 2세가 주도권을 이어 받는 시점에서 극복해야 할 한계 또한 지적된다.

90% 이상이 유럽계 이민자들로 구성된 아르헨티나 사회에는 미주(美洲)의 다른 나라와는 달리 인종갈등이 구조적으로 존재하지 않는다. 그러나 한국인들인 뒤늦게 정착한 아시아계 이민자로서 이질적이고 텃세 강한 현지 사회에서 수비적으로 경제적 자립을 추구해 왔다.

그 결과 물질적 기반을 이룰 수 있었지만 상대적으로 폐쇄적인 집단으로 인식되고 있으며 경제활동 또한 의류업에 편중되었다. 이러한 맥락에서 2세들의 교육과 이들의 상류사회 진출이 한인사회의 미래를 위한 관건으로 인식되고 있으며, 이런 목표들이 실현될 경우 교포들의 경제활동 범위도 확대될 것이다.

이것은 현지 사회에 잘 적응하고 융화되어 세탁업이나 화훼 같이 전무하던 영역을 독보적으로 개척하여 사회에 공헌한 것으로 여겨지는 일본인 이민사회와는 대조적이라고 할 수 있다.

한인 교포사회가 바로 경제적 안정성에 안주하지 않고 다변화를 통해 현지 사회에 기여하고 새로운 인식을 불러일으켜야 한다는 직면 과제를 해결한다면 아르헨티나에서 한국의 인지도와 위상은 더욱 높아질 수 있을 것이다.

현지에서는 불과 몇 년 전까지만 해도 한국이라는 나라에 대한 인식이 매우 미흡한 편이었다. 2002년 월드컵 이후 상황이 다소 개선되었다고 하나 아직도 적절한 국가 이미지를 창출하지 못한 상태이다.

예컨대 한국의 일류기업들에 대한 브랜드 인지도는 높지만 이것이 자연스럽게 '한국'이라는 단어가 연상케 하는 이미지와는 별개라는 것이다. 일본은 비싸더라도 양질의 제품을 만들고 중국은 저렴한 가격으로 승부한다는 인식은 이미 자리 잡고 있지만, 한국에 대한 인식은 일본과 중국 사이에서 모호한 양상을 보이고 있다.

아르헨티나에 한국 문화의 저력이 국가전략 차원에서 온전히 알려진다면 한국 업체들의 시장진출은 더욱 탄력을 얻게 될 것이다.

## 2 성공적인 비즈니스를 위한 문화코드

### 2.1 인종 · 종교, 축제. 국경일

#### ■ 인종

아르헨티나는 '유럽계 이민국가' 이다(부에노스아이레스는 남미의 파리). 인구 가운데 백인계가 97%를 차지할 정도로 인종이라는 측면에서 다른 남미 국가들에 비해 단일화되었다고 할 수 있다. 따라서 다른 국가에서 종종 찾아 볼 수 있는 구조적인 인종갈등은 존재하지 않는다. 하지만 주로 이탈리아와 스페인계 이민자들로 구성된 아르헨티나인들은 남미 그 어느 나라보다 유럽인이라는 자부심이 매우 강하며 이러한 요소가 타 문화권에 대해 다소 배타적으로 표출되는 경우도 있다.

#### ■ 종교

종교적인 측면에서는 가톨릭교가 국교로 지정되어 있고 인구의 대부분이 영아세례를 받는 등 가톨릭교회의 영향력은 결코 경시될 수 없다. 아시아적 색채가 강한 불교에 대해서는 관대한 관심을 보이지만 개신교는 불편해 하기도 한다. 그러나 정기적인 종교생활을 하는 이들은 소수에 불과하며 비즈니스 관계에 있어서 종교는 전혀 걸림돌이 되지 않는다.

■ 축제 · 국경일

아르헨티나에서는 회사 내 직위를 막론하고 공휴일이란 '거룩히 지켜진다' 고 할 수 있을 정도로 철저하다. 따라서 법으로 정해진 아래의 공휴일을 참고한다면 며칠 동안 연락이 두절되어 다급해지는 불미스러운 상황을 피할 수 있다.

**아르헨티나 법정공휴일**

| 월 | 일 | 휴일명 |
|---|---|---|
| 1 | 1 | 신년 |
| 3 | 24 | 진실과 정의의 날 ('76년 군부 쿠데타 발생 추념일) |
| 4 | 2 | 말비나스(포클랜드) 전쟁 전몰자 추념일 |
| 4 | 5 | 성(聖) 목요일 |
| 4 | 6 | 성(聖) 금요일 |
| 5 | 1 | 근로자의 날 |
| 5 | 25 | 5월의 혁명 기념일 |
| 6 | 18 | 국기의 날 |
| 7 | 9 | 독립기념일 |
| 8 | 20 | 산 마르띤 장군 서거 추모일 |
| 10 | 15 | 인종의 날 |
| 12 | 8 | 성모수태일 |
| 12 | 25 | 크리스마스 |

이것은 2008년 공휴일을 기준으로 한 것이고, 변동사항들을 유의하여야 한다. 관광산업을 장려하고 직장인들의 편리를 돕기 위해 주중에 걸리는 공휴일을 월요일이나 금요일로 옮기는 경우가 많이 때문이다.

직장인들에게는 황금휴일이자 기독교의 '고난주간' 에 해당되는 성(聖) 목 · 금요일은 유대교의 음력을 따라 정해지므로 매년마다 그 날짜가 다르다. 일반적으로 3월 말에서 4월 초에 해당되며, 수백만에 이르는 사람들이 미니 바캉스를 떠날 정도로 이때만 되면 거래처 사무실이 며칠 동안 비어있을 가능성이 높으니 유의해야 한다.

'인종의 날' 은 국경일이 화요일이나 수요일이 될 경우 그 주의 월요일로 바뀌고, 목요일이나 금요일이 될 경우 그 다음 주 월요일로 변경된다. '국기의 날' 과 '산 마르띤 장군 서거 추모일' 은 그 달의 세 번째 월요일에 해당된다.

아르헨티나로 출장 갈 때는 가급적으로 연말 및 여름휴가 시즌(12월 말~2월 말), 성(聖) 목 · 금요일이 들어가는 부활절 주간, 그리고 겨울휴가 시즌(8월)을 피하는 것이 좋다. 담당자를 만나게 된다 하여도 다른 관계자들이 부재중인 경우가 허다하기 때문이다.

또한 공휴일은 아니지만 바이어가 유태인 또는 이슬람인 경우 출장기간을 정할 때 해당 종교의 축제일을 참고할 필요가 있다. 유대교 축제일

아르헨티나 꼴론(Colón) 극장

로는 신정, 대속죄절 등이 있고 이슬람교는 신정과 라마단이 있다. 이외에도 수시로 임시공휴일이 있을 수 있으니 사전에 반드시 확인해야 한다.

### 2.2 일반적인 국민성향

아르헨티나 사람들은 주로 이탈리아와 스페인계 후손으로 자존심이 강하다고 앞서 서술한 바 있다. 유럽 중심적인 정서는 부에노스아이레스를 '남미의 파리', 파타고니아 휴양도시인 바릴로체(Bariloche)를 '남미의 스위스' 등으로 부르는 데서도 확인된다.

이러한 이유 때문에 다른 중남미 국가로부터 거만하다는 이야기를 종종 듣고 있다. 최근에는 볼리비아, 파라과이 등의 인근 국가로부터 저임금 노동력이 유입되고 있으며, 한국은 물론 중국 · 대만 등 아시아계 이민도 증가하고 있는 추세이다.

아르헨티나에서 비즈니스를 추진하다 보면 주류를 이루고 있는 이탈리아나 스페인계 외에도 독일, 프랑스, 영국, 러시아, 유대계, 아랍계 등 다양한 출신의 사업 파트너를 만날 수 있다. 획일적인 현상은 아니지만 아르헨티나인은 출신 국가에 따라 업종이 전문화되어 있고 상관습이 다른 것을 확인하게 된다.

예컨대 스페인 · 이탈리아계는 산업 전반에 종사하고 있다면 유대계는 수입 및 유통, 언론, 부동산 등에서 활약하고 있다는 것이다.

이러한 다원성 가운데 보편적인 특징을 찾아볼 수 있다. 유럽 지향적인 정서와 가톨릭교의 영향 때문에 아르헨티나에는 보수적 성향의 바이어가 많아 처음 거래를 트기가 쉽지 않다는 것이다. 그러나 한 번 거래를 시작하여 좋은 인상을 주면 웬만해서는 거래처를 바꾸지 않는다는 이면 또한 주지할 필요가 있다.

아르헨티나인들이 유럽 문화를 답습하였다고 하여 그들을 지나치게 개인주의자로 보는 것은 오산이다. 유럽 지향적인 정서와 보수성과 함께 아르헨티나인들의 특징 중 하나가 바로 가족 중심주의기 때문이다.

여러 설문 조사를 통해 나타났듯이 경제위기 속에서도 나라를 뒤로하고 타국으로 이민가지 않는 이유는 행복의 가장 중요한 요소가 가족이라고 생각하고 있기 때문이다.

아르헨티나의 청년들은 성인이 되면 독립하는 것을 자연스럽게 여기지만 한국인들 못지않게 부모님들과의 지속적인 연락을 유지하고 다른 도시에 살지 않는 이상 한 달에 몇 번은 주말에 가족들과 모여 식사를 즐길 정도로 가족에 대한 애착이 강하다. 물론 여기에 친구들과의 우정도 포함된다.

이와 같은 정서는 기업경영에도 반영된다. 아르헨티나 기업은 전통적으로 가족경영 위주의 중소기업이다. 자녀들은 학교를 졸업하고 성인이 되면서 아버지 밑에서 일을 배우고 미팅에 바이어가 혼자 오지 않고 아들을 동반하고 올 정도로 거래처와의 관계에도 참여하게 된다.

기업경영은 전문경영보다는 가업 수준으로 대물림되는 경우가 많다. 이처럼 가족경영의 중소기업이 장악하고 있는 업종은 눈에 보이지 않는 장벽이 워낙 견고하기 때문에 다른 신규업체가 진출하기가 어려운 면도 있다.

### 2.3 소비문화

한국의 IMF 사태와 마찬가지로 2001년 경제공황은 유럽 지향적이며 보수적인 아르헨티나인들의 정서에 적지 않은 변화를 가져왔다. 예전에 다른 남미국가들과는 차별된 우월의식을 갖고 있었다면 이제는 유럽지향적인 이상주의를 버리고 아르헨티나도 남미의 일환으로서 인식하기 시작하였다.

소비문화와 관련해서 전문가들은 이런 현상을 '소비의 남미화'라고 부른다. 1990년대 태환정책에 힘입어 전 세계로부터 수입되어 대형마켓

쇼핑 문화 빠띠오 불리치(Patio Bullich)

을 가득 채우던 일류브랜드들은 그 자리를 토종 중소기업들과 중국의 중저가 상품들에게 내주었다. 이전에 브랜드 이미지가 구매를 결정하는 핵심적인 요소였다면 이제는 가격 경쟁력이 소비자의 지갑을 열게 한다는 것이다.

몇 년 전만 해도 대형 할인매점에 가족 단위로 자가용을 타고 가 일주일치 생필품을 대량으로 구입하는 것이 일반적인 풍경이었다. 그러나 2001년 이후 소비문화는 다변화하여 현재 도시 지역의 소비자는 대형마트, 중국계 연쇄점, 그리고 편의점 수준의 품목을 구비하고 있는 약국에서 일상용품을 그때그때 찾고 있다.

이렇게 지출이 분산되고 합리적으로 변한 소비패턴으로 인해 틈새시장이 형성되어 중저가 상품들이 새로운 경쟁상대로 등장하였고, 기존의 일류 브랜드들은 포장을 단순하게 하여 가격을 낮추는 방법 등으로 대응하고 있다.

하지만 소비패턴이 변하였다는 것이지 소비욕구가 위축된 것은 아니다. 경기가 회복세와 함께 임금이 상승하고 실업률이 현저히 줄어들면서 소비수준은 이미 2001년 상황 이전의 수준을 능가한다. 이러한 추세는 경기에 급제동이 걸리지 않는 이상 당분간 지속될 전망이다.

수입이 늘어나자 아르헨티나인들은 이를 저축하기보다는 소비하려는 경향을 보이고 있다. 이런 현상은 2001년의 예금인출 제한조치 이후에 생긴 금융시스템에 대한 불신 때문이기도 하지만 경제악화로 인해 수년간 억압되었던 소비욕구의 영향이 적지 않다. 아르헨티나의 소비자는 구매력을 회복하자 자동차, 패션 및 의류, 전자제품 등 그동안 미루어왔던 품목들에 과감하게 투자한다는 것이다.

아르헨티나마케팅협회(Asociación Argentina de Marketing)는 최근 청소년들과 30~40대의 젊은 회사원들과 전문인들에게 주목할 것을 주문하였다.

유년기가 짧아지고 인터넷 보급으로 인해 정보의 흐름이 빨라지면서 청소년들을 대상으로 한 패션의류, 전자제품, 오락산업 등이 각광을 받고 있다. 남미에서 인터넷 보급률이 높은 편인 아르헨티나에서 청소년들은 이제 수동적인 소비자가 아니라 자신만의 개성을 추구하며 세계적 트렌드에 맞는 제품들에 눈을 돌리고 있다.

한편 임금 인상의 제일 수혜자인 젊은 회사원들은 자신들의 이미지 관리를 위해 지출을 아끼지 않고 있다. 보수적이며 소극적이어서 한번 산 제품을 끝까지 사용하는 중년들과는 달리 핸드폰, 전자제품, 웰빙상품, 패션 등 유행에 민감하게 반응하고 있다.

### 2.4 상관습 문화

#### ■ 선호 결제방식 및 거래 유형

아르헨티나는 전통적으로 유럽과 미국 공급선 위주로 거래를 해오고 있어 한국, 일본 등 아시아계 진출이 상대적으로 늦은 국가이다. 최근 유로화 강세에 따라 신규 거래선 발굴에 관심이 높아지고 있는 추세다.

2001년 디폴트 및 평가절하로 경제 여건이 어려워져 소비자 구매력이 감소한 탓에 가격을 중시하는 바이어가 크게 늘고 있다. 또한 가격 면에서 중국산과 비교하는 경향이 있다.

거래조건은 T/T와 CAD가 일반적이다. 아르헨티나 기업인은 전통 관행상 외상거래를 고집해 오다 디폴트 이후 대부분 현금, L/C 거래에 응해 왔으나, 경제상황이 호전되면서 T/T로 선금 20~30%, 나머지는 CAD(COD)로 결제하는 경우가 일반적이다. 거래관계가 오래 지속되면 D/A, D/P를 요구한다. L/C 거래는 개설수수료가 최대 5%에 달해 기피한다.

### ■ 접대 및 선물 문화

시장논리의 수요와 공급이 현대 경제의 핵심이지만 그 행위자가 사람인 이상 사고와 행동을 좌우하는 문화적 요소를 간과할 수는 없을 것이다. 그리고 아르헨티나와 같이 상대적으로 낯선 문화권에서 거래처를 발굴하고 상호 신뢰관계를 쌓아가는 과정에서 주의해야 할 부분이 바로 접대다.

아르헨티나의 상관습에서는 '접대'라는 개념이 존재하지 않아 음주가무가 무르익는 흥겨운 분위기 가운데 짧은 시간 안에 친밀감과 공감대를 이끌어 내는 한국식 접대는 오히려 역효과를 가져올 수 있다.

우리 한국문화에서는 접대나 회식을 비즈니스의 연장선으로 알고 자연스럽게 받아들인다. 하지만 가급적으로 근무시간의 연장을 피하고 정해진 시간을 준수하려는 아르헨티나 기업문화에서 접대란 필요 이상의 업무이자 스트레스 요인으로 작용할 수 있다.

일과를 마치고 바로 귀가하지 않는다면 간단히 목을 축이기 위해 펍(pub)에 들리거나 식당에서 저녁식사를 하는 것 외에는 별다른 유흥문화가 없다는 사실만을 봐도 문화적 차이를 쉽게 이해할 수 있다.

아르헨티나 기업인과의 비즈니스 상담은 상담 그 자체로 깔끔하게 마무리하는 것이 좋다. 미팅이 길어져 자리를 옮겨야 할 경우 점심시간이라면 간단한 식사가 적합하며 오후 시간이라면 인근 카페 같은 곳으로 이동하는 것도 좋다.

저녁식사를 초대할 경우에는 스케줄을 확인하고 정중하게 저녁 식사에 초대해도 되겠느냐고 물어야 한다. 만약 상대방이 먼저 식사를 초대한다면 이것은 최대의 예우를 의미하는 것이니 불가피한 일이 아니라면 응하는 것이 좋다.

아르헨티나인을 대할 때 특히 한국식 '술 한 잔'은 금물이다. 가까운 지인 외에는 술을 함께 하지 않을 정도로 서로 음주 문화가 전혀 다르기 때문에 술자리에 초대하는 것은 동 · 이성을 막론하고 자칫하면 '작업을 건다'는 의미로 오해할 수 있으니 주의해야 한다.

그런 기회가 생기더라도 술로 인한 실수에 대해 관대한 한국과는 달리 취해서 발생하는 실례는 용납되지 않으므로 과음은 반드시 피하고, 흐트러진 모습을 보인다거나 신사적이지 못한 행동을 삼간다.

아르헨티나 기업인은 연말에 수요 거래처에 한하여 와인이나 신물세트를 선물하곤 하지만, 비즈니스 상담을 처음 할 때 선물은 교환하지 않는다. 선물문화도 서로 다르기 때문에 화려하거나 값비싼 물건보다는 소박하더라도 정성스러운 선물이 더욱 효과적이다.

현지에서도 구할 수 있는 물건은 피하고 한국적인 선물을 골라보도록 하자. 한국 전통문양이 있는 기념품, 레터오프너, 명함집 또는 회사 로고가 새겨져 있는 펜이나 USB메모리도 좋다. 바이어 관리를 위해서는 크리스마스나 생일 때 카드를 보내는 것도 좋다.

아르헨티나 업체에서는 현지 비서들의 입김이 심한 편이다. 따라서 실무 담당자와의 친분 형성 못지않게 사무실을 관리하는 비서와도 친해지도록 노력을 기울일 필요가 있다. 선물을 준비할 때 비서를 위한 여분을 챙기는 것을 잊지 말고 신사적이고 매너 있는 모습을 보이도록 한다.

## 2.5 비즈니스 에티켓

### ■ 상담 약속

아르헨티나 기업인은 1년 정도의 중요 출장일정을 미리 계획하기 때문에 사전에 면담 가능성을 문의해야 하고, 한국에 비해 다소 인내심을 갖고 세밀하게 추진할 필요가 있다. 약속을 잡기 위해서는 최소한 2주 전 서면으로 방문을 신청하고, 약속일 며칠 전에 재확인하는 것이 바람직하다. 또한 아르헨티나인은 다른 중남미 국가에 비해 약속을 잘 지키는 편이며 첫인상에 중요한 영향을 줄 수 있으니 약속 시간을 준수하도록 한다.

### ■ 인사

한국인 눈에는 다소 낯 뜨겁게 보일 수 있으나 아르헨티나인은 남녀노소를 불문하고 친분이 있는 사이일 경우 가벼운 포옹과 함께 오른쪽 볼을 맞대는 인사법이 일반적이다. 초면이라면 악수를 하는 것이 무난하며 친분이 형성된 상황에서 오랜만에 만난다면 자연스러운 포옹도 가능하다. 남성 사이에는 편안한 악수가 일반적이지만, 설령 여성이 먼저 다가와 볼을 맞대더라도 친근감의 표시이니 당황하거나 피하지 않도록 한다.

간혹 한국식 습관대로 예의를 표하고자 머리를 숙여 인사하는 모습을 볼 수 있는데, 상대방은 동양식 인사라고 이해하지만 동양문화권이 아닌 만큼 서로 익숙한 악수로 대신하는 것이 좋다.

### ■ 호칭과 명함

다른 서양 언어와 마찬가지로 스페인어권에서는 상대방의 이름을 부르는 것이 일반적이다. 하지만 사업상 관계라면 초면부터 호명하는 것은 예의에 어긋난다.

서로 호감을 갖게 되면 각종 직위나 존칭을 생략하고 편하게 이름을 부르게 되지만, 그 전에는 호칭에 관심을 기울이는 것이 좋다.

비즈니스 면담의 경우 기본적으로 상대방의 성(姓)을 부른다. 따라서 명함에 표기되어 있는 성명을 구분해야 한다. 기본적으로 아르헨티나인의 성명은 2개 내지 3개로 되어 있는데 가장 마지막에 성을 표기한다. 스페인이나 기타 유럽국가와는 달리 일반적으로 모성(母姓)은 쓰지 않는다.

상대방을 성(姓)으로 호명하는 것을 기본원칙으로 하고, 그 앞에 영어의 Mister에 준하는 '세뇨르(Señor)' 를 붙인다. 기혼여성에게는 '세뇨라(Señora), 미혼여성에게는 '세뇨리따(Señorita)' 를 사용한다.

명함에 직위가 명시되어 있다면 '세뇨르(Señor)' 다음에 직위를 붙여 호명하여도 좋다. 예를 들어 바이어의 명함에 "Mariano Moreno – Director"라고 표기되어 있다면 "세뇨르 모레노" 외에 "세뇨르 디렉또르"라고 부를 수 있다.

직위는 회사에 따라 달라 주의가 필요하다. 쁘레시덴떼(Presidente)는 대표이사, 디렉또르 헤네랄(Director General)은 사장 또는 이사, 디렉또르(Director)는 이사 또는 부장, 헤렌떼(Gerente)는 과장 정도이다.

명함을 보면 성명 앞에 학력을 기재하는 경우도 많은데, 이런 경우 성(姓)앞에 학력을 붙이면 좋은 존칭이 된다. 박사나 변호사는 독또르(Doctor, Dr.), 석사는 리센시아도(Licenciado, Lic.), 공학석사는 잉헤니에로(Ingeniero, Ing.)로 표기한다. (예 : 독또르 모레노 Doctor Moreno)

## ■ 식사 예절

회사의 사무실이나 회의실을 제외하고 바이어를 대면할 가능성이 가장 높은 곳은 식당이다. 형식적인 상담에서는 쉽게 드러나지 않는 성격이 검증되는 곳이기도 하다. 식사를 통해 아르헨티나인은 음식은 물론 식사 중의 대화와 분위기도 즐기며 상대방을 이해하고 친분 여부를 결정한다.

식사시간이 점심인 경우 한 시간 내로 끝나지만 저녁이라면 충분한 여유를 갖고 약속을 잡는 것이 좋다. 식당들은 대부분 8시 이후 저녁 영업을 개시하며 10시 이후에야 분위기가 무르익고, 전체요리부터 후식을 거쳐 커피로 끝나는 식순은 길게는 2시간을 넘기는 것이 다반사이기 때문이다.

따라서 느긋한 마음으로 식사에 임하도록 하고 다양한 대화소재를 준비하여 유쾌한 분위기를 연출한다면 상대방으로부터 상당한 점수를 얻는 기회가 될 수 있다. 식사는 가벼운 소재로 이야기를 시작하고 비즈니스 관련 소재는 되도록 후식이나 커피타임으로 미루는 것이 좋다.

아르헨티나인은 매너를 중요시 여긴다. 한국에서는 별 탈 없을 부분도 문화적인 차이로 인해 현지에서는 공든 탑을 한 번에 무너트릴 수 있는 치명적인 결례가 될 수 있으니 주의하도록 하자.

먼저 사전에 복장에 대한 언급이 없었다면 (특히 저녁식사일 경우) 정장 착용이 바람직하다.

그리고 아르헨티나에는 '레이디퍼스트' 문화가 발달하였다. 엘리베이터나 차를 타고 내릴 때는 물론 식당에 들어설 때 일행 중 여성이 함께 있다면 신사답게 문을 열어주고 테이블에 앉을 때도 먼저 앉는 것을 확인한 후 착석한다면 품위를 지킬 수 있다. 여성이 식사에 참석하게 된다면 문을 열어 주거나 먼저 착석을 권하더라도 당황하지 말고 고맙다는 말과 함께 이에 응하도록 한다.

테이블에서 드러나는 예절은 상대방의 인격 판단을 위한 중요한 단서가 된다. 한국에 비하면 아르헨티나의 식사속도는 몇 배나 더 느리다. 상대방의 속도에 맞춰 속도를 조절하도록 하자. 음식은 조용히 씹어야 하며, 자리에서 살며시 코를 푸는 것은 허용되지만 트림은 심각한 결례이다.

그 아무리 작은 식당이라도 패스트푸드점이 아니라면 계산은 카운터가 아닌 웨이터에게 한다. 팁 문화 또한 빼놓을 수 없는 부분이다. 초대받아 간 자리라면 걱정할 게 없지만 상대방을 초대했다면 팁을 두고 인색한 모습을 보이지 않는다.

일반적으로 카페나 식당에서 총금액의 5~10%를 팁으로 테이블에 두고 나간다. 바이어와 함께한 자리에서는 10%나 혹은 그 이상을 팁으로 주는 것이 바람직하다.

아르헨티나인을 식사에 초대할 경우 금기시되는 음식은 없으나 매운 음식, 생선류(회 포함), 국물이 있는 음식 등은 선호하지 않는다. 스테이크, 이탈리아 · 스페인 · 프랑스 음식이면 무난하며, 최근 일본식 스시가 중상류층을 중심으로 인기가 높다.

카페 또르또니(Cafe Tortoni) 내부

포도주는 훌륭한 테이블을 완성하므로 주문하는 것이 좋다. 육류를 먹을 때는 주로 적포도주를, 생선이나 해물요리를 먹을 때는 백포도주를 주문하는 것이 정석이지만, 취향에 따라 바뀌어도 괜찮다.

포도주 품종은 다양한데 카버넷 쇼비뇽(Cabernet Sauvignon)이나 말벡(Malbec) 등이 무난하다. 후자는 아르헨티나를 대표하는 품종이기도 하다. 일반적으로 호스트가 포도주를 주문하며 가격대는 중간 정도를 선택한다. 웨이터나 소믈리에의 추천을 받는 것도 좋은 방법이며 일행의 동의를 얻어 최종 주문하도록 한다.

식당에서 자리를 배정 받으면 웨이터는 음료수와 포도주를 먼저 주문받는다. 물은 한국과는 달리 별도로 주문해야만 한다. 애피타이저는 4인 기준으로 2~3개 정도가 적당하다. 메인요리는 샐러드를 같이 주문하고, 스테이크 같은 요리는 양이 많으므로 3명에 2인분 정도가 적당하다.

육류 요리는 각기 '미디엄'와 '웰던'에 해당되는 '아뿐또(a punto)'나 '비엔 꼬시도(bien cocido)'가 한국인의 취향에 적합하며, '래어'인 '후고소(jugoso)'는 설익은 상태이다. 후식으로는 보통 아이스크림이나 과일샐러드를 먹은 후 커피 · 차를 주문한다.

아르헨티나인에게 한국에서 식사를 대접할 경우 잊을 수 없는 최고의 문화체험이 될 수 있다. 메뉴를 정할 때 서양 사람들이 거부할 수 있는 음식은 피하고 주문하기 전에 간단히 요리에 대한 설명과 함께 의견을 묻도록 한다.

또한 의자와 테이블이 있는 식당이 좋다. 좌식문화를 모르는 아르헨티나인에게 수십 분 동안 바닥에 앉게 하는 것은 고문에 가까울 정도로 불편한 자리가 될 수밖에 없다.

서양에서 테이블에 놓이는 포도주는 단순히 음식의 맛과 품위를 높이는 역할을 하지 취하는 것과는 거리가 멀다. 한국음식과 함께 반주로 주문하는 술은 강압적으로 권하지 말고, 잔을 돌리는 것을 피한다. 식사가 끝난 후 2~3차로 이어지는 술자리는 아르헨티나인에게는 부담이 될 수 있다.

### 2.6 분위기를 이끄는 화제

한국인에게는 지나치다는 느낌이 들 정도로 아르헨티나인들은 대화를 즐긴다. 카페에서 커피 한 잔을 놓고 적지 않은 시간을 즐거운 대화와 함께 보내는 풍경에서도 확인할 수 있다.

비즈니스 상담은 물론 테이블에서도 먼저 축구, 날씨 등을 화제로 시작하는 것이 좋다. 아르헨티나인은 축구에 대한 국민적 자부심이 매우 강하다. 아르헨티나가 축구 강호 중에서도 으뜸이고, 한국에서도 명성이 자자하다고 치켜 세워주는 화법이 필요하다.

2002년 한일 월드컵이나 각 국가대표팀의 최근 현황이 좋은 주제가 될 수 있다. 또한 한국선수로서 최초로 영국 프리미어리그에 입성한 박

아르헨티나 이과수(Iguazú) 폭포

지성 선수와 아르헨티나의 대표적인 스트라이커 테베즈가 같은 팀에서 활동 중이니 좋은 화제가 될 수 있다.

부에노스아이레스('좋은 공기')라는 도시 이름처럼 아르헨티나는 공기가 매우 상쾌해서 신의 축복을 받은 나라라고 운을 띄운 다음 본론에 들어가면 상담이 부드럽게 풀릴 수 있다. 아르헨티나를 상징하는 춤인 탱고도 가벼운 화제로 추천할 만하다.

또한 아르헨티나인들은 아름다운 관광명소에 대한 긍지가 높다. 광활한 초원 팜파스, 세계적으로 유명한 이과수 폭포, 모레노 빙하, '남미의 스위스' 바릴로체 등 모두 각광받고 있는 명소로서 이에 대한 칭찬은 상대방의 호감을 사기에 충분하다.

빠따고니아의 페리또모레노 빙하호수 전경

물론 아르헨티나 사회가 갖고 있는 여러 문제점들이나 치부에 대해서는 언급을 삼간다. 특히 아르헨티나는 영국과 1982년 전쟁이 있었을 정도로 포클랜드섬은 민감한 부분이다. 한국의 독도와 같다고 할 수 있다.

아르헨티나 지도에는 포클랜드를 자국 영토로 표시하고 있는 만큼 포클랜드를 스페인어 명칭인 '말비나스(Malvinas)' 라고 표현해야 한다. 그렇지만 이 문제는 정치 · 외교적 차원의 문제이지 아르헨티나인들이 영국 축구리그를 즐겨 시청하는 데서도 단면적으로 드러나듯이 개인적인 앙금이 남아있는 것은 아니다.

한편 상대방의 호감을 유발하는 화술 외에도 대화 시 주의해야 할 면들이 있는데, 바이어와 상담에서 서로 의견이 다르다고 목소리를 높이거나 돈을 꺼내 보이는 무례한 행위를 피한다. 협상 중 일어나는 일이라도 인격 모욕적인 행위는 용납되지 않기 때문이다.

일례로 한국의 출장업체가 고함을 지르고 돈다발을 흔들면서 결제조건을 협의한 사례가 있는데, 바이어가 이러한 행위에 대해 KBC에 항의서한을 보내오기도 했다.

또한 한국인들이 일반적으로 돈을 상징하는 제스처로 엄지와 검지로 동그라미를 그리곤 한다. 하지만 이 제스처는 현지인들에게는 성적 수치심을 불러일으키는 행위임으로 공 · 사석을 막론하고 삼간다.

## 2.7 속담 또는 격언

### ■ 재미있는 사회 엿보기

유엔개발계획이 발표한 '위기 이후의 아르헨티나 : 기회의 시기' 라는 설문조사에 따르면 아르헨티나인은 자신들의 정체성을 다음과 같이 평가하고 있다.

흥미로운 것은 스페인어로 된 유머 가운데도 이러한 성향들이 반영되

● **아르헨티나인의 자기평가 이미지 설문조사 결과**
- 부정적 : 허풍(9%), 부패(9%), 거만(8%), 게으름(7%), 개인주의(5%)
- 긍정적 : 남을 도와줌(9%), 부지런함(4%), 도전정신(3%)
- 기 타 : 축구(5%), 마떼(4%), 국기(4%), 탱고(3%)

고 있다는 사실이다. 스페인어권에서 유행하는 유머시리즈 가운데 국민 성향을 나라별로 풀어낸 시리즈가 있다.

여기서 스페인 사람은 느리고 우매하고, 멕시코인들은 여자와 맥주를 즐기며 놀기를 좋아하는 것으로 묘사되는데, 아르헨티나인들은 지극히 자만하고 자아도취에 빠져 있는 것으로 그려진다. 허심탄회한 대화를 나눌 정도의 친한 바이어에게 이에 대해 물어본다면 분명 웃으면서 동의할 부분이다.

움직이는 페리또모레노 빙하
(빠따고니아 로스글라시알레스 국립고원)

■ 속담. 격언

스페인어권의 모든 나라들은 긴 세월을 통해 이뤄진 속담이나 격언을 공유한다. 그러므로 특정 나라의 고유 속담은 지극히 예외다.

아르헨티나도 마찬가지이어서 아르헨티나를 대변할 속담 · 격언은 없다. 하지만 비즈니스 관계를 유지하는 데 그들만의 정서를 단면적으로나마 반영할 수 있는 속담 두 가지를 소개한다.

El que roba a un ladrón, cien años de perdón.
(엘 께 로바 아 운 라드론, 시엔 야뇨스 데 뻬르돈)

⇨ "도둑을 훔치는 자는 100년 동안 면죄 된다."

- 부당한 현실이라면 부당한 일을 범하여도 이를 너그럽게 여긴다(To rob a thief (covetous official) could be forgiven for 100 years)는 이 속담은 홍길동이나 로빈후드에게나 어울릴 만한 속담이다. 하지만 사업을 하는 데 있어서 정부의 규제가 부당하다면 충분히 '편법'을 쓸 수 있다는 사고를 잘 나타내고 있다.

Entre amigos, cuentas claras. (엔뜨레 아미고스, 꾸엔따스 끌라라스)

⇨ "친구 사이의 계산은 분명히"

- 친구들을 삶의 중요한 존재로 인식하면서도 철저히 더치페이(go dutch!)를 하고 "give & take"가 분명한 아르헨티나인에게 어울리는 속담이다. 아무리 의리와 우정이 강조되더라도 금전적인 관계는 분명히 할 것을 강조하고 있다.

따라서 오랜 거래에도 불구하고 잔돈까지 깐깐하게 챙기는 아르헨티나 바이어를 만나도 절대 서운해야 할 필요 없다. 친구 간에 이른바 '돈 몇 푼' 같은 사소한 부분은 너그럽게 넘어가는 한국의 문화와는 다른, 말 그대로 문화차이이기 때문이다. 이러한 속담을 들었다는 이야기를 바이어에게 재치있게 한다면 오히려 좋은 인상을 줄 수 있다. 획일적으로 보편화할 수는 없지만 아르헨티나인과 지속적으로 교류한다면 참고할 만한 측면이다.

## 3 바이어 상담 및 거래 tip

### 3.1 효과적인 상담

KBC의 경험에 의하면 자유자제로 영어를 구사할 수 있는 수입업체는 20%에 불과하다. 따라서 거래를 할 때 영어만을 사용하면 진행하기가 쉽지 않다. 교신을 할 때나 회사 및 제품소개서를 작성할 때는 가능한 한 스페인어를 사용하는 것이 바람직하다.

출장 시 바이어가 영어를 못하면 통역원을 동행해야 한다. KBC 홈페이지에서 통역원 명단을 얻을 수 있다.

매너를 중시하는 문화 때문에 아르헨티나 기업인과의 상담 시 정장을 착용하는 것이 바람직하다. 상대방이 상담할 때 노타이로 오는 경우도 있지만 같이 노타이를 하는 것은 좋지 않다. 성향 또한 보수적이어서 아르헨티나인들은 원색보다는 부드러운 중간색을 선호한다.

아르헨티나 바이어에게 거래 제의를 하기 위해서는 세부적인 자료를 발송하기 이전에 우선 이메일 또는 팩스로 접촉하는 것이 바람직하다. 이때 바이어가 신뢰할 수 있도록 바이어를 어떤 경로를 통해 알게 되었다는 것을 밝히고, 회사 · 제품 · 홈페이지 등을 소개하는 것이 효과적이다.

바이어와 몇 차례 교신 후 상호 인지와 거래 관심도가 어느 정도 제고되었을 때 회사소개서, 카탈로그, 가격표 등을 비롯하여 가능하면 샘플을 포함한 거래 관련 자료 일체를 특사 배달로 송부한다.

아르헨티나 바이어들은 홈페이지 · e-book 형태에 아직 익숙하지 않기 때문에 카탈로그 등 인쇄물을 선호하여 추가로 요청하는 경우가 많다.

현지에서는 일반적으로 고급 종이로 인쇄된 자료를 파일에 철한 형태(바인더)로 회사소개서를 제작하는 것이 일반적이다.

대부분의 한국 업체들은 회사소개서를 팩스 한두 장으로 마무리하려는 경향이 있는데, 아르헨티나 바이어들에게 회사소개서를 보낼 경우 현재 거래하고 있는 국가별 바이어들을 소개하는 내용 등을 담아 상세한 회사정보가 수록된 자료를 제공하는 것을 권장한다.

아울러 제품소개서는 가급적 많은 양의 자세한 제품 관련 자료와 함께 사진 등을 첨부하여 다소 두꺼운 파일 형태로 편철하여 제공하는 것이 좋다.

회사와 제품에 대한 일반적인 정보만 전달하는 것이 합리적일 것 같지만 업체의 얼굴과도 같은 회사 소개서와 제품소개서를 제대로 만들어 제공할 때 바이어로부터 기본적인 신뢰를 얻을 수 있다.

바이어와 통화 시 가급적 현지시간(한국과 −12시간 차이)으로 오전 중에 연락하는 것이 바람직하다. 대부분의 담당자는 오전에 잠깐 회의를 한 후 점심까지 사무실에 남아 있다. 오후에는 영업 때문에 자리를 비우는 경우가 많다.

팜파스에 서식하는 과나꼬

아르헨티나 바이어는 업무를 신속하게 진행하는 스타일이 아니다. 시간을 두고 충분히 검토하는 타입이므로 재촉하는 인상을 주면 오히려 역효과가 날 수 있다. 자신을 독촉한다고 느끼면 비서에게 부재중이라 말하라고 지시하는 경우가 허다하다.

이럴 경우에는 매일 전화하여 조급하다는 인상을 주는 것보다는 시간을 두고 2~3일 간격으로 통화를 시도하는 것이 좋다.

바이어가 내일 연락하겠다고 말하고도 연락이 없는 것은 언어상의 문제도 있지만 담당자가 느긋한 스타일이거나 실제적으로 여타 상황이 좋지 않기 때문일 수도 있으므로 항상 현지 상황에 대한 정보에 신경을 쓰면서 연락을 취하도록 한다.

구체적인 거래 관련 자료를 특사 배달 등으로 송부한 경우 자료 수령일로부터 대략 1주일이 지난 뒤에 수령 여부 확인과 아울러 검토 결과를 문의한다. 만약 송부 후 곧바로 문의하게 되면 독촉한다는 인상을 줄 수 있다.

거래 관련 자료의 검토 결과를 문의할 때에 먼저 팩스 또는 이메일로 문의하고 회신이 없을 경우 전화로 연락하는 것이 바람직한 절차이다.

### 3.2 거래 시 유의사항

아르헨티나에서 수입업체는 막대한 운전자금이 필요하다. 우선 '수입대금 통관 이전 지불' 규정이 있다. 아르헨티나 중앙은행의 고시에 의하면 HS 코드 8단위 기준 1,356개 품목은 현지 통관 이전에 수입대금을 완불토록 규정하고 있다. 수입 통관에 따르는 비용도 만만치 않다.

다른 나라에 비해 높은 관세, 통계세(0.5%), 부가세(21%), 추가부가세(10%), 소득세(3%) 등을 선납해야 한다. 자동차와 같이 특소세가 부과되는 경우에는 그 부담이 더욱 심하다.

수입자가 유통업체에 90일 후 결제조건을 제시할 경우 3개월분의 수입대금과 세금이 운영자금으로 잠기는 셈이 된다. 추가부가세는 사후에 신용(credit)으로 정산이 가능하지만 '선납세' 개념으로 금융비용이 발생한다.

이렇게 조세제도가 복잡하여 유망한 기업도 회사를 분사하여 운영하기 때문에 회사 하나만을 보면 외형이 작아 보여 매출액이나 종업원 수로 회사규모를 파악하기 힘들다.

계약은 반드시 서면으로 한다. 현지 상관행상 꼭 'Contract Sheet'가 필요한 것은 아니고 Proforma Invoice로 대신할 수 있다. 여기에 바이어의 counter sign을 받아서 계약서를 갈음할 수 있다. 계약서에는 claim 발생시 해결 방법 등을 명기하는 것이 좋다.

제반 선적서류 작성에 대해 바이어가 계약 시 잊고 간과할 수도 있으니 서류 작성시 반드시 바이어에게 확인하는 것이 좋다. 아르헨티나의 특수성으로 인해 세관 등에서 그때그때 요구하는 별도의 서류 및 영사확인 서류 등이 있는지 확인이 필요하다. 특히 언더밸류를 방지하기 위해 price list 등을 영사 확인해야 하는 경우가 많다.

선적서류 미비로 인한 통관 지연 시 발생하는 비용이 크기 때문에 보상 문제가 생길 수도 있다. 현지 세관 규정상 선박 도착 후 5일 이내에 통관이 안 되면 비용이 커진다. 더욱이 일부 선금 송금 후 선적하고 잔금은 선박 도착 직전에 내면서 선적 서류를 인수하는 경우가 많은데 이때 서류가 잘 못되면 문제가 크다.

간혹 바이어가 실제 수입 의도가 없으면서 업체에게 공급 조건 등을 서면으로 요구하는 경우가 있는데, 이때 특히 주의할 것은 현지법이나 규정을 위반하는 내용을 서면에 기재하면 절대 안 된다.

문제 발생 시 현지 바이어(특히 유대인)는 자사에 유리한 모든 자료를 가지고 있는데 반해 한국 업체는 자료가 없는 경우가 있다. 최악의 상황에서 소송을 하더라도 자료가 없으면 불리해진다. 특히 바이어가 서면으로 요청하는 자료 및 정보는 내용을 신중히 검토한 후에 제공한다.

## 4 현장의 소리

### 4.1 교포 사업가의 조언

#### ■ 장기적인 접근을 통한 비즈니스 관계 유지

아르헨티나 바이어는 보수적인 성향이 강해 처음 거래를 트기가 쉽지 않다. 한마디로 말해, 비즈니스 성사를 위해서는 인내심과 시간이 요구된다.

일단 샘플을 받아 본 바이어는 수차례에 걸쳐 테스트를 하며, 그 결과로 제품에 대한 신뢰를 갖고 주문을 하는 것이 보편적인 성향이다. 첫 거래에서 대량으로 오더를 하지 않는 것 또한 아르헨티나 바이어의 특징 중 하나인데, 시장이 작다는 이유로 성급하게 거래를 중단하는 것은 잠재 시장을 잃는 지름길이 될 수 있으며, 아르헨티나 시장 진출은 장기적인 안목으로 점진적으로 거래를 이뤄가는 것이 가장 중요한 포인트이다.

그렇기 때문에, 아르헨티나 바이어와 장기적인 거래를 유지하려 한다면 정서를 이해하고 접근할 필요가 있다. 특히 지구 반대편에 있는 단순한 공급업체라는 인식보다는 시간과 인내심을 갖고 가족처럼 친근한 파트너라는 인식을 심어줄 필요가 있다. 그렇다고 사생활에 관여할 정도의 간섭을 의미하는 것은 아니다.

이민자의 나라답게 출신 국가별로 상담 스타일도 다른데, 남유럽계 바이어가 상담에서 일반적으로 말하는 'yes'는 계약이나 주문을 의미하지 않으며, 꼼꼼한 바이어일수록 계약 가능성이 높다. 유대계 바이어는 까다로우며 아랍계 바이어는 지나치게 가격에 집중한다. 독일이나 영국계 바이어는 사전조사가 치밀하고 분석적이다.

■ 관계 중시의 비즈니스

아르헨티나 바이어의 특징 중 또 다른 하나는 한번 거래를 시작하여 일단 비즈니스관계에서 신뢰를 얻으면 웬만해서는 거래처를 바꾸지 않는다는 점이다.

최근 중국산 저가 제품의 시장 진입이 두드러지고 있지만, 아르헨티나 바이어는 일단 관계를 맺은 거래처를 가격 등의 이유로 쉽게 끊는 경우는 없다. 가격 및 품질 등의 조건으로 거래처를 바꿀 의사가 있는 경우, 기존 거래처에게 먼저 알리고 만약 기존 거래처에서 더 좋은 조건을 제시하면 기존 거래처와의 관계를 계속 유지한다.

무엇보다도 아르헨티나는 전문경영보다는 가업 경영의 경우가 많으며, 가업으로 중소기업이 장악하고 있는 업종은 기존 거래처의 장벽이 워낙 견고하기 때문에 다른 신규업체가 진출하기가 어려운 면도 있다. 그러나 꾸준하게 연락을 지속하는 것은 잠재 비즈니스를 성사시킬 수 있는 하나의 방법이기도 하다.

## 4.2 한국 수출업체의 조언

■ 틈새시장 진출

디지털 방송 수신기(일명 Set Top Box) 경우, 주요 시장인 독일, 영국 등의 서유럽과 중동, 북아프리카 등에 급속히 확대되어 가는 중국산 저가 제품의 범람으로 시장 점유율과 이윤 폭이 점차 줄어들게 되었다.

이에 중소기업인 A사는 방송사 직납시장의 주요 타깃으로 아날로그 방송에서 디지털 방송으로 전환을 계획하고 있는 인도, 동유럽, 러시아, 중남미 등 개발도상국가의 위성, 케이블 방송사를 설정하여 공격적인 영업을 시작하게 되었고, 이 중 중남미의 이머징 마켓 개척에 나서 성공한다.

## ■ 정보 선점

방송사 직납시장 개척에 가장 중요한 것은 남보다 한발 빠른 정보 입수이다. 어느 국가의 어떤 방송사가 언제 디지털로 전환하는지, 최종 제품은 어떤 과정을 거쳐 선정하게 되는지 등, 경쟁사보다 빠르게 정보를 입수하는 것이 무엇보다 중요하다.

지구 반대편에 있는 방송사의 정보를 쉽게 알 수는 없었다. 인터넷, 전시회 등 동원 가능한 모든 방법으로 정보를 수집하던 도중, KBC를 통해 아르헨티나의 최대 케이블 방송사인 M사에서 디지털 방송 프로젝트를 위해 STB 공급사를 선정한다는 유용한 정보를 입수하였다. A사는 KBC의 도움으로 M사의 경영진과 교신을 시작하여 본 디지털 프로젝트에 STB 공급자로 참여할 기회를 잡을 수 있었다.

## ■ 공격적인 시장 진출

방송사 직납시장에서는 비즈니스 기회를 포착한다고 해도 단순 가격, 납기, 결재조건 등의 영업적인 요소만으로는 거래가 성사되지 않는다.

결국 거래를 성사시키기까지 공격적이고 끊임없는 기술지원이 필요한데, 이는 많은 시간과 경비가 소요되는 투자 요소이기 때문에 중소기업의 경우 중도 포기하기 쉽다. 특히 남미처럼 지역적으로 접근하기 어려운 시장은 결과에 대한 불확실성으로 인해 시도조차 하지 않으려는 경향이 많은 것이 사실이다.

A사는 이러한 점을 역으로 이용하여, 타 지역보다 더욱 적극적으로 기술진을 파견했다. 첫 제품 샘플을 기술진들이 직접 들고 아르헨티나에 도착하여, M사의 기술진과 공동으로 테스트를 진행하였다. 약 1개월간의 초기 테스트를 통해 제품의 우수성을 보여주었고, 무엇보다 장기간의 기술진 파견을 통해 기술지원에 대한 믿음을 심어주는 데 성공하였다.

■ 발로 뛰는 CEO

A사는 여기서 그치지 않고, 대표이사가 직접 아르헨티나까지 와서 M사의 경영진과 미팅을 진행하여 적극적인 프로젝트 참여의사를 표시하였다. 경쟁사는 대부분 남미같이 지리적으로 먼 곳은 지역 영업담당자에게만 맡겼지만 A사의 경우 대표이사가 직접 출장 미팅을 진행함으로써 M사의 경영진에게 상당한 호감을 주었고 거래 성사에 결정적인 역할을 하게 되었다.

결국, 2만 달러 수준의 Trial PO를 접수하여 선적을 진행함과 동시에, 기술진을 아르헨티나 현지에 파견하여 한 달이 넘는 장기 체류를 통해 첫 선적된 제품이 M사의 디지털 방송 시스템에 안정적으로 동작하는지 끊임없는 정합성 테스트를 진행하였다. 결국 적합성 테스트의 성공으로 최초로 100만 달러 규모의 정식 수주를 받아 본 물량을 공급, 남미 아르헨티나 시장 개척에 성공하였다.

■ 남미지사 설립

A사는 적극적인 남미 시장개척을 위해 부에노스아이레스에 남미지사를 설립하기로 결정하였다.

A사의 지사 설립 소식은 M사에게도 깊은 신뢰를 주게 되어 지속적인 추가 PO 수주가 이어졌다. M사 이외의 타 방송사도 거래선으로 확보, 제품을 공급하게 되어 현재까지 아르헨티나에서만 700만 달러 이상의 매출 실적을 올리고 있다.

중소기업이 아르헨티나 비즈니스를 시작한 지 1년 6개월 만에 700만 달러 이상의 매출을 기록할 수 있었던 것은, 시장개척을 위한 확고한 의지와 꾸준한 투자가 있었기에 가능했던 결과이다.

## 4.3 현지 KBC에서 전하는 이야기

### ■ A사 에피소드

아르헨티나 바이어는 전문 경영보다 가업 경영 형태인 중소기업이 많다. 이 때문에 기존 거래처와 한 제품으로 할아버지 또는 아버지 때부터 꾸준히 거래를 유지해온 경우가 많다. 이럴 경우, 자신이 취급하는 제품에는 상당한 자부심이 있기 때문에 바이어와 상담 시 이 점을 유의해야 한다.

제조수출기업인 A사는 현지의 한 전시회에 참가하고 바이어와 상담을 하다가 이 문제와 관련한 실수 때문에 곤혹을 치렀다. 처음 상담 과정에서 바이어는 A사 제품 샘플에 상당한 관심을 보였다. 그리고 현재 취급 중인 제품과 A사 제품을 비교하면서 자신이 유럽에서 현재 거래 중인 제품 특성에 대해 A사 담당자에게 설명하기 시작했다.

이를 듣고 있던 A사 담당자는 바이어가 취급하는 제품 기능은 불가능한 기능으로 자신이 거래하는 유럽 어느 나라에서도 동 기능을 취급하는 업체는 없고, 당 사의 제품만이 최신 기능을 가지고 있다며 바이어 제품에 불신을 나타냈다. 그러자 바이어는 지나치게 제품을 홍보하며 오랜 세월 신뢰를 바탕으로 취급해온 자기 제품을 무시한 A사 담당자와 더는 상담을 진행할 수 없다며 상당히 불쾌감을 표시했다.

### ■ B사 에피소드

아르헨티나 사람들은 유럽 이민자의 후손이라고 생각하며 자존심이 매우 강하다. 유럽 문화와 카톨릭교의 영향을 그대로 이어받아 유럽적인 정서가 매우 강하기 때문에 비즈니스 상담 시에도 이 점을 유의해 상담에 임해야 한다.

일부 한국 기업이 아르헨티나를 중남미 후진국 중 하나로 생각하고 상담 시 바이어에게 무례한 발언, 표정, 제스처를 취하기도 한다. 특히, 상대가 한국말을 알아들을 수 없다고 생각하고 통역원을 통해 상담 에티켓을 벗어난 발언을 하는 경우가 있는데 바이어가 눈치를 채고 불쾌해 하기 쉽다.

B사는 현지 출장을 통해 아르헨티나 바이어와 상담을 하게 되었다. B사 담당자와 아르헨티나 바이어 간 제품 설명 및 가격 상담이 진행되었으나 상호 합의점을 찾지 못하고 격한 논의가 시작되었다.

그런데 B사 담당자는 상대 바이어의 의견을 부정하다가 한국인의 직접적이고 급한 성향을 드러내고 말았다. 한 손가락을 들고 직접적으로 'NO'라는 표시를 하였고 통역원에게 불쾌하다며 한국말로 의사를 드러낸 것이다.

아르헨티나 바이어는 이를 눈치 채고, 직접적으로 무례한 행동을 한 B사 담당자에게 더는 상담 진행이 어려울 것 같다고 한 뒤 자리에서 일어났다.

# XI
# 브라질

República Federativa do Brasil

# X. 브라질

República Federativa do Brasil

- 국 명 브라질 연방공화국(Replública Federativa do Brasil)
- 위 치 북위 5°16′, 남위 33°45′
  칠레와 에콰도르를 제외한 남미의 모든 국가와 국경을 맞대고 있음.
  수리남, 기아나, 프랑스령 기아나, 베네수엘라, 콜롬비아, 볼리비아,
  페루, 파라과이, 아르헨티나, 우루과이 등 10개국과 접경
- 면 적 8,511,965㎢(남미 대륙의 47.7%, 세계 5위, 한반도의 38배)
- 기 후 북부-열대, 중부-아열대, 남부-온대
  연평균 기온은 23~24℃로 4계절 구분이 뚜렷하지 않음.
- 수 도 브라질리아(Brasilia)
- 인 구 186,905,268명(2008년 5월 기준) (중남미 1위)
- 주 요 도 시 상파울루(So Paulo, 10,812천명), 리우데자네이루(Rio de Janeiro, 6,094천명), 브라질리아(Brasilia, 2,363천명), 살바도르(Salvador, 2,714천명), 벨로리존찌(Belo Horizonte, 2,400천명), 꾸리찌바(Curitiba, 1,789천명), 뽀르뚜알레그리(Porto Alegre, 1,441천명)
- 인 종 백인(49.9%, 포르투갈계, 독일계, 이탈리아계, 스페인계, 폴란드계), 흑백혼혈(43.2%), 흑인(6.3%), 기타(1%: 일본계 0.5%, 인디오 0.4%, 아랍계 등)
- 언어 / 종교 포르투갈어 / 천주교 85%, 개신교 11%, 기타 토속종교(Umbanda) 등
- 화폐 / 환율 헤알(real, R$) - US$ 1 = 1.59헤알(2008.6.30 기준)
- 정 부 형 태 대통령제(4년 중임)
- 국 가 원 수 루이스 이나시우 룰라 다 실바(Luiz Inácio Lula da Silva)
- G D P US$ 1,310십억(2007)
- 1인당 GDP US$ 6,930(2007)
- 경제성장률 3.7% (2006), 5.4%(2007)
- 물가상승률 3.1% (2006), 4.5%(2007)
- 수출(對韓수출) US$ 160.6십억 (US$ 160,649백만)(2007)
- 수입(對韓수입) US$ 120.6십억 (US$ 120,621백만)(2007)

## I 일반 비즈니스 환경

### 1.1 약사

브라질 역사는 1500년 신대륙발견 이전, 식민지 시대(1500~1822), 제국주의(1822~1889), 공화정 시기(1989년에서 현재까지) 4단계로 나누어 볼 수 있다.

브라질은 1500년 4월 22일 포르투갈 뻬드루 알바리스 까브랄(Pedro Álvares Cabral)의 항해인단이 브라질 바이아 남부 해안, 지금의 뽀르뚜 세구루(Porto Seguro) 지역에 도착한 시점을 공식적 발견으로 한다. 이후 1822년 9월 7일 포르투갈로부터 독립하여 왕정을 세울 때까지 브라질은 포르투갈의 식민지였다.

브라질은 사탕수수, 고무, 광물, 커피 생산 등 일정 산업 주기를 반복하며 경제가 발달했다. 이 과정에서 원래부터 살고 있었던 원주민은 거의 멸종하게 되고, 노동력의 확보를 위해 대량으로 아프리카에서 넘어온 노예들이 인구의 다수를 차지하게 되었다. 1888년 동 뻬드루 2세(Dom Pedro II)의 딸 이자벨(Isabel) 공주에 의해 노예제는 폐지되었으며 1889년 첫 공화정이 선포되어 구 공화정은 1930년까지 지속되었다.

1894년 쁘루덴찌 지 모라이스(Prudente de Morais)는 첫 대통령이 되었으며 이후 상파울루 주의 커피 세력과 미나스제라이스 주의 우유로 대변되는 '커피-우유 정치' 시기가 1930년 혁명으로 군부정권이 수립될 때까지 지속되었다.

이후 독재정치와 빈번한 쿠데타, 정권교체로 20세기 브라질 정치는 격변기를 거쳤으며 1995년 페르난두 엔히끼 까르도주(Fernando Henrique Cardoso) 대통령 집권(1995~1998, 1999~2002)에 이어 2003년 룰라(Lula) 대통령 집권(2003~2006, 2007~현재)까지 브라질 현대 정치는 많은 시행착오를 거쳤다고 할 수 있다.

2002년 선거로 사회주의 정당인 노동자당(PT)의 룰라 후보가 대통령으로 당선되면서, 우파 정부에서 좌파 정부로 정권이 바뀌었고 2006년 선거에서도 재선되어 현재 룰라정권 2기이다.

| 구분 | 주요내용 |
|---|---|
| 1500.4.22 | 포르투갈의 뻬드루 알바리스 까브랄이 발견, 포르투갈의 식민지가 됨 |
| 1807~1821 | 포르투갈의 동 주앙 4세(Dom João VI), 나폴레옹의 침입으로 리우데자네이루로 피난 |
| 1822.9.7 | 동 뻬드루 1세(Dom Pedro I), 독립선언(왕정) |
| 1889.11.15 | 동 뻬드루 2세(Dom Pedro II), 연방공화국 선포 |
| 1935~1945 | 제뚤리우 바르가스(Getúlio Vargas) 장군, 쿠테타로 집권 |
| 1945~1963 | 정권교체 빈번, 특히 1960년 당선된 주앙 굴라르찌(João Goulart) 대통령의 좌경화정책으로 사회 및 경제불안 야기 |
| 1964.3 | 까스뗄루 브랑꾸(Castelo Branco) 장군, 쿠테타로 집권 |
| 1985.1.15 | 제1야당의 땅끄레두 네비스(Tancredo Neves) 대통령 당선 |
| 1985. 3 | 네비스 대통령이 종양으로 사망, 주제 사르네이(José Sarney) 부통령 당선자가 대통령직 승계 |
| 1989.11.15 | 페르난두 꼴로르(Fernando Collor), 대통령 당선(29년 만에 대통령직선 실시), 90. 3.15 취임 |
| 1992.12.28 | 꼴로르 대통령, 의회의 탄핵직전 사임 |
| 1992.12.29 | 이따마르 프랑꾸(Itamar Franco) 부통령이 대통령직 승계 |
| 1995.1.1 | 페르난두 엔히끼 까르도주(Fernando Henrique Cardoso) 대통령 취임 |
| 1999.1.1. | 까르도주 제 2기 행정부 출범(까르도주 대통령 재선) |
| 2003.1.1~현재 | 루이스 이나시우 룰라 다 실바 대통령 취임<br>2006년 10월 1일 대선 1차 투표 결과 룰라 48.6%,<br>야당의 제랄두 알키민 후보(PSDB 사회민주당) 41.6% 득표로 10.29일 결선투표 실시<br>결선투표에서 룰라 대통령이 60.8%의 득표율로 알키민 후보를 여유있게 제치고 승리<br>2007년 제 39대 대통령으로 룰라 2기 정부 출범 |

자료원 : 상파울루 KBC

룰라 정부는 중남미통합이라는 목표를 두고 남미공동시장의 양적 · 질적 성장과 기능 확대를 추구하면서 역내 지도력 강화에 주력하고 있다. 또한 룰라정부는 중남미와 아프리카, 인도, 나아가 중국까지 포함하는 '남남(南南) 협력' 을 강화하는 데도 더욱 박차를 가하고 있다. 이는 강력한 수출 드라이브 정책에 따라 미국과 유럽연합(EU) 외에도 제3세계권에서 신규시장을 개척하려는 욕구가 강하기 때문으로 분석된다.

미국은 여전히 브라질의 가장 큰 수출시장이자 협력 대상으로 특히 최근 들어 유력한 대체에너지원으로 떠오르고 있는 에탄올의 대량생산 및 공동연구를 통해 브라질과 전략적 협력관계를 구축할 뜻을 보이고 있다. 브라질 정부는 유엔을 위시한 다자국제기구를 세계평화 및 안보유지에 불가결한 것으로 여기고 있다. 또 개발국과 개도국의 균형 있는 참여하에 유엔안보리가 재편되어야 한다고 주장하며, 유엔안보리 상임이사국 진출을 지속적으로 추구하고 있다.

룰라정권은 경제적 성과나 사회정치적으로도 역사상 가장 나은 정권으로 평가되고 있다. 현재 2기 정부 집권이라 헌법(브라질은 4년 중임제)을 개헌해서라도 3선에 나서야 한다는 소리가 나오고 있다. 룰라 대통령 본인은 브라질 민주주의 발전을 위해서도 3선은 말도 안 된다는 입장이나 PT당을 비롯한 연합여당에서는 룰라 대통령의 인기를 바탕으로, 현 정책의 연속성을 위해 3선 출마를 주장하고 있는 상태이다.

## • 룰라대통령에 대한 평가 •

**– 룰라 대통령, 브라질 역사상 가장 나은 대통령으로 꼽혀**

2006년 12월 13일 브라질 여론조사기관 Datafolha가 실시한 조사에 따르면, 룰라대통령이 브라질 역사상 가장 좋은 평가를 받는 대통령으로 꼽히고 있다. 대다수의 브라질 국민들이 룰라 2기 정부에 대해 긍정적으로 기대하고 있는 것으로 나타났다.

**브라질인들의 룰라 정부에 대한 평가**

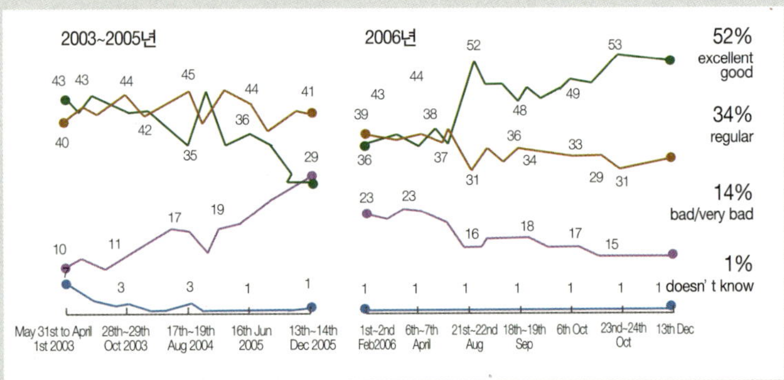


자료원 : 브라질 주요 신문(Folha de Sáo Paulo), Datafolha의 시기별 설문조사

한편, 페르난두 엔히끼 까르도주 전 대통령의 1기 정권 임기 말 기준, 현 정권에 대해 묻는 설문조사에서 35%가 '좋다', 37%가 '보통이다'라고 응답한 반면 룰라 대통령에 대해서는 52%의 국민들이 좋았다고 응답하여 대조를 이루고 있다.

**룰라 대통령과 까르도주 대통령 1기 정부 평가**

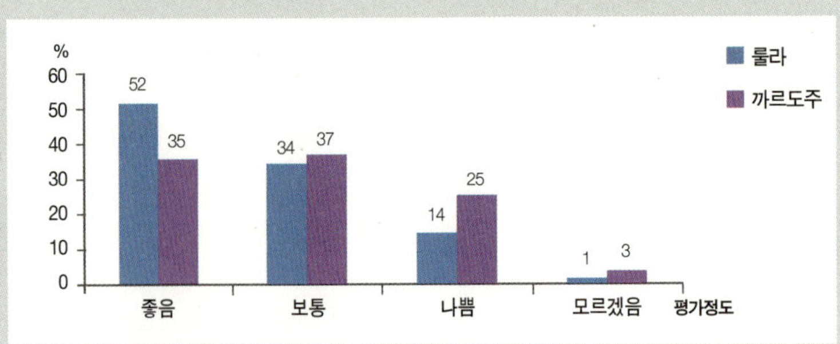


자료원 : 브라질 주요 신문(Folha de Sáo Paulo)

2기 정권에 대한 기대치의 경우, 59%의 응답자가 정부를 잘 이끌어 나갈 것이라고 기대를 보였다. 까르도주 대통령의 경우에는 1998년 말, 2기 정권으로 넘어갈 당시 긍정적인 기대를 하는 응답자가 41%에 불과했다.

**룰라 대통령과 까르도주 대통령 2기 정부 기대치**

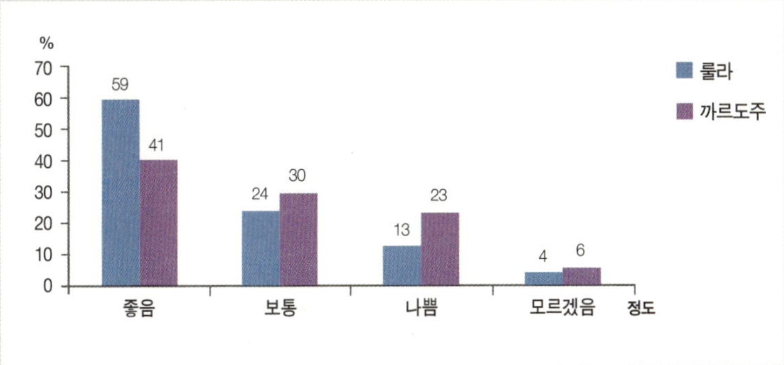


자료원 : 브라질 주요 신문(Folha de Sáo Paulo)

이번 설문조사에 따르면 브라질 역사상 가장 나은 대통령으로 룰라 대통령이 35%의 표를 얻어 1위를 차지했고, 까르도주 대통령이 12%, 주셀리누 꾸비체크 대통령이 11%의 표를 얻었다. 2002년 조사에서는 까르도주 대통령이 18%, 제뚤리우 바르가스 대통령이 14%를 차지했다.

**브라질인들이 꼽은 최우수 대통령**

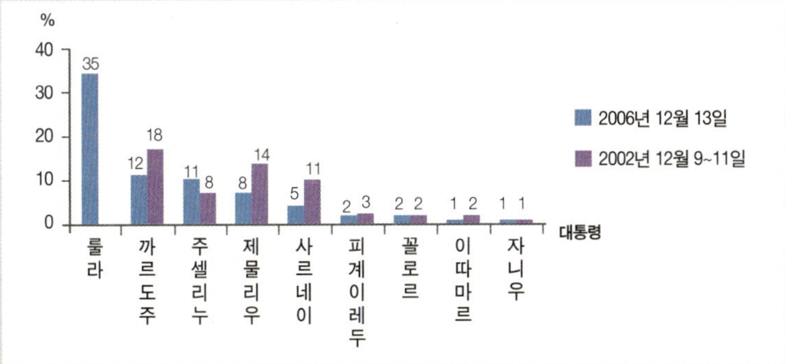


자료원 : 브라질 주요 신문(Folha de Sáo Paulo)

Datafolha의 설문조사에서 특징적인 면은, 학력과 소득이 낮은 계층에서 룰라 대통령에 대한 만족도와 지지도가 높았다는 점이다. 지역적으로는 남부와 남동부 거주자들이 대체로 룰라 대통령에 대해 비판적이었다.

룰라 정권의 부진한 측면은 룰라정부 초기에는 7%의 응답자가 보건부문이라고 응답했으나 이번 조사에서는 18%로 증가하였다. 한편, 룰라정부 초기에는 1%의 응답자가 부정부패 근절이 부진하다고 응답했으나, 이번 조사에서는 8%로 증가했다. 치안 부재 문제도 여전히 문제가 있음을 볼 수 있다.

**룰라 정권의 부진한 면**

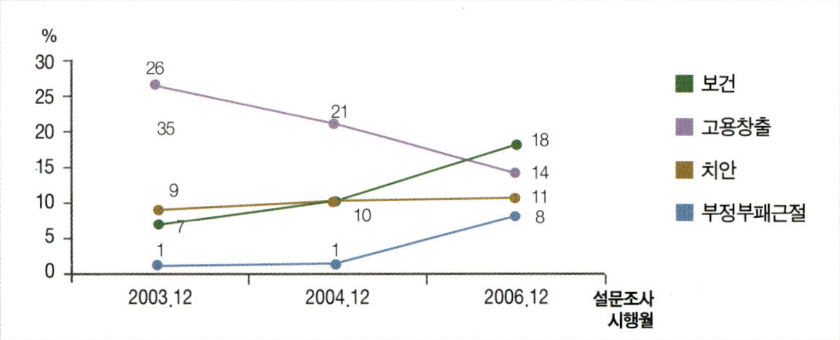


자료원 : 브라질 주요 신문(Folha de Sáo Paulo)

룰라정권의 성과로 사회보장정책과 교육을 꼽는 응답자가 증가했다. 빈곤 타파는 정권초기보다 상대적으로 비율이 감소하였으나 여전히 룰라 정부의 가장 높은 성과로 평가되고 있다.

**룰라 정권의 성과(긍정적 측면)**

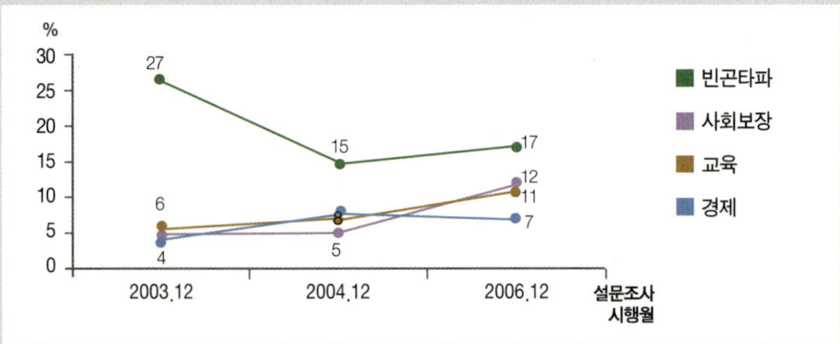


자료원 : 브라질 주요 신문(Folha de Sáo Paulo)

그 외에도 이번 조사에서는 향후 경제전망 관련하여 55%가 낙관하고 있으며, 33%가 현상태 유지, 9%가 나빠질 것이라고 응답했다. 세부적으로는 응답자의 34%가 실업률이 증가할 것, 32%가 감소할 것이라고 답변했으며, 구매력 관련해서는 38%가 증가할 것, 22%가 감소할 것이라고 답변. 인플레 관련해서는 상승할 것 33%, 현상유지 48%, 감소할 것이라는 응답이 15%였다.

브라질 국민들이 룰라 정권을 가장 나은 대통령이라 꼽고, 2기 정부에 대해서도 큰 기대를 하고 있는 만큼 룰라 정부는 브라질의 부진한 경제성장률을 제고하고 산적한 문제들을 해결해 나가기 위해 많은 노력을 기울여야 할 것이다.

## • 루이스 이나시우 룰라 다 실바(Luiz Inácio Lula da Silva) 현 대통령 •

**2003~2006년 1기 정권, 2006년 10월 재선에 성공하여 2007년 1월, 2기 정부 출범**

루이스 이나시우 룰라 다 실바
(Luiz Inácio Lula da Silva)

룰라 대통령은 브라질 북동부에 위치한 뻬르남부꾸 주 출신 이주민으로 대도시 상파울루에서 구두닦이 일을 하는 등 매우 불우한 어린 시절을 보냈다. 최종 학력이 기술학교(SEBRAE) 선반공 코스 졸업이 전부인 룰라는 1964부터 상베르나르두 시 금속업체 알리안사(Aliança)에서 근무하기 시작했으며 이후 노조에 가입한 룰라는 노조 활동에서 두각을 나타내기 시작하여 1975년에는 노조 위원장으로 선출되었다.

1970년대에 접어들어 룰라는 개혁적인 시각을 가진 사회 지도자로 주목 받기 시작하였으며, 1980년 상파울루 ABC 지역 노조 파업을 주도했다. 10만 명이 참가한 동 파업은 브라질 사상 최대 규모로 기록됐다. 이 사건으로 룰라는 잠시 구속되었다 석방되었으며 이후 정치, 사회 개혁을 부르짖는 영웅으로 떠오르기 시작했다. 1980년대 접어들어 룰라는 “지레따스 자(Diretas já)” 라고 불리는 대통령 직선제 운동을 벌였고 동 안건은 1986년 의회 사상 최다 득표를 기록하며 통과되었다.

1989년 룰라는 처음으로 대선에 참가했으나 2차 투표에서 페르난두 꼴로르 후보에게 패했다. 이후 1994년과 1998년 연속해서 대선에서 패배한 룰라는 2002년 3전 4기에 성공, 대통령에 당선되었고, 2007년에서 2010까지의 재임에도 성공했다.

## 1.2 경제현황

2007년 브라질 경제는 정부지출확대, 소득개선, 금리인하 및 신용거래 확대 등으로 국내 수요가 대폭 확대되었으며 특히 자동차, 기계 부문을 주축으로 한 산업생산이 활발하였다. 또한, 브라질 경제가 전반적으로 안정되고 성장 궤도에 오름에 따라 외국인투자도 크게 증가하였고 대외 원자재 수요 증가에 따른 수출증가, 외환보유고 최고조, GDP 성장률 5.4%, 주식시장 활황 등 경제 전반에 걸쳐 호황을 이루었다.

**주요 경제지표**

| 구분 | 단위 | 2006 | 2007 | 2008(전망) |
|---|---|---|---|---|
| GDP | US$ 십억 | 1,066 | 1,310 | – |
| 일인당 GDP | US$ | 5,705 | 6,930 | – |
| 경제성장률 | % | 3.7 | 5.4 | 4.8 |
| 물가상승률 | % | 3.1 | 4.5 | 4.5 |
| 임금상승률 | % | – | – | – |
| 실업률 | % | 8.4 | 7.4 | 7.9(5월) |
| 기준금리(연말) | % | 13.25 | 11.25 | 12.25(6월)<br>14.25(연말) |
| 수출 | US$ 십억 | 137.5 | 160.6 | 72.1(5월) |
| 수입 | US$ 십억 | 91.4 | 120.6 | 63.4(5월) |
| 무역수지 | US$ 십억 | 46 | 40 | 8.7(5월) |
| 경상수지 | US$ 십억 | 13.6 | 1.4 | –0.6(5월) |
| 외국인직접투자 | US$ 십억 | 187.8 | 346.2 | 350 |
| 외채 | US$ 십억 | 172.6 | 193.2 | 201.6(3월) |
| 외환보유고 | US$ 십억 | 85.8 | 180.3 | 197.9(5월) |
| 연평균 환율 | US$ 1당 현지화 | 2.14 | 1.80 | 1.59(6.30기준) |

자료원 : 브라질 중앙은행, IPEA, IBGE
주 1. GDP 올해 전망치 미입수. 정부의 경제성장률 목표치만 있음.
주 2. 임금상승률 : 전체임금상승률 통계 없음. 직종별 노조별 임금인상률이 다 다르기 때문임.
주 3. 연평균환율 : 12월 말 기준임.

룰라정부 1기(2003~2006년) 평균 경제성장률은 3.4%, 2006년 경제성장률은 3.7%, 2007년 5.4%로서 브릭스 국가 중에서는 경제성장률이 부진한 편이나, 룰라 정권 1기에 안정적 성장기반을 갖추고 경제펀더멘털이 나아졌다고 평가된다.

브라질 정부는 지난 해 경제호황에 따른 인플레 조짐을 우려하여 올해 금리를 11.75%로 인상했으며 올해 말까지 14.25%로 지속적으로 금리가 인상될 계획이다.

지난 해 외국인 투자는 346억 달러를 기록하여 2000년 이래 최대를 기록하였으나 올해 외국인투자 전망은 전년과 비슷한 350억 달러 수준으로 예상되고 있다.

브라질 수입시장에서는 달러화 대비 헤알화 환율이 역사상 유례없이 떨어지고 있어서 수입에는 상당히 유리한 상황이다. 브라질의 헤알화 평가절상이 2003년 이래 무려 97.2%나 진행돼 중남미 7개국 통화 및 유로화와 비교해 볼 때 선두를 달리고 있다.

이러한 헤알화 평가절상은 브라질의 높은 금리, 브라질 주식시장 활황, 국가위험도 개선, 브라질의 원자재 수요에 따른 수출증가 등에 따라 외화가 지속적으로 유입되고 있기 때문이다. 브라질이 투자적정 단계에 진입하게 됨에 따라 헤알화 강세 현상은 지속될 것으로 전망된다. 2008년에는 1달러에 1.5헤알 대까지 떨어질 수 있다는 전망도 나오고 있다.

한편, 6월 27일자 중앙은행의 발표에 따르면 외환보유고는 사상 처음으로 2천억 달러를 돌파하여 2,002억 3,100만 달러를 기록한 것으로 집계돼 지난해 말보다 11%가 늘어났다. 달러화 유입세가 계속되고 있어 외환보유액도 증가세를 지속할 것으로 전망되고 있다.

**주요 교역대상국**

(단위 : US$ 백만)

| 수출(2007) | | | 수입(2006) | | |
|---|---|---|---|---|---|
| 순위 | 국명 | 금액 | 순위 | 국명 | 금액 |
| 1 | 미국 | 25,065 | 1 | 미국 | 18,722 |
| 2 | 아르헨티나 | 14,417 | 2 | 중국 | 12,618 |
| 3 | 중국 | 10,749 | 3 | 아르헨티나 | 10,410 |
| 4 | 네덜란드 | 8,841 | 4 | 독일 | 8,675 |
| 5 | 독일 | 7,211 | 5 | 나이지리아 | 5,273 |
| (19) | 한국 | 2,047 | (9) | 한국 | 3,391 |
| 총계 | | **160,649** | 총계 | | **120,621** |

자료원 : 브라질 상공 개발부 무역 통계(Secex)

**주요 수출입품목 (2007)**

(단위 : US$ 백만)

| 수출 | | | 수입 | | |
|---|---|---|---|---|---|
| 순위 | 품목(HS 2단위) | 금액 | 순위 | 품목(HS 2단위) | 금액 |
| 1 | 수송기계(87) | 13,354 | 1 | 광물성연료(27) | 22,320 |
| 2 | 광물성연료(27) | 13,297 | 2 | 기계류(84) | 18,468 |
| 3 | 철광석(26) | 12,026 | 3 | 전기기기(85) | 14,825 |
| 4 | 기계류(84) | 11,467 | 4 | 자동차(87) | 8,264 |
| 5 | 육류(02) | 9,613 | 5 | 유기화학품(29) | 6,377 |
| 총계 | | **160,649** | 총계 | | **120,621** |

자료원 : 브라질 상공 개발부 무역 통계(Secex)

## 1.3 시장특성

### ■ 시장특성

□ 남미 최대 시장

브라질은 인구 약 1억 9천만 명, 면적 851만㎢로 인구와 면적이 세계 5위이다. 브라질의 2007년도 총 GDP는 13,100억 달러로 남미 최대 경제대국이며 경제성장률은 5.4%, 1인당 GDP는 6,930달러이다.

□ 내수기반이 강한 시장

브라질은 막대한 천연자원과 인구로 인해 수출 촉진보다는 내수 중심 시장을 형성해왔다. 그러나 지속적인 성장 및 경제위기 타파를 위해 1998년부터 수출촉진 정책을 강력히 추진하고 있으며 2005년 수출 목표 1,000억 달러를 돌파한 이래 지속적으로 수출 증가세에 있다.

□ 시장개방 역사가 짧다

브라질은 1990년부터 시장개방이 시작되어 전문 수입상들이 많지 않고 수입상들도 무역실무에 밝지 않은 경우가 많다. 브라질은 세계에서 대외개방도가 낮은 국가 중 하나로 무역의존도도 한국처럼 크지 않다.

□ 다국적 기업의 영향력 커

브라질은 세계 500대 기업 중 450개 이상의 기업이 브라질에 현지 투자를 하고 있거나 사무실을 가지고 있을 정도로 다국적 기업들의 시장 지배력이 크다. 반면 다국적 기업들의 기술이전 기피와 과거 브라질정부의 고 이자율 정책 및 내수시장을 겨냥한 수입대체 산업화 정책 추진으로 중소기업이 발달되지 않는 상강하박의 구조를 가지고 있다.

□ 빈부격차에 따른 소비구조 이분화

브라질은 빈부격차가 심하여(극빈층(인구 10%)의 GDP 점유율 : 0.7%, 부유층(인구 10%)의 GDP 점유율 : 49.8%, 인구 1%인 최고부유층의 GDP 점유율 : 16%) 경우, 선진국의 유명브랜드, 고가고품질 제품을 선호하나 중산층 이하는 저가제품, 중고품을 구입하는 경우가 많다.

□ 완제품에 대한 높은 관세율 적용

브라질은 국내산업 보호를 위해 완제품에 대해서는 높은 관세를 부과하는 반면 현지 생산이 부족한 부품 및 원자재의 경우 영세율 또는 저세율을 적용하는 경우가 많다.

□ 중남미 국가 중 제조업 기반 최고

브라질은 세계적인 자동차, 항공기, 철강 생산국으로서 중남미 국가 중 제조업 기반이 가장 발달되어 있다.

□ 지역별로 특성 달라

지역별로 살펴보면 상파울루의 경우 이탈리아계와 함께 독일계, 시리아 및 레바논계, 유대계, 일본계, 중국계, 한국계들이 주로 상권을 장악하고 있다. 한편 빠라나 주, 산따까따리나 주, 히우그란지두술 주 등 남부지역의 경우, 독일계와 이탈리아계가 다수를 차지한다. 북동부 바이아 주의 경우 포르투갈계와 흑인들이 다수 거주하고 있다. 따라서 각 지역별로 해당 민족의 특성이 강하게 나타나 있다.

■ 유통구조

브라질은 제조업체에 비해 유통업체의 영향력이 매우 크므로 유력한 유통업체를 발굴하는 것이 사업 성공의 관건이라고 할 수 있다. 유통업체들의 영향력이 큰 이유는 국토가 넓어 제조업체가 유통 분야까지 진출하기가 현실적으로 어렵고 시장 구조가 복잡하여 공략하기 어렵기 때문이다.

그래서 브라질은 제조업과 판매가 엄격히 분업되어 있다. 유통경로는 대단히 복잡하고 폐쇄적이고 보수적인 성향으로, 거래선을 잘 변경하려고 하지 않는다. 최근 들어 경비절감을 위해 수입업자가 직접 백화점 및 슈퍼마켓에 납품하거나 판매 중개인이 직접 수입하려는 경향을 보이고 있다. 그러나 백화점 및 슈퍼마켓은 아직까지 직수입보다는 수입업자를 통해 물품을 구입하려는 경향이 있다.

유통단계의 마진율이 상당히 높은 것은 지역의 광대성으로 인해 A/S 및 동 체제유지에 상당한 비용이 지출되기 때문에 이에 대한 이해가 필요하다. 통상 수입업자(40%), 판매중개인 및 도매업자(30%), 백화점 · 수퍼마켓 · 쇼핑센터 · 전문점(30%)의 마진율을 거쳐 소비자에게 유통된다고 보면 된다.

신규 유통업체 진출 확대에 따라 유통업체들의 수익률이 악화된 것은 물론 유통업체 간 경쟁이 더 치열해졌다. 이에 따라 국내 유통업체들은 현지 제조업체들로부터 제품을 직접 구매하여 각 지역에 산재해 있는 산하 소매 체인점에게 제품을 공급하는 구조가 일반적이다.

브라질 유통구조는 크게 재래식 시장과 현대식 시장으로 구분할 수 있다. 재래식 시장은 중산층, 저소득층, 극빈층을 대상으로 한 시장으로서 철저한 가격 경쟁 중심, 비공식적 유통구조, 조세회피 현상이 극심한 특징을 가지고 있다. 브랜드 이미지, 마케팅보다는 가격 경쟁력에 따른 영업망을 확보하고 있으며 달러 베이스 거래도 높은 비중을 차지한다.

품목별로 주요 재래 시장은 산따 이피제니아(Santa Ifigenia), 빈찌 이싱꾸 지 마르수(25 de Março), 봉 헤찌루(Bom Retiro), 브라스(Brás), 떼오도루 상빠이우(Teodoro Sampaio), 가브리엘 실바(Gabriel M. Silva) 등이다. 이들 재래시장은 막대한 시장 영향력을 바탕으로 전국적인 규모를 자랑하며 특히 재래도매시장이 주요 역할을 하고 있다.

반면, 현대식 시장은 고소득층, 중산층을 중심으로 한 고객층이 형성되어 있고 품질, 디자인 등이 소비 결정 요인이 되며 공식적 유통경로로서 조세회피가 적다.

품목별 주요 시장은 까헤푸르(Carrefour), 빵 지 아수까르(Pão de Açúcar), 소나에(Sonae), 월마트(Walmart), 부르봉(Bourbon) 등의 하이퍼

마켓, 까자스 바이아(Casas Bahia), 뽄뚜 프리우(Ponto Frio), 로자스 아메리까나스(Lojas Americanas), 까자스 뻬르남부까나스(Casas Pernambucanas), 로자스 꼴롬부(Lojas Colombo) 등의 쇼핑센터 내 가전제품 매장, 히아슈엘루(Riachuelo), 세이아(C&A), 헤네르(Renner) 등의 의류 및 신발 매장, 아따까두(Atacado), 마끄루(Makro), 마르찡스(Martins) 등의 도매 매장을 들 수 있다.

■ 소득수준

**소득계층별 시장구성**

| 구분 | 2005년 비중 | 2004년 비중 |
|---|---|---|
| 소득없음 | 2.7% | 34.2% |
| 최저임금 1 이하 | 51.7% | 23.1% |
| 최저임금 1~2 | 23.1% | 19.2% |
| 최저임금 2~3 | 8.3% | 7.2% |
| 최저임금 3~5 | 6.5% | 7.7% |
| 최저임금 5 이상 | 6.0% | 7.7% |
| 미신고 | 1.7% | 1.0% |

자료원 : 브라질 가계표본조사(PNAD)2004, 브라질 지리통계청(IBGE)2005

브라질 국립지리통계원(IBGE)이 발간한 보고서 브라질 가계표본조사(Pesquisa Nacional de Amostra de Domicílios(PNAD))에 따르면 브라질 가계의 8.5%가 소득이 2005년도 최저임금(월 300헤알)의 1/4에 불과한 75헤알인 것으로 나타났다. 전체의 26.7%를 차지하는 상당수가 최저임금의 1/2에서 1최저임금 수준의 소득에 해당되었다. 1에서 2 최저임금을 받는 가구는 23.1%를 차지했다. 따라서 60% 이상의 가구가 2 최저임금 이하의 생활을 하는 반면, 단 6%의 가구가 5 최저임금 이상(1,500헤알 이상)의 생활을 누리는 것으로 분석되었다. 조사 기준 해의 월 평균 가계소득은 1,524헤알이었다. 이러한 가계 소득 구분은 지역에 따라 격차가 더욱 벌어지는데, 북동부 지역에서는 전체 가구의 72.2%가 2 최저임금 이하의 생활을 하는 것을 조사되었으며, 남부 지역에서는 2 최저임금 이하의 가구는 40%를 넘지 않았다.

IBGE에 따르면 이러한 소득배분은 소득수준이 높은 상위 10%가 국가 전체 부의 45%를 차지하여 부가 상위층에 편중되어 있으며 열악한 임금 수준인 10%의 소득은 국가 부의 1%에 불과하여 소득분배가 매우 불평등하며 이에 따라 가계의 구매력도 양분화되고 있다.

이러한 가계 소득구분에 따라 브라질 소득계층 구분을 Classe A에서 E까지 구분하는데 그 기준은 조사기관에 따라 달라지긴 하지만, 통상 Classe A(고소득층), B(중상층), C(중류층), D(저소득층), E(극빈층)으로 구분된다. 컨설팅 기관 Target marketing의 소비계층별 구매요인에 대한 분석에 따르면, 고소득층 Classe A도 A1(초고소득층), A2(고소득층)로 구분하기도 하는데 초고소득층의 소비 기준은 품질, 디자인 그리고 브랜드 가치로 구성되며, 고소득층은 품질과 디자인, 중산층인 Classe B와 C에서는 품질대비 가격, Classe D와 E에서는 가격이 중요 소비 결정 요소로 조사되었다.

사회 계층 간 빈부차가 매우 큰 브라질은, 소득 수준에 따라 서로 다른 구매 패턴을 보이고 있다. 저소득층 소비자가 밀집해 있는 지역을 중심으로 저가 상품 전문매장이 다수 영업 중이며, 주로 저렴한 생필품을 판매하고 부가가치가 높은 상품이나 고가 제품, 사치품은 일체 취급하지 않는다. 심지어는 같은 업체 제품이라도 유통되는 지역 소비자의 구매력을 감안하여 서로 다른 가격에 판매되기도 한다.

반면 중간 및 고소득층 소비자의 경우는 하이퍼마켓이나 쇼핑센터 등에서 구입하는 경우가 많으며, 편리한 주차 공간 및 구매 환경 때문에 타 지역보다 다소 비싼 가격도 그다지 개의치 않는다.

같은 종류 제품이라도 소비자의 구매력을 감안하여 다양한 가격대의 상품이 출시되는 것이 일반적이며, 각자의 주머니 사정에 맞는 상품을 구입할 수 있다. 일례로 화장품의 경우 슈퍼마켓, 약국 등에 납품되는 중저가 화장품에서부터 백화점에서 파는 고가 수입 화장품까지 다양한 가격이 시판되고 있으며, 가격 및 품질포장 등이 많은 차이를 보이고 있다.

### 1.4 우리나라와 관계

#### ■ 무역투자 관계

**우리나라의 대브라질 교역동향**

(단위 : US$ 백만)

| 구분 | 2003 | 2004 | 2005 | 2006 | 2007 |
|---|---|---|---|---|---|
| 수출 | 1,137 | 1,785 | 2,411 | 3,063 | 3,487 |
| 수입 | 1,619 | 2,195 | 2,501 | 2,707 | 2,794 |
| 무역수지 | -482 | -410 | -90 | 357 | 693 |

자료원 : KOTIS

**우리나라의 대브라질 주요 수출입 품목 (2007)**

(단위 : US$ 백만)

| 수출 | | 수입 | |
|---|---|---|---|
| 품목명(MTI 3단위) | 금액 | 품목명(MTI 3단위) | 금액 |
| 무선통신기기 (812) | 843 | 철광 (112) | 786 |
| 자동차 (741) | 522 | 강반제품 및 기타철강제품(619) | 381 |
| 영상기기 (821) | 265 | 곡실류 (011) | 348 |
| 컴퓨터 (813) | 246 | 식물성물질 (013) | 228 |
| 평판디스플레이 및 센서(836) | 233 | 기호식품 (015) | 154 |
| 총계 | **3,487** | 총계 | **2,794** |

자료원 : KOTIS

#### ■ 교역동향

우리나라의 대브라질 수출은 1990년 브라질 시장개방을 계기로 증가하기 시작하였다. 1994년 7월 1일 브라질 신경제 정책(Real Plan)에 따른 고환율 정책과 1995년 메르코수르 관세동맹 공식출범에 따른 수입관세 인하 및 시장확대, 경기회복에 힘입어 우리나라의 대브라질 수출이 1995~1998년까지 급증세를 보였다.

그러나 1998년 하반기 브라질 금융위기에 따라 브라질 정부가 긴축재정정책 및 긴축금융정책을 강력히 추진함에 따라 경기둔화 현상이 나타나고 1999년 1월부터 고정환율제(중앙은행관리환율제)가 변동환율제로 전환됨에 따라 수입품의 가격경쟁력이 하락하여 우리나라의 대브라질 수출이 1999년부터 2003년까지 감소세를 보였다.

2004년부터 대브라질 수출은 브라질 경기회복 및 환율안정 등에 따라 증가세로 전환 중이다. 2007년 대브라질 수출은 전년 동기 대비 13.8% 증가한 34억 달러 수출을 기록하였고 수입은 전년 동기 대비 3.2% 증가한 27억 달러를 기록하여 무역수지 6억 달러 흑자, 교역액 62억 달러 수준이다.

## ■ 한-브라질 투자동향

1995년 메르코수르 관세동맹 공식출범 및 시장확대를 계기로 우리나라의 대브라질 투자가 1994년 이후 확대되기 시작하였다. 1995년 이후 나타나기 시작한 브라질의 경기회복 현상과 1996년 한국 정상의 브라질 방문을 계기로 우리나라의 대브라질 투자가 1996년부터 본격화되기 시작했다.

우리나라의 대브라질 투자는 브라질 국내시장 확대와 인근 메르코수르국가 등 남미시장 진출확대 차원에서 추진되고 있으며 최근 BRICs 국가의 중요성이 커짐에 따라 브라질 시장 진출에 대한 국내 업계의 관심이 날로 증폭되고 있다.

수출입은행 자료 2008년 3월 기준, 우리나라의 대브라질 총 투자 신고

**우리나라의 대브라질 업종별 투자현황(2008년 3월 누계 기준)**

(단위 : US$ 천, 건)

| 업종 | 신규법인 | 신고건수 | 신고금액 | 투자건수 | 투자금액 |
|---|---|---|---|---|---|
| 제조업 | 49 | 106 | 770,273 | 154 | 570,074 |
| 도소매업 | 23 | 32 | 81,563 | 39 | 20,016 |
| 사업서비스업 | 6 | 7 | 9,002 | 8 | 3,052 |
| 오락, 문화 및 운동서비스업 | 1 | 1 | 80 | 1 | 42 |
| 운수업 | 6 | 7 | 1,426 | 10 | 1,041 |
| 건설업 | 2 | 11 | 9,052 | 13 | 3,495 |
| 통신업 | 2 | 7 | 135,267 | 5 | 2,182 |
| 광업 | 1 | 11 | 311,012 | 66 | 249,416 |
| 농림어업 | 0 | 1 | 23,780 | 0 | 0 |
| 숙박음식업 | 1 | 5 | 2,000 | 10 | 2,000 |
| 부동산 및 임대업 | 4 | 8 | 1,371 | 12 | 992 |
| 합계 | 97 | 198 | 1,390,596 | 320 | 898,079 |

자료원 : 한국수출입은행

액은 13억 9,000만 달러(198건)이며 투자금액은 8억 9,000만 달러로 제조업(5억 7,000만 달러)분야에 집중되어 있다.

■ 현지진출기업

현지투자진출 기업은 삼성전자, LG전자, POSCO, 서울전자통신 등이다. 주로 대기업을 중심으로 전기전자, 정보통신, 자원개발에 집중되어 있다.

**대브라질 현지투자진출 주요 기업**

| 진출업체 | 투자지역 | 주요 생산품목 |
|---|---|---|
| 삼성전자(95) | 마나우스 | 칼라TV, 모니터, 하드디스크 |
| | 깜삐나스 | 핸드폰 |
| LG전자(95) | 마나우스 | 칼라TV, VCR, 전자레인지, DVD, 에어컨 |
| | 따우바떼 | 모니터, 핸드폰, 광저장매체(CDR, CDRW) |
| POSCO(75) | 빅토리아 | Pallet(CVRD와 합작) |
| 서울전자통신(01) | 마나우스 | 오디오용 트랜스포머, TV용 코일 |
| 동국제강(05) | 포르탈레자 | 슬라브 |
| CJ(05) | 삐라시까바 | 라이신 |

## ■ 우리나라와의 역사적 관계

- 국교수립 : 1959년 10월 31일
- 교민수 : 약 50,000명
- 협정체결 : 문화협정(67년), 과학기술협력협정(91년), 이중과세방지협정(91년), 항공협정(95년), 관광협정(97년), 상용·투자·취재 복수사증 발급협정(97년), 사증면제 협정발효(2002.5.20) 자원협력 M.O.U. 서명 (2004.11)

## ■ 한국의 브라질 이민사

일반적으로 한국인 최초의 브라질 이민은 1953년 한반도 휴전협정 체결 후 포로송환 과정에서 남한과 북한 선택을 거부하고 1956년 2월 중립국행을 선택했던 반공포로들의 리우데자네이루 도착으로 소급해 볼 수 있다. 그러나 공식적인 최초의 대브라질 정책이민은 1963년 2월, 계약이민단이 브라질 산투스 항에 도착한 시점으로 볼 수 있다. 1960년 제2공화국이 들어서면서 사회적 혼란이 가중되자 사회일각에서는 남미로의 이민분위기가 조성되기 시작하였고 1962년 해외이주법 제정으로 해외이민의 법적 근거가 마련되어 해외이민을 촉진하는 계기가 되었다.

이러한 집단이민은 1966년 4월 4차 이민단을 마지막으로 이후에는 개인 이민이 알선되었다. 브라질 정부는 한국 영농이민을 원했으나 대부분의 한국이민들은 영농을 포기하고 도시로 이주하였다.

한국이민자들은 초기에 소규모 가족단위의 봉제업에 종사하였고 이후 의류판매업으로 발전하였다. 이러한 결과 현재 한국 이민자들은 전통적으로 유대인들과 아랍상인들이 점유하던 의류업계를 점차 장악하여 현재 90% 이상의 한국 이민자들이 봉제업에 종사하고 있다. 현재 봉 헤찌루(Bom Retiro) 지역에는 600~700개의 한인업체가 영업 중이며, 브라스(Brás) 지역에는 1,000여 개 이상의 한인 의류 매장이 있다(공장만 운영하는 업체 제외).

한인 의류상들은 우수한 품질의 중저가 의류를 직접 생산 · 공급하여 80년대 중반까지만 해도 매우 열악했던 브라질산 의류업계에 돌풍을 일으켰다. 90년대에 이르러 '보따리상' 으로 불리던 일부 한인 의류상은 한국으로부터 수입한 의류를 판매하여 '바느질이 잘된 정장용 의류' 에 목말라 했던 브라질 서민들의 갈증을 해소하는 데 일조하였다.

80년대 말, 한인 의류상의 대거 등장으로 우수한 품질의 중저가 의류가 브라질 시장에 대량 유통되기 시작되었으며, 90년대 초부터는 유럽과 미국을 오가며 구입한 유행 의류를 모방한 제품이 한인 의류 매장에 등장, 유럽 디자인에 익숙한 부유층 고객을 봉 헤찌루와 브라스로 불러모으는 데 성공하였다.

### ■ 한-브라질 관계

한국과 브라질은 2004년 11월 노무현 대통령의 브라질, 아르헨티나 방문에서 한-메르코수르(MERCOSUR) 무역 협정 체결의 공동연구를 추진키로 합의한 이래 양측의 공동연구를 수차례 개최하였다. 양국 간 FTA에 대해서 한국은 EU 등 거대 블럭과의 FTA에 이어 추진할 대상으로 여기고 있으나 브라질 측에서는 큰 관심을 보이지 않고 있다.

브라질은 한국으로 닭고기를 수출하고 있으나 소고기 수출, 망고 등 농산물 수출을 위한 시장개방을 요구하고 있다. 한국은 브라질을 자원진출의 주요 국가 중 하나로 보고 있다.

작년 12월 7일 제 2차 한-브라질 자원협력위원회가 브라질 수도 브라질리아에서 개최되어, 양국 에너지 자원분야 관계자 25명이 참가했다. 광물, 석유 및 석유화학, 바이오 에탄올 등의 분야에 대한 양국 간 협력을 확대하기로 하였으며 2008년 중 서울에서 제 3차 회의를 개최하기로 합의했다.

### ■ 우리나라 인지도

브라질인들에게 비춰지는 브라질 한인 사회에 대한 이미지는 '근면 성실함, 설약 정신, 추진력, 창의력을 가진 민족, 가족적 유대관계가 강하고 자신들의 문화적 뿌리와 전통을 고집하며 사업적으로도 탁월한 수완과 도전정신을 갖고 있는 민족' 등과 같은 긍정적인 면과 함께, '종업원을 착취하는 업주, 유럽 및 미국 디자인을 모방한 후 염가에 판매해 브라질 의류업계에 타격을 입힘' 등과 같은 부정적인 면도 있다. 또한 현지문화에의 동화와 사회적 기여도에 대해서도 부정적인 입장을 보이고 있다.

그러나 삼성, LG 등의 기업들이 브라질 내에서 성공적인 운영을 함에 따라, 한국은 첨단 제품이 발달한 나라, 자원 부족에도 불구하고 선진화된 교육을 통해 브라질보다 단기간에 앞서게 된 나라 등, 기술이 발달한 나라라는 인식도 증가 추세이다. 특히 2002년 월드컵에서 보여준 축구기량과 응원열기 등에 대해서 많은 사람들이 기억하고 있으며, 브라질 지식인들은 1960년대에는 한국이 브라질보다 못살았는데 적극적인 교육 관련 투자로 단기간에 성장하였다고 하여 한국의 교육에 대해 배워야 한다는 의식을 가지고 있다.

## 2 문화코드

### 2.1 인종, 종교, 축제. 국경일

#### ■ 인종

다민족 국가인 브라질은 역사적으로 인디오, 유럽인, 아프리카인 등이 혼합된 인종전시장이다. 2005년도 국립지리통계원(IBGE)의 조사에 따르면, 백인(49.9%, 포르투갈계, 독일계, 이탈리아계, 스페인계, 폴란드계)이며, 흑백혼혈(43.2%), 흑인(6.3%), 기타(1% : 일본계 0.5%, 인디오 0.4%, 아랍계 등) 순으로 나타났다.

#### ■ 종교

대부분의 국민이 가톨릭이며(85%), 개신교(11%)가 그 뒤를 잇고, 나머지는 기타 종교나 무교이다.

## ■ 국경일

**브라질 국경일**

| 국경일 | 날짜 | 내용 |
|---|---|---|
| New Year's Day | 1월 1일 | 새해 |
| Foundation Day | 1월 25일 | 상파울루 시만 |
| Carnival | 매년 변동 2~3월 | 카니발 축제 기간으로 공휴일은 하루지만 보통 3~4일을 휴무하게 되는 대축제 기간 (2008년은 2월 4~5일) |
| Good Friday | 매년 변동 3~4월 | 성 금요일 : 부활 직전 금요일로 부활절 휴가의 시작 (2008년은 3월 21일) |
| Páscoa | 매년 변동 | 부활절(2008년은 3월 23일) |
| Tiradentes | 4월 21일 | José Joaquim Xavier : 일명 Tiradentes라고 불리던 브라질 독립투사의 죽음을 기념하는 날 |
| Labour Day | 5월 1일 | 노동절 |
| Corpus Christi | 매년변동 5~6월 | 성체 축일(2008년은 5월 22일) |
| Revolucao Constitucionalista de 1932 | 7월 9일 | 상파울루 주 |
| Independence Day | 9월 7일 | 독립 기념일 |
| Our Lady Aparecida | 10월 12일 | 성모 마리아 기념일 |
| All Souls Day | 11월 2일 | 위령일(성묘일) |
| Proclamation of the Republic | 11월 15일 | 공화국 선포일 |
| Dia da Consciencia Negra | 11월 20일 | 흑인인권보호의 날 / 상파울루 시 및 일부 시 |
| Natal | 12월 25일 | 성탄절 |

## ■ 축제

□ Carnaval(카니발)

그리스도교 신자들이 금육을 해야 하는 사순절이 시작되기 전에 고기를 먹고 가무를 즐기는 것을 기원으로 하는 축제로 브라질 전국에서 화

리우카니발

려한 가장행렬 축제가 펼쳐진다. 특히 리우에서 열리는 삼바 축제는 각 삼바 스쿨에서 1년 동안 연마한 솜씨를 겨루어 승자를 가린다.

□ Páscoa(부활절)

예수의 부활을 기념하는 축제로 국교가 천주교인 브라질에서는 이 기간 동안 직장은 휴무이며, 대부분의 상가가 문을 닫는다.

□ Festa Junina(6월 축제)

천주교 성인 중 성 안또니우, 성 뻬드루, 성 주앙의 기념일이 모두 6월에 돌아오는 것을 기념하여 탄생하게 된 축제로 초등학교 운동장이나 교회 마당에 모여 시골 옷차림과 음식을 마련하고 각종 게임을 즐기는 축제다. 축제의 꽃인 꽈드릴랴(Quadrilha)라는 춤은 포르투갈로부터 전해진 것이며, 남녀가 짝을 이루어 시골 농부 또는 처녀의 옷차림으로 춤을 춘다. 브라질은 6월이 겨울철이라 축제가 열리는 어느 곳에서나 맛볼 수 있는 전통 축제 음식 중의 하나인 뜨거운 포도주, 일명 껜떵(Quentão)이

주니나 축제

선선한 날씨와 잘 어울린다.

□ Natal(성탄절)

가톨릭 국가인 브라질은 거리 곳곳마다 화려한 성탄 장식을 하고 아기 예수의 탄생을 기념한다. 한여름에 성탄을 맞이하게 되는 브라질이기에 30도를 오르내리는 무더위에도 두꺼운 빨간 솜옷을 입고 땀을 뻘뻘 흘리며 사탕을 나누어주는 산타클로스의 모습과 눈 대신 스티로폼 조각을 뿌려주는 쇼핑센터의 모습이 인상적이다.

## 2.2 일반적인 국민성향

브라질은 다양한 민족으로 구성된 혼합 민족 국가다. 포르투갈, 이탈리아, 독일 등 유럽계 후손들이 대다수를 이루지만, 아랍계, 유태인, 식민지 시대에 노예로 끌려온 아프리카 흑인 등의 숫자도 무시할 수 없다. 올해로 이민 역사 100주년을 맞이한 일본인, 비록 소수지만 브라질 중저가 의류 시장의 큰 비중을 차지하고 있는 한국인, 물밀듯이 밀려들어오고 있는 중국인 등 아시아 국가 이민자들도 크게 늘어나고 있다. 이와 같이 다양한 문화가 공존하는 브라질의 국민성을 한마디로 정의하기는 매우 어렵다.

하지만 브라질 국민들은 대체적으로 긍정적이고 대화하기 쉬운 편이다. 처음 만난 자리에서도 오래 전에 만난 사람들처럼 쉽게 친해져 농담을 주고받기 일쑤다. 처음 만난 사람들 간의 인사도 악수뿐만 아니라 볼에다 가볍게 키스하는 것이 일반적이다. 대기업의 CEO도 직원들과 격의 없이 농담을 주고받는 경우가 많다.

따라서 브라질 사람과의 만남에서 적절한 예절은 반드시 지키되, 지나치게 경직된 분위기를 연출하는 것은 바람직하지 않다. 긴장을 풀고 미소 띤 얼굴로 편안하고 솔직하게 이야기를 이끌어 가면, 쉽게 브라질 사람을 사귈 수 있다. 또한 전 국민이 열광하는 축구 경기, 가족관계 등을 주제 삼아 이야기하면 쉽게 대화를 풀어나갈 수 있다.

브라질은 광대한 국토와 풍부한 천연자원을 가진 나라다. 최근에는 대량의 석유 및 천연가스가 매장되어 있는 유전 발견, 쇠고기, 닭고기 등 육류 수출의 호황, 친환경 연료 에탄올 개발 등으로 국제무대에서 한껏 위상이 높아지고 있다. 뿐만 아니라 전설적인 인물 펠레를 비롯하여 호나우두, 호나우지뉴, 카카, 호비뉴 등 유명 축구 스타도 다수 보유하고 있다. 이러한 점들은 브라질이 대외적으로 자랑스럽게 내세우는 부분이다.

최근 들어서는 연일 신기록을 경신하는 주가지수, 실업률 감소, 내수 경기부활 등 이제껏 유래 없는 경제 호황을 누리고 있지만, 아직도 빈부 격차, 소득 불균형, 교육 불평등, 높은 문맹률, 치안불안 등 여러 가지 사회 문제를 안고 있다.

이와 같은 브라질의 약점을 지나치게 언급하거나 비난할 경우, 대화가 힘들어진다. 특히 브라질 정부 기관과 대화할 경우, 이러한 약점 부분을 언급하면 상담은 100% 실패한다고 해도 과언이 아니다.

브라질 사람들과 비교적 쉽게 친해지기 위한 방법으로는 어학원, 취미 강좌, 헬스클럽 등 일정기간 동안 자주 만날 수 있는 단체 모임에 참석하는 것이다. 브라질 사람들과 자주 만나서 얼굴을 익히고 대화를 나누다 보면, 금방 마음을 열고 친구가 되는 경우를 종종 볼 수 있다.

또한 사업적으로 만난 바이어의 경우도 특별한 업무 얘기가 없더라도 가끔씩 메일을 보내 안부를 묻는 등, 지속적인 접촉을 유지할 경우, 브라질 사람들에게 친근감과 신뢰감을 동시에 안겨줄 수 있다.

브라질에서 인맥 관계는 매우 중요하다. 업체나 정부기관 등을 접촉할 때, "OO씨를 통해서 당신 전화번호(또는 이름)를 알게 되었는데…" 라는 식으로 나와 상대방이 공통으로 알고 있는 사람을 언급하며 대화를 시작하면 그렇지 않은 경우보다 훨씬 쉽게 대화가 진행되며, 상대방도 성의껏 답변을 하는 경향이 있다.

광활한 영토를 가진 브라질이지만, 지역 간 감정 차이, 갈등 등의 문제는 거의 없다고 할 수 있다. 단지 척박한 농업 환경을 가진 가난한 북동부지역 사람들을 다소 무시하거나, 바이아(Bahia)주 사람들의 세련되지 못한 태도 등을 비꼬며 "바이아 사람은 촌스러운 사람"으로 약간 비하하는 정도이다.

브라질은 유럽, 중동, 아시아, 아프리카 등 다민족 다문화가 공존하는 국가로 문제시될 만큼의 심각한 인종 차별은 없다. 하지만 식민지시대 노예로 끌려온 아프리카 흑인의 후손들은 아직까지도 브라질 사회에서 중요한 위치나 역할을 맡기가 힘든 편이다.

현재 브라질 정계와 재계를 움직이는 주요 인물 중 흑인은 거의 찾아보기가 힘들며, 흑인이 출세하기 쉬운 유일한 분야는 스포츠이다. 특히 축구 스타로 부상할 경우 부와 명예를 거머쥘 수도 있다.

신분 및 지위와 관련, 브라질 사람들이 겉으로 드러내 놓고 차별하는 경우는 별로 없으며, 법으로도 신분이나 지위 차별을 금지하고 있다. 하지만 아직까지도 많은 건물 내에 입주자 전용 엘리베이터와 서비스 전용 엘리베이터를 별도로 두고 있고, 가사 도우미, 청소부 등이 입주자 전용 엘리베이터를 탈 경우, 곱지 않은 시선으로 바라보는 경우도 종종 있으며, 고급식당이나 바 입구에서 차림이 남루한 사람 (특히 흑인)의 경우 경비원에게 출입을 제지당하기 일쑤다.

이민자 수가 워낙 많은 혼합 민족 국가 브라질이기에 외국인에게 지나친 관심을 보이거나 차별 대우를 하는 일은 없다. 단 브라질 지리에 익숙하지 않고, 주위를 둘러보며 외국말로 길을 묻거나 하는 사람은 강도, 날치기 등 범행 대상이 되기 쉬우니 이 점을 반드시 유의해야 한다.

한국, 일본, 중국인을 비롯한 동양인에 대해 브라질 사람들은 대체적으로 호의적인 편이다. 특히 100년 이민 역사를 가진 일본인의 경우, 특유의 성실함과 근면함으로 브라질 사회의 귀감이 되고 있다. 농업 이민으로 처음 브라질 땅에 발을 들여놓은 일본 사람들은 농업 분야는 물론 정계 및 재계 다양한 분야에서 활동하고 있으며, 다수의 국회의원을 배출한 바 있다.

올해는 일본 이민 100주년을 기념하는 해로 남미 최대 방송사인 글로부(Globo)에서는 매일 아침 뉴스 프로그램 중 약 5분을 할애하여 브라질 내 일본 이민자의 다양한 생활모습을 보여주고 있으며, 국내 최대 일간지 폴랴 지 상파울루(Folha de São Paulo), 이스따두 지 상파울루(Estado de São Paulo)에서도 주기적으로 일본의 문화, 경제, 사회 등과 관련된 특집 기사를 싣고 있다.

이에 비해 한국은 아직까지 브라질 사회에 몸담고 있는 수많은 소수민족 중 하나로, 일본만큼 크게 주목 받는 편은 아니다. 하지만 브라질 중저가 의류 생산을 책임지고 있는 한인 교포 업체들이나 휴대폰, 가전제품, 컴퓨터 시장에서 높은 점유율을 보이고 있는 삼성과 LG, 그 외에도 SUV 차량 분야에서 인기 정상을 달리고 있는 현대자동차 등 일부 대기업들의 영향으로 최근 들어 한국의 위상이 전에 비해 월등히 높아졌다고 할 수 있다. 특히 LG는 2001년 들어 상파울루 축구 클럽의 공식 후원업체로 활동하며 대성공을 거두고 있으며, 삼성도 꼬린치안스 축구 클럽을 후원하며 그 뒤를 잇고 있다. 이러한 스포츠마케팅은 기업적 이익뿐만 아니라 브라질 국민들이 한국에 대한 친밀감을 느끼도록 하는 촉매제 역할을 하고 있다.

중국에 대한 브라질 사람의 의견은 그다지 좋은 쪽이라고는 할 수 없다. 중국에서 생산된 저가 상품, 밀수품, 복제품 등이 최근 4~5년 간 달러 약세를 틈타 물밀듯 밀려들어와 브라질 시장에 각종 사회 및 경제문제를 일으키고 있기 때문이다. 하지만 최근 들어 브라질 정부는 세계경제를 좌우할 정도의 영향력을 가진 중국과의 관계 개선에 적극 나서고 있다.

현재 브라질에 거주하는 중국인 수는 수십만 명에 이르며(공식 통계 20만여 명, 비공식 통계 50만여 명), 과거 일본인들이 많이 살아 '일본인촌' 이라 불리던 리베르다지(Liberdade) 지역에는 현재 중국인이 운영하

리베르다지 거리

는 음식점과 상품이 잔뜩 들어찬 상태로, 조만간 '중국인촌'으로 명칭을 바꿔야 될 정도로 중국인이 많다.

### ■ 브라질 사람의 특성

브라질 사람들은 거주 지역에 따라 비슷한 성격과 생활 습관을 보이는 경우가 많다. 까리오까(Carioca), 미네이루(Mineiro), 파울리스타(Paulista), 가우슈(Gaúcho) 등은 각각 리우데자네이루, 미나스제라이스, 상파울루, 히우그란지두술 지역에 거주하는 사람을 일컫는 말이다. 모든 사람이 지역별로 다 똑같은 성격을 가지는 것은 아니지만 그들의 특성을 알고 있으면 비즈니스에도 많은 도움이 된다.

□ 까리오까(Carioca)

- 리우데자네이루에 거주하는 사람으로 대부분의 경우 성격이 느긋한 편이다.
- 해변 가에서 쉬는 것을 좋아하며 생활이 바빠도 삶의 여유를 반드시 찾는 편이다.
- 유머가 많고 농담을 즐기는 편이다.

□ 미네이루(Mineiro)

- 미나스제라이스 주에 거주하는 사람들로 대부분의 경우 말수가 적고, 시골 분위기가 난다.
- 좀처럼 진심을 드러내지 않아 생각하고 있는 것을 파악하기 어렵다.
- 절약 정신이 지나쳐 구두쇠 소리를 듣는 경우도 많다.

□ 파울리스타(Paulista)

- 상파울루 주에 거주하는 사람들로 주로 일에 목숨을 건 사람들이라는 평이다.
- 항상 바삐 움직이며 시간에 쫓겨 사는 편이다.
- 더 많은 돈을 벌기 위해 바쁜 생활도 감내하며, 막상 여유가 생겨도 제대로 즐길 줄 모르는 편이다.

□ 가우슈(Gaúcho)

- 브라질 최남단 히우그란지두술 주에 거주하는 사람들로 대부분 독일, 이탈리아 등 유럽 이민자의 후손이 많이 거주 하고 있다.
- 남성 위주, 가부장적인 모습을 생활에서 많이 볼 수 있으며, 다혈질적인 남성들이 많다.
- 슈하스꾸(Churrasco)라는 숯불구이 요리와 쉬마헝(Chimarrão)이라는 차를 매우 즐겨 마신다.

## 2.3 소비문화

세계적인 컨설팅 업체 Future Brand의 조사에 의하면, 브라질은 남미 대륙에서 아르헨티나, 멕시코와 함께 신 소비경향을 주도해 나가는 주요 국가 중 하나이다. 인구 약 1억 9천만의 거대 소비시장으로서의 매력으로 인해 세계 주요 다국적 기업의 중남미 본부가 대부분 브라질인 경우가 많으며 브라질 국민의 소비 동향은 대남미시장 상품 마케팅 전략에 중요한 자료로 활용되고 있다.

브라질 시장은 빈부격차 심화로 고가시장과 저가시장으로 소비가 양분되었다고 할 수 있는데 상류층의 경우 미국, 유럽 등 선진국의 유명브랜드, 고가 고품질 제품을 선호하는 반면, 중산층 이하의 경우는 저가제품 및 중고품 구입 경향이 강하다.

## ■ 소득계층별로 본 소비성향

FGV(제뚤리우 바르가스 재단)는 최근 소비자 계층별 인플레지수에 의한 조사를 실시(전국 12개 대도시, 최저임금의 1개월분부터 33개월분까지의 일반을 대상), 소득계층별 소비성향을 평가했다. 조사 결과 소득계층에 따른 구매력과 소비성향은 크게 다르게 나타났다. 예를 들어 식료품에 대한 지출 비율은 저소득층일수록 높고, 고소득일수록 낮아지며, 고소득층일수록 교육, 취미생활, 레저에 대한 지출이 높아진다.

FGV는 이 조사에서 최저임금의 2.5배까지의 소득계층에 걸친 소비양상을 평가하기 위해 2002년과 2003년에 행한 POF(일반예산조사)를 기준으로 했다.

**소득계층별 소비 구성**

(단위 : %)

| 항목별 | 최저임금의 2.5배까지의 소득층 | 최저임금의 33배까지의 소득층 |
|---|---|---|
| 총계 | 100.00 | 100.00 |
| 식품 | 39.62 | 28.49 |
| 주택 | 11.95 | 7.98 |
| 교통 | 6.28 | 2.46 |
| 보건 / 위생 / 가정용품 | 3.22 | 27.49 |
| 의료 | 31.84 | 11.72 |
| 교육, 취미, 레저 | 10.36 | 5.40 |
| 기타 비용 | 8.74 | 4.45 |

출처 : FGV(제뚤리우 바르가스 재단)

## ■ 소득계층별 소비 구성 비교

다음 표는 소득계층을 저소득층과 상대적인 고소득층으로 나눠 지출

**소비 구성에서 비중이 가장 높은 10개 항목**

(단위 : %)

| 최저임금의 2.5배까지 | | 최저임금의 33배까지 | |
|---|---|---|---|
| 총계 | 100.00 | 총계 | 100.00 |
| **비중이 높은 상위 10개 항목** | **40.47** | **비중이 높은 상위 10개 항목** | **30.10** |
| 1. 시내버스 | 10.56 | 1. 주택임대료 | 4.70 |
| 2. 주택 임대료 | 7.00 | 2. 전기세 | 4.41 |
| 3. 전기세 | 4.83 | 3. 일반전화요금 | 3.68 |
| 4. 가스세 | 4.09 | 4. 시내버스 | 3.60 |
| 5. 일반전화요금 | 3.29 | 5. 가솔린 | 3.33 |
| 6. Po (빵) | 3.02 | 6. 건강보험 | 2.47 |
| 7. 수도세 | 3.01 | 7.관리비(Condominio) | 2.41 |
| 8. 담배 | 1.70 | 8. 교육 | 1.93 |
| 9. 우유 | 1.63 | 9. 수도세 | 1.85 |
| 10. 닭고기 | 1.34 | 10. 가스세 | 1.72 |
| 기타 | 59.53 | 기타 | 69.90 |

출처 : FGV(제뚤리우 바르가스 재단)

비중이 많은 상위 10개 항목을 나타내고 있다.

저소득층에게 가장 큰 지출은 전체 소득의 10.56%를 차지하는 버스 요금이다. 상대적으로 고소득층에게 가장 비중이 무거운 항목은 4.70%를 차지하는 집세이다.

10개 항목은 저소득층의 경우 전체 가구 예산의 40.47%를 차지하고 있으며, 고소득층은 30.10%를 차지하고 있다. 이는 고소득층의 경우 소득수준에 한계가 있는 저소득층에 비해 다양한 상품이나 서비스에 보다 많은 지출을 하며 지출비중을 분산하고 있기 때문이다. 이와 함께 저소득층의 경우 정부가 제공하는 공공 서비스에 대한 의존비중이 높은 것으로 나타났다.

브라질은 지난 2003년 초 룰라 대통령 정부가 들어선 이후 저소득층과 빈곤층에 대한 생활지원금을 지급하는가 하면, 최저임금을 꾸준히 인상하고 있다. 그러나 이는 생계형 지원일 뿐 구매력으로 전환되지 않고 있다. 따라서 브라질에서는 최근 구매력을 갖춘 중산층을 육성하는 것이 경제성장을 위해 반드시 필요하다는 주장이 제기되고 있으며, 성장률 제고에 정책의 초점을 맞출 것으로 보이는 룰라 대통령도 고용 규모 확대, 소득 증대 등을 통한 내수시장 확대에 주력할 것으로 예상됨에 따라 향후 전반적인 소비 규모도 크게 늘어날 것으로 보인다.

## ■ 지역에 따라 소비성향 현저한 차이

브라질 내에서 소비성향을 살펴보면 지역적 차이가 존재한다. 예를 들면 북동부 주민에게 중요한 점은 상품의 가격과 지불능력 여부인 반면, 남부의 주민들은 기능과 새로움을 중요시한다. 같은 상품에서도 지역에 따라 소비자의 관심은 크게 다르다.

예를 들어 전국 평균가격 가격보다 57%가 낮은 제품을 생산한 한 대기업은 북동부 지역에서 최고의 실적을 올리며 시장점유율이 4.5% 증가했다.

**• 브라질 5대 신 소비계층 분석 •**

**- 경제성장과 함께 소비계층도 변화 중 -**

**- 연간 1조 달러의 소비시장 전망돼 -**

**■ 개요**

Bain & Company와 Euromonitor의 조사에 따르면, 브라질 연간 소비규모는 2007년 7,800억 달러에서 2012년 1조 달러에 달할 전망이며, 이 중 소득 수준이 중간에 해당되는 계층(Classe C)의 성장이 두드러질 것으로 분석하고 있다. 브라질 소득계층 중 Classe C(월소득 1,062~2,017헤알의 계층, 이는 632~1,200달러 사이에 해당되며 Classe A~E까지 5단계 소득구분 중 중간계층에 해당됨)는 작년 기준 8,600만 명을 돌파해 브라질 소득계층 중 가장 높은 비중을 차지한다.

**브라질 소득계층 변화**

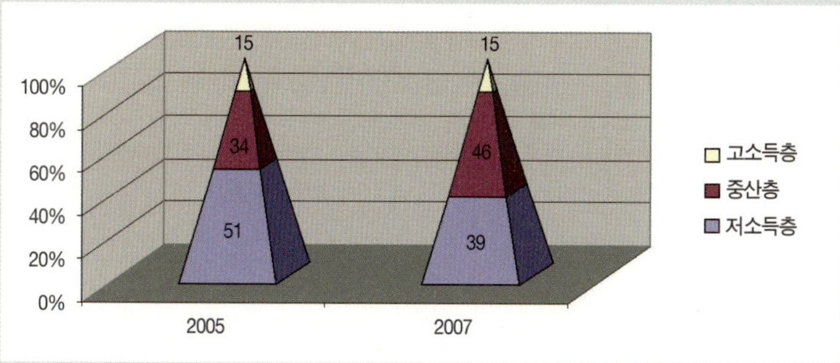


또한 출산율 감소와 평균수명 연장으로 브라질 인구 중 성인 비중이 증가하고 있으며, 15~64세까지의 인구가 전체의 2/3를 차지하게 되었다. 출산율 감소로 부양가족이 줄어들면서 가계의 소비수준이 높아지고 자신에 대한 투자도 증가하는 경향이 있다. 또 인구 노령화로 여가와 관광부문과 같은 서비스 산업에 대한 수요가 크게 증가하였다.

### ■ 브라질 소비시장, 5대 신 소비계층 형성돼

– 여성의 사회진출 증가

1980년 여성인구는 6,100만 명에서 2005년 9,500만 명에 달했으며 2020년 1억 1,200만명에 이를 전망이다. 경제활동인구에서 여성이 차지하는 비중은 1999년 41.4%에서 2006년 43.8%로 증가했고 2010년에는 45%에 달할 전망이다.

2000년에서 2006년 사이 여성의 1인당 소득이 7.3% 증가한 데 비해 남성의 소득은 2.6% 증가했다.

여성이 가장인 가구의 비중이 1991년에는 18%였으나 현재는 31%에 달하며 방이 2~3개 있는 부동산의 38%가 여성이 주인이다. 이는 10년 전만 해도 5%에 불과했다.

이러한 여성의 경제활동 증가 현상과 함께 아래의 시장도 변화하고 있다.

- 스프 : 2007년 1억 9,400만 달러 판매에서 2012년에는 3억 2,500만 달러 판매 전망(68% 성장)
- 자외선차단제 : 2007년 5억 달러에서 2012년 7억 4,600만 달러 판매 전망(49% 성장)

• 가전제품 : 2007년 58억 달러에서 2012년 79억 달러 판매 전망(36%성장)
• 염색제품 : 2007년 16억 달러에서 2012년 21억 달러 판매 전망(31%성장)
• 유아용품 : 2007년 13억 달러에서 2012년 17억 달러 판매 전망(31%성장)
• 은행계좌수 : 2007년 1억 300만 개에서 2012년 1억 5,000만 개 전망(46%증가)

■ **딩크족(Double Income, No Kids : 자녀 없는 맞벌이 부부) 증가**

딩크족 수는 1996년 520만 가구에서 2006년 860만 가구로 증가했고 2016년에는 1,600만 가구로 증가할 전망이다. 이에 따라 아래와 같은 분야의 전망이 밝다고 볼 수 있다.

• 전자상거래 증가 : 2007년 64억 헤알 규모였으며 2010년에는 157억 헤알로 145% 증가 전망
• 개인신용 대출 증가 : 2007년 2,500억 헤알에서 2012년 4,000억 헤알로 60% 증가 전망
• 인스턴트 식품 판매 증가 : 2007년 5억 8,000만 달러 규모에서 2012년 9억 4,200만 달러로 62% 증가 전망
• 가구와 인테리어 부문 판매 증가 : 2007년 175억 달러에서 2012년 216억 달러로 23% 증가 전망

■ **독신가구 증가**

1996년 독신가구는 320만 명에 불과했으나 2006년에는 600만 명으로 증가했고 2016년에는 1,200만 명에 달할 것으로 전망되고 있다.
독신가구의 소비는 연평균 6% 증가하고 있는데, 이들의 소비는 실용적 제품과 낱개포장 제품 판매 증가의 주요인이 되고 있다.
독신가구는 딩크족과 대체로 비슷한 소비경향을 보이고 있으며, 딩크족과 독신가구가 부동산시장에서 신규 부동산 구입의 27%를 차지하고 있다. 상파울루 시에서만 해도 아파트의 거주자의 65%가 애완동물을 키우고 있으며, 대부분 동물을 자식 대신으로 생각하고 있다고 한다.
소매시장에서는 브라질 최대 슈퍼마켓 체인인 빵 지 아수까르 그룹의 경우 '에스뜨라 파실(Extra Fácil)'이라는 새로운 형태의 상점을 확대하고 있다. 이는 상파울루 시의 주요 지점(유동성이 많은 지역이나 소득이 높은 지역 등)에 위치해 있으며, 빵집과 편의점을 합친 형태로 딩크족이나 독신가구와 같이 큰 규모의 마

트를 갈 필요가 상대적으로 적은 소비자층을 위해 꼭 필요한 아이템과 소량 단위의 포장 제품 등이 구비된 점포이다.
이러한 독신 가구의 증가로 아래와 같은 소비 기회가 창출되고 있다.

- 2007년 인터넷 접속수 800만에서 2012년에는 275% 증가한 3,000만 건 전망됨
- 영양제시장 : 2007년 3억 1,900만 달러에서 2012년에는 98% 증가한 6억 3,200만 달러 전망됨
- 휴대폰시장 : 2007년 32억 달러에서 2012년에는 69% 증가한 54억 달러 전망
- 맥주시장 : 2007년 44억 달러에서 2012년 55% 증가한 68억 달러 전망
- 자동차용 가전제품시장 : 2007년 3억 1,100만 달러에서 2012년 50% 증가한 4억 6,700만 달러 전망

### ■ 고소득 중년 소비자 증가

1980년 중년 소비자 수는 680만 명에서 2005년 1,260만 명으로 증가했고 2020년 1,800만 명으로 증가할 것으로 전망된다. 고소득층의 43%가 이 연령대에 해당되는 등 이러한 중년의 소비자들이 가장 소득이 높다. 중년의 고소득층의 소비는 아래와 같이 고급화 되고 있다.

- 항공여행의 경우 2007년 5,000만 건에서 2012년 1억 건으로 100% 증가 전망
- 와인시장의 경우 2007년 19억 달러에서 2012년 25억 달러로 32% 증가 전망
- 남성 미용제품 시장 : 2007년 16억 달러에서 2012년 19억 달러로 19% 증가 전망

### ■ 노령인구 증가

노령인구는 1980년 720만 명에서 2006년 1,910만 명으로 증가했고 2020년에는 2,930만 명, 2050년 6,400만 명으로 증가할 전망이다. 노령인구의 소득은 2006년 160억 헤알에서 2020년 250억 헤알로 56% 증가할 것으로 전망된다. 브라질 최대 여행사 세베세(CVC)의 경우 50세 이상의 패키지여행 이용 고객수가 현재 60만 명에서 2011년에는 적어도 140만 명으로 증가할 것으로 보고 있으며, Fiat사는 현재 고객의 12%가 50세 이상이나 2028년에는 20%에 달할 것으로 전망하고 있다.

## 2.4 상관습 문화

### ■ 결제방식 및 거래유형

브라질 사람들은 대체적으로 의심이 많은 편이라 처음에는 소량 거래로 신용을 쌓아가는 편을 선호하기에 첫 번째부터 대량 거래를 기대하면 안 된다. 양자 간의 관계가 무르익은 후 대규모의 거래가 이루어지는 것이 일반적이고 이렇게 신뢰가 쌓이면 웬만한 경우 아니면 거래선을 잘 바꾸지 않는 것도 브라질인들의 특색이다.

상담을 마친 후 한국으로 돌아가서 여러 번 연락을 해도 회신이 없을 경우 포기하지 말고 지속적으로 연락을 취할 필요가 있다. 브라질 사람은 남미인 특유의 여유로움이 지나쳐 매사 업무 처리가 신속하지 않은 편이며, 수차례 연락해야 겨우 회신하는 경우도 흔하다.

한편, 계약 관행상으로는 브라질은 세계에서 이자율이 가장 높은 국가 중 하나이고 관행적으로 외상거래가 일반화되어 있어 외상거래를 선호한다. L/C At Sight보다는 USANCE, D/A, D/P 방식의 거래를 선호한다. 따라서 상담 시 융통성 있는 상담자세가 필요하며 만일의 사태에 대비해 신용상태를 파악하거나 초기 진출 시에는 현금거래를 추진하되 D/A거래와 수출보험공사를 통한 보험가입 병행을 추진할 필요가 있다.

최근 통관검사 강화로 밀수, 언더밸류 등 비정상 상거래가 많이 축소되었으나 아직도 상당부분 비정상적인 상거래가 잔존하고 있음을 알아두는 것이 좋다. 또한 브라질에는 상사분쟁관련 국제협정 미체결 되어 있어 분쟁발생 시 해결이 어려우므로 사전에 유능한 변호사를 고용하여 만일의 경우 필요한 서류 등을 꼼꼼히 챙겨놓는 것이 중요하다.

브라질인들은 거래 시 이해관계가 없는 경우 다소 느긋한 성격이나 자신의 이익이 관련될 경우 매우 민감한 반응을 나타내어 돌변하는 경우도 있다. 일례로 주택거래에 있어서도 평상시에는 너그러운 집주인이 세입자가 계약기간(통상 30개월)이 끝나 나갈 시에는 집에 대한 원상복귀 조항을 악용해 많은 금액을 물어내게 하는 경우도 허다하다. 직장 내 고용주와 종업원 관계에서도 평상시에는 좋은 관계를 유지하다가 복지, 급여 인상, 휴가 등 직원의 이익과 관련해서 고용주는 자신의 입장만을 주장하여 결국 퇴사 시에는 노동소송으로 가게 되는 경우도 많다.

### ■ 접대 및 선물 문화

브라질 비즈니스의 원칙부터 말하자면 첫 만남에 선물을 주는 경우는 없다. 아무 의미가 없기 때문이다. 대신 점심이나 저녁 식사에 초대하는 것은 아주 좋다. 일반적으로 점심식사가 예의적인 초대라면 저녁식사는 어느 정도 비즈니스가 진전되고 있음을 의미한다. 선물은 이러한 절차가 지난 후에 상대방의 취향을 파악한 후 결정하는 것이 좋다.

그러나 회사로고가 찍힌 선물은 비즈니스 상담 기념으로 요긴하다. 요즘 브라질기업들은 미리 회사로고가 찍힌 선물을 준비하여 방문객들에게 전달하기도 한다. 만일 회사로고가 없는 선물일 경우, 그래도 꼭 선물을 주고 싶다면 준비에 세심해야 한다. 우선 턱없이 비싼 선물은 오해를 사기 때문에 금해야 한다. 너무 실용적이거나 개인적인 용품을 선물하는 것도 피해야 한다. 예컨대, 손수건, 스카프, 지갑, 넥타이, 열쇠고리, 선글라스, 보석, 향수 등은 친숙한 개인관계를 나타내기 때문에 피하는 것이 좋고 다용도 칼, 편지오프너, 가위 등은 관계단절을 의미하기 때문에 좋지 않다.

한편, 한국에서 유행하는 간단한 휴대용 제품이나 음악CD 등은 괜찮을 수 있다. 그런데 일반적으로 브라질사람들은 개인적이건 비즈니스건 외교상의 문제건 간에 타 지역 사람에 대한 선물로 지역 특산명물을 준비하는 것이 일반적이다. 한국 전통 문양이나 전통 재료로 만든 정도의 작은 선물이면 서로 부담 없는 값진 선물이 될 것이다

## 2.5 비즈니스 에티켓

### ■ 인사소개 및 호칭 등

남미 사람들은 사람 간의 거리를 가장 짧게 두고 유럽이나 북미가 그 다음, 그리고 동양 사람들이 가장 거리를 둔다는 통설이 있다. 일단 브라질 사람과 비즈니스로 만날 때에는 악수하는 것이 정석이다. 하지만 평상시 남녀 간이나 여자끼리는 양 볼에 가벼운 키스를 해주고, 남자끼리는 강하게 악수하며 서로 어깨를 툭툭 쳐준다. 처음 본 사람을 낯설어 하는 경우가 없기에 어느 정도 대화를 하다보면 금세 친근감을 표시하게 된다. 그러므로 남미 사람들은 한국인들이 처음 만난 사람과 낯을 가리고 거리를 두는 모습을 보고 서로 싫어하는 것으로 오해할 여지가 있다.

그리고 회의석상에서 서로 인사를 나눌 때는 참석한 사람들과 일일이 악수하며 인사를 나누어야 하고 회의가 끝날 때에도 반드시 모든 사람과 인사를 나누고 헤어져야 한다. 보통 점심이나 저녁 시간 전에 회의가 끝나는 경우 브라질 측에서 먼저 식사약속을 하게 되는데, 만일 이러한 식사약속 없이 회의를 한 경우라 하더라도 분위기에 따라 식사초대를 하는 경우가 종종 있다. 그래서 회의 종료 후 먼저 회의장을 나서지 말고 상대방의 태도를 관망하는 것이 좋다. 저녁식사 초대는 상담이 잘되고 있다는 신호이며 식사를 하면서 개인적인 친분을 쌓을 수 있다.

비즈니스 미팅에서 상대방에 대한 호칭에도 세심한 신경을 써야 한다. 브라질인의 특성상 상대방을 호칭할 때 조금 지나면 바로 성 대신 이름을 부르는 경우가 많다. 브라질인은 일반적으로 자리에 앉으면 상대방을 어떻게 호칭할 것인가를 묻는다. 그러나 이름을 부른다고 하여 그 사람의 타이틀을 생략해서는 안 된다. 예컨대 그 사람의 이름이 "떼오도루 알비스 지 아라우주(Theodoro Álves de Araújo)"라고 한다면 이름인 "도또르 떼오도루(Dr. Theodoro)" 또는 "세뇨르(Sr. Theodoro)"라고 호칭하는 것이 좋다. 한국식으로 한다면 "홍 박사" 대신 "길동 박사"가 되는 셈인데 우리식으로 생각하면 어색하지만 이것이 브라질인의 사교문화이다.

한편, 브라질에서는 웬만한 사람은 다 도또르(Doutor, 영어의 Doctor)로 불린다. 박사학위를 받은 사람은 물론이고 의사, 변호사, 판사, 검사, 경찰서장등 직업상 관용적으로 사용되는 것 외에도 경우에 따라서는 정치인, 기업인등 많은 사람들이 도또르로 불리는데, 이는 단순히 상대방에 대한 사회적인 공경의 표현일 뿐이다. 라틴유럽의 형식문화에 젖은 브라질은 상대방을 호칭하는데 익숙하여, 만일 이러한 사회적 호칭이 없는 경우에는 남자의 경우 "세뇨르(Senhor, 영어의 Mr.)", 여자의 경우 "세뇨라(Senhora, 영어의 Mrs.)"라고 호칭하는 것이 좋다.

브라질인은 신체접촉과 대화방식에 있어 매우 적극적이다. 처음 본 사람이라 하더라도 아는 사람이 배석한 경우에는 바로 포옹하거나 다정하게 등을 두들긴다. 환영한다는 표현이다. 그리고 브라질인은 대화 시 유난히 제스처가 심하다. 손과 팔을 부지런히 움직일 뿐 아니라 눈, 눈썹, 입, 안면근육까지 움직여 가면서 대화에 몰두한다. 대화 중에는 상대방과 눈을 맞추어 말을 하기 때문에 이에 익숙해져야 할 필요도 있다.

그리고 대화를 하다보면 언성이 올라가거나 상대방의 말을 끊고 말하기도 하는데 이는 대화가 비교적 잘 진행 중이라는 의미도 된다. 상대방이 대화에 별 관심이 없으면 대화는 무미건조하다. 다만 브라질인과의 대화 상태만으로 상담이 잘 진행되고 있다고 생각될 수 있으나 속단은 금물이다. 계약서에 사인하기 전까지는 아무것도 되지 않는다고 생각해야 한다.

### ■ 약속

브라질 사람들의 약속에 대한 개념은 그리 강하지 않다. 일반적으로 파티에 초대받아 갈 경우 30분에서 1시간 정도 늦는 것이 습관처럼 되어 있다. 하지만 비즈니스 문제로 약속이 있다면 비교적 약속시간을 철저히 준수한다.

한편 비즈니스 시, 면담하고 싶은 사람이 회사 내에 있어도 회의실에는 늦게 나타나는 경우가 일반적인데 이는 일종의 비즈니스 예의로 생각하면 된다. 일반적으로 브라질기업인은 상대방이 회의실에 도착하면 약 10분정도 손님에게 쉴 시간을 준다. 이틈을 이용하여 브라질기업인은 담당자들과 상담내용을 최종점검한 후 회의실에 들어선다. 그래서 이 정도의 기다림은 예의라 생각하고 그동안 상대방과 어떠한 대화를 나눌 것인지 마음의 정리를 하는 것이 좋다.

KBC에서 시장개척단 상담 주선이나 사이버 상담을 위한 시간 약속을 잡을 경우 수차례 컨펌을 하여도 전날까지도 올 것처럼 얘기하다가 막상 상담 당일 나타나지 않아 직원의 애를 먹이는 경우가 다반사이다. 막상 이유를 들어보면 삼촌이 아프다, 누가 병원에 입원을 했다. 키우던 개가 죽었다, 비서가 받아서 사장이 외부에 나갔는데 연락이 안 되고 있다 등 한국사람 상식으로는 이해가 안 되게 약속에 안 나타나는 경우가 많다. 브라질인은 특성상 안 될 것에 대해 처음부터 직설적으로 거절을 못하고 미적지근하게 약속을 해놨다가 일을 무산시키는 경우도 많이 있다. 그래서 브라질인이 확답을 주지 않는 경우엔 거절의 가능성도 많다는 것을 염두에 두어야 한다.

## ■ 식사

점심식사는 한국처럼 보통 12~1시 사이에 하지만, 저녁식사는 8~10시 사이로 늦은 편이다. 특히 브라질 측에서 주관하는 만찬은 10시 이후에 약속이 잡히는 경우가 많다. 따라서 항상 손님이 넘치는 브라질 유명 레스토랑도 저녁 6~7시 무렵에는 한산한 모습인 경우를 볼 수 있다.

브라질의 기본 식사는 쌀, 고기, 감자, 샐러드 등으로 구성되어 있다.

브라질 사람들은 밥에 페이저옹(Feijão)이라는 콩죽을 소스처럼 얹어 먹는다. 고기는 아주 풍성하게 먹을 수 있는 곳이 브라질이다. 가장 유명한 요리로는 꼬챙이에 고기의 각 부위를 끼워 소금을 치고 숯불에 구운 전통 바비큐요리인 슈하스꾸(Churrasco)가 있다. 전문식당인 슈하스까리아(Churrascaria)는 일종의 고기뷔페로, 거기에선 종업원이 계속 고기를 서빙해 주므로 원하는 만큼 양질의 고기를 실컷 먹을 수 있다.

점심 식사의 경우는 한 가지 메뉴를 시켜먹는 일품요리, 혹은 뷔페식으로 한 접시에 음식을 담고 무게를 재서 해당되는 금액을 지불하는 일명 뽈낄로(Por quilo) 식당이 일반화되어 있다.

한편 저녁 식사는 대부분의 식당에서 코스 요리를 서비스하는 경우가 많다. 먼저 음료수를 주문하고 천천히 주 요리를 고르며, 주 요리가 준비되는 동안 웨이터는 빵, 치즈, 잼, 버터 등이 담긴 접시를 손님에게 서빙한다. 일반적으로 주 요리가 나오기 전에 먼저 샐러드를 다 먹고, 웨이터가 접시를 치우는 경우가 많으나, 주 요리와 함께 먹어도 무방하다.

상대방이 주문한 식사가 자신의 식사보다 늦게 나올 경우, 기다려서 함께 식사를 시작하는 것이 좋으며, 상대방보다 식사를 먼저 끝냈을 경우, 상대방 양해 없이 자리에서 먼저 일어나는 것은 실례다.

슈하스꾸

트림이나 소리를 내며 먹는 경우도 식사 예절에 어긋나며, 파스타류는 포크에 감아 나이프로 한 입에 들어갈 만큼 잘라 먹는다. 브라질 요리는 대부분 포크와 나이프를 사용하여 먹으며, 숟가락

까이삐리냐

은 수프와 디저트를 먹을 때 사용한다.

주류는 저녁 식사 때 마시는 것이 일반적이다. 점심 식사의 경우도 간단히 맥주나 와인 한 잔 정도의 주류를 마시는 것은 무방하다. 브라질에서만 맛볼 수 있는 술로는 보드카나 사탕수수 증류주인 까샤싸(Cachaça)에 레몬, 설탕, 얼음을 넣어 만든 칵테일 까이삐리냐(Caipirinha)가 있는데 와인과 함께 식전술로 인기이다. 하지만 브라질에서 가장 대중적인 술은 역시 맥주나 생맥주이다. 브라질 사람들은 적당한 양의 술을 사교적인 목적으로 천천히 즐기면서 마시는 습성이 있다. 따라서 한국 특유의 음주문화를 이해하지 못하는 상대방에게 지나친 음주 권유는 바람직하지 않다.

식사를 마친 후에는 웨이터에게 계산서를 가져다 달라고 요청한다. 굳이 말하지 안하도 엄지와 검지를 모아 사인하는 시늉을 하면 웨이터는 알겠다는 의미로 엄지손가락을 펴며 계산서를 가져다준다.

대부분의 브라질 식당에서는 서비스료 10%를 징수하며, 웨이터는 식사 가격과 서비스료를 합산한 금액이 기록된 계산서를 가져온다. 서비스료 계산은 의무적은 아니나, 특별한 경우(웨이터가 불친절하거나 주문과 다른 음식이 서비스 되었을 경우 등)를 제외하고는 대부분의 손님들이 서비스료를 지불한다. 계산은 테이블에 앉아서 웨이터를 통해 해도 되고 카운터에 직접 가서 해도 된다.

## 2.6 화제

브라질이 자랑하는 세계적 인물은 펠레를 비롯한 호나우두, 호나우지뉴, 카카 등 유명 축구 선수, 브라질 대표 음악 보사노바(Bossa Nova)의 대가로 Garota de Ipanema(이빠네마의 소녀)의 작곡가 톰 조빙(Tom Jobim), 전 세계 수십여 개국에서 작품이 번역된  작가 파울루 코엘류(Paulo Coelho), 최근 "세계를 움직이는 지식인" 18위로 뽑힌 브라질 전직 대통령, 페르난두 엔히끼 까르도주(Fernando Henrique Cardoso) 등이 있다.

브라질의 유명 유적지 혹은 관광지로는 거대한 예수상과 아름다운 해변뿐만 아니라 카니발로도 유명한 세계 3대 미항 중 하나인 리우데자네이루(Rio de Janeiro),  브라질, 아르헨티나, 파라과이 등 3개국 국경에 걸쳐져 있는 포스두이과수(Foz do Iguaçu)시의 이과수 폭포와 이따이뿌 댐, 현 브라질의 수도로 유명건축가 오스카 니마이어가 구상하여 탄생한 계획도시 브라질리아(Brasília), 포르투갈 식민지 시대에 강제로 끌려온 아프리카 노예의 문화가 남아있는 브라질 최초의 수도 살바도르(Salvador), 과거 금광이 발견되어 골드러시를 이루었던 바로크의 도시 오루쁘레뚜(Ouro Preto) 늪지대 판타날(Pantanal), 네덜란드 식민지 문화가 남아있는 마라녕(Maranhão)의 상루이스(São Luis)지역, 브라질 남부의 깨끗하고 아름다운 해변으로 유명한 플로리아노폴리스(Florianópolis) 등이 있다.

그밖에 산투스 유전을 비롯하여 최근 연달아 대형 유전을 발견하여 한층 주가가 오르고 있는 브라질 최대기업 페트로브라스(Petrobras), 고유가 시대에 가솔린을 대체할 수 있는 연료로 개발된 사탕수수로 만든 바이오 에탄올, 가솔린과 에탄올을 자유롭게 혼용할 수 있는 이중연료(플렉스) 차량, 항공 산업을 이끌어가는 엠브라에르(Embraer)사 등은 브라질이 대외적으로 자랑하는 것들이다.

리우데자네이루의 예수상

이과수 폭포

브라질리아 대성당

살바도르의 상프란시스꾸 성당

오루쁘레뚜

아마존

## 2.7 속담 또는 격언

가톨릭 국가인 브라질에는 권선징악을 주제로 한 격언이 가장 많으며, 지나치게 느긋한 라틴 민족 특유의 생활관이 엿보이는 속담도 있다.

### ■ 주요 속담

A lua não fica cheia em um dia. (아 루아 넝 피까 쉐이아 잉 웅 지아)
- Soon ripe, soon rotten.

⇨달은 하루에 차지 않는다 : 대기만성

As paredes têm ouvidos. (아스 빠레지스 뗑 오비두스)

- Walls have ears.

⇨벽은 귀를 가지고 있다. : 낮말은 새가 듣고 밤말은 쥐가 듣는다.

Cão que ladra não morde. (껑 끼 라드라 넝 모르지)

- A barking dog never bites.

⇨짖는 개는 물지 않는다. : 빈 수레가 요란하다.

De grão em grão a galinha enche o papo.

(지 그렁 잉 그렁 아 갈리냐 엔쉬 우 빠뿌)

- A penny saved is a penny gained.

⇨닭은 한 알씩 곡식을 쪼아 먹고 배를 채운다. : 티끌 모아 태산

Deus ajuda quem cedo madruga. (데우스 아주다 껭 쎄두 마드루가)

- Heaven helps those who help themselves.

⇨신은 일찍 일어나는 사람을 돕는다. : 하늘은 스스로 돕는 자를 돕는다.

Filho de peixe, peixinho é. (필류 지 뻬이쉬 뻬이쉬뉴 에)

- Like father, like son.

⇨물고기의 자식은 작은 물고기이다. : 부전자전

Longe dos olhos, longe do coração. (론쥐 두스 올류스 론쥐 두 꼬라썽)

- Out of sight, out of mind.

⇨안 보면 멀어진다.

Mais vale um pássaro na mão do que dois voando.
(마이스 발리 웅 빠싸루 나 멍 두 끼 도이스 보안두)

- A bird in the hand is worth two in the bush.

⇨손에 있는 한 마리 새가 날고 있는 두 마리보다 낫다. : 현실이 더 중요하다.

Não adianta chorar sobre o leite derramado.
(넝 아지안따 쇼라르 쏘브리 우 레이찌 데하마두)

- It is no uso crying over spilt milk.

⇨엎질러진 우유에 울어봐야 소용없다. : 이미 엎질러진 물이다.

Não há gosto, sem desgosto. (넝 아 고스뚜 셍 데스고스뚜)

- No pains, no gains.

⇨맛없는 것 없이 맛있는 것 없다. : 고생 끝에 낙이 온다.

Onde há fumaça, há fogo. (온지 아 푸마싸 아 포구)

- There is no smoke without fire.

⇨연기가 있는 곳에 불이 있다. : 아니 땐 굴뚝에 연기 나랴.

Quem tudo quer tudo perde. (껭 뚜두 께르 뚜두 뻬르지)

- All covet, all lose.

⇨전부를 탐내면 전부를 잃는다. : 대탐대실

Querer é poder. (께레르 에 뽀데르)

- Where there is a will, there is a way.

⇨원하는 것은 할 수 있는 것이다. : 뜻이 있는 곳에 길이 있다.

Tempo é dinheiro. (뗑뿌 에 지녜이루)

- Time is money.

⇨시간은 돈이다. : 시간은 금이다.

Uma andorinha só não faz verão. (우마 안도리냐 쏘 넝 파스 베렁)

- One swallow does not make a summer.

⇨한 마리 제비가 왔다고 여름이 온 것은 아니다. : 속단은 금물

## 3 바이어 상담 및 거래 Tip

### 3.1 효과적인 상담

#### ■ 상담 전 준비사항

□ 상담약속

브라질 사람과 약속을 잡기 위해서는 전화로 구두약속을 한 후 가능하면 이메일 등으로 다시 한번 확인하는 것이 좋다. 적어도 1~2주 전 미리 날짜를 약속하는 것이 좋고, 특히 정부 기관과의 면담일 경우 1~2개월 전에 미리 면담 가능성을 알아보는 것이 현명하다. 브라질 사람들은 약속시간을 잘 지키지 않는 편이며, 특히 비공식적인 자리일 경우 30분 이상 늦게 도착하는 것도 흔한 일이다. 그러나 이것을 브라질리언 타임으로 생각하고 한국 측에서도 습관적으로 늦는다면 좋지 않은 인상을 줄 수도 있다.

또한 모든 관공서가 약속 날짜에 대한 개념이 별로 없는 편이다. 일정

한 날에 서류를 발급해 주겠다고 약속하고, 약속 날짜에 가보면 서류가 준비되어 있지 않는 경우가 빈번하다. 따라서 서류를 발급받아야 할 경우에는 충분한 기간을 두고 미리 신청하는 것이 안전하다.

□ 통역원 이용방법 안내

일반적으로 영어가 잘 통용되지 않으므로 통역을 고용하는 것이 좋은데 통역원 리스트는 KOTRA 상파울루 KBC 홈페이지 좌측에 게재되어 있는 리스트를 참고하면 되며 한인 여행사나 교회, 한인회 등에 문의해도 쉽게 구할 수 있다. 통역원 비용은 보통 종일 기준 150달러 수준이다.

□ 상담에 필요한 준비물

출장 시 제품 카탈로그는 필수로 챙겨오고 가능하면 샘플을 가져와 직접 보여주는 것이 좋다. 브라질 사람은 직접 눈으로 보고 만져보는 것을 좋아하기 때문이다. 제품이 아무리 훌륭해도 카탈로그만으로는 우수성을 전달하기 어렵기 때문에 무거운 장비나 기계가 아닌 이상 샘플을 가져오는 것이 비즈니스 성공률 제고에 도움이 된다.

또한, 상담 전에 상대방 회사의 홈페이지나 사전 정보를 잘 숙지하고 가면 유리하며 브라질의 문화, 스포츠, 최근 이슈 등에 대해 사전 숙지하고 대화한다면 우호적인 분위기로 유도할 수 있다.

## ■ 유의사항

브라질은 포르투갈, 이탈리아, 독일 등의 유럽계, 아랍계, 일본, 중국, 한국 등의 동양계, 원주민 인디오, 식민지 시대에 아프리카로부터 강제로 끌려온 노예의 후손 등 다양한 민족과 문화가 공존하는 국가다.

국교가 가톨릭인 브라질에서 일상생활과 종교는 불가분의 관계를 갖고 있다. 따라서 성상(聖像)이나 성화(聖畵)를 곳곳에서 만날 수 있다.

거기에다 다양한 국가의 문화가 조금씩 혼합되어 가톨릭 본래의 모습과는 다소 차이 나는 면을 많이 볼 수 있다.

예를 들어 기도의 내용에 따라 각각 다른 성인에게 빌기 때문에 수많은 성인이 존재한다. 성인의 도움을 통해 하느님에게 자신이 소원하는 바가 전달된다는 생각을 가지고 있기 때문에 가정에는 물론 자동차 안이나 직장 어디라도 성상을 비치하거나 묵주를 걸어놓는 경우를 많이 볼 수 있다. 그러므로 우상 숭배 등을 운운하는 종교와 관련된 비판은 가능한 삼가고 그냥 문화의 일부로 이해하는 편이 좋다.

한국과 브라질의 문화 및 관습 차이는 가끔 오해를 불러일으키기도 한다. 예를 들어 엄지와 검지를 동그랗게 모으고 나머지 세 손가락을 피는 동작은 한국에서는 OK 표시지만, 브라질에서는 일종의 욕으로 저속한 의미를 담고 있다.

반면 엄지손가락을 둘째와 셋째 사이에 넣어 상대방을 향하는 제스처는 고대로마시대 섹스를 상징하는 부적으로 사용되던 것으로 현재 우리나라에서는 욕으로 간주된다. 하지만 브라질에서 하늘을 향해 취하는 이 제스처는 피가(Figa)라고 불리며 현재 다산과 풍요의 상징인 토끼의 발을 상징하고 '행운을 빈다'는 의미가 담겨져 있다. 따라서 브라질 사람이 이러한 동작을 취하면 놀랄 필요 없다.

또한, 주먹을 쥐고 엄지손가락을 치켜세우는 동작 하나면 브라질에서 지내는데 문제가 없다. 흔히 우리 사회에서 '넘버원'으로 통하는 이 제스처 역시 고대로마에서 OK, 용서의 뜻에서 유래된 것으로 (반면 엄지손가락을 아래로 향하면 처벌, 죽여라의 뜻) 브라질에서는 모든 좋은 것, OK, 따봉(Tá Bom)의 의미뿐만 아니라 상황에 따라 고맙다, 최고다, 멋지다, 수고했다, 잘 지내니, 잘 가라 등의 표현도 할 수 있다. 모두 좋은 의미로만 해석된다.

한편, 포르투갈 식민지였던 브라질은 전반적으로 포르투갈 사람에 대한 별로 좋지 않은 인상을 가지고 있다. 브라질 사람에게 비쳐지는 포르투갈 사람은 주로 '고지식하고 편협한 사고방식의 소유자' 라는 이미지가 강하다. 따라서 브라질 사람들은 포르투갈 사람에 대한 심한 적대 감정은 없다 하더라도, 포르투갈 사람의 고집이나 어리석은 면을 부각한 소재의 유머를 많이 생산해내고 있다.

또한, 브라질은 대국주의적 의식이 강하며 적어도 다른 중남미 국가와는 차별적인 존재라고 생각하고 있다. 중남미 국가의 리더로서의 자긍심과 미국과도 맞먹을 수 있는 강한 자존심이 있기에 브라질을 비하하는 발언이나 타국과 비교해서 자존심을 상하게 하는 발언은 삼가도록 해야 한다. 나아가 포르투갈어로 대화할 때도 유럽식이 아닌 브라질식 발음과 어휘를 사용하여야 그들에게 더욱 친근하고 쉽게 다가갈 수 있을 것이다.

### 3.2 거래 시 유의사항

한국 업체가 회신이 늦어지는 상황이 종종 있다. 한국 업체가 보기에 브라질 업체가 거래할 만한 규모나 자질을 갖추지 못했다고 판단되었을 경우에라도 반드시 정중한 표현으로 거래 의사가 없음을 통보하여야만 불필요한 기대감 또는 불만을 미연에 방지할 수 있다.

브라질 기업인이 한국인과 협상할 때 어려워하는 점이 두 가지가 있다. 하나는 협상테이블에서 한국어를 자주 사용한다는 점이고, 또 하나는 협상과정에서 담당자가 수시로 바뀐다는 점이다.

브라질 기업인이 영어로 의사소통이 어려운 경우 통역원을 동반하는 경우가 많다. 이 때 회의도중 통역원과 너무 장시간 한국어로 말하는 것은 예의에 어긋난다. 브라질 기업인은 대화에 대한 호기심이 많은 사람들이기 때문이다. 덧붙여 한국 기업이 브라질 기업과 협상할 때 교포 에이전트를 동반하는 경우가 많은데 이 교포 에이전트가 협상내용에 깊이 관여하는 경우가 종종 있다. 브라질 기업인은 누가 협상의 주체가 되는

### 브라질 비즈니스 시 이것만은 피하자

- 바이어가 보내온 이메일에 대한 회신을 차일피일 미룬다.
- 생산 능력 이상의 주문을 받는다.
- Pro Forma 작성 이후에 가격 등의 기재 내용을 변경 한다
- 샘플을 약속한 날짜 내에 보내지 않는다.
- 바이어가 요구한 제품보다 저질의 샘플을 보낸다.
- 구비 서류 송부에 늑장을 부린다.
- 서류를 미비상태로 송부하고 부족분에 대해 설명해 주지 않는다.
- 생산국 및 생산업체 방문기회를 마련하지 않는다.
- 생산국 또는 브라질과 관련된 험담을 즐겨한다.
- 바이어가 요구하는 변동사항을 특별한 이유도 없이 수용하지 않는다.
- 바이어가 보험가입을 위해 생산업체에게 도움을 청해올 경우 협조하지 않는다.
- 신용장을 사용하지 않으면 거래하지 않겠다고 우긴다.
- 대금 선불결제만을 주장하며 불신 분위기를 조장한다.
- 신용보험 가입을 강요하며 불신 분위기를 조장한다.
- 브라질 통관 체계 및 관료주의에 대해 지나치게 비난한다.
- 브라질 도시생활 여건을 지나치게 비난한다.
- 브라질 음식문화에 대해 지나치게 비난한다.
- 브라질 치안불안 문제에 대해 필요 이상으로 민감해 한다.
- 자국은 칭찬하는 반면 브라질은 무조건 비난한다.

지에 관심이 커서 한국에서 파견된 직원이 협상의 주체가 된다면 주저 없이 영어로 대화할 것을 원한다. 협상에서 회의참여자가 모두 이해할 수 있는 공통 언어를 정하자는 것이다. 그리고 중간에 통역을 대동할 경우에는 반드시 직접 통역을 하도록 하고 통역 역할 이상으로는 개입을 하지 않도록 주의를 주어야 한다.

또한 브라질인과 협상 중에는 팀을 자주 바꾸지 않는 게 좋다. 담당자

가 수시로 바뀌면 브라질인의 신뢰를 통한 친밀한 인간관계를 중시하는 특성상 관계 형성이 힘들기 때문에 한 사람이 꾸준히 담당을 하면서 지속적 신뢰감을 쌓는 데 아주 중요하다.

## 4 현장의 소리

### 4.1 교포 사업가의 조언

한마디로 브라질은 사업하기 만만치 않은 나라이다. 회사 설립 과정부터 각종 브라질 행정 기관의 관료주의에 부딪쳐 골치를 앓는 경우가 많으며, 서류 심사 및 전산 처리도 신속하게 진행되지 않는다.

회사 설립 이후에도 각종 세금으로 허리가 휘청하며, 직원을 정식 등록할 경우 급여를 포함한 제반 비용(월급의 2배 이상)도 엄청나게 든다. 노동자 중심의 법체계 때문에 노동 소송이 걸릴 경우, 고용주가 승소하는 경우가 별로 없다.

브라질 직원들은 시간관념이 약해서 주의를 주지 않으면 습관적으로 5~10분 정도씩 늦는 경우가 많다. 따라서 출근 시간, 점심시간 등을 철저히 지키도록 관리를 해야 할 것이며 퇴근 시간의 경우 한국처럼 야근을 하거나 정규 퇴근 시간보다 오래 회사에 머물러 있기를 기대해서는 안 된다. 출퇴근 기록부의 경우 야근을 자주 했을 경우 이 기록을 향후 노동 소송 발생 시 악용할 소지가 있다. 또한 습관적인 지각, 업무상 과오, 결근 등 직원의 근무 태만이나 과실에 대해서 사유서를 받아 두는 게 좋다.

브라질인은 "안 된다" 또는 "불가능하다"라는 거절 또는 직접적 표현에 약하다. 따라서 어려운 업무가 맡겨질 경우, 일을 미루다가 결국 못하고 나 몰라라 하는 경우도 종종 있다. 업무를 맡기면 수시로 진행상황을 체크해 가면서 업무수행이 익숙해질 때까지 체크를 해야 마감기한이 다 되었는데 일이 안 되어 있는 사태를 막을 수 있다.

브라질 인들은 천성적으로 낙천적이고 가족을 중시하며 여행과 여가를 즐긴다. 따라서 브라질 직원들에게 여름휴가(30일)와 공휴일, 연휴, 크리스마스 및 연말 등은 여행과 해변에서의 선탠, 가족 및 연인과 함께 하는 시간 등으로 매우 중요하다. 2월 중에 있는 카니발 기간이나 축구(특히 월드컵) 경기가 있는 시즌 등에는 상대적으로 느슨해져 있고 근무 분위기가 풀어지는 경우가 많으나 이는 당연한 것으로 여겨야 할 것이다. 이 기간 중에 무리하게 업무를 강행하거나 중요한 사업을 기획하거나 직원에게 업무시간외 작업을 요구하거나 하지 않은 것이 좋다.

브라질에서는 회사를 대상으로 하는 노동자들의 소송이 빈번하며, 해고당한 직원의 경우 본인의 희망 여부와 상관없이 노동법 전문 변호사가 고의적으로 접근하여 소송을 유도하는 경우도 많다. 브라질 법이 약자의 손을 들어주는 경우가 많고 노동 관련 소송에서는 직원이 승소하는 경우가 많아 문제의 발생소지를 사전에 차단하는 것도 중요하고 동시에 문제 발생 시에는 즉시 전문가의 조력을 구해야 한다.

(의류업체 Santa F사, C사장)

### 4.2 한국 업체의 조언

신은 브라질을 만들 때 광대한 영토와 아름다움과 부를 함께 선사했다. 그래서 브라질에는 멋진 해변과 숲 그리고 목재, 석유 등 천연자원이 넘쳐나게 되었다. 또한 지진이나 쓰나미 같은 자연재해도 일어나지 않도록 했다. 다른 곳에 비해 브라질에 너무 많은 혜택을 주었다고 생각한 베드로 성인이 신에게 이렇게 물었다. “왜 브라질에는 이렇게 아름다운 자연과 부를 주면서 자연재해도 일어나지 않도록 만드셨습니까? 그러자신이 대답했다. "내가 그 곳에 어떤 사람들을 살게 하는지 계속 지켜 보거라." 브라질사람들이 브라질에 살고 있는 외국인들에게 그들의 아름다운 자연과 천연자원에 비해 불안한 치안과 낙후된 시스템을 자조삼아 하는 이야기들이다.

브라질은 인구 1억 9,800만 명을 보유한 BRICs를 대표하는 시장으로 OECD국가 중 세계 9위의 무역의존도를 가진 우리나라에게 충분히 매력적인 시장이기도 하다. 이미 한국인 이민사가 올해로 45주년이 지나고 최근 브릭스 열풍으로 많은 기업들이 진출하고 있어 브라질은 우리에게 많이 알려진 친숙한 시장이기도 하지만 대다수의 중소기업들에게는 여전히 진입이 어려운 시장으로 알려져 있다. 영어가 통용되지 않는 언어 환경, 근로자에게 편파적인 노동법과 근로환경, 복잡다단한 조세제도, 지나친 관료주의 등 소위 브라질 코스트라고 불리는 브라질의 비즈니스 환경은 브라질에 진출하려는 우리기업인들의 발목을 잡는 대표적인 요인들이다. 이러한 모든 환경을 극복하고 성공적인 진출을 위해서 브라질 주재기업들의 마케팅 역량을 높여줄 수 있는 현지 인력의 고용은 진출기업의 성패를 가름하는 중요한 요소가 아닐 수 없다.

브라질에서 모든 학교는 8시에 시작을 한다. 새벽 6시 30분이면 스쿨버스가 아파트 앞에 와서 학생들을 태우고 학생들이 등교하는 시간인 7시부터 8시 사이가 러시아워가 되며 상파울루 전역이 교통지옥으로 변하고 학교주변은 상습적인 정체구간이 된다. 어려서부터 익힌 이른 등교 습관 때문이기도 하지만 현지 직원들은 대체적으로 부지런하다고 볼 수 있다. 상파울루 외곽에서 출근하는 이들은 8시에 출근하기 위해서 새벽 5시에 버스를 타고 나와야 한다. 하지만 출근길의 부지런함이 업무의 부지런함과 마무리로 연결되지는 않는다. 여느 서구 사회와 마찬가지로 퇴근시간이 지나는 순간 모든 업무가 정지된다. 휴무일도 마찬가지다. 주말과 사이에 끼인 샌드위치 데이는 학교도 휴교를 하고 대부분의 회사들도 문을 닫거나 휴가 처리를 하여 공사를 막론하고 업무가 정지된다 해도 과언이 아니다.

브라질 사람들은 보통 상대방을 기분 나쁘게 비판하거나 직설적으로 불만을 표현하지는 않는다. 마찬가지로 자신의 잘못을 상대방에게 인정하거나 업무상의 과오나 책임을 지는 일은 절대로 기대할 수 없다. "핑계 없는 무덤이 없다"는 속담은 우리나라에서보다 브라질 사람들에게 더 잘 어울릴 수 있는 속담이다.

한번은 현지직원이 몇 분 차이로 자주 지각을 해서 몇 번 시말서를 쓰도록 했다. 첫 번째 변명은 출근길이 익숙치 않아서 걸어오는 시간을 잘못 계산해서 늦었으므로 다음부터는 걸어오는 시간을 충분히 계산해서 제때 오겠다는 것이다. 두 번째는 걸어오는 도중 보도블록에 구두 뒤축이 망가져서 신발을 바꿔 신고 오느라고 늦었다는 것이다. 세 번째 변명은 늦게 일어나서 택시를 타고 오는 도중 깜박 지갑을 놓고 와서 다시 집에 돌아갔다 오느라고 늦었다는 것이다. 분명히 늦게 출근한 사실이 있음에도 불구하고 이 모든 책임은 내 자신이 아닌 길 탓이요, 신발 탓이요, 지갑 탓이지 자기 자신의 실수는 아니라는 변명이다. 브라질에 근무하는 주재원들이 모두 비슷한 경험을 하게 되는데 브라질 사람들의 "네 탓이오" 변명은 브라질의 식민지 노예문화에서 비롯되었다고 한다. 주인이 시키는 일을 제대로 하지 못했을 경우 그 책임의 대가는 죽음으로 돌아오기 때문에 책임이 밝혀져 죽을 때까지도 자신의 실수를 인정하지 않고 변명을 할 수 밖에 없는 문화가 자연스럽게 브라질 사람들의 삶 속에 녹아들었다고 한다.

브라질에서는 근로자를 해고할 경우 노동소송을 각오해야 한다. 소송의 이유는 가지가지이겠지만 회식자리에서 강제로 술을 권하였다든지 인격적인 모독을 당했다든지 얼토당토 않는 이유가 대부분이다. 소송가액도 정신적 피해보상을 비롯해서 주재 기업이 감당하기 힘든 금액이 대부분이며 이런 종류의 소송은 변호사들이 부추겨서 합의를 전제로 제기되는 소송이 일반적이다. 주재 기업으로서는 소송기간 중 당할 고통과 비용을 감안해서 합의를 하게 되므로 이런 점들을 악용하여 노동소송이 남발하게 된다. 일간지인 에스따덩 상파울루의 보도에 따르면 브라질을 연간 2백만 건의 노조관련 소송이 일어나고 기본 재판기간이 7년인 '세계최대 노조왕국'으로 보도하고 있다. 미국에서 노조원들의 소송건이 연간 7만 5천 건, 프랑스는 7만 건, 일본은 겨우 2,500건에 불과함을 볼 때 브라질에서 노동 관련 소송이 얼마나 빈번한지 추측할 수 있을 것이다. 그렇기 때문에 전체 기업의 70%가 패밀리 기업으로 구성된 브라질에서는 복잡한 소송이나 해결이 불가능한 사건이 발생하면 많은 기업들은 폐업을 하고 신규 창업을 하는 편법으로 소송을 해결하기도 한다.

위에서 언급한 사항들만 본다면 브라질에서는 도저히 기업을 할 수 없는 환경이라고 할 수 있겠지만 그럼에도 불구하고 많은 해외의 중소기업들이 진출하여 성공적인 비즈니스를 하고 있는 것을 보면 나름대로의 노하우가 있기도 하다.

첫 번째, 브라질 직원 채용 시 노동부에 신고하고 노동수첩에 반드시 등재를 하여야 한다. 용역이나 자영업 등 몇몇의 경우 예외가 있기도 하지만 모든 근로자와 사용자들은 노동수첩에 등기를 하여야 하고 노동부에 신고를 해야 할 의무가 있다. 노동부 신고의 의미는 근로자뿐만 아니라 고용주도 노동법에 규정된 최소한의 범위의 법적 보호를 받을 수 있게 된다. 때문에 노동부에 신고하지 않거나 노동수첩에 등기하지 않는 불법 고용은 수시로 문제가 있을 수 있음을 명심해야 한다.

두 번째, 근로자로부터 부당한 소송을 당하지 않기 위해서는 명확한 업무 범위와 지시가 근로계약을 통해 명시적으로 행해져야하고 법적 테두리 내에서 이루어져야 한다. 예를 들면 시간외 근무를 지시할 경우에는 반드시 쌍방이 약속된 서면형태로 지시를 내리고 업무에 대한 지시와 책임을 쌍방이 합의된 서면형태로 기록을 남겨둬야만 법정에서 증거로서 채택될 수 있고 책임을 면하게 된다.

세 번째, 브라질 근로자들과의 개인적인 관계형성은 어려운 점을 감안해야 한다. 한국인의 정서는 현지 직원에게 법적인 대우 이상의 처우를 해줄 경우가 많이 있기도 하고 대우를 잘해주려는 마음이 있지만 브라질 근로자들은 이 같은 한국인의 깊은 마음을 잘 이해하지 못한다. 자신이 그만한 대우를 받을 만한 가치가 있다고 생각을 하거나 이러한 사례를 공식화하는 경우가 많아서 금전적 손실과 마음의 상처를 입게 되는 경우도 많이 있음을 주의해야 한다.

브라질에서 생활하거나 비즈니스를 할 때마다 우리나라에서는 이해할 수 없는 일들이 종종 일어난다. 현지의 문화 및 비즈니스 관습차이로 가슴이 답답한 경우를 많이 당하게 된다. 그때마다 오래 근무했던 주재원들이 공통적으로 하는 말들이 있다. "브라질에는 되는 일도 없고 안 되는 일도 없다." "여기는 브라질이다." 역동적인 코리아에서 살다온 비즈니스맨들이 겪게 되는 브라질에서의 비즈니스 환경을 가장 단적으로 표현해주는 말들이 아닐까 싶다.

(한국무역협회 상파울루 대표부 심준석 소장)

## 4.3 현지 KBC에서 전하는 이야기

### ■ 축구, 삼바, 아마존 그리고 브라질

작년 초 상파울루를 방문한 한 시장개척단 참가 업체 출장자가 시내로 이동하는 버스 안에서 조용히 물어본 일이 생각이 난다. "상파울루 시내에 원숭이들이 나타나서 사람들을 괴롭히지는 않나요?" 이 질문을 듣는 순간 어떻게 이야기를 해줘야 할지 잠시 머뭇거리게 되었다. 이내 그렇지 않다고 웃으면서 답변을 하긴 했지만 마음속으로 한국 사람들이 브라질이란 곳을 몰라도 너무 모른다는 생각을 다시 한 번 하게 되었다.

우리가 브라질이란 나라에 대해서 이야기를 할 때 가장 쉽게 떠올리는 이미지는 "축구"-영원한 월드컵 우승 후보, "삼바"- 정열의 카니발 축제, "아마존"-세계의 허파 광활한 열대 우림 세 가지가 아닌가 생각된다. 이에 대한 강렬한 인상으로 인하여 브라질을 직접 방문해 보지 못한 사람들도 친숙한 이미지를 갖고 브라질 사람들과 쉽게 이야기할 수 있는 소재를 제공하기도 하지만 한편으로는 브라질이란 나라에 대한 큰 선입견을 갖게 하기도 한다.

브라질에 처음 발을 내딛는 한국 사람들은 스페인어를 사용하는 중남미 다른 나라와는 달리 포르투갈어를 사용하는 것을 잘 모른다. 아마존 같은 열대 우림만 생각해서 그런지 시내 곳곳에 솟아 있는 고층 빌딩과 호화스러운 쇼핑센터를 보고 신기하게 생각한다. 아마존 인디오들이 원시적인 사냥 도구로 원숭이, 아나콘다 등을 사냥하는 것만을 봐서 그런지 브라질이 세계 4위 항공기 생산국이고, 세계 3위의 자가용 헬기 보급국가라는 설명을 다소 예외라고 받아들이기도 한다.

우리가 이렇듯 브라질이란 나라에 대해서 제대로 알지 못하고 있는 이유는 아마도 그 동안 너무 자극적인 소재에만 우리가 익숙해져 있었고, 먼 거리로 인해서 교류가 적고 상대적으로 우리의 관심 수준이 낮았기 때문이 아닌가 한다. 그래서 원숭이 질문 사건 이후 한국에서 출장 온 사람들을 만날 경우 브라질이 어떤 나라인지 다소 지루하고 장황하더라도 이것저것 설명을 많이 하고, 일부러 상파울루 시내 번화가로 사람들을 데려 가기도 한다. 브라질이 내 조국은 아니지만 "최소한 브라질이 대다수의 한국 사람들이 생각하는 그런 나라는 아니다."라는 것을 보여주고 출장자들이 그러한 점을 깨닫게 될 때 스스로 작은 뿌듯함을 느끼기도 한다.

요즘과 같은 세상에서 단순히 만들어진 물건을 수동적으로 파는 기업은 오래 가지 못한다고 생각한다. 오늘과 같은 글로벌 비즈니스에서는 단순 물건을 제조하여 판매하는 기업보다는 대상국의 문화, 관습 등을 알고 시장 개척을 시도하는 기업이 더 큰 성공을 거두고 있다. 진출하고

자 하는 나라의 문화, 관습 등을 사전에 공부하는 것은 성공적인 진출을 위한 필수적인 과제가 아닌가 생각된다. 따라서 우리도 물건을 구입하려는 바이어를 찾으면서도 틈틈이 축구, 삼바, 아마존 같은 자극적이고 흥미 위주의 소재 뒤에 숨어 있는 실제 브라질의 진정한 모습을 알기 위한 노력과 공부를 병행해야 하지 않을까 생각한다.

# 감수자

**김한철(金翰徹)** E-mail: beto1717@hanmail.net

한국외국어대학교 서양어대학 포르투갈(브라질)어과 및 동대학원 석사
브라질 히우그란지두술 연방대학교(Universidade Federal do Rio Grande do Sul) 언어학박사
한국외국어대학교 포르투갈(브라질)어과 강사
한국외국어대학교 중남미연구소 연구원
한국 포르투갈-브라질 학회 총무

**문남권(文南權)** E-mail: namkwon@hufs.ac.kr

멕시코 국립자치대학교 국제관계학 박사
한국외국어대학교 서양어대학 스페인어과 조교수

**조구호(曺具鎬)** E-mail: minervo@hanmail.net

콜롬비아 Instituto Caro y Cuervo, Seminario Andrés Bello 중남미문학 석사
콜롬비아 Pontificia Universidad Javeriana 중남미문학 박사
배재대학교 스페인어 · 중남미학과 전임강사
한국외국어대학교 서반아어과 강사

**조영현(趙榮鉉)** E-mail: latin-jo@hanmail.net

멕시코 국립대학교(Universidad Nacional Autónoma de México) 중남미학 석사
멕시코 국립대학교(Universidad Nacional Autónoma de México) 중남미학 박사
단국대학교 아시아아메리카연구소 연구원
한국외국어대학교 중남미연구소 초빙연구원

**하상섭(河相燮)** E-mail: sanchito@hanmail.net

영국 버밍험(Birmingham University)대학 국제정치학(International Politics) 석사
영국 리버플(The University of Liverpool)대학 정치사회학, 중남미 지역학 박사
한국외국어대학교 중남미 연구소 책임연구원
경희대학교 국제대학원 초빙교수

KOTRA가 풀어주는

# 중남미 비즈니스 문화코드

초판 1쇄 인쇄 2009년 1월 10일
초판 1쇄 발행 2009년 1월 20일
지 음 KOTRA
감 수 한국외대 중남미연구소
발 행 인 박 철
발 행 처 한국외국어대학교 출판부
주 소 서울특별시 동대문구 이문동 270 (우 130-791)
전 화 02-2173-2495~6
팩 스 02-2173-3363
출판등록 제6-6호(1969. 4. 30)
디자인 · 편집 (주)이환디앤비 02-2254-4301
인쇄 · 제본 삼진피앤씨(주) 02-2271-0860

■ e-mail : press@hufs.ac.kr
■ 홈페이지 : http://press.hufs.ac.kr

ISBN 978-89-7464-515-1 03950 정가 20,000원

※ 잘못된 책은 교환하여 드립니다.